Informatik – Fachberichte

Band 157: U. Mahn, Attributierte Grammatiken und Attributierungsalgorithmen. IX, 272 Seiten. 1988.

Band 158: G. Cyranek, A. Kachru, H. Kaiser (Hrsg.), Informatik und „Dritte Welt". X, 302 Seiten. 1988.

Band 159: Th. Christaller, H.-W. Hein, M. M. Richter (Hrsg.), Künstliche Intelligenz. Frühjahrsschulen, Dassel, 1985 und 1986. VII, 342 Seiten. 1988.

Band 160: H. Mäncher, Fehlertolerante dezentrale Prozeßautomatisierung. XVI, 243 Seiten. 1987.

Band 161: P. Peinl, Synchronisation in zentralisierten Datenbanksystemen. XII, 227 Seiten. 1987.

Band 162: H. Stoyan (Hrsg.), Begründungsverwaltung. Proceedings, 1986. VII, 153 Seiten. 1988.

Band 163: H. Müller, Realistische Computergraphik. VII, 146 Seiten. 1988.

Band 164: M. Eulenstein, Generierung portabler Compiler. X, 235 Seiten. 1988.

Band 165: H.-U. Heiß, Überlast in Rechensystemen. IX, 176 Seiten. 1988.

Band 166: K. Hörmann, Kollisionsfreie Bahnen für Industrieroboter. XII, 157 Seiten. 1988.

Band 167: R. Lauber (Hrsg.), Prozeßrechensysteme '88. Stuttgart, März 1988. Proceedings. XIV, 799 Seiten. 1988.

Band 168: U. Kastens, F. J. Rammig (Hrsg.), Architektur und Betrieb von Rechensystemen. 10. GI/ITG-Fachtagung, Paderborn, März 1988. Proceedings. IX, 405 Seiten. 1988.

Band 169: G. Heyer, J. Krems, G. Görz (Hrsg.), Wissensarten und ihre Darstellung. VIII, 292 Seiten. 1988.

Band 170: A. Jaeschke, B. Page (Hrsg.), Informatikanwendungen im Umweltbereich. 2. Symposium, Karlsruhe, 1987. Proceedings. X, 201 Seiten. 1988.

Band 171: H. Lutterbach (Hrsg.), Non-Standard Datenbanken für Anwendungen der Graphischen Datenverarbeitung. GI-Fachgespräch, Dortmund, März 1988, Proceedings. VII, 183 Seiten. 1988.

Band 172: G. Rahmstorf (Hrsg.), Wissensrepräsentation in Expertensystemen. Workshop, Herrenberg, März 1987. Proceedings. VII, 189 Seiten. 1988.

Band 173: M. H. Schulz, Testmustergenerierung und Fehlersimulation in digitalen Schaltungen mit hoher Komplexität. IX, 165 Seiten. 1988.

Band 174: A. Endrös, Rechtsprechung und Computer in den neunziger Jahren. XIX, 129 Seiten. 1988.

Band 175: J. Hülsemann, Funktioneller Test der Auflösung von Zugriffskonflikten in Mehrrechnersystemen. X, 179 Seiten. 1988.

Band 176: H. Trost (Hrsg.), 4. Österreichische Artificial-Intelligence-Tagung. Wien, August 1988. Proceedings. VIII, 207 Seiten. 1988.

Band 177: L. Voelkel, J. Pliquett, Signaturanalyse. 223 Seiten. 1989.

Band 178: H. Göttler, Graphgrammatiken in der Softwaretechnik. VIII, 244 Seiten. 1988.

Band 179: W. Ameling (Hrsg.), Simulationstechnik. 5. Symposium. Aachen, September 1988. Proceedings. XIV, 538 Seiten. 1988.

Band 180: H. Bunke, O. Kübler, P. Stucki (Hrsg.), Mustererkennung 1988. 10. DAGM-Symposium, Zürich, September 1988. Proceedings. XV, 361 Seiten. 1988.

Band 181: W. Hoeppner (Hrsg.), Künstliche Intelligenz. GWAI-88, 12. Jahrestagung. Eringerfeld, September 1988. Proceedings. XII, 333 Seiten. 1988.

Band 182: W. Barth (Hrsg.), Visualisierungstechniken und Algorithmen. Fachgespräch, Wien, September 1988. Proceedings. VIII, 247 Seiten. 1988.

Band 183: A. Clauer, W. Purgathofer (Hrsg.), AUSTROGRAPHICS '88. Fachtagung, Wien, September 1988. Proceedings. VIII, 267 Seiten. 1988.

Band 184: B. Gollan, W. Paul, A. Schmitt (Hrsg.), Innovative Informations-Infrastrukturen. I. I. I. – Forum, Saarbrücken, Oktober 1988. Proceedings. VIII, 291 Seiten. 1988.

Band 185: B. Mitschang, Ein Molekül-Atom-Datenmodell für Non-Standard-Anwendungen. XI, 230 Seiten. 1988.

Band 186: E. Rahm, Synchronisation in Mehrrechner-Datenbanksystemen. IX, 272 Seiten. 1988.

Band 187: R. Valk (Hrsg.), GI – 18. Jahrestagung I. Vernetzte und komplexe Informatik-Systeme. Hamburg, Oktober 1988. Proceedings. XVI, 776 Seiten.

Band 188: R. Valk (Hrsg.), GI – 18. Jahrestagung II. Vernetzte und komplexe Informatik-Systeme. Hamburg, Oktober 1988. Proceedings. XVI, 704 Seiten.

Band 189: B. Wolfinger (Hrsg.), Vernetzte und komplexe Informatik-Systeme. Industrieprogramm zur 18. Jahrestagung der GI, Hamburg, Oktober 1988. Proceedings. X, 229 Seiten. 1988.

Band 190: D. Maurer, Relevanzanalyse. VIII, 239 Seiten. 1988.

Band 191: P. Levi, Planen für autonome Montageroboter. XIII, 259 Seiten. 1988.

Band 192: K. Kansy, P. Wißkirchen (Hrsg.), Graphik im Bürobereich. Proceedings, 1988. VIII, 187 Seiten. 1988.

Band 193: W. Gotthard, Datenbanksysteme für Software-Produktionsumgebungen. X, 193 Seiten. 1988.

Band 194: C. Lewerentz, Interaktives Entwerfen großer Programmsysteme. VII, 179 Seiten. 1988.

Band 195: I. S. Bátori, U. Hahn, M. Pinkal, W. Wahlster (Hrsg.), Computerlinguistik und ihre theoretischen Grundlagen. Proceedings. IX, 218 Seiten. 1988.

Band 197: M. Leszak, H. Eggert, Petri-Netz-Methoden und -Werkzeuge. XII, 254 Seiten. 1989.

Band 198: U. Reimer, FRM: Ein Frame-Repräsentationsmodell und seine formale Semantik. VIII, 161 Seiten. 1988.

Band 199: C. Beckstein, Zur Logik der Logik-Programmierung. IX, 246 Seiten. 1988.

Band 200: A. Reinefeld, Spielbaum-Suchverfahren. IX, 191 Seiten. 1989.

Band 201: A. M. Kotz, Triggermechanismen in Datenbanksystemen. VIII, 187 Seiten. 1989.

Band 202: Th. Christaller (Hrsg.), Künstliche Intelligenz. 5. Frühjahrsschule, KIFS-87, Günne, März/April 1987. Proceedings. VII, 403 Seiten. 1989.

1989.

Band 203: K. v. Luck (Hrsg.), Künstliche Intelligenz. 7. Frühjahrsschule, KIFS-89, Günne, März 1989. Proceedings. VII, 302 Seiten. 1989.

Band 204: T. Härder (Hrsg.), Datenbanksysteme in Büro, Technik und Wissenschaft. GI/SI-Fachtagung, Zürich, März 1989. Proceedings. XII, 427 Seiten. 1989.

Band 205: P. J. Kühn (Hrsg.), Kommunikation in verteilten Systemen. ITG/GI-Fachtagung, Stuttgart, Februar 1989. Proceedings. XII, 907 Seiten. 1989.

Band 206: P. Horster, H. Isselhorst, Approximative Public-Key-Kryptosysteme. VII, 174 Seiten. 1989.

Band 207: J. Knop (Hrsg.), Organisation der Datenverarbeitung an der Schwelle der 90er Jahre. 8. GI-Fachgespräch, Düsseldorf, März 1989. Proceedings. IX, 276 Seiten. 1989.

Informatik-Fachberichte 255

Herausgeber: W. Brauer
im Auftrag der Gesellschaft für Informatik (GI)

B. Reusch (Hrsg.)

Rechnergestützter Entwurf und Architektur mikroelektronischer Systeme

GME/GI/ITG-Fachtagung
Dortmund, 1./2. Oktober 1990

Proceedings

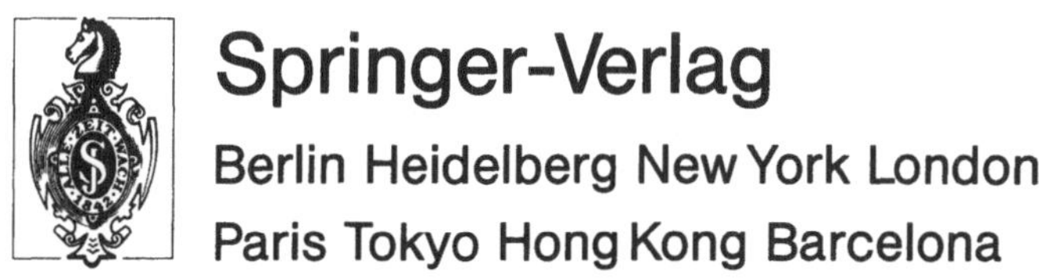

Springer-Verlag
Berlin Heidelberg New York London
Paris Tokyo Hong Kong Barcelona

Herausgeber

Bernd Reusch
Lehrstuhl Informatik I, Universität Dortmund
Postfach 500500, D-4600 Dortmund 50

CR Subject Classification (1987): B.2, B.5-7, D.2.10

ISBN-13:978-3-540-53163-0 e-ISBN-13:978-3-642-84304-4
DOI: 10.1007/978-3-642-84304-4

CIP-Titelaufnahme der Deutschen Bibliothek.
Rechnergestützter Entwurf und Architektur mikroelektronischer Systeme: GME/GI/ITG-Fachtagung, Dortmund, 1./2. Oktober 1990; proceedings / B. Reusch (Hrsg.). - Berlin; Heidelberg; New York; London; Paris; Tokyo: Springer, 1990.
(Informatik-Fachberichte; 255)
ISBN-13:978-3-540-53163-0

NE: Reusch, Bernd [Hrsg.]; Gesellschaft Mikroelektronik; GT

2145/3140-543210 – Gedruckt auf säurefreiem Papier

Vorwort

Der vorliegende Tagungsband enthält die schriftlichen Ausarbeitungen zu den Vorträgen im Rahmen einer von der VDE/VDI-Gesellschaft Mikroelektronik (GME), der Gesellschaft für Informatik e.V. (GI) und der Informationstechnischen Gesellschaft im VDE (ITG) erstmals veranstalteten gemeinsamen Fachtagung. Diese Tagung findet am 1. und 2. Oktober 1990 in Dortmund statt und verfolgt das Ziel, den wissenschaftlichen Erfahrungsaustausch in folgenden Themenbereichen zu fördern:

- Spezifikation hochintegrierter Schaltungen
- Architektur-, Logik-Synthese und Optimierung
- Physikalischer Entwurf
- Verifikation
- Testmethoden und Zuverlässigkeit
- Simulation und Modellierung
- CAD-Umgebungen
- Entwurfsmethodik und Entwurfsmanagement
- Architekturen mikroelektronischer Systeme
- Technologiemodellierung

Um einen Austausch aktuellster Forschungsergebnisse zu ermöglichen, wurden ausdrücklich auch Vorträge über noch in der Entwicklung befindliche Systeme und konzeptionelle Vorarbeiten in die Veranstaltung aufgenommen. Da die Tagung auf zwei Tage begrenzt ist, mußten aus der großen Zahl eingereichter Beiträge 24 Vorträge - das entspricht ca. 29 % - ausgewählt werden.

Der Verlauf der Tagung wird durch sieben Sitzungen bestimmt, in denen Vorträge mit folgenden Themenschwerpunkten behandelt werden:

Sitzung 1: Layout
Sitzung 2: Logik-Synthese und Optimierung
Sitzung 3: Spezifikation
Sitzung 4: Synthese
Sitzung 5: Testmethoden
Sitzung 6: Simulation
Sitzung 7: Verschiedene Einzelaspekte

Parallel zu den Vorträgen findet eine Plakatausstellung statt, in der eine Vielzahl weiterer Projekte und Forschungsergebnisse präsentiert und zur Diskussion gestellt wird. Ergänzt werden soll die Tagung schließlich durch Vorführungen fertiggestellter oder als Prototypen implementierter Software-Systeme.

Die Mikroelektronik ist von zunehmend existentieller Bedeutung für die wirtschaftliche und gesellschaftliche Entwicklung geworden. Ihre Weiterentwicklung setzte neben erheblichen Anstrengungen auf dem Gebiet der Technologieentwicklung allerdings grundlegende Fortschritte im Bereich des rechnergestützten System- und Schaltkreisentwurfs voraus. Nicht zuletzt dieser Gesichtspunkt hat die drei ausrichtenden Gesellschaften bewogen, ein - vornehmlich auf den deutschsprachigen Raum bezogenes - wissenschaftliches Forum anzubieten, das die Möglichkeit für einen breit angelegten Austausch aktueller Erfahrungen und Forschungsergebnisse in den Bereichen 'CAD für Mikroelektronik' und 'Architektur mikroelektronischer Systeme' eröffnet. Die Tagung soll auch dazu beitragen, den unmittelbaren Kontakt der verschiedenen Forscher und Forschungsgruppen in Hochschulen, Instituten und Industrie zu vertiefen. Nicht zuletzt wird sie auch ein Treffpunkt sein für Personen, die bereits intensiv kooperieren, z. B. im Rahmen der Planungen für das europäische Jessi-Programm. Besonders freue ich mich, daß sich hier erstmals die Gelegenheit zu einem intensiven Erfahrungsaustausch mit Kollegen aus der DDR bietet. Die Tagung wird schließlich auch einen Beitrag dazu leisten, die großen Anstrengungen, die vielerorts zur Weiterentwicklung von CAD-Entwurfshilfsmittel unternommen werden, einer interessierten Öffentlichkeit stärker in das Bewußtsein zu bringen.

Mein besonderer Dank gilt an dieser Stelle den Vortragenden für ihr fachliches Engagement und die termingerechte Ausarbeitung der schriftlichen Beiträge sowie den Mitwirkenden an den Ausstellungen für ihr Interesse, ihre Arbeitsergebnisse bzw. Produkte auf diese besondere Art und Weise zur Diskussion zu stellen. Den Mitgliedern des Programmausschusses danke ich für die fachliche Begutachtung der in großer Zahl eingegangenen Vorschläge für Vorträge.

Zu großem Dank verpflichtet bin ich Herrn Borel von der Fa. SGS-Thomson, der trotz seiner vielfältigen Verpflichtungen unserer Bitte, das einleitende Grundsatzreferat zu halten, nachgekommen ist und der Tagung damit ein besonderes Glanzlicht aufsetzt.

Den Mitgliedern des Organisationsausschusses, insbesondere Herrn Kollegen Dittrich, sei für die Übernahme der nicht unerheblichen organisatorischen Arbeiten gedankt, die mit der Vorbereitung und Begleitung dieser Tagung verbunden sind. In diesem Zusammenhang gebührt auch den Herren Kollegen Glesner und Grass Dank, die für die GI und die ITG die Vorbereitung der Tagung begleitet und durch vielfältige Anregungen und Hinweise die Planungen maßgeblich unterstützt haben.

Ohne das tatkräftige Engagement meiner Sekretärin Frau Jacobs hätten die vielen Termine nicht eingehalten werden können.

Abschließend sei der Stadtsparkasse Dortmund und den Firmen DOSIS, Philips und Siemens Dank abgestattet, die mit finanziellen Zuwendungen dazu beigetragen haben, der Veranstaltung einen angemessenen Rahmen zu verleihen.

Es ist zu wünschen, daß das große Engagement aller an der Vorbereitung und Durchführung beteiligten Personen der Tagung zu einem erfolgreichen Verlauf verhilft und dieses Buch viele aufmerksame und kritische Leser findet.

Dortmund, im Juli 1990 Bernd Reusch

Veranstalter

VDE/VDI- Gesellschaft Mikroelektronik (GME),
Fachsektor 5 *Software für Mikroelektronik*

Gesellschaft für Informatik e.V. (GI),
Fachausschuß 3.5 *Entwurf und Architektur hochintegrierter Schaltungen und Systeme*

Informationstechnische Gesellschaft im VDE (ITG),
Fachausschüsse 4.1 *Hardware-Architektur* und 5.2 *Rechnerunterstütztes Entwerfen*

Gesamtleitung

Prof. Dr. B. Reusch, Dortmund

Programmausschuß

Prof. Dr. K. Antreich, TU München

Dipl.-Ing. J. Eggers, Valvo GmbH, Hamburg

Prof. Dr. W. Fichtner, ETH Zürich

Prof. Dr. M. Glesner, TH Darmstadt

Prof. Dr. W. Grass, Universität Passau

Prof. Dr. H. Grünbacher, TU Wien

Dipl.-Ing. H. Heckl, GMD, St. Augustin

Prof. Dr. J. Jess, TU Eindhoven

Prof. Dr. P. Marwedel, Universität Dortmund

Prof. Dr. J. Mucha, Universität Hannover

Prof. Dr. F. J. Rammig, Universität-GH Paderborn

Prof. Dr. B. Reusch, Universität Dortmund (Vorsitz)

Dr. W. Rosenstiel, Universität Karlsruhe

Dr. G. Venzl, Siemens AG, München

Prof. Dr. K. Waldschmidt, Universität Frankfurt

Dr. D. Wolff, Telefunken electronic GmbH, Heilbronn

Dr. K. Zibert, Siemens AG, München

Prof. Dr. G. Zimmermann, Universität Kaiserslautern

Organisationsausschuß

Prof. Dr. G. Dittrich, Universität Dortmund (Vorsitz)

Dipl.-Inform. A. Höffmann, Universität Dortmund

Inform. (grad.) W. Hunscher, Universität Dortmund

Dr. N. Jesse, Universität Dortmund

Prof. Dr. C. Moraga, Universität Dortmund

Dr. G. Szwillus, Universität Dortmund

Inhaltsverzeichnis

TANGO: Ein objektorientierter Ansatz zur Technologieanpassung von IC-Layouts

Rainer Brück Elmar Migas
Universität Dortmund
Fachbereich Informatik, Lehrstuhl 1
Postfach 500 500
D-4600 Dortmund 50

Zusammenfassung

Die heutigen Technologien zur Fertigung integrierter Schaltungen unterliegen häufigen Wechseln. Der Wunsch, existierende Entwürfe weiterverarbeiten zu können, erfordert automatisierte Technologieanpassungssysteme. Bestehende Ansätze sind aufgrund der mangelnden Repräsentation semantischer Layoutdaten nicht für modernste Technologien geeignet. Dieses Papier beschreibt TANGO, ein objektorientiertes Technologieanpassungssystem, das auf der konsequenten Repräsentation nicht nur geometrischer, sondern auch semantischer Layoutdaten beruht. Durch diesen Ansatz werden nicht nur qualitativ höherwertige Anpassungen ermöglicht, sondern auch der Bereich der nutzbaren Technologien und Technologieübergänge erweitert.

1. Einleitung

Im Bereich der Anwendung integrierter Schaltungen gingen die Anforderungen in den letzten Jahren immer mehr in Richtung der Integration hochkomplexer Systeme auf einem einzigen Schaltkreis. Systeme dieser Art erfordern häufig eine Million oder mehr elektrische Schaltelemente zur Realisierung ihrer Funktionalität. Eine derart hohe Anzahl von Bauteilen erreicht aber auch heute das obere Ende der technologischen Möglichkeiten. Es ist zu erwarten, daß auch in Zukunft immer Entwurfsaufgaben bestehen werden, die die jeweils maximalen Möglichkeiten der Technologie voll ausschöpfen.

Bei den angesprochenen Bauelementeanzahlen ist es leicht einsichtig, daß eine rein manuelle Durchführung des IC-Entwurfs nicht in Betracht kommt, da sowohl der Zeitaufwand, als auch die hohe Fehlerwahrscheinlichkeit einen unvertretbar hohen Entwurfsaufwand zur Folge hätten. Der Einsatz von CAD ist also zwingend. Speziell im Bereich des Layoutentwurfs für integrierte Schaltungen sind die heute vorhandenen CAD-Hilfsmittel jedoch den hier gestellten Entwurfsaufgaben nicht gewachsen. Die Beschränkung auf einfache Datenmodelle und festgelegte technologische Grundannahmen, die den Möglichkeiten aktueller Technologien nicht entsprechen, haben allenfalls suboptimale Lösungen von Entwurfsproblemen zur Folge.

Zu den wesentlichen Anforderungen, die an moderne CAD-Systeme für den Layoutentwurf zu stellen sind, gehören **Technologieinvarianz** – die Möglichkeit, einer Weiterentwicklung von Technologien ohne softwaretechnologische Manipulationen der Systeme folgen zu können und **Sophistizität** - die Fähigkeit, hochkomplexe Entwurfsaufgaben (teil-)automatisiert bearbeiten zu können [Brü 89]. Zur Funktionalität eines technologieinvarianten CAD-Systems für den IC-Entwurf gehört dann auch die Möglichkeit, vorhandene, gemäß älterer Technologien entworfene (Teil-) Schaltungen an die Möglichkeiten und Erfordernisse der neuesten Technologien anzupassen. Auf diese Weise können alte Entwürfe über viele

Technologiegenerationen verwendet werden und sind auch als Teilschaltungen in neuen Entwürfen einsetzbar. Eine derartige Operation wird als **Technologieanpassung** bezeichnet.

Bis heute existieren nur wenige erfolgreiche Ansätze zur Technologieanpassung. Sie basieren auf dem Prinzip der Layoutkompaktierung [Boy 88]. Den Technologieanpassungssystemen wird ein anzupassendes Layout und eine Menge von geometrischen Entwurfsregeln, die die Eigenschaften der Zieltechnologie repräsentieren, eingegeben. Die Anpassung erfolgt durch Konstruktion eines gemäß den angegebenen Entwurfsregeln möglichst kompakten Layouts unter Beibehaltung der ursprünglichen Layouttopologie. Die zur Zeit bekannten Technologieanpassungsverfahren, die auf diesem Prinzip beruhen, sind [Sch 84], [Har 87] und [BWW 89]. Sie alle zeichnen sich dadurch aus, daß sie einen recht guten Kompaktierungsgrad erzielen, also recht flächengünstige Ergebnisse liefern. Alle Verfahren verfügen jedoch über Einschränkungen, die den praktischen Einsatz limitieren. Diese Einschränkungen betreffen Eigenschaften der Technologien, die aus Ausgangs- und Zieltechnologien verwendet werden können. Die Systeme von Schiele [Sch 84] und Hartmann [Har 87] basieren auf dem klassischen Verfahren der Abstandsgraphkompaktierung nach Hsueh [Hsu 79], das sie auf die ausschließliche Bearbeitung isoorientierter geometrischer Strukturen begrenzt. Das in Dortmund entwickelte Verfahren [BWW 89] verwendet einen modifizierten Graphansatz, der auch die Möglichkeit der Verwendung nicht rechtwinklig orientierter geometrischer Strukturen vorsieht. Allen drei Verfahren ist es jedoch gemeinsam, daß sie "kantenorientiert" vorgehen, also das Layout als eine Ansammlung von Polygone bildenden Liniensegmenten (Kanten) auffassen, die jeweils lokal in eine den eingegebenen Zielentwurfsregeln gemäße Position gebracht werden. Dabei wird jedoch keinerlei Information über den "semantischen Kontext" einer solchen Kante, also deren Bauteilzugehörigkeit, bzw. deren Einbindung in eine bestimmte geometrisch/elektrische Umgebung gemacht. Dies hat zur Folge, daß alle drei Systeme zunächst lediglich Technologieanpassungen im Sinne einer Anpassung an veränderte "Design Rules", also Weiten-, Abstands- und Überlappungsregeln für geometrische Strukturen, erlauben.

Bei den heute verwendeten Technologien und bei der Art der Veränderung von Technologien in Zuge ihrer Weiterentwicklung sind jedoch auch darüber hinausgehende Anpassungen, die eine Veränderung der Layouttopologie zur Folge haben, oder die kontextabhängig neue Regeln in eine Technologie einbringen (z. B. Reflexionsregeln [PKP 85]), erforderlich. Derartige Anpassungen lassen sich dann recht einfach durchführen, wenn ein CAD-System in der Lage ist, gewisse Layoutunterstrukturen aus einem gegebenen Layout zu entfernen und durch neue Strukturen zu substituieren.

In diesem Artikel wird mit **TANGO** (Technologieadaption durch Substitution geometrischer Objekte) ein System vorgestellt, das Technologieanpassung durch Substitution von Objekten in einem objektorientiert repräsentierten Layout durchführt. Zunächst wird das zugrundeliegende Datenmodell beschrieben. Anschließend werden die Algorithmen zur objektorientierten Technologieanpassung präsentiert. Eine kritische Bewertung der Möglichkeiten und der Begrenzungen des vorgestellten Verfahrens beschließen den Artikel. Eine ausführliche Beschreibung des Systems und der zugrundeliegenden Ideen findet sich in [Mig 90].

2. Konzepte und Modelle

Die zentrale Rolle bei der Erstellung von CAD-Systemen mit einem hohen Grad an Sophistizität spielt ein geeignetes Datenmodell. Bei den heute verbreiteten CAD-Systemen zur Unterstützung des Layoutentwurfs sind die Datenmodelle auf die Repräsentation rein geometrischer Daten beschränkt. Ein Layout wird hier als eine Menge von geometrischen Strukturen betrachtet, die jeweils einer IC-entwurfsrelevanten Material- bzw. Maskenebene zugeordnet sind. Geometrische Strukturen werden entweder als voneinander unabhängige Polygone (z.B. [PKP 85], [BoL 87], [Sch 84]) dargestellt, denen als zusätzliche Information lediglich die Maskenebene zugeordnet ist, oder als geometrisch benachbarte Rechtecke (z.B. [OHM 85]) ebenfalls mit einer Maskenebenenzuordnung betrachtet. Beide Darstellungsformen ermöglichen zwar prinzipiell einen recht effizienten Zugriff auf die geometrischen Daten, beinhalten jedoch keinerlei Information über die **Semantik** der jeweiligen geometrischen Strukturen. Unter der **Semantik** einer geometrischen Struktur ist hier ihre Einbindung in einen bestimmten schaltungstechnischen Kontext (z. B. Bauteilzugehörigkeit, topologische Nachbarschaft) zu verstehen..

Bei den heute verwendeten Technologien ist jedoch die Information über die Semantik der geometrischen Strukturen von entscheidender Bedeutung. In folgenden Bereichen werden semantische Daten explizit für Layout verarbeitende Operationen verwendet:

- **Bauteilbezogene Entwurfsregeln**
  Design Rules werden häufig nicht nur als Eigenschaften layoutbildender Materialebenen definiert, sondern spezifisch für bestimmte Typen von Bauelementen, Kontakten oder Leitungen formuliert.
- **Explizite Differenzierung von Bauelementen und Leitungen**
  Für Verbindungsleitungen gelten häufig andere Restriktionen als für geometrische Strukturen, die einzelne Bauelemente, wie Transistoren, Kontakte, o.ä. bilden. So werden beispielsweise bei Bipolartechnologien die Verbindungsleitungen bei der Definition von Bauelementeentwurfsregeln gar nicht in Betracht gezogen.
- **Kontextspezifische Eigenheiten**
  Für gewisse geometrische Strukturen gelten heute vielfach unterschiedliche Restriktionen in Abhängigkeit von Bauteilen bestimmten Typs, zu denen sie in unmittelbarer Nachbarschaft liegen. (z.B. Reflexionsregeln, Übersprechregeln). Dies trifft insbesondere beim Entwurf analoger integrierter Schaltungen zu.

Die objektorientierte Programmierung [GoR 83], [Bir 79] hat sich in den letzten Jahren als ein guter Weg zur Bearbeitung von Informationen der oben genannten Art erwiesen. Sie ermöglicht insbesondere

- die Definition strukturierter Objekthierarchien
- die differenzierte Zuweisung objektspezifischer Eigenschaften
- die selektive Vererbung von Eigenschaften durch die Objekthierarchie

Objektorientierte Konzepte finden in der letzten Zeit auch mehr und mehr Einzug in CAD-Systeme für den Entwurf integrierter Schaltungen [Wol 89]. Hier sind sie zunächst vor allem in den frühen Phasen des Entwurfs vorzufinden. In den folgenden Abschnitten wird ein objektorientiertes Datenhaltungsmodell für geometrische und semantische Layoutdaten präsentiert, das den Konzepten in [Brü 89] folgend in [Mig 90] detailliert beschrieben ist. Mit Hilfe dieses Modells wird ein technologieinvariantes CAD-System zur Technologieanpassung durch Objektsubstitution ermöglicht.

2.1. Das geometrische Datenmodell

Das geometrische Datenmodell basiert auf dem in [BrW 88] vorgestellten Modell **geoADDICTION**. Dieses Modell ermöglicht eine flexible und weitreichende Repräsentation geometrischer Strukturen, die nicht nur auf die Beschreibung geradlinig begrenzter Objekte beschränkt ist. Die hierarchische Objektstruktur basiert auf einer Erweiterung des kantenorientierten Ansatzes zur Layoutdarstellung, wie er beispielsweise in [PKP 85] propagiert wird. In Abb. 1 wird das geoADDICTION Datenmodell dargestellt.

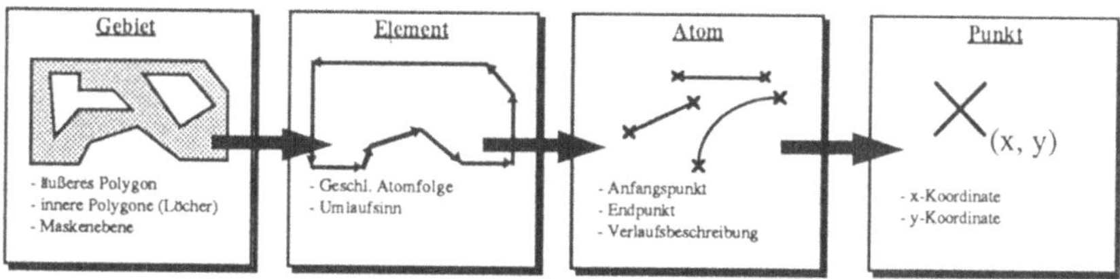

Abb. 1: Das geometrische Datenmodell geoADDICTION

2.2. Das semantische Datenmodell

Das semantische Datenmodell beruht auf dem in [Mör 88] und [Brü 89] vorgestellten Modell **semADDICTION**. Dieses Modell verwendet fünf grundlegende Klassen semantischer Objekte, mit deren Hilfe es ermöglicht wird, Eigenschaften und Beziehungen geometrischer Objekte zueinander zu spezifizieren, und somit die im Sinne der hier beschriebenen Anwendung erforderliche Repräsentation semantischer Daten zu ermöglichen. Das semADDICITON Modell stellt die folgenden Objekttypen zur Verfügung

- **Eigenschaftsobjekte**
  Mit Hilfe dieser Objekte ist es möglich, geometrischen oder semantischen Objekten Eigenschaften zuzuweisen. Eigenschaften werden durch ein dem Eigenschaftsobjekt zugeordneten Attribut-Werte-Paar repräsentiert.
- **Beziehungsobjekte**
  Mit Hilfe dieser Objekte lassen sich Beziehungen zwischen zwei oder mehreren geometrischen oder semantischen Objekten repräsentieren. Ein Attribut-Werte-Paar konkretisiert die modellierte Beziehung.
- **Komponentenobjekte**
  Mit Hilfe dieses Objekttyps werden Aggregationen von Objekten beschrieben. Damit werden die beteiligten Objekte zu einem neuen Objekt zusammengefaßt.
- **Mengenobjekte**
  Objekte dieses Typs dienen zur Generalisierung der beteiligten Objekte, die ihrerseits von unterschiedlichem Typ sein dürfen. Durch Generalisierung wird einer Menge von Objekten eine gemeinsame Eigenschaft zugeordnet.
- **Anzahlobjekte**
  Diese Objekte dienen zur Vervielfachung eines Objekttypen in mehrere gleichartige Objektinstanzen. Sie spielen bei der Verdeutlichung der hier vorgestellten Verfahren keine Rolle und werden nur der Vollständigkeit halber erwähnt.

In Abb. 2 werden graphische Symbole zur Darstellung der oben vorgestellten semantischen Objekttypen angegeben.

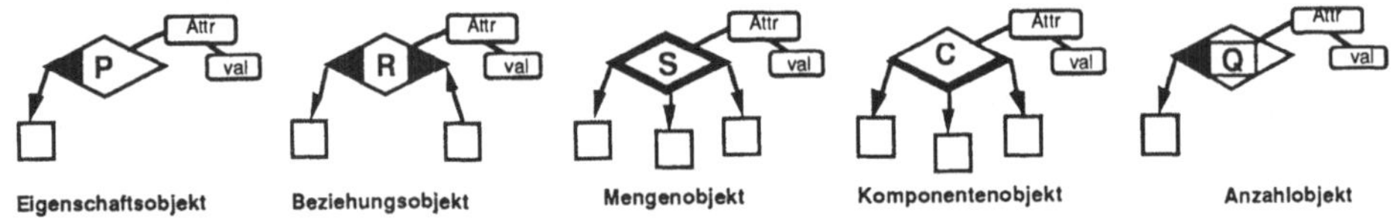

Abb. 2: Semantische Objekttypen

2.3. Layoutdarstellung mit semantischen und geometrischen Objekten

Die Layoutdarstellung kombiniert zumindest zwei Abstraktionsebenen. Neben der üblichen Darstellung der geometrischen Layoutstrukturen existiert eine Darstellung der Netzliste auf Schalterebene. Die Repräsentation von Bauteilen und ihren Unterstrukturen erfolgt unter Verwendung semantischer Objekte. Diese Form der Datenhaltung entspricht einer natürlichen Darstellung von Layouts als einer Realisierung eines elektrischen Schaltbildes, und der geometrischen Layoutstrukturen als einer bauteilweisen Implementation dieser Netzliste, Eine derartige Sichtweise entspricht nicht nur der natürlichen, vom Entwerfer auch beim manuellen Vorgehen an den Tag gelegten Sichtweise, sondern beinhaltet auch alle Informationen über semantische Aspekte, die für den Layoutentwurf relevant sein können.

Abb. 3 verdeutlicht den Aufbau einer Objekthierarchie, die ein Layout semantisch und geometrisch repräsentiert.

- **ein Mengenobjekt** faßt alle Instanzen eines konkreten Bauteiltypen zusammen.
- **ein Komponentenobjekt** bildet für jede Objektinstanz die Spitze eines Objektbaumes, in dem zunächst die semantischen Informationen über seine Zusammensetzung aus Unterobjekten und geometrischen Strukturen betreffen.
- **ein Objektbaum** aus Komponentenobjekten und Beziehungsobjekten repräsentiert den Aufbau eines jeden Objekts und Unterobjekts sowie die für seine Gültigkeit einzuhaltenden geometrischen Beziehungen.
- **ein geometrisches Element** schließlich liefert einen Verweis auf eine hierarchische Repräsentation jeder konkreten geometrischen Struktur, die an der Implementation eines Bauteils beteiligt ist.

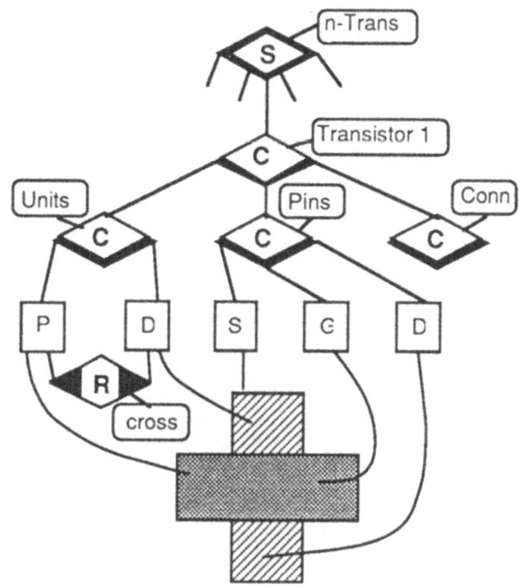

Abb. 3: Die semantische Objekthierarchie

Im folgenden Abschnitt wird die Arbeitsweise des objektorientierten Objektsubstitutionssystems **TANGO** vorgestellt. Das System basiert auf einer Datenhaltung gemäß dem oben genannten Modell. Es ist leicht zu sehen, daß die hier vorgestellten komplexen Layoutmanipulationsoperationen auf diese Weise äußerst einfach realisierbar sind.

3. Verfahren zur Objektsubstitution

3.1. Spezifikation der Substitution

TANGO liest die Beschreibung des zu bearbeitenden Layouts aus mehreren Eingabedateien und schreibt die Ergebnisse in Ausgabedateien zurück. Da aus der Welt der Layoutentwicklungssysteme keine Layoutbeschreibungssprache zur Verfügung steht, die den Ansprüchen hinsichtlich der gemeinsamen Darstellung geometrischer und semantischer Informationen über ein Layout genügt, ist zu diesem Zweck das Dateiformat SLIF (Semantic Layout Interchange Format) entwickelt worden. Abb. 4 veranschaulicht die Ein-/Ausgabe in SLIF.

3.2. Der Rahmenablauf für den Substitutionsalgorithmus

Das Verfahren zur Objektsubstitution gliedert sich in die folgenden fünf Teilschritte:

1. **Einlesen von Layout und Technologiebeschreibung und Aufbau der internen Datenrepräsentation**

   Zunächst müssen dem Substitutionsverfahren alle für seine Arbeit relevanten Daten mitgeteilt werden. Diese Datenbasis besteht aus dem geometrischen Layout, also den Dokumenten, die den geometrischen Aufbau des Layouts beschreiben, die Beschreibung der dem Layout zugrundeliegenden

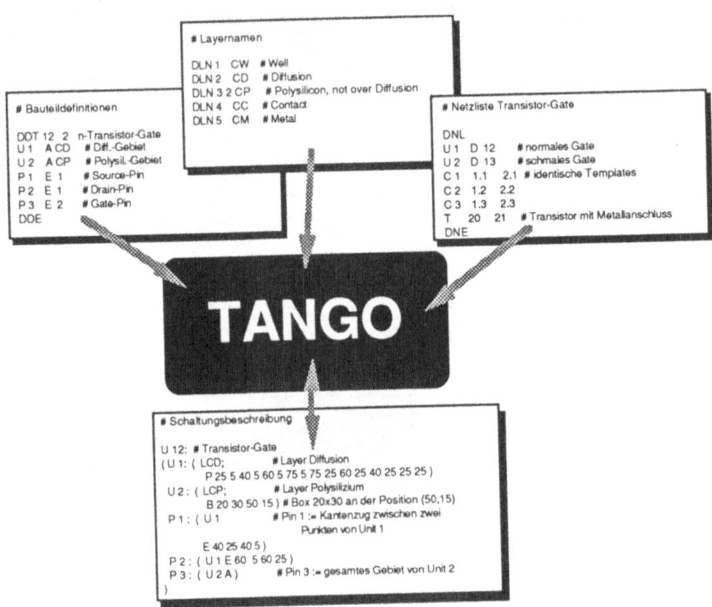

Abb. 4: Ein-/Ausgabe in SLIF

Technologie und den semantischen Informationen über das Layout, die einzelnen Teilstrukturen des geometrischen Layouts bestimmte Eigenschaften zuweisen, wie z. B. Design Rules oder die Zugehörigkeit zu einem Bauelement oder einer anderen Einheit mit einer bestimmten elektrischen Funktion. Im vorliegenden Prototyp sind die geometrischen und semantischen Informationen über ein Layout in einer Datei mit dem neu entwickelten Format SLIF vereint.

2. Auswahl der gewünschten Operation:

2.1. *Auswahl des Suchobjekts*

Da nur Objekte gesucht werden können, die innerhalb der Datenbasis schon bekannt sind, genügt die Auswahl einer Bauteilklasse über ihren Namen, ggf. mit der Festlegung von Parametern, falls die Bauteilklasse parametrisiert ist.

2.2. *Eingabe des Ersatzobjekts*

Dem System muß eine Beschreibung des Ersatzobjekts vorliegen. Falls diese Beschreibung bereits in Form einer Bauteilklasse vorhanden ist, genügt der ggf. parametrisierte Aufruf dieser Klasse. Andernfalls muß das Ersatzobjekt und die neuen Bauteilklassen in SLIF spezifiziert werden.

2.3. *Angabe einer Bedingung, die den Suchbereich einschränkt*

Falls die Operation nicht auf allen Objekten des Layouts durchgeführt werden soll, kann der Wirkungsbereich eingeschränkt werden. Diese Einschränkung kann geometrischer oder semantischer Natur sein. Eine geometrische Einschränkung wird durch eine Umrandung des betroffenen Gebiets und die Angabe, ob die Objekte innerhalb, auf oder außerhalb der Umrandung betroffen sind, definiert (z. B. betrachte nur Objekte, die das Gebiet XY berühren). Eine semantische Einschränkung definiert den semantische Kontext, in dem die betroffenen Objekte liegen oder nicht liegen dürfen (z. B. betrachte nur Transistoren, die in NAND-Gattern vorkommen). Beide Einschränkungen können kombiniert werden.

2.4. *Angabe eines Quantors, der eine interaktive Einflußnahme des Benutzers ermöglicht:*

Bei manchen Ersatzoperationen ist die gewünschte Bedingung nicht formulierbar. In einer solchen Situation möchte der Benutzer sich jede Ersatzmöglichkeit ansehen, bevor er die Substitution für das vorgeschlagene Objekt bestätigt, verhindert, oder gar die gesamte Substitution abbricht. Hier ermöglicht die Angabe eines Quantors aus der Menge { alle Objekte, manche Objekte, ein Objekt } die Steuerung.

3. **Ausführung der Operation, bis die Menge der für die Substitution in Frage kommenden Objekte leer ist:**
   3.1. Bestimmung des nächsten zu ersetzenden Objekts im Suchbereich
   3.2. falls geeigneter Quantor:
   Nachfrage beim Benutzer des Systems mit Abbruchmöglichkeit
   3.3. falls Erlaubnis vorliegt:
   Durchführung der Objektersetzung
   3.4. Markierung einer möglichen Design-Rule-Verletzung
4. **Herstellung der funktionalen und elektrischen Korrektheit des Layouts**
   Da durch die Substitution neue Objekte, insbesondere neue Verbindungsleitungen, in das Layout eingefügt wurden, ohne auf die funktionale oder elektrische Korrektheit der Einbindung zu achten, folgt ein Bearbeitungsschritt, in dem diese Korrektheit überprüft und ggf. wiederhergestellt wird. Zur Analyse der lokalen Situation wird ein Design-Rule-Check eingesetzt. Stattdessen kann aber auch das gesamte Layout neu adaptiert bzw. kompaktiert werden, wobei die Design Rules automatisch eingehalten werden.
5. **Ausgabe des ermittelten Layouts und der neuen Technologiebeschreibung**
   Die Ausgabeoperation produziert Dateien in einem Format, das mit dem der Eingabedateien übereinstimmt, so daß die Ausgabedateien wieder als Eingabedateien für einen neuen Substitutionsschritt benutzt werden können.

Die möglichen Aktionen eines Benutzers des Systems beschränken sich auf den Verweis auf die Eingabedaten (Schritte 1 und 2) und seine Entscheidung bei einer Verfahrensunterbrechung in Schritt 3, ob die Operation durchgeführt, das zur Substitution vorgeschlagene Objekt übergangen oder das Verfahren abgebrochen wird.

3.3. Das Substitutionsverfahren

Dieses Kapitel beschreibt die elementare Operation, mit der ein Teil eines Layouts durch ein anderes Teil ersetzt wird. Die Voraussetzungen sind wie folgt:

1. Gegeben ist ein geometrisches Layout mit der Repräsentation seiner semantischen Eigenschaften. Das zu ersetzende Bauteil ist durch einen Verweis in das Layout markiert.
2. Das Ersatzobjekt ist ebenfalls ein geometrisches und semantisches Layout.
3. Eine Netzliste beschreibt die Korrespondenzen zwischen den Anschlüssen beider Bauteile in Form einer Anschlußmenge pro Korrespondenz, sowie die Transformationsregeln für die übergeordneten Bauteile zur Korrektur der Klassenhierarchie nach der Substitution.

Bei der Substitution wird der Objektbaum, der das zu ersetzende Bauteil beschreibt, entfernt und der Objektbaum des Ersatzobjekts stattdessen eingefügt. Die Substitution gliedert sich in folgende Phasen:

1. Das zu ersetzende Bauteil A wird aus dem Layout entfernt. Dazu wird der das Bauteil A repräsentierende Objektbaum aus dem Layoutbaum gelöst und in ein eigenes Hilfslayout verschoben. An das Bauteil A anschließende Verbindungsleitungen werden auf ein Maß reduziert, das dem verbliebenen Verwendungszweck im Restlayout genügt.
2. Das Ersatzbauteil B wird zunächst semantisch in das Restlayout eingebettet, also an die Position von A eingefügt. Die Anschlüsse von B übernehmen die Positionen der Anschlüsse von A, die noch auf ihre alten Positionen im Layout verweisen, gemäß den Zuordnungen der Netzliste.
3. Das Ersatzbauteil wird nun im Restlayout plaziert. Die Plazierung läuft in drei Phasen ab: Positionierung, Rotation und Größenkorrektur.

   Zur Positionierung werden die Schwerpunkte der Bauteile A und B bestimmt. Das neue Bauteil wird zunächst über dem alten Bauteil positioniert, indem die Schwerpunkte der beiden Bauteile zur Deckung gebracht, sprich eine geeignete Koordinatenverschiebung des neuen Bauteils vorgenommen wird.

   Gemäß der Netzliste zwischen den Anschlüssen von A und B wird die Summe alle Abstände der korrespondierenden Anschlüsse bestimmt. Diese Summe ist durch Drehung des Bauteils B um den Schwerpunkt um in der Geometrieklasse zugelassene Winkel zu minimieren. Damit ist die Orientierung des neuen Bauteils festgelegt.

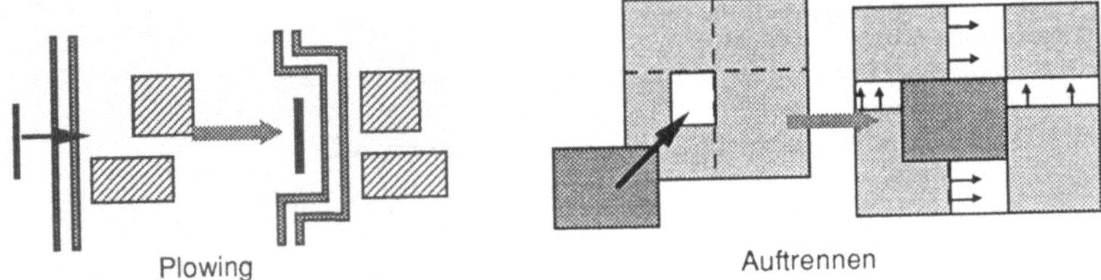

Abb. 5: Größenanpassung

Nun muß sichergestellt werden, daß das neue Bauteil komplett innerhalb des umliegenden Layouts liegt bzw. keine Gebiete des restlichen Layouts mit eigenen Gebieten der gleichen Schicht überlappen, es sei denn, überlappende Gebiete seien durch eine Anschlußrelation miteinander verbunden. Werden bei der Überprüfung aller Gebiete von B verbotene Überlappungen festgestellt, so müssen die Überlappungen eliminiert werden. Dazu gibt es zwei Möglichkeiten:

a) Die vordere Kante der Überlappung wird vom Schwerpunkt des Bauteils weggeschoben, beginnend mit der Position, die noch keine Überlappung verursacht, bis in die gewünschte Position. Diese Operation ist als "Plowing" [ScO 84] bekannt und verschiebt gleichzeitig alle Kanten des umgebenden Layouts, soweit sie bei der Verschiebung im Weg liegen, also überquert würden. Sie läßt sich auch durchführen, indem das neue Bauteil soweit geschrumpft wird, daß es komplett in die Umrandung paßt, und anschließend kantenweise wieder auf die ursprüngliche Größe aufgeblasen wird (s. Abb. 5).

b) Das gesamte Layout wird entlang der geradlinigen Verlängerung einer überlappenden Kante (Innenseite der Umrandung) aufgebrochen und in dazu rechtwinkliger Richtung verschoben, bis die Überlappung verschwindet. Diese Operation kann in allen vier Orientierungen durchgeführt werden. Nachteil dieser Variante ist die Verbreiterung des gesamten Layouts zur Erzielung eines lokalen Platzbedarfs und die Verbreiterung von Layoutobjekten wie Leiterbahnen, die der Länge nach aufgebrochen werden. Will man sich eine Veränderung am umgebenden Layout ersparen, so empfiehlt sich die Verkleinerung des einzusetzenden Bauteils, im Extremfall auf die kleinsten im Layoutgitter vorgesehenen Punktabstände, unter Vernachlässigung der vorgegebenen Design Rules und unter der Annahme, daß ein nachgeschaltetes Adaptionsverfahren das eingesetzte Bauteil an seine Umgebung anpaßt und die Mindestmaße wiederherstellt (s. Abb. 5).

4. Gemäß der Netzliste zwischen den Anschlüssen des alten und des neues Bauteils müssen die Gebiete des neuen Bauteils mit den Anschlüssen des restlichen Layouts elektrisch leitend verbunden werden. Um diesen Routing-Vorgang durchzuführen, benötigt man die Anschluß-Kantenmengen des Fundobjekts und die Anschlußbeschreibung des neuen Bauteils.

   Jeder Anschluß wird zunächst in seine Anschlußrelation eingegliedert und anschließend auf der geometrischen Ebene mit den anderen Anschlüssen in der Relation verbunden. Falls sich die betroffenen Gebiete mit ihren Anschluß-Kantenmengen weder berühren noch überlappen, muß entweder eine in dieser Anschlußrelation bestehende Verbindungsleitung bis zu diesem Anschluß ausgedehnt oder eine neue Verbindungsleitung zwischen den beteiligten Anschlüssen erzeugt werden. Im letzteren Fall wird eine neue Instanz der Objektklasse "Verbindungsleitung" mit der benötigten Layoutschicht als Parameter erzeugt und in den Anschlüssen mit den Anschluß-Kantenmengen der zu verbindenden Bauteile verbunden.

   Das geometrische Gebiet der Verbindungsleitung wird ermittelt, indem die Endpunkte aller korrespondierenden Anschluß-Kantenmengen über Kanten mit den Anfangspunkten der nächsten Kantenmenge verbunden werden. Wie auch bei der Plazierung, legt das bereits vorhandene Layout dem Routing-Vorgang jedoch Hindernisse in Gestalt von "verbotenen Gebieten" in den Weg. Zur Vermeidung unerwünschten Kurzschlüsse bei der Verlegung der Verbindungsleitungen werden Kanten, die über einem "verbotenen" Gebiet des Templates oder der Umrandung verlaufen, aufgebrochen und um die Ecken des Gebiets herumgeführt. Ist die Neuverlegung einer Leitung nicht auf Anhieb möglich, da z. B. schon mehr als zwei Ecken in die Kantenfolge eingefügt wurden, so wird die ursprüngliche Lage der Verbindungsleitung aus der entsprechenden Hilfsebene kopiert.

   Nach einer vorher festgelegten Anzahl erfolgloser Verlegungsversuche wird der Vorgang abgebrochen, der Benutzer des Systems erhält eine entsprechende Meldung. Eine mögliche Ursache für die Erfolglosigkeit ist die Überkreuzung zweier Verbindungsleitungen, die der gleichen Schicht angehören. Hier soll der Benutzer das Ersatzobjekt um eine Brücke aus einer neuen Schicht zusammen mit den entsprechenden Kontaktlöchern ergänzen oder den Vorgang abbrechen.

Falls die Verbindungskanten den Einschränkungen einer Geometrieklasse unterliegen, müssen sie von gültigen Kantenfolgen emuliert werden.

5. Als abschließende Operation wird die Hilfsebene, die das Ersatzbauteil mit den neuen Verbindungsleitungen enthält, in das restliche Layout kopiert. Danach werden die Hilfsebenen wieder entfernt. Im Falle des Abbruchs der Operation wegen Erfolglosigkeit beim Routing oder Inkonsistenzen bei der Beschreibung der Operation wird stattdessen das alte Bauteil mit seinen Verbindungsleitungen in das übrige Layout kopiert, so daß der ursprüngliche Zustand wieder erreicht ist.

4. Technologieadaption durch Objektsubstitution

Für die Anwendung der Objektsubstitution in Technologieadaptionssystemen gibt es Möglichkeiten auf mehreren Ebenen:

1. Transistorebenen-Adaption (Low-Level-Adaption)
2. Gatter- und Registertransferebenen-Adaption (High-Level-Adaption)

Schon die Low-Level-Adaption geht in ihren Möglichkeiten weit über die Design-Rule-Anpassung hinaus. In Technologieadaptionssystemen, die auf der Anpassung von Design Rules basieren, wird die Topologie des anzupassenden Layouts nicht verändert. Da man sich z. B. in kantenorientierten Systemen darauf beschränkt, nur die elementaren geometrischen Objekte, die Kanten, parallel hin- und herzuschieben, können bei dieser Methode nur die Abstände der Kanten untereinander verändert werden. Eine effizientere Kompaktierung eines Layouts läßt sich erreichen, wenn Kanten auch gedreht werden können. Dies wird im Augenblick aber noch nicht geleistet. Das Problem der Drehung kann nun mit Hilfe der Objektsubstitution umgangen werden, indem ein im wesentlichen rechtwinklig aufgebautes Bauteil durch ein auf Platzbedarf hin optimiertes Bauteil ersetzt wird. Die Objektsubstitution selbst ist darüber hinaus in der Lage, durch die Drehung des Ersatzbauteils vor dem "Einbau" in eine zu den äußeren Anschlüssen optimale Position und Orientierung zu bringen.

Im Bereich der High-Level-Adaption geht es darum, innerhalb eines Layouts ganze Funktionsblöcke beliebiger Größe auszutauschen. Die Adaption eines MOS-Layouts an eine ECL-Technologie beispielsweise ist mindestens auf der Gatterebene angesiedelt, weil die die logischen Grundfunktionen NAND, NOR u. a. darstellenden Transistorschaltbilder sich in ihrer Topologie grundlegend von den Grundschaltungen in der MOS-Technologie unterscheiden. Man kann die Adaption nur durch den Austausch von MOS-NAND gegen ECL-NAND, MOS-NOR gegen ECL-NOR, usw. erreichen. Auf dieser Ebene kann man Layouts auch entwerfen, indem man die Black-Box-Schaltbilder in einem Floorplan nacheinander durch Realisierungen aus einer Zellbibliothek ersetzt.

Wird die Objektsubstitution mit einem leistungsfähigen Routing-Algorithmus ausgestattet, so kann auf beiden genannten Adaptionsebenen durch Neuverlegung der Verbindungsleitungen zwischen den Bauteilen (egal, ob Bauelemente oder Zellen) eine gute Verbindungsstruktur bei geringem Platzbedarf erzeugt werden.

Einen weiteren Kompaktierungsansatz liefert die Objektsubstitution in dem Konzept der schichtspezifischen Zellränder. Da bei der Einbettung eines neuen Objekts für jede Layoutschicht separat geprüft wird, ob verbotene Überlappungen mit dem umgebenden Layout vorliegen, ist es möglich, Layoutschichten sich überlappen zu lassen, die sich nicht gegenseitig beeinflussen. Damit werden Gebiete verschiedener Zellen nicht mehr automatisch disjunkt, der Platzbedarf wird durch das "Übereinanderschieben" von Zellen weiter verringert. Auch der Routing-Vorgang gewinnt durch diese Möglichkeit, da Verbindungsleitungen nun auch, soweit ihre beteiligten Layoutschichten das prinzipiell erlauben, durch Zellen verlegt werden können.

5. Bewertungen

Mit **TANGO** wird in diesem Artikel ein Verfahren vorgestellt, das eine neue Generation von CAD-Systemen für die Bearbeitung von IC-Layouts einführt. Basierend auf einer objektorientierten Entwurfsdatenrepräsentation, die sowohl die – wie bei traditionellen Ansätzen üblichen – geometrischen Layoutdaten, als auch – zusätzlich – semantische Daten explizit verwaltet, wird ein Verfahren vorgestellt, das Objektsubstitution als grundlegende Operation für die Durchführung von Technologieanpassungen nutzt.

Ein Prototyp des **TANGO**-Systems wurde an der Universität Dortmund, Lehrstuhl Informatik 1 (Prof. Dr. B. Reusch) auf SUN 3/60 unter SunOS 4.1 implementiert. Praktische Ergebnisse, die mit Hilfe dieses Systems gewonnen werden konnten, zeigen, daß komplexe Layoutmodifikationen und komplizierte Technologieanpassungen auf einfache und elegante Weise realisiert werden können.

Leider basieren die praktischen Erfahrungen bisher lediglich auf der Bearbeitung relativ kleiner Layouts. Dies liegt darin begründet, daß zur Zeit keine Layouts mit einer hinreichenden semantischen Datenstruktur verfügbar sind und daher von Hand erstellt werden müssen. Um ein System wie **TANGO** praktisch einsetzen zu können ist also die Verfügbarkeit von ergänzenden Layout CAD Werkzeugen erforderlich, die die semantische Datenhaltung unterstützen. Vorübergehend – wenn auch unter Verzicht auf maximale Ausnutzung der Systemfähigkeiten – könnte auch ein Extraktionssystem bestehende Layouts in geeigneter Weise für die Bearbeitung mit **TANGO** aufbereiten. Arbeiten in dieser Richtung sind zur Zeit am Lehrstuhl Informatik 1 im Gange.

6. Literatur

[Bir 79] Birtwistle, G.:
A System for Discrete Event Modelling on SIMULA
MacMillan, 1979

[BoL 87] Bonapace, C. R., C.-Y. Lo:
LARC2: A Space Efficient Design Rule Checker
Proc. Int'l Conference on Computer Aided Design, 1987, S. 298 - 301

[Boy 88] Boyer, D. G.:
Symbolic Layout Compaction Review
Proc. 25th Design Automation Conference, 1988, S. 383 - 389

[Brü 89] Brück, R.:
Technologieinvarianz und Sophistizität: Wege zu leistungsfähigeren CAD-Systemen für den physikalischen Entwurf integrierter Schaltungen
Universität Dortmund, Fachbereich Informatik, Dissertation, 1989

[BrW 88] Brück, R., H. Wronn:
geoADDICTION: – Flexible Handling of Complex Geometries in IC Layout Tools
Proc. Int'l Symposium on Circuits and Systems, 1988, S. 723 - 726

[BWW 89] Brück, R., J. Waterkamp, R. Wicke, G. Schrammeck, M. Reinhardt:
Technology Tracking of Non-Manhattan VLSI Layout
Proc. 26th Design Automation Conference 1989 S. 298 - 303

[Gol 83] Goldberg, A., D. Robson:
Smalltalk 80: The Language and its Implementation
Addison Wesley, 1983

[Har 87] Hartmann, H.:
Automatic Layout Transformation of Mask Layout to New Design Rules
Proc. COMPEURO'87, 1987, S. 646 - 649

[Hsu 79] Hsueh, M. Y.:
Symbolic Layout and Compaction of Integrated Circuits
ERL Memo No. UCB/ERL M79/80, University of California, Berkeley, 1979

[Mig 90] Migas, E.:
Technologieadaption von IC-Layouts durch Substitution geometrischer Objekte
Universität Dortmund, Fachbereich Informatik, Diplomarbeit, 1990

[Mör 88] Mörchen, B.:
Repräsentation semantischer Daten in CAD-Systemen für IC-Layout
Universität Dortmund, Fachbereich Informatik, Diplomarbeit, 1988

[PKP 85] Perry, S., S. Kalmann, D. Pilling:
Edge-Based Layout Verification
VLSI Systems Design, Sep. 1985, S. 106 - 114

[Sch 84] Schiele, W.:
Entwurfsregelanpassung der Maskengeometrie integrierter Schaltungen
VDI Fortschrittberichte, Reihe 9, Nr. 51, VDI Verlag, 1984

[ScO 84] Scott, W. S., J. K. Ousterhout:
Plowing: Interactive Stretching and Compaction in MAGIC
Proc. 21st Design Automation Conference, 1984, S. 166 - 172

[Wol 89] Wolf, W.:
How to Build a Hardware Description and Measurement System on an Object-Oriented Programming Language
IEEE Trans. on CAD of Integrated Circuits, Vol. 8, No. 3, 3/1989, S. 288 - 301

Hierarchical Netlist Extraction and Design Rule Check

W. Meier
Siemens AG
Corporate Research and Development
D-8000 Munich 83

Abstract. In this paper we present a tool for hierarchical layout verification. Design rule check and netlist extraction can be performed within one program run. This allows to verify more complex rules than with separated tools and avoids redundant work. To improve verification, the program preserves the original layout hierarchy: Each cell in the layout is checked only once and then replaced by an abstract, containing all information needed to check the cell against its environment on the next higher level. The program does not require restrictions concerning the layout style, however the implemented basic algorithm can be modified by user instructions to adapt it to a special design style and thereby increasing its efficiency.

1. Introduction

The layout of an integrated circuit must obey the physical design rules required by the fabrication process. These rules specify the legal sizes of the layout structures, minimal spacings between different features and other constraints. If a layout does not fulfill these rules the produced chip will not function correctly. The task of a design rule check (DRC) program is to verify all these technology specific rules.

In addition the layout must be a correct implementation of the circuit specification, i.e. the netlist presented by the layout must be logically equivalent to the specified circuit. To verify this equivalence, first the implemented netlist must be extracted from the layout description. This is the most time consuming part of layout verification.

Earlier layout verification programs always flattened out the chip layout ([1],[6],[7]). In this way the layout of a cell was rechecked for each instance of the cell. Errors found in a cell were reported many times without giving a hint which cell caused the errors. The amount of data to be checked grew linearly with the number of features in the fully instanciated layout.

For todays layouts, containing millions of transistors, it is impossible to verify a completely flattened chip in acceptable time. To overcome this problem hierarchical tools have been developed during the last years ([2]-[5],[8]-[13]). They try to take into account the original layout hierarchy and to verify the layout of each subcell, if possible, only once.

Hierarchical verification however is not an easy problem because the cells cannot be checked independently. The main problem is to handle interactions between different cells: Although a cell may be correct, a wire crossing an instance of that cell may cause a design rule violation or even change the cells netlist.

Existing hierarchical verification programs mainly differ in handling interactions between cells. One solution is to look for instances of a cell with identical neighbourhoods and to check these situations only once ([3],[13]). This method needs a lot of bookkeeping and sometimes it is difficult to handle more than one level of hierarchy. Another approach is to replace each verified cell by an abstract, containing all information needed to check the cell against its environment on the next higher level ([5],[8],[12]). If the abstract of a cell is independent of its environment, this approach can be easily extended to implement incremental layout verification. The abstract method is used in the presented program too.

First hierarchical tools made restrictions concerning the layout style, for example they did not allow any features to overlap subcells ([10],[11]). More recent tools do not demand such restrictions about the layout, but although they are able to check any given layout, hierarchical verification of a bad designed layout may take even more time than a flat verification of the same layout.

Experiences made with existing hierarchical programs showed that besides the need of hierarchical tools it is also very important that designers accept a hierarchical design style. However this design style will depend on the kind of chips to be produced (full custom layout, standard cell chips) and therefore cannot be totally prescribed by the program.

In this paper we present the hierarchical layout verification tool HEXDRC (**H**ierarchical **EX**traction and **D**esign **R**ule **C**heck), which has been developed at SIEMENS for the verification of full custom designs, especially submicron DRAMs. HEXDRC does not require any restrictions concerning the layout design, but it is assumed that the designers accept some kind of hierarchical design style. If this is true, the program will work most effectively. The design style however is not prescribed by the program. Although in standard mode it is assumed that subcells are not too much overlapped by surrounding data, the user may modify the basic algorithm. With these modifications the hierarchical algorithm can be adapted to a specific design style in order to verify a given layout in the most effective way. Especially for full custom chips the designers know in detail the hierarchical structure of the layout. Therefore it is very helpful that the user can tell the program which parts should be treated hierarchically and which parts should be flattened out.

2. The SIEMENS full custom design system

The hierarchical layout verification described in this paper is part of the SIEMENS full custom design system, which is especially applied for the development of submicron DRAMs. The system is used during the complete design process, starting with the input of schematic and layout data and resulting in the mask tape for the chip fabrication. The main task of the system is to guarantee the correctness of the design and therefore it is very important that all components of the system can handle the amount of data required by submicron structures in acceptable time.

The development of a circuit usually starts with the circuit specification. This specification is described by a netlist which can be entered interactively at a workstation. This netlist contains the circuit components with intended parameters, the connection information and estimated values for parasitic capacitances and resistors. The correctness of the specification can be verified using programs for logic simulation and circuit simulation.

The second input to the system is the complete layout, which can be designed using an interactive layout editor. Before generating the mask tapes for the fabrication it must be shown, that the layout meets the specification and that all technology specific rules are fulfilled.

The geometrical design rules are verified by the hierarchical DRC program HEXDRC described below. In addition HEXDRC extracts the implemented netlist from the layout description, which is stored in a database for further checks.

First the extracted netlist is analyzed by an electrical rule check to find severe errors like shorts, missing connections, floating nodes or badly connected transistors. These checks run very fast and they detect those errors, which could lead to confusing results in the next verification steps.

For critical circuit parts, the exact parasitic capacitances and resistances can be extracted from the layout. These parameters can be used to verify the electrical behaviour of the circuit using the same simulators as for the schematic entry.

Finally, the extracted netlist and the schematic netlist are compared to show the logical equivalence between the circuit specification and its implementation.

3. Hierarchical Design Rule Check

In this chapter we start with the description of the hierarchical design rule check. The basic ideas developed here will be extended to hierarchical netlist extraction in the next chapter.

3.1 Basic concept

The basic idea for hierarchical verification is to check each cell in a given layout only once. In general however the cells may not be regarded totally independent because design rule violations and netlist changes may also result from interactions between different cells. These interactions mainly result from overlaps between different subcells or between primitives and subcells. In general such overlaps will decrease the performance of hierarchical verification, so that overlapping subcells should be avoided wherever possible. Restrictions concerning subcell overlapping however should not be prescribed by the verification tool. This leads to the following concept:

For each cell the user may define **protected areas** which should not be overlapped by other cells or by primitive elements. These protected areas may be drawn on a special layer in the layout and may have arbitrary shapes. For all cells which do not contain explicitely drawn protection areas, a protected area is derived automatically by undersizing the cells boundary by a constant value **maxoverlap** specified in the technology file. (The cell boundary itself may also be drawn in the layout, otherwise the minimum enclosing rectangle of all cell data is taken as the cells boundary.)

Let us first assume, that indeed no layout overlaps with the protected areas of a cell and let **maxdrc** be the maximum design rule measure specified in the technology file. In this case, to find all design rule violations between the cell and its environment, it suffices to know all layout structures of the cell which are not completely inside the protected areas with a distance greater **maxdrc**.

Therefore, for each cell we undersize the protected areas by the maximum design rule measure **maxdrc**. The complement of these areas (w.r.t. the cells boundary) is called the cells **abstract region** and the **DRC abstract** of a cell is defined to consist of all layout structures of the cell which overlap with the cells abstract region (figure 1).

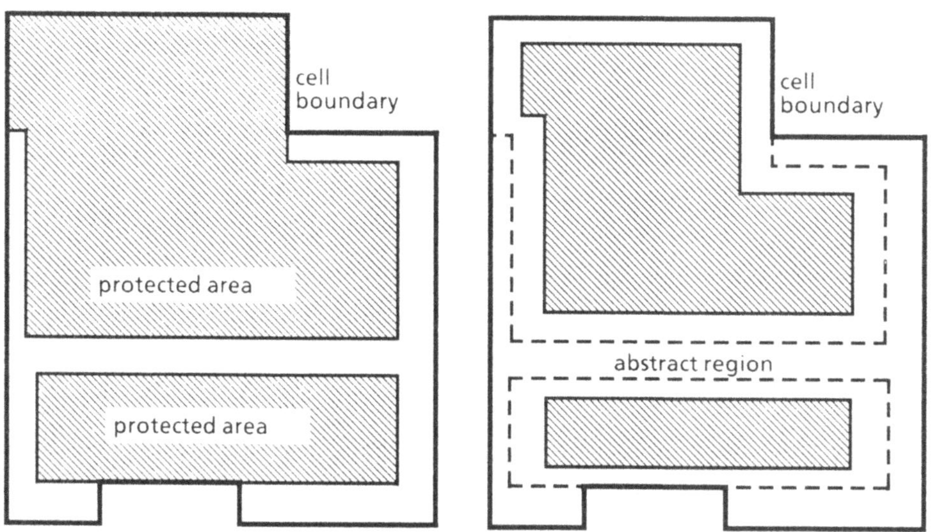

Figure 1: Polygon shaped cell with protected areas and abstract region

Under the assumption, that no layout overlaps with protected areas, to verify a given cell it would suffice to check all subcells and then replace all subcells by their abstracts before checking the parent cell.

In general however it will not always be possible to define protected areas for all cells which will not be overlapped by any layout. Therefore we do not strictly forbid to overlap the protected cell areas: If the protected area of a subcell is overlapped by a primitive or by the bounding polygon of another subcell this is called an **illegal overlap** and we need some extensions to handle these overlaps:

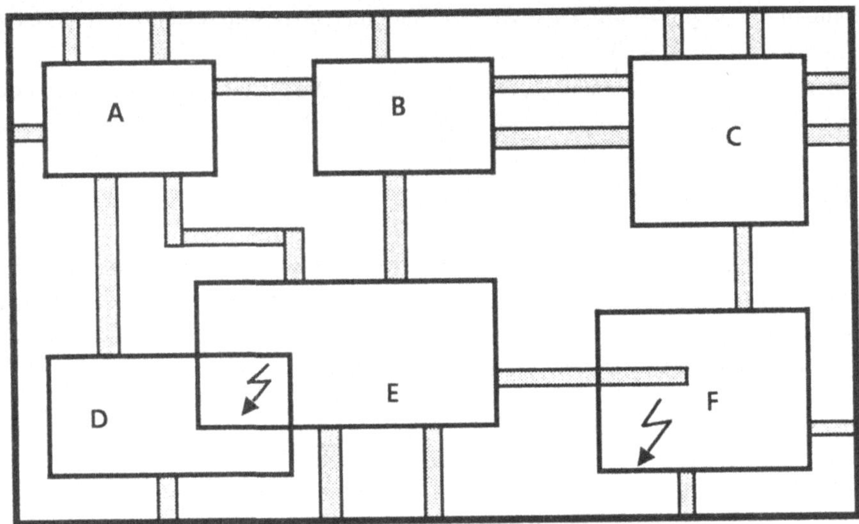

Instances D and E are expanded,
instance F is rechecked in a separate step

Figure 2: Handling instances with illegal overlaps

Illegal overlaps between different subcell instances do not appear very often in a hierarchical design. To detect all effects caused by these overlaps, it will suffice to flatten out both instances.

There are two possible ways to treat illegal overlapping primitives: One possibility is to report these overlaps as errors. In this case the user has to check whether these overlaps cause design rule violations. The second possibility is to recheck overlapped cell instances together with the overlapping layout data in a separate step. This recheck will guarantee that all design rule violations caused by such overlaps will be detected by the program too (Figure 2).

3.2. Main algorithm

The user may select one or more cells from a given layout data base to be verified within one program run. Each of these cells may have an arbitrary hierarchical structure.

A selected cell and all subcells are verified recursively in an order corresponding to the layout hierarchy by a procedure **checktree**: For a given cell **checktree** first determines illegal overlapping subcell instances. These instances are marked to be flattened out. Before verifying the given cell, all subcells corresponding to hierarchically treated instances must be checked by recursively applying **checktree** to these subcells. After this step for all hierarchical subcells the abstract consisting of all layout data in the abstract region of the subcell is availiable. Finally a procedure **checkcell** is called to verify the actual cell and to generate the cells abstract.

The verification of a cell by **checkcell** is a flat check for the given cell together with the abstracts of the subcells. All layout data from the subcell abstracts and the complete layout of flattened subcell instances are regarded as belonging to the cell itself. **checkcell** performs all operations specified in the technology file. In addition during the cell check illegal overlaps between primitives and subcell instances are detected and stored in the internal data base for further analyzing. Finally the abstract of the cell is extracted. Each cell verified by **checkcell** is marked as "checked" and will not be checked again during the program run.

3.3. Recheck for cell instances with illegal overlaps

For each instance which is illegaly overlapped by primitives, the layout of the instance is rechecked together with all illegal overlapping layout elements. In general however it is not necessary to recheck the complete layout of the subcell instance and to recheck all design rules specified in the technology file:

In many cases only a small part of the subcell is overlapped by primitives. In this case it suffices to recheck the overlapped area (extended by the maximum design rule measure) together with the overlapping elements.

On the other hand illegal overlaps usually occur only in few layers. In this case it is not necessary to recheck all design rules. For example, if there are only overlaps in the metal layer, it suffices to recheck all rules which are concerned to metal. Other rules like dimension rules for gates cannot be violated.

To determine the set of design rules which have to be rechecked, HEXDRC assigns to each operation a set of concerned layout layers. In general this set is the union of the corresponding sets of all input layers needed for that operation. For original layout layers the corresponding set consists of the layers number, for derived layers the corresponding sets are recursively obtained from the input layers.

With this information it is easy to determine all operations needed for the recheck: A design rule must be rechecked only if the associated set of concerned layers and the set of layers containing overlapping primitives are not disjoint.

4. Hierarchical Netlist Extraction

For hierarchical netlist extraction we use the same concept as above, replacing each subcell by an abstract. The main difference appears in the abstract definition which must be extended by some netlist information. Similar to design rule checking, we allow to overlap the protected subcell areas by primitives but it is not allowed to make connections to a subcell within these areas.

4.1. Abstract Definition

The main problem for hierarchical netlist extraction is to find all connections between different cells. For this the abstract of a cell must also contain information about the external nodes of the cell, i.e. which elements may be connected from outside the cell and to which cell internal nodes these elements belong.

Let us first assume again, that no layout overlaps with the protected areas of the cells. In this case, to find all connections to a subcell, it will suffice to know all layout elements of the subcell which are not completely inside the protected areas with a positive distance. Therefore the **abstract region** of a cell again can be defined as the complement of the undersized protection areas. Unless netlist extraction and design rule check are not executed in parallel, it suffices to undersize the protected areas by one grid unit.

In the simplest case any conducting element in the abstract region of a cell could be regarded as a terminal. In general however, not all these elements are intended to be connected from outside. Therefore, for each conducting layer the user may specify in the technology file, which elements in the abstract region have to be regarded as **terminals**. This can be done by the normal selection operations: Elements overlapped by a special layer, elements labeled by texts, elements belonging to specified nodes or any combination of such conditions. If no terminals are specified in the technology file, any conducting element in the cells abstract region is regarded as a terminal. All conducting elements, which are not selected as terminals are called **nonterminals**.

Terminals can be defined only in the abstract region of a cell. This however is in fact no restriction because the abstract region may have arbitrary shapes and can be placed anywhere in the cell.

Similar to design rule checking the **net abstract** of a cell consists of all layout structures in the cells abstract region. In addition, for each conducting element in the abstract region the net abstract contains a pointer to the cell internal node associated with the element and a flag whether the element represents a terminal. Finally the cell internal netlist may be considered to be part of the net abstract too. (Figure 3)

4.2 Netlist extraction

To extract the netlist of a given cell, we replace all subcells by their net abstracts. The extraction works nearly the same way as a flat extraction, special operations are only needed to handle connections between primitives and subcells and between abutting or overlapping subcells.

Each conducting layer in a cell is merged together with all abstract elements of the same layer. While merging elements from the parent cell and from different subcell instances we collect the information about the origin of these elements to obtain the connection information:

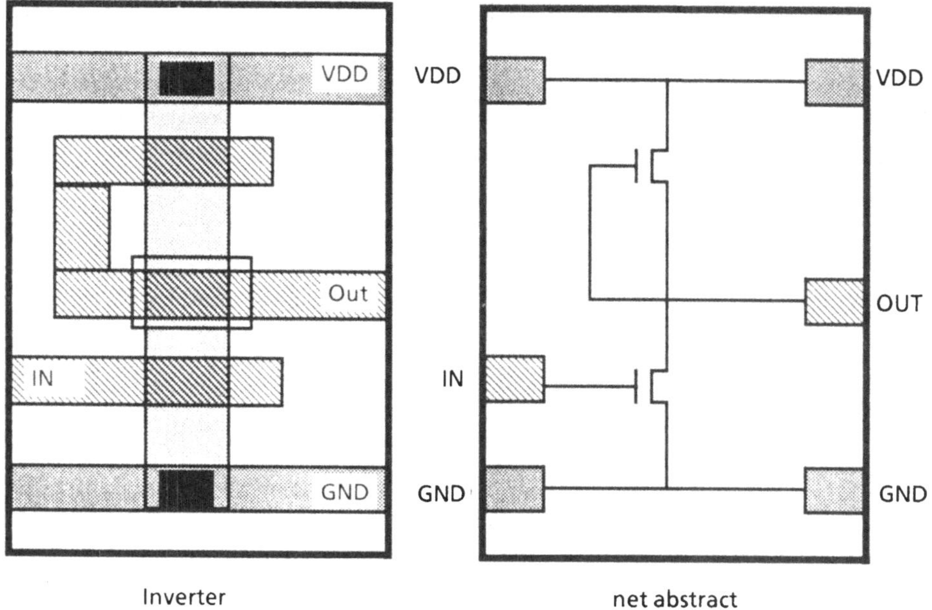

Figure 3: Full layout of a cell and net abstract

If a resulting element contains a terminal of a subcell instance, then this terminal is connected to the node associated with the merged element in the parent cell. Similar, if a nonterminal of a subcell abstract is merged with elements not belonging to the same instance, this represents an illegal connection to that nonterminal.

The flat extraction of the parent cell first will recognize only connections existing in the cell itself. Elements in the parent cell however may be connected via a conducting path inside a subcell instance. Therefore in a final step we have to identify nodes which are connected to electrically equivalent terminals of the same instance and then merge these nodes into a single node.

4.3 Reanalyzing illegal overlaps

The net abstract of a subcell contains the complete information needed to find all connections within the subcells abstract region. Connections within the subcells protected area however, which are caused by illegal overlapping primitives cannot be detected if the subcell is replaced by its abstract. For hierarchical netlist extraction however it is very important that the extractor will not only recognize connections via terminals in the abstract region but also check that there are no illegal connections to nonterminal elements in the protected areas.

To guarantee the correctness of the extracted netlist, illegal overlapping primitives are rechecked in a separate step: For each primitive which overlaps with the protected area of a subcell instance it is checked whether this overlap changes the extracted netlist. If this is true, the extracted hierarchical netlist is not correct and the overlap is reported as an error. In this case the user hase to correct the layout or to change the definition of the subcells protected area.

With this recheck a correct hierarchical netlist can be guaranteed even if some wiring is crossing the protected areas of the subcells. Connections to a subcell however may occur only within the subcells abstract region.

4.4 Handling unconnected terminals and illegal connections

Within the abstract region we distinguish between terminals and nonterminals. Normally, only terminals of a subcell may be connected from outside and connections to a nonterminal are reported as errors. In this case, depending on the reason, the user has to correct the layout or to modify the definition of the terminals.

Another possibility would be to store these illegal connections similar to legal connections in the extracted database and automatically treat the connected nonterminals like specified terminals. This method avoids a re-extraction of the complete circuit.

In many cases declared terminals of a subcell are not connected in the extracted chip layout and it may even be that different instances of the same cell have different numbers of connected terminals. This may lead to problems when generating a hierarchical netlist in a SPICE like format, requiring an actual node for each formal parameter of a subcircuit. Usually it suffices to create dummy nodes as actual parameters for unconnected terminals. Another possibility would be to create different subcircuit descriptions for each appearing variant.

5. Modification of basic algorithm by user instructions

For a given chip in the simplest case the technology files for hierarchical verification and for flat verification are nearly the same. Although the basic algorithm described above will always guarantee to detect all design rule violations and all connections, depending on the actual layout it will not always do it in the most effective way. Therefore the user has a lot of possibilities to modify the basic algorithm.

In general it is not the best way to handle all cells in a layout hierarchically. In some cases hierarchical verification may need even more time than flat verification. For example if the abstract of a cell contains nearly the complete layout of the cell, it will be better to flatten out all instances of that cell. The same is true for cells with many illegal overlapping elements. In this case the recheck would need the same time as the verification of the cell itself. Therefore, to improve hierarchical verification the user may specify in the runset which cells have to be treated hierarchically and which cells should be flattened out.

The basic algorithm assumes that there are not too much illegal overlaps in the layout. For a layout with wires crossing nearly all cells it will work very ineffectively. On the other hand layouts are often designed in a more restrictive design style. Using the basic algorithm the program however cannot take into account these additional information. To overcome these problems, the user can specify its own hierarchy rules in the technology file.

The most powerful option is the possibility that design rules may not only refer to the layout data of the actual cell but also to layers of (already checked) subcells. For example consider a standard cell block with METAL2 crossing nearly all standard cells. In this case it would be very ineffective to recheck all cell instances together with the "illegal" overlapping METAL2.

Usually each cell already contains a special layer which defines those areas where no METAL2 may cross on the higher levels of hierarchy. These areas are for example needed by the router. In this case, to check a minimum distance rule for METAL2 the user first may specify, that illegal overlaps in METAL2 should be ignored and not reanalyzed. In addition he may define rules in the technology file which check that no METAL2 of the actual cell overlaps the keepout areas of the subcells and that all METAL2 in the actual cell is inside the cells keepout area with the required distance.

If there were no keepout areas defined in the cells, another possibility to check the minimum distance rule in METAL2 would be to import the complete METAL2 layer from the subcells into the root cell and then merge it with METAL2 of the root cell. This gives the possibility to make a flat check for this special design rule in the root cell.

DRC instructions may also be used together with netlist extraction. Therefore similar hierarchy rules could be specified in the technology file to avoid reanalyzing of subcell instances for illegal connections. For example, if terminals only occur at the cells boundaries, it could be checked that no METAL2 of the parent cell touches or overlaps METAL2 in a subcell instance except in the boundary region.

6. Application experiences

The hierarchical verification tools are realized on a SIEMENS mainframe. While the implementation of the hierarchical netlist extraction is not yet completed, the hierarchical design rule check is productively used at SIEMENS since 1989, especially for the development of DRAMs and for the quality assurance of ASICs.

Compared with flat verification, for standard cell blocks the CPU time needed for a design rule check could be reduced atleast by a factor 3. For complete ASIC chips, containing standard cell blocks, macros and memory blocks the hierachical DRC is the only way to verify the design rules in acceptable time.

The most impressive results were obtained with the verification of DRAMs. The design rule check for a 4M DRAM, containing 8 identical blocks, could be improved by a factor 15, reducing the runtime from more than 140000 sec for the flat DRC to 10000 sec for a hierarchical check.

The flat design rule check however never has been used in practice to verify a complete 4M DRAM. In the past, the designers used a "quasi-hierarchical" method, applying the flat tool to the different blocks of the complete chip. These quasi-hierarchical checks required a lot of additional manpower (e.g. drawing special layers in the layout, combining the results of different steps) and could not guarantee to find all design rule violations caused by interacting cells.

Now the hierarchical DRC not only reduces the runtime but also increases the design security, checking a complete chip within one program run. For a first design of a 16M DRAM the hierarchical DRC was even faster than a comparable quasi-hierarchical check of a 4M chip, although the amount of data has increased by a factor four!

Concerning netlist extraction we expect a similar improvement. A first experimental version of the hierarchical netlist extractor has been implemented and was applied to existing layouts. For different types of layout, containing up to 5 levels of hierarchy, the extractor delivered correct hierarchical netlists.

Besides the runtime reduction, it is very helpful that the extractor preserves the original layout hierarchy. This, for example makes it much easier to interpret the results of a netlist comparison check: Although the netlist comparison program flattens out the input netlists for internal checks, it uses the hierarchical path names of the elements and nodes in the error report. In many cases this is a direct hint to the layout cell containing the nonmatching netlist part. Even if the pure extraction time is reduced only by a small factor, the time for evaluating a subsequent netlist comparison can be reduced from days to one hour!

7. Future work

In our full custom design system the extracted netlist is used to verify the logical correctness of the implemented circuit by comparing it with the schematic netlist. In the past, the design hierarchy could not be used during netlist comparison, because the extracted netlist was always flat. Now HEXDRC extracts a hierarchical netlist which is isomorphic to the layout hierarchy. Therefore one important extension of the verification system will be to use hierarchy for netlist comparison too.

8. Conclusions

Layout verification can be significantly improved by taking into account the layout hierarchy. The presented program HEXDRC makes it possible to verify a complete circuit in acceptable time.

For regular layouts the time needed for verification could be reduced up to a factor 15. In addition, the hierarchical error output makes it much easier to evaluate the results and to locate design rule violations. This improves the whole design process.

HEXDRC does not assume restrictions concerning the layout style, therefore it can be used to verify any kind of layout. The basic hierarchical algorithm can be modified by user instructions, this makes it possible to adapt the program to a given design style and to use the layout hierarchy more effectively than in other tools.

Netlist extraction and design rule check are integrated into a single tool, working on the same database. This allows to verify more complex rules, for example node dependent design rules. In addition design rule checking and netlist extraction often need the same operations. With an integrated tool such redundant work can be omitted.

References

[1] Gupta A., "ACE: A Circuit Extractor", Proc. 20th. Design Automation Conference, 1983, 721-725

[2] Gupta A., Hon R.W., "HEXT: A Hierarchical Circuit Extractor", Journal of VLSI and Computer Systems, 1983, Vol. I, 1, 23-39

[3] Hannken-Illjes J., Golze U., "A hierarchic incremental Designrule Checker" (in german), Informationstechnik, 3(1986), 132-138

[4] Hedenstierna N., Jeppson K., "New algorithms for increased efficiency in hierarchical design rule checking", INTEGRATION, the VLSI journal, 5(1987) 319-336

[5] Henkel V., Golze U., "RISCE - A Reduced Instruction Set Circuit Extractor for Hierarchical VLSI Layout Verification", Proc. 25th Design Automation Conference, 1988, pp. 465-470

[6] Hofman M., Lauther U., "HEX: An Instruction Driven Approach to Feature Extraction", Proc. 20th Design Automation Conference, 1983, pp. 331-336

[7] Perry S., Kalman S., Pilling D., "Edge-Based Layout Verification", VLSI Systems Design, September 1985, 106-114

[8] Scheffer L., Soetarman R., "Hierarchical Analysis of IC Artwork with User-Defined Rules", IEEE Design & Test, Feb 1986, pp. 66-74

[9] Scott W.S., Ousterhout J.K., "Magic's Circuit Extractor", Proc. 22nd Design Automation Conference, 1985, pp. 286-292

[10] Tarolli G.M., Herman W.J., "Hierarchical Circuit Extraction with Detailed Parasitic Capacitance", Proc. 20th Design Automation Conference, 1983, pp. 337-345

[11] Wagner T., "Hierarchical Layout Verification", Proc. 21st Design Automation Conference, 1984, pp. 484-489

[12] Wong Y., "Hierarchical Circuit Verification", Proc. 22nd Design Automation Conference, 1985, pp. 695-701

[13] Yin, M. T., "Layout Verification of VLSI Designs", VLSI Design, July 1985, pp. 30-38

H I P A R E: Hierarchical Circuit and Parameter Extraction from Mask Layout Data

U. Röttcher J. Fritz F. Krohm G. Hess
Fraunhofer Institute of Microelectronic Circuits and Systems
Finkenstr. 61, D-4100 Duisburg 1

Abstract

HIPARE performs hierarchical circuit and parameter extraction from mask layout data including non-Manhattan geometries. Due to its programming modularity and a powerful set of layout operations HIPARE is very flexible in adapting to different technologies and can compute almost all usual device types and their parameters. Additionally, sophisticated algorithms for detailed parasitics such as resistances, intrinsic and internodal capacitances of arbitrary conductors have been implemented. Hierarchical analysis is based on user-defined abstract representations of cells allowing overlaps and inner-cell interfaces.

Introduction

Physical layout verification and the impact of physical layout properties on circuit behaviour is a growing bottleneck for VLSI designs. As long as automated synthesis is restricted to limited applications and manual interference is necessary for most designs, chips have to be completely validated before manufactoring. Thus, it is commonly accepted that there will be a continous demand for fast reliable layout analysis tools.

While the smaller feature sizes yielded faster devices, it has not generally resulted in correspondingly faster circuits, since the influence of layout-generated parasitics became more and more important and may even dominate over device effects. On the one hand the increased complexity augmented the length of interconnections and on the other hand the aspect ratio of interconnection lines is enlarged because vertical dimensions are not scaled down by the same portion as horizontal ones. Resistances of lines, as well as intrinsic and internodal capacitances are no longer negligible and are responsible for degraded speed, crosstalk or additional noise. Consequently it is necessary to include all these interconnect parameters in the circuit model by means of circuit and parameter extraction from mask layout data. Thus, the intent of HIPARE is to provide a detailed representation of the circuit with emphasis on the inclusion of all performance affecting parasitics.

Continous advancements in the process technologies of integrated circuits have raised the requirements regarding flexibility and technology independence. Whereas most circuit extractors are tailored to the demands of MOS technologies /1-8/, a more general approach was made within HIPARE, allowing to adapt to different MOS, BiCMOS and bipolar technologies.

Another major problem in verifying VLSI circuits is the complexity itself due to excessive runtimes, large netlists and difficult interpretation of error reports. To reduce this problem, the program takes advantage of the layout hierarchy to significantly increase performance over conventional flat analysis. Therefore a hierarchical scheme with only few restrictions was developed, which does not force major changes in design style and allows cell overlaps.

System Overview

Fig. 1 gives an overview of the whole system and the internal flow structure. Mask pattern data from an interactive design system is first input into the internal database. HIPARE supports several popular graphic formats (e.g. GDSII) including non-Manhattan geometries. During the preprocessing hierarchy can be manipulated, digitizing errors are reported and several filter-functions can be performed. The second preprocessing part deals with the compilation of the technology description producing the input information and the flow structure for the different HIPARE programs.

In order to reach technology independence and high flexibility in device recognition a powerful set of layout operations was implemented using fast edge-based algorithms /10,11/ for all-angle geometries. The available set includes boolean mask operations, geometrical operations like resizing, measuring operations and a variety of topological operations in order to select geometries on a lot of different geometrical features, layer interactions or electrically relevant parameters. Together with the ability to consider local connections during device recognition all usual device types including complex bipolar devices, passive componenents and complicated MOS-structures are handled.

After the actual circuit and parameter extraction several netlists and graphics ouput can be generated through database interfaces. Additionally electrical rule checks can be performed and graphics-, network- and parameter-database can be processed and queried interactively for efficient error location or parameter analysis allowing the user to quickly identify performance-limiting areas on the layout, e.g. highlighting nodes with capacitance greater than a certain threshold.

Parameter Extraction

To cope with the increasing influence of wiring parasitics, HIPARE includes fast but accurate algorithms for capacitances and resitances of lines. Equivalent resistor networks and capacitances together with all usual device parameters are included within the extracted network, e.g. to produce a hierarchical SPICE inpurt.

Fig. 2 shows the capacitance conditions considered in HIPARE: The intrinsic capacitance is composed of the parallel plate and the fringing field capacitance due to the sidewall plate area of the conductors. The internodal capacitance extraction is split into crossover/overlap and parallel line capacitance. Intrinsic

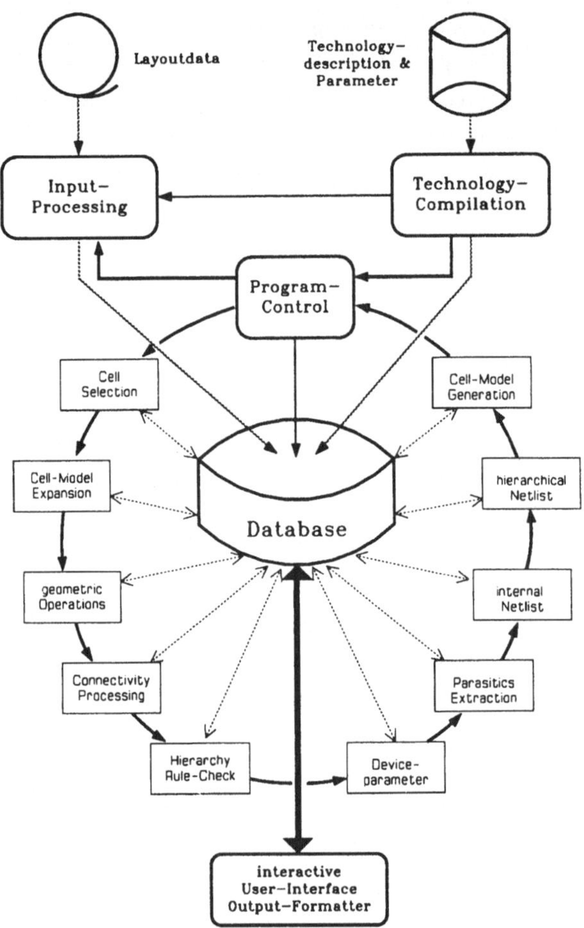

Fig. 1: Overview of the HIPARE system

and crossover capacitances can be reduced to area and circumference calculations with sufficient accuracy using approximate formulas /12/. For arbitrary overlap conditions however, accuracy can be enhanced using different fringing field factors depending on overlap width and relative orientation of the sidewall area to the ground plane.

Parallel line capacitance is computed by table look up after preselecting neighbouring conductor pairs by a maximum separation value. For each pair a capacitance is calculated using separation, conductor width, and length of opposite segments. Capacitance tables for each layer combination within a given technology are once computed automatically with a 2-D Laplace-solver.

Due to a great variety of shapes and arbitrary placed contacts, conductor resistance is considered to be one of the most difficult parameters to calculate from layout. The main problem arises if conductors are branching with more than two terminal nodes or change width. In order to extract an equivalent resistor

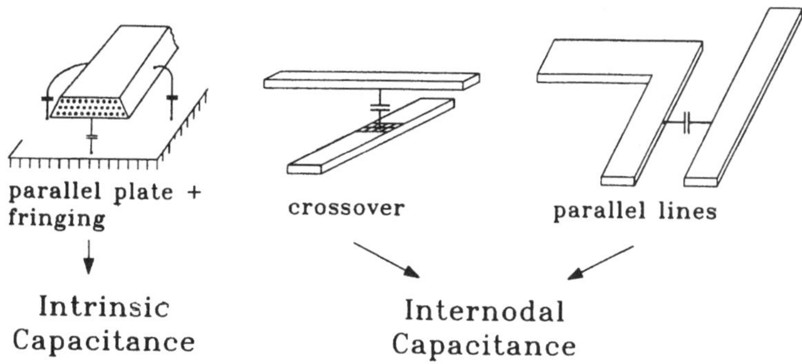

Fig. 2: Capacitance extraction modes

network additional nodes have to be inserted at branching locations and current disturbancies due to bends and changes of width within the resistive regions have to be taken into account. In addition current crowding at contact cuts and contact resistance can be considered. Because large CPU-time requirements of general numerical solutions are not acceptable for VLSI layout extraction, the program includes an efficient algorithm based on the decomposition of a resistive polyon into simpler regions (Fig. 3).

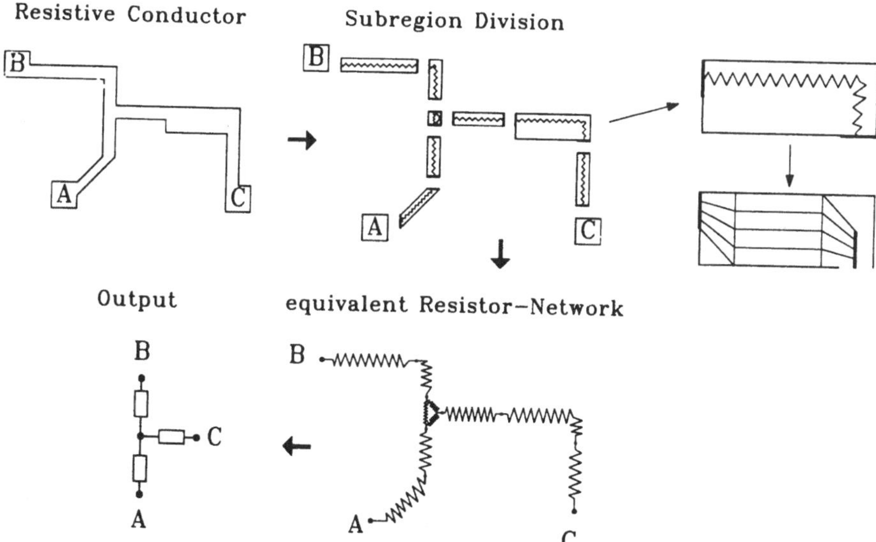

Fig. 3: Resistance Extraction Principle

In order to minimize the error introduced by the decomposition a partitioning algorithm was developed, which combines the geometrical task with a set of heuristics concerning the current flow within the polygon. As a result each polygon is divided into non-overlapping convex regions in a way that the approximate current direction is parallel to the regions and perpendicular to the cut lines. In most cases resistance of such convex regions can be calculated using simple geometric formulas /13/. Only for regions with irregular shapes a general numerical method is used. After resistances of all subregions are calculated a path finding and branch reduction algorithm is applied to generate the resulting resistor network. Finally, resistor networks and extracted capacitances are arranged as pi-ladders.

Hierarchical Circuit Extraction

Because layout operations, e.g. boolean mask operations, grow worse than linear in time with respect to the number of devices, the only way to obtain acceptable runtimes and manageable data for future VLSI circuits is to make use of regularity and hierarchy. Since repeated cells are extrated only once, netlists and error reports are more clear and concise.

Hierarchical layout analysis is rather difficult, if designers do not follow a well-defined hierarchical design style, what is often the case using a traditional polygon-level layout entry system. Since layout is by its nature a "flat" design representation hierarchy is often used as a means of facilitating layout construction, but not in a electrically meaningful sense, e.g. if the geometric layout hierarchy does not follow the electrical signal flow. Thus cells as hierarchical elements can only be analysed in isolation, if no interactions with other cells affect their original behaviour according the analyses being performed. As far as circuit extraction is concerned each cell instance has to represent a unique copy of the cells' original network. This is only true if no overlaps with instances of other cells or with primitives of the parent cell cause netlist modifications of cells, which are already extracted. Since overlapping can radically change the functionality of a cell instance, e.g. creating or removing devices, changing device parameters or shorting internal connections, hierarchical analysis tools impose more or less severe restrictions /2-9/ on the layout. The most common restrictions are either a total exclusion or a limitation of overlaps to a small region around the cell boundaries, which themselves are sometimes restricted to rectangular shapes only. However, hierarchical analysis on unrestricted hierarchies is not practical and may even be slower than conventional flat analysis /14/.

For HIPARE a flexible and user-friendly concept was developed, which imposes only few layout restrictions and no major changes in design style. In principle all interactions are allowed that do not change the subcells netlist. The approach is based on a "bottom-up" analysis using abstract cell views /9/. Starting with the leaf cells, each extracted cell is replaced by an abstract model functioning as an exterior view. If the abstract model contains all information necessary to fully represent a cell within the hierarchical context of all her instances, it can be used on the next higher-level for netlist extraction and abstract model generation of the parent cells. This process is continued until the root cell is reached.

The main advantage of this approach is that the allowable degree of overlaps is expressed by the complexity of the abstract models being adjustable to the individual requirements of the preferred layout style or to accuracy requirements concerning parasitics extraction. If a cell is built in a way that overlaps are only allowed at peripheral terminals, the abstract model can simply be made of the interconnection ports for different materials and single border where no other elements may overlap. If however more complex interactions with a cell are intended, e.g. a wire crossing the cell, arbitrary polygonal borders representing exterior views for different layers can be used and checked individually by hierarchical interaction rules (Fig. 4). These checks can be either instance/instance or instance/primitives checks using the full spectrum of DRC-operations also available within HIPARE.

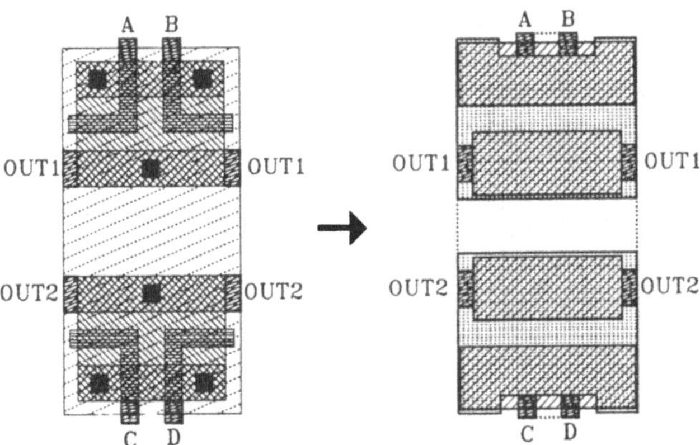

Fig. 4: Abstract Model Generation

Abstract cell models can either be input or automatically generated by layout operations from user provided rules. Within an extraction run abstracts and complete cell geometries can be fully mixed to enable incremental analysis, to extract block level descriptions, or simply to verify inter-cell connections. Different rule sets for abstract generation and hierarchy checking as well as different extraction models (degree of considering parasitics) can be assigned to different cells.

Performance Results

The performance of the hierarchical extraction is on the one hand strongly dependent on the hierarchy itself, especially on the size and repetition of the cells, and on the technology used, because the number of mask operations required for device recognition and cell abstract generation can be quite different. On the other hand it strongly depends on the layout style and the degree of overlaps, because the complexity of the cell abstracts may appoximate to the complexity of the original cell geometry, if difficult interactions have to be considered. But even if a layout is not well-structured and no appreciable run-time reduction is obtained, netlists and error-reports are still hierarchical, yielding a signifincant reduction of the verification cycle.

The performance data are for a VAX 8550 running under VMS including all mask operations needed to process the original, "uncleaned" layout data. The first example is a highly regular 16 x 16 bit multiplier in a mixed BiCMOS technology with a total of 8100 devices and 100112 layout elements (when flat). Since the technology used is rather complex, most of the time is spent for the technology dependent layout operations (1248 sec), whereas parameter, connectivity and netlist extraction took only 693 sec. Fig. 5 shows a subcell of the multiplier containing 32 placements of other subcells and illustrates the data reduction due to hierarchical analysis. The total number of polygons to be processed is reduced from 5324 to 1212.

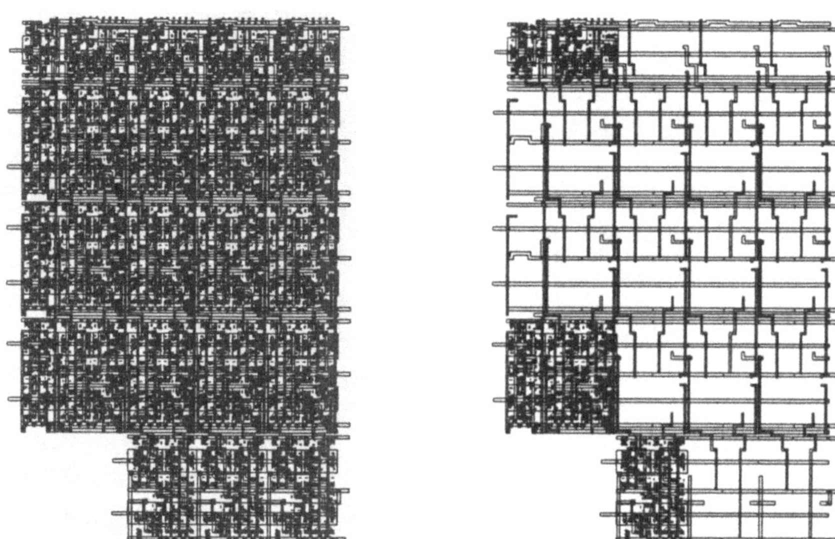

Fig 5: Hierarchical Data Reduction

The second example is a SC-Filter circuit in CMOS technology shown in Fig. 6.

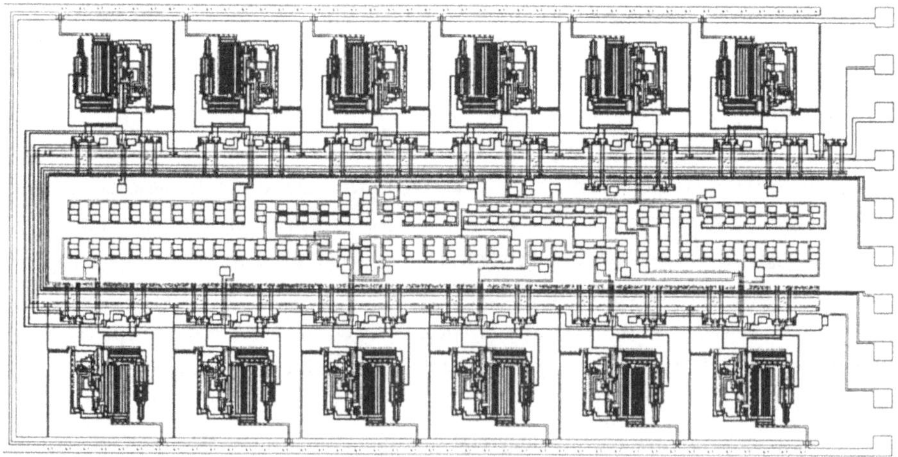

Fig. 6: SC-Filter

It has only low regularity containing 12 OPAMPs, a lot of capacitors and switches with a total of 900 devices and 25684 layout elements. It took 798 sec. extracted with detailed parasitics including coupling capacitances and resistances of polysilicon. Simulations on various extracted circuits stressed the importance of including parasitic effects into the circuit model.

Summary

We presented a hierarchical circuit extractor that meets three major requirements of future IC designs. The reduced feature sizes result in a stronger interrelation between circuit behaviour and non-ideal physical effects. To cope with the increasing influence of wiring parasitics, the program offers fast but accurate parameter extraction, suitable for VLSI complexity. This includes the extraction of resistor networks for all-angle polygonal regions with arbitrary placed contacts and coupling capacitances of overlapping and parallel lines.
Considering the tendency towards technology diversification as well as the growing importance of technology related circuit design and analog functions, a high value was set on a general approach avoiding any restrictions according to process technology or layout style. Based on a powerful set of edge-based operations embedded in a flexible flow-structure all usual device types and their parameters are handled. This includes bipolar devices, passive components and complicated MOS-structures.
Finally, the increasing complexity itself is a growing bottleneck for layout verification, which can only be handled by exploiting hierarchy. In order to guarantee high applicability with minimum restrictions, abstract cell views as well as hierarchical interaction between cells are controlable by user-defined rules. Thus, the allowable degree of overlaps is variable and can be adapted to the characteristics of the underlying process technology and the prefferred design style.

References

/1/ S.P. McCormick, "EXCL: A Circuit Extractor for IC Designs," *Proc. 21st Design Automation Conference*, pp. 616-623, Jun. 1984.

/2/ W.S. Scott, J.K. Ousterhout, "Magic's Circuit Extractor," *Proc. 22nd Design Automation Conference*, pp. 286-292, Jun. 1985.

/3/ V. Henkel, U.Golze, "RISCE - A Reduced Instruction Set Circuit Extractor for Hierarchical VLSI Layout Verification Based on Interaction Rules," *Proc. Conf. CICC*, 1988.

/4/ Y. Wong, "Hierarchical Circuit Verification," *Proc. 22nd Design Automation Conf.*, pp. 695-701, 1985.

/5/ T.J. Wagner, "Hierarchical Layout Verification," *Proc. 21st Design Automation Conf.*, pp. 484-489, 1984.

/6/ G.M. Tarolli, W.J. Herman, "Hierachical Circuit Extraction with Detailled Parasitic Capacitance," *Proc. 20th Design Automation Conf.*, pp. 337-345, 1983.

/7/ S.C. Johnson, "Hierarchical Design Validation Based on Rectangles," *Proc. Conf. on Advanced Research in VLSI*, pp. 97-100, 1982.

/8/ A. Bootehsaz, R.A. Cottrel, "A Technology Independent Approach to Hierarchical IC Layout Extraction," *Proc. 23rd Design Automation Conf.*, pp. 425-431, 1986.

/9/ L.K. Scheffer, R. Soetarman, "Hierarchical Analysis of IC Artwork with User-Defined Rules," *IEEE Design & Test*, pp. 66-74, 1986.

/10/ U. Lauther, "An O(N log N) Algorithm for Boolean Mask Operations," *Proc. 18th Design Automation Conference*, pp. 555-562, Jun. 1981.

/11/ J.L. Bentley, T.A. Ottmann, "Algorithms for Reporting and Counting Geometric Intersections," *IEEE Transactions on Computers*, VOL. C-28, NO. 9, pp. 643-647, Sept. 1979.

/12/ T. Sakurai, K. Tamaru, "Simple Formulas for Two- and Three-Dimensional Capacitances," *IEEE Trans. on Electron Devices*, Vol. ED-30, No. 2, pp. 183-185, 1983.

/13/ M. Horowitz, R.W. Dutton, "Resistance Extraction from Mask Layout Data", *IEEE Trans. on CAD*, Vol. CAD-2, No. 3, pp. 478-481, 1979.

/14/ J. Bentley, T. Ottmann, "The Complexity of Manipulating Hierarchically Defined Sets of Rectangles," *Technical Report*, Carnegie Mellon University, 1981.

Synthese von Komplexgatter-Schaltnetzen unter Berücksichtigung der Transistoranzahl

Christian Wolters
Dosis GmbH
Betenstr. 3-5
4600 Dortmund 1

Die Bedeutung der (C)MOS-Technologien insbesondere für den größer werdenden Bereich der anwendungsspezifischen integrierten Schaltungen (ASICs) steigt ständig weiter. Es sind daher Synthese-Verfahren erforderlich, die auf die Besonderheiten dieser Technologien zugeschnitten sind.

Eine (C)MOS-Zelle kann prinzipiell so aufgebaut werden, daß sie jede beliebige negative Schaltfunktion implementiert. Die Zerlegung einer beliebigen Funktion in negative Gatter ist daher ein naheliegendes Syntheseverfahren. Als Ziele eines solchen Verfahrens werden die Minimierung der Gatter- und/oder der Transistoranzahl verfolgt. Für nMOS-Schaltungen wird die Gatterminimierung als gleichbedeutend mit der Minimierung des Stromverbrauchs angesehen, während die Berücksichtigung der Transistoranzahl den Flächenbedarf der Schaltung verkleinert.

Die ersten Arbeiten auf diesem Gebiet stammen von S. Muroga und seinen Mitarbeitern. In [7] wird zunächst nur die Gatteranzahl zweistufiger Schaltungen minimiert. In [8, 9] wird die Synthese (auch mehrstufiger) irredundanter Schaltungen untersucht. Wichtige Beiträge zu diesem Thema gaben ferner Nakamura [12, 11], Liu [10] und Culliney [3].

Gatterminimierung kann i. A. nicht zu transistorminimalen Schaltungen führen, wie in [4, 14] diskutiert ist, so daß einem der Ziele Priorität eingeräumt wird. Clemens z. B. [2] sucht unter allen gatterminimalen zweistufigen Schaltungen eine mit minimaler Transistoranzahl heraus. Die zitierten Arbeiten zielen nicht in erster Linie auf die Minimierung des Transistoraufwands und sind auch für dynamische Schaltungen zum Teil nur mit Einschränkungen geeignet (vgl. dazu [2, 14]).

Alle bisher bekannten optimalen Verfahren arbeiten zudem mit Funktionstabellen oder mit Mintermdarstellungen, so daß Funktionen mit sehr vielen Variablen kaum behandelt werden können. Ein heuristisches Verfahren, das einen Kompromiß sucht zwischen Gatter- und Transistorminimierung, wird von El-Ziq und Su [4] angegeben.

Dieser Beitrag befaßt sich mit der Zerlegung Boolescher Funktionen, die als beliebige Summen-von-Produkten gegeben sein dürfen, in negative Gatter, wobei vorrangig die Zahl der insgesamt benötigten Transistoren minimiert wird. Indem wir das Problem zurückführen auf eine Überdeckung durch Verträglichkeitsklassen, verfolgen wir zwar einen eingeschränkten Ansatz, der nicht alle denkbaren Lösungen untersucht, dafür aber unproblematisch auch bei dynamischen CMOS-Schaltungsstilen wie z.B. der NORA-Logik [5] verwendet werden kann. Dieser Ansatz wurde vorher schon von Clemens [2] für die Gatterminimierung mit Transistorminimierung als zweitem Optimierungsziel benutzt. Auch Clemens erreicht optimale Ergebnisse jedoch nur, wenn die Mintermnormalform eingegeben wird.

1 Notation

Wir bezeichnen die Menge aller Booleschen Funktionen von n Variablen mit $\mathcal{B}_n$ und die Menge aller Booleschen Formeln (mit den Operatoren $+, \cdot, ^-$) über $\{x_1, \dots, x_n\}$ mit $\mathcal{F}_n$. Wir schreiben $f = \langle F \rangle$, wenn die Funktion f durch die Formel F dargestellt wird.

1.1 Definition Eine Boolesche Funktion $f \in \mathcal{B}_n$ heißt *positiv*, wenn $a \leq b \Longrightarrow f(a) \leq f(b)$, und *negativ*, wenn $a \leq b \Longrightarrow f(a) \geq f(b)$ für alle $a, b \in \{0,1\}^n$.

Negative Funktionen werden dargestellt durch Formeln $\overline{F}$, wobei $F \in \mathcal{F}_n$ und in F selbst keine weitere Negation vorkommt. Diesen Formeln entsprechen eindeutig (C)MOS-Gatter, indem jedem UND eine Serienschaltung und jedem ODER eine Parallelschaltung von Treibertransistoren zugeordnet wird. In Abbildung 1 ist eine typisches MOS-Zelle dargestellt.

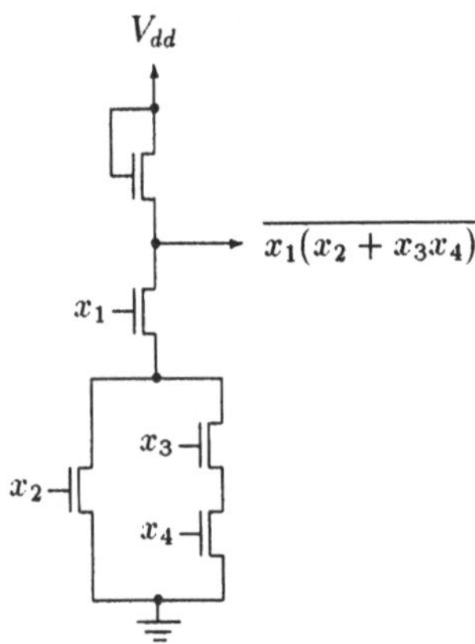

Abbildung 1: Typisches MOS-Gatter

Wir suchen nun ein 2-stufiges Schaltnetz mit minimaler Transistoranzahl für ein beliebiges $f \in \mathcal{B}_n$. Es ist bekannt [10, 3, 14], daß gatterminimale Schaltungen durch eine Zerlegung der Form

$$f = \sum_{i=1}^{r} p_i \cdot n_i,$$

wobei die p_i gewisse positive Funktionen und die n_i negative Funktionen sind, gefunden werden können. Das Gleichungssystem

$$\begin{aligned} y_i &= \overline{P_i} \text{ für } 1 \leq i \leq r \\ y_{r+1} &= \sum_{i=1}^{r} \overline{y_i} \cdot N_i \end{aligned}$$

mit $p_i = \langle P_i \rangle$ und $n_i = \langle N_i \rangle$ beschreibt dann gerade eine 2-stufige (C)MOS-Gatterschaltung für f. Wie bereits erwähnt, erlaubt es dieser Ansatz nicht, alle Lösungen zu finden, berücksichtigt jedoch die Randbedingungen beim Entwurf im NORA-Logikstil. Die NORA-Logik ist eine dynamische CMOS-Logik, in der die Logik nach Stufen abwechselnd einmal mit p-Kanal- und einmal mit n-Kanal-Transistoren implementiert wird [5] (s. Abb. 2).

Für die NORA-Logik gilt folgende Regel (zur Vermeidung von Problemen der Ladungsumverteilung):

Alle Transistoren eines Gatters, die nicht von primären Eingängen gesteuert werden, müssen mit ihrem source-Anschluß direkt mit dem drain-Anschluß des zugehörigen Evaluierungstransistors verbunden werden.

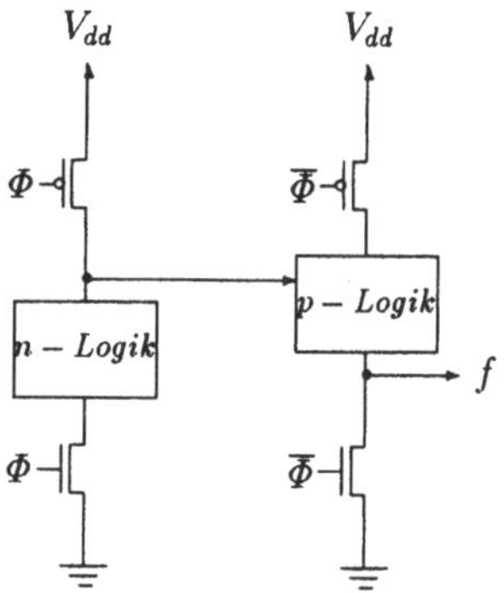

Abbildung 2: 2-stufige NORA-Logik

2 Verträglichkeitsklassen

2.1 Definition Zwei Einsstellen a, b einer Funktion $f \in \mathcal{B}_n$ heißen *separiert* bzgl. f, wenn ein c existiert, so daß $a < c < b$ und $f(c) = 0$. Wir drücken dies durch die Schreibweise $a/_f\, b$ aus. Zwei Einsstellen a, b heißen *verträglich*, wenn weder $a/_f\, b$ noch $b/_f\, a$ gilt. Schreibweise: $a \sim_f b$.

$\sim_f$ ist eine Verträglichkeitsrelation auf der Menge aller Einsstellen einer Funktion. Wir bezeichnen die Menge aller Verträglichkeitsklassen einer Funktion mit $\mathcal{C}(f)$, die Menge aller maximalen Verträglichkeitsklassen mit $\mathcal{C}_m(f)$. Für eine Teilmenge $M \subseteq \{0,1\}^n$ bezeichnen wir mit $\chi_M \in \mathcal{B}_n$ die charakteristische Funktion von M auf $\{0,1\}^n$.

2.2 Definition Sei $f \in \mathcal{B}_n$. Dann sind f^+ und f^- definiert durch $f^+(a) = 1 \iff \exists_{b \leq a}\, f(b) = 1$ und durch $f^-(a) = 1 \iff \exists_{b \geq a}\, f(b) = 1$.

f^+ ist positiv und f^- ist negativ für beliebige Boolesche Funktionen f.

2.3 Lemma Sei $V \subseteq \{0,1\}^n$ und $f \in \mathcal{B}_n$. Dann gilt $V \in \mathcal{C}(f) \iff \chi_V = \chi_V^+ \cdot \chi_V^-$.

Damit können wir unser Problem auch so formulieren:

Gegeben $f \in \mathcal{B}_n$: suche eine "minimale" Überdeckung der Einsstellen von f durch Verträglichkeitsklassen von f!

2.4 Definition Eine Überdeckung $\{V_1, \ldots, V_r\}$ von f durch Verträglichkeitsklassen heißt *(gatter-)minimal*, wenn es keine solche Überdeckung gibt mit weniger als r Verträglichkeitsklassen. Sie heißt *transistorminimal*, wenn die Transistorkosten minimiert werden: Die Transistorkosten $\$_t$ einer Überdeckung $\{V_1, \ldots, V_r\}$ definieren wird durch

$$\begin{aligned} \$_t(\{V_1, \ldots, V_r\}) &= \sum_{i=1}^{r} \$_t(V_i) \\ \$_t(V) &= \$_t(\chi_V^+) + \$_t(\chi_V^-) \text{ für } V \subseteq \{0,1\}^n \\ \$_t(f) &= \text{Anzahl der Literale im Minimalpolynom für } f. \end{aligned}$$

Diese Definition berücksichtigt nicht die Einsparungen, die möglich würden, wenn wir außer den Minimalpolynomen beliebige UND/ODER-Formeln zulassen würden. Wir benutzen aber diese Definition, um nicht von vornherein mit sehr hohem Rechenaufwand belastet zu sein, und korrigieren das Resultat durch nachfolgende Faktorisierung.

Wie bei der 2-stufigen UND/ODER-Minimierung können wir auch hier gewisse Primklassen auszeichnen, die für transistorminimale Überdeckungen nur in Frage kommen.

2.5 Definition Sei $f \in \mathcal{B}_n$ und $V \in \mathcal{C}(f)$. Dann heißt V <u>*Primverträglichkeitsklasse*</u> von f, wenn

$$\forall_{V' \in \mathcal{C}(f)} \; [(V' \supseteq V) \wedge (\$_t(V') \leq \$_t(V))] \Longrightarrow V = V'.$$

Mit $\mathcal{C}_p(f)$ bezeichnen wir die Menge aller Primverträglichkeitsklassen der Funktion f.

2.6 Satz *Sei $\{V_1, \ldots, V_r\}$ eine $\$_t$-minimale Überdeckung von f. Dann sind alle $V_i, 1 \leq i \leq r$ Primverträglichkeitsklassen von f.*

Wie gewinnt man nun diese Primverträglichkeitsklassen? Die beiden folgenden Lemmata helfen weiter.

2.7 Lemma Sei $f \in \mathcal{B}_n$. Dann ist $\mathcal{C}_m(f) \subseteq \mathcal{C}_p(f)$.

2.8 Lemma Sei $V \in \mathcal{C}_p(f)$ und $\chi_V = \langle F \rangle \cdot \langle G \rangle$, wobei F das Minimalpolynom für χ_V^+ ist und G dasjenige für χ_V^-. Dann gibt es $V' \in \mathcal{C}_m(f)$ mit $\chi_{V'} = \langle F' \rangle \cdot \langle G' \rangle$, so daß $F(G)$ durch Streichen von Produkttermen aus $F'(G')$ hervorgeht.

Kennen wir die maximalen Verträglichkeitsklassen, dann lassen sich die Primverträglichkeitsklassen also relativ einfach daraus ablesen.

3 Berechnung von $\mathcal{C}_m(f)$

Wir wollen in diesem Abschnitt zeigen, daß für die Berechnung der maximalen Primverträglichkeitsklassen eine Darstellung der Funktion in Mintermnormalform i. A. nicht erforderlich ist.

3.1 Lemma Sei $f \in \mathcal{B}_n$. Ist f positiv oder negativ, dann besitzt f genau eine maximale Verträglichkeitsklasse.

Wir geben nun ein rekursives Verfahren zur Berechnung der maximalen Verträglichkeitsklassen einer Booleschen Funktion an, indem positive und negative Funktionen als Abbruch-Kriterium benutzt werden. Das Verfahren kann als Verallgemeinerung der Baummethode zur Erzeugung von Primimplikanten [13] verstanden werden.

Sei $V \subseteq \{0,1\}^n$. Dann benutzen wir die Abkürzungen $V_{x_i=0} = \{a \in V \mid a_i = 0\}$ und $V_{x_i=1} = \{a \in V \mid a_i = 1\}$.

Der folgende Satz liefert nun die Baummethode zur Bestimmung der maximalen Verträglichkeitsklassen einer Booleschen Funktion. Er besagt, daß die maximalen Verträglichkeitsklassen aus denjenigen der Subfunktionen so gewonnen werden können, daß jeweils verträgliche Teilmengen vereinigt werden. Zur Ermittlung solcher Teilmengen werden die Nullstellen "zwischen" den Verträglichkeitsklassen betrachtet.

3.2 Satz *Sei $f \in \mathcal{B}_n$, $V \in \mathcal{C}_m(f)$ und $f = \langle \overline{x_i} \rangle \cdot f_{x_i=0} + \langle x_i \rangle \cdot f_{x_i=1}$ eine Shannon-Zerlegung von f. Dann gibt es $V^0 \in \mathcal{C}_m(f_{x_i=0})$ und $V^1 \in \mathcal{C}_m(f_{x_i=1})$ und eine 2-Partition (Z^0, Z^1) von*

$$Z(V^0, V^1) = \{a \in f^{-1}(0) \mid \exists_{b \in V^0_{x_i=0}} \exists_{c \in V^1_{x_i=1}} \; b < a < c\},$$

so daß

$$V = \{a \in V^0_{x_i=0} \mid \forall_{b \in Z^0} \; a \not\leq b\} \cup \{a \in V^1_{x_i=1} \mid \forall_{b \in Z^1} \; a \not\geq b\}.$$

Die Berechnung der Nullstellen $Z(V^0, V^1)$ kann nach der Gleichung $\chi_Z = \chi^+_{V0} \cdot \chi^-_{V1} \cdot \overline{f}$ erfolgen. Da die Anzahl der Nullstellen zwischen je zwei Verträglichkeitsklassen der Subfunktionen $f_{x_i=0}$ und $f_{x_i=1}$ die Effizienz des Verfahrens drastisch einschränken kann, suchen wir nach Wegen, die Zahl der zu berücksichtigenden Nullstellen zu verringern. Im folgenden definieren wir zwei Nullstellen als äquivalent bzgl. zweier Verträglichkeitsklassen, wenn sie jeweils dieselben Einsstellen voneinander trennen.

3.3 Definition Sei $f \in \mathcal{B}_n$ und $f(a) = 0$ für ein $a \in \{0,1\}^n$. Dann schreiben wir

$$D(f,a) = \{(b,c) \mid (b < a < c) \wedge (f(b) = f(c) = 1)\}$$

und wir definieren , daß zwei Nullstellen a, b von f <u>*äquivalent*</u> sind bzgl. V^0 und V^1, wenn

$$D(f,a) \cap (V^0_{x_i=0} \times V^1_{x_i=1}) = D(f,b) \cap (V^0_{x_i=0} \times V^1_{x_i=1}).$$

Dann genügt es, aus jeder Äquivalenzklasse nur eine Nullstelle bei den möglichen Partitionen von $Z(V^0, V^1)$ zu berücksichtigen.

3.4 Beispiel Sei $f = \langle x_2x_3 + \overline{x_2}\,\overline{x_3} \rangle$ wie in Abb. 3.

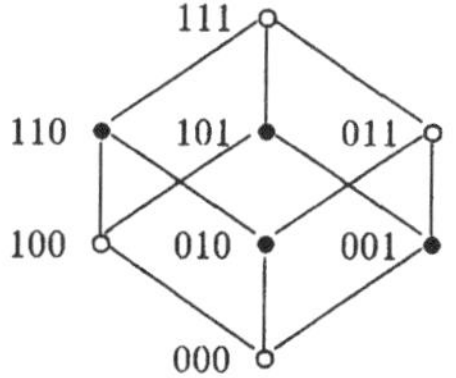

Abbildung 3: Beispiel $f = \langle x_2x_3 + \overline{x_2}\,\overline{x_3} \rangle$

Dann ist $f_{x_2=0} = \langle \overline{x_3} \rangle$ und $f_{x_2=1} = \langle x_3 \rangle$. Die zugehörigen Verträglichkeitsklassen sind

$$V^0 = \{110, 100, 010, 000\} \text{ und } V^1 = \{111, 101, 011, 001\}.$$

Dann ist

$$Z_f(V^0_{x_2=0}, V^1_{x_2=1}) = \{110, 101, 010, 001\}$$

und es gilt

$$110 \approx_f 101 \ \wedge \ 010 \approx_f 001.$$

Gemäß Satz 3.2 entstehen die Verträglichkeitsklassen $\{110, 011\}$, $\{100, 011\}$ und $\{100, 000\}$, die in dieser Reihenfolge den Partitionen $(\{110, 010\}, \emptyset)$, $(\{010\}, \{110\})$ und $(\emptyset, \{010, 110\})$ entsprechen. Die Partition $(\{110\}, \{010\})$ führt auf die leere Verträglichkeitsklasse. Unter allen so erzeugten Verträglichkeitsklassen sind aber nur die maximalen auszuwählen.

4 Das Überdeckungproblem

Es erscheint als zu aufwendig, zuerst alle Primverträglichkeitsklassen aus den maximalen Verträglichkeitsklassen zu bestimmen und dann eine geeignete Überdeckung zu suchen. Statt dessen kann man das Überdeckungsproblem direkt für maximale Verträglichkeitsklassen formulieren.

Sei $f \in \mathcal{B}_n$ gegeben als Polynom $f = \langle \sum_{i \in I} Q_i \rangle$. Zu f denken wir uns die maximalen Verträglichkeitsklassen $\{V_1, \ldots, V_r\}$ in Form ihrer positiven und negativen Minimalpolynome gegeben:

$$\chi^+_{V_j} = \langle \sum_{k=1}^{k_j} P_{jk} \rangle \text{ und } \chi^-_{V_j} = \langle \sum_{l=1}^{l_j} N_{jl} \rangle \text{ für } 1 \le j \le r.$$

Mit den Indexmengen

$$J^p_{i_j} = \{k \mid \langle Q_i \rangle \le \langle P_{jk} \rangle\} \text{ und } J^n_{i_j} = \{l \mid \langle Q_i \rangle \le \langle N_{jl} \rangle\}$$

und den Variablen $t^p_{i_k}$ und $t^n_{i_l}$ können wir dann die Auswahlfunktion schreiben als

$$\alpha(\{V_j\}, \{Q_k\}) = \langle \prod_{i \in I} \sum_{j=1}^{r} (\sum_{k \in J^p_{i_j}} t^p_{jk}) \cdot (\sum_{l \in J^n_{i_j}} t^n_{jl}) \rangle.$$

Die Implikanten dieser Funktion entsprechen gerade den Überdeckungen von f mit entsprechenden Termen aus den Minimalpolynomen der maximalen Verträglichkeitsklassen. Das Vorhandensein einer Variablen $t^p_{jk}(t^n_{jk})$ in einem Implikanten muß so aufgefaßt werden, daß der k-te Produktterm im positiven (negativen) Minimalpolynom der j-ten Verträglichkeitsklasse in der Lösung vorkommt.

Für partielle Boolesche Funktionen $f = (f^0, f^1), f^0 \le f^1$ ergibt sich nichts Neues: wir haben alle maximalen Verträglichkeitsklassen für f^1 zu bestimmen und anschließend alle Einsstellen von f^0 zu überdecken.

5 Ein Beispiel

Als Beispiel wählen wir eine Funktion aus einer Arbeit von Liu [10]:

$$f = \langle x_1 x_2 x_3 + x_1 \overline{x_3} x_4 + \overline{x_1} x_3 \overline{x_4} + \overline{x_1}\,\overline{x_2}\,\overline{x_3} \rangle$$

Es entstehen 6 maximale Verträglichkeitsklassen:

$$\begin{array}{l}
(1, \overline{x_1}\,\overline{x_2}\,\overline{x_3} + \overline{x_1}\,\overline{x_2}\,\overline{x_4}) \\
(x_1 x_2 x_3 + x_1 x_2 x_4, 1) \\
(x_3 + x_4, \overline{x_1}\,\overline{x_4} + \overline{x_2}\,\overline{x_3}) \\
(x_3 + x_1 x_4, \overline{x_1}\,\overline{x_4} + \overline{x_3}) \\
(x_2 x_3 + x_4, \overline{x_2}\,\overline{x_3} + \overline{x_4}) \\
(x_2 x_3 + x_1 x_4, \overline{x_3} + \overline{x_4})
\end{array}$$

Wir stellen das Überdeckungsproblem durch eine Überdeckungstafel dar. Die Tafel gliedert sich in Untertafeln gemäß den zugehörigen Verträglichkeitsklassen. Da immer nur Paare (P_{jk}, N_{jl}) zur Überdeckung herangezogen werden müssen, sind in dieser Tabelle alle Einsen überflüssig, zu denen nicht in der gleichen Spalte in der korrespondierenden Teiltafel der zugehörigen Verträglichkeitsklasse ebenfalls mindestens eine 1 auftritt. Es ergibt sich dann die vereinfachte Tafel nach Abbildung 4. Eine mögliche Lösung ist durch * markiert.

Die Schaltung zu diesem Beispiel ist in Abbildung 5 wiedergegeben.

6 Eine Näherungslösung

Die aufwendigen Phasen in unserer Methode sind die Bestimmung aller maximalen Verträglichkeitsklassen (alle Probleme mit den gewöhnlichen Primimplikanten treten auch hier auf) und der Auswahlschritt.

	0000	0001	0010	0110	1001	1101	1110	1111	
1	1	1	1	-	-	-	-	-	*
$\overline{x_1}\,\overline{x_2}\,\overline{x_3}$	1	1	-	-	-	-	-	-	*
$\overline{x_1}\,\overline{x_2}\,\overline{x_4}$	1	-	1	-	-	-	-	-	
$x_1x_2x_3$	-	-	-	-	-	-	1	1	*
$x_1x_2x_4$	-	-	-	-	-	1	-	1	
1	-	-	-	-	-	1	1	1	*
x_3	-	-	1	1	-	-	-	-	
x_4	-	1	-	-	1	-	-	-	
$\overline{x_1}\,\overline{x_4}$	-	-	1	1	-	-	-	-	
$\overline{x_2}\,\overline{x_3}$	-	1	-	-	1	-	-	-	
x_3	-	-	1	1	-	-	-	-	*
x_1x_4	-	-	-	-	1	1	-	-	*
$\overline{x_1}\,\overline{x_4}$	-	-	1	1	-	-	-	-	*
$\overline{x_3}$	-	-	-	-	1	1	-	-	*
x_2x_3	-	-	-	1	-	-	1	-	
x_4	-	1	-	-	1	-	-	-	
$\overline{x_4}$	-	-	-	1	-	-	1	-	
$\overline{x_2}\,\overline{x_3}$	-	1	-	-	1	-	-	-	
x_2x_3	-	-	-	1	-	-	1	-	
x_1x_4	-	-	-	-	1	1	-	-	
$\overline{x_3}$	-	-	-	-	1	1	-	-	
$\overline{x_4}$	-	-	-	1	-	-	1	-	

Abbildung 4: Vereinfachte Überdeckungstafel

Für beide Aufgaben gibt es heuristische Varianten. Es ist nicht unbedingt erforderlich, alle maximalen Verträglichkeitsklassen zu bestimmen: eine kleine Teilmenge reicht häufig aus, um die Funktion überdecken zu können. Und zum Auffinden von Überdeckungen können natürlich gierige Algorithmen eingesetzt werden, die sehr schnell akzeptable Ergebnisse liefern. In [14] ist nachgewiesen, daß auf diese Weise eine worst-case-Güte von $O(m^2 \log m)$ erreicht werden kann, wobei m die Anzahl der Spalten der Überdeckungstafel ist.

6.1 Satz *Sei $f \in \mathcal{B}_n$ und $(V_1^0, \ldots, V_r^0)$ eine Überdeckung von $f_{x_i=0}$ und $(V_1^1, \ldots, V_s^1)$ eine Überdeckung von $f_{x_i=1}$. Dann ist $((V_1^0)_{x_i=0}, \ldots, (V_r^0)_{x_i=0}, (V_1^1)_{x_i=1}, \ldots, (V_s^1)_{x_i=1})$ eine Überdeckung von f durch Verträglichkeitsklassen.*

Die in diesem Satz beschriebenen Verträglichkeitsklassen müssen natürlich nicht maximal sein. Sie können aber auf recht einfache Weise zu maximalen Klassen erweitert werden, indem etwa nur die trivialen Partitionen (eine Komponente ist $\emptyset$) der Nullstellenmenge für jeweils ein Paar $((V_j^0)_{x_i=0}, (V_k^1)_{x_i=1})$ ausgewertet werden. Ein gieriges Überdeckungsverfahren wählt nun iterativ jeweils ein Paar (P_{j_k}, N_{j_l}) aus einer Verträglichkeitsklasse so aus, daß die Anzahl der durch dieses Paar gleichzeitig überdeckten Spalten der Überdeckungstafel bezogen auf die dabei entstehenen Transistorkosten maximiert wird. Da die Terme P_{j_k} bzw. N_{j_l} eventuell mehrfach ausgewählt werden können, sind die Kosten bereits gewählter Terme auf 0 zu setzen.

Das so abgeschwächte Verfahren konnte auf eine Reihe der 1986 anläßlich der "Design Automation Conference" verteilten Beispiele angewendet werden. Die Resultate sind in Tabelle 1 aufgelistet. Alle Funktionen der aufgelisteten PLAs wurden als Einzelfunktionen synthetisiert. Die $\Sigma\Pi$-Formeln für die ausgewählten Verträglichkeitsklassen wurden anschließend nach einem einfachen Verfahren aus [1] (*quick_factor*) faktorisiert. Die angegebenen Rechenzeiten wurden auf einer SUN 4 erzielt. In Abbildung 2 ist ein Vergleich der erzielten Ergebnisse zu einem bekannten Verfahren [6] der Synthese mehrstufiger Logik mit einer einfachen Zellenbibliothek angegeben.

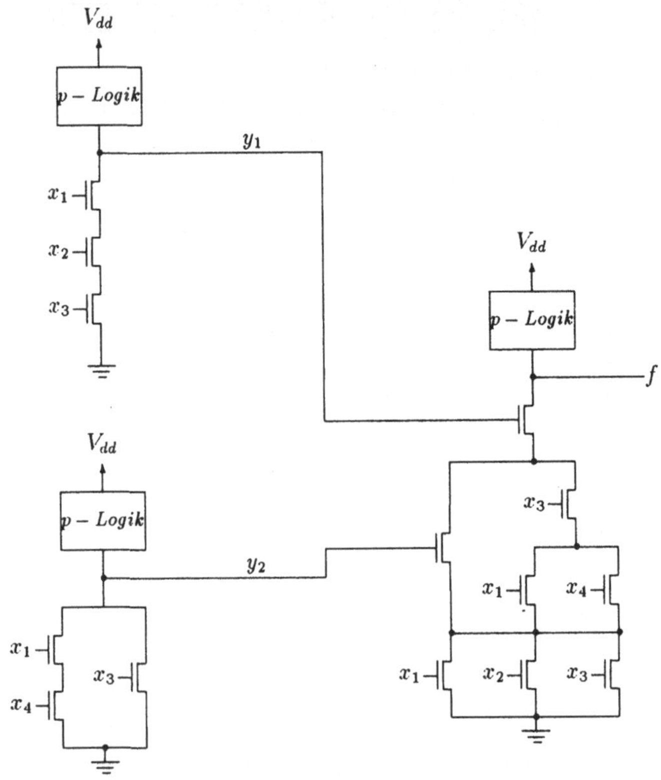

Abbildung 5: Statische CMOS-Schaltung für das Beispiel von Liu

Literaturverzeichnis

[1] R. Brayton. Algorithms for multi-level logic synthesis and optimization. In *ASI on Logic Synthesis and Silicon Compilation for VLSI*, pages 197–248. NATO, 1986.

[2] M. Clemens. *Synthese von Komplex-Gatter-Schaltnetzen in NORA-Logik.* Fortschr.-Ber. VDI Reihe 9 Nr.80. VDI-Verlag, Düsseldorf, 1988.

[3] J. N. Culliney. Topics in MOSFET network design. Technical Report UIUCDCS-R-77-851, Depart. Comput. Sci., Univ. Illinois, 1977.

[4] Y. M. El-Ziq and S. Y. H. Su. Logic design automation of diagnosable MOS combinational logic networks. In *Design Aut. Conf.*, pages 201–215, 1977.

[5] N. F. Goncalves and H. DeMan. NORA: A racefree dynamic CMOS technique for pipelined logic structures. *IEEE J. Solid-State Circuits*, 18:261–266, 1983.

[6] D. Gregory, K. Bartlett, A. de Geus, and G. Hachtel. SOCRATES: A system for automatically synthesizing and optimizing combinational logic. In *Design Aut. Conf.*, pages 79–85. IEEE, 1986.

[7] T. Ibaraki and S. Muroga. Synthesis of networks with a minimum number of negative gates. *IEEE Trans. on Computers*, 20:49–58, 1971.

	#Gatter	#Transistoren	Zeit (Sek.)
5xp1	24	196	1.4
9sym	2	239	86.9
bw	65	320	2.4
con1	7	27	0.3
f2	8	28	0.1
misex1	23	121	0.9
misex2	40	196	0.8
rd53	11	113	0.9
rd73	26	560	2318.3
sao2	31	387	1680.0

Tabelle 1: Heuristisches Syntheseverfahren

	SOCRATES		TMIN	
	#Gatter	#Trans.	#Gatter	#Trans.
5xp1	105	209	24	196
9sym	131	364	2	239
bw	125	261	65	320
f2	16	32	8	28
rd53	28	58	11	113
rd73	100	203	26	560
sao2	143	309	31	386

Tabelle 2: Vergleich mit SOCRATES

[8] H. C. Lai and S. Muroga. Automated logic design of MOS networks. In J. T. Tou, editor, *Advances in Information Systems Science, vol. 9.* Plenum, New York, 1985.

[9] H. C. Lai and S. Muroga. Design of MOS networks in single-rail input logic for incompletely specified functions. *IEEE Trans. on Comput. Aid. Design*, 7:339–345, 1988.

[10] T. K. Liu. Synthesis algorithms for 2-level MOS networks. *IEEE Trans. on Computers*, 24:72–79, 1975.

[11] K. Nakamura. Synthesis of gate-minimum multi-output two-level negative gate networks. *IEEE Trans. on Computers*, 28:768–772, 1979.

[12] K. Nakamura, N. Tokura, and T. Kasami. Minimal negative gate networks. *IEEE Trans. on Computers*, 21:5–11, 1972.

[13] B. Reusch. Generation of prime implicants from subfunctions and a unifying approach to the covering problem. *IEEE Trans. on Computers*, 24:924–930, 1975.

[14] Ch. Wolters. CMOS-Schaltnetz-Synthese mit Komplexgattern. 1990.

Timing Driven Partitioning of Combinational Logic

N.Wehn M.Glesner A.Kister S.Kastner
Technical University of Darmstadt
Institute for Microelectronic Systems
Schlossgartenstrasse 8, D-6100 Darmstadt

Abstract

This paper presents a new approach to timing driven partitioning of combinational logic. Instead of accessing a predefined library, complex gates based on the line-of-diffusion layout style are automatically generated, placed and routed. A new timing model for complex gates is discussed which permits a fast pattern independent timing analysis with a deviation of less than 15% and two to three orders of magnitude faster than the exact SPICE simulation taking into account all parasitics and signal arrival times. A new partitioning technique for complex gates is presented to improve the timing behaviour.

1 Introduction

Complex VLSI circuits often contain large pieces of combinational logic. Control, interrupt and exception handling logic in microprocessors is generally the domain of combinational logic. Due to the strong timing requirements of these circuit parts, structured logic implementations with e.g. PLAs which are slow circuits can not be used. Traditional design procedures for mapping combinational logic onto mask layouts consists of a number of separated optimization steps with primarly area orientated cost functions. However with the rapid decreasing of layout structures, the importance of the timing behaviour of a circuit has drastically increased. In MOS circuits the timing strongly depends on parasitic capacitances. Therefore the exact timing of a circuit can be first evaluated if all layout informations are exactly known. An extraction step and detailed circuit simulation follows the top down design procedure to verify the timing behaviour. If the requirements are not fullfilled an iterations step to a very high entry point must be performed. To avoid this unsatisfactory design cycle the timing of a circuit should be taking into account already in the mapping process [1,2].

Starting point for our considerations is a multilevel optimized logic boolean description as produced by ESPRESSO or MIS [3,4]. Instead of using a simple NAND, NOR gate library, our target technology is based on *complex gates* in the line-of-diffusion layout style. No additional mapping process (e.g. the MIS output usually generates complex gates), to predefined library elements is necessary. The advantages of complex gates are obvious, however due to the large number of different possible complex gates no explicit layout and timing behaviour for each gate structure can be preevaluated and stored in a library. Therefore each complex gate must be synthesized and a suited timing model has to be derived during the mapping process.

Our system uses the line-of-diffusion style to realize complex gates. There are several algorithms known to derive the corresponding layout structures [5,6]. Uehara and vanCleemput have done the basic work on this field and developed a very robust algorithm which is used in our approach. Their minimal-interlace algorithm rearranges the topology very freely which may influence strongly the timing behaviour. Only the layout width (number of diffusion gaps) of a complex gate is minimized which normally doesn't produce an optimum layout with repect to area and timing as shown by Madsen [7]. There are different possibilities to overcome this problem e.g. by locally rearranging transistors within a complex gate dependent on the incoming time of their gate signals and on the parasitic capacitances. However the methodology of constructing a line-of-diffusion gate e.g. by the eulerpath concept restricts the variety of transistor rearrangings. In our opinion a timing driven partitioning of complex gates increases the global timing more efficiently than the local transistor rearranging.

2 The New Approach

Given are a multilevel logic description based on complex gates and informations on the delay and rising/falling time for each primary input signal of the combinational circuit. This description is tranformed on a directed topology graph $G_t(V, E)$. The vertices of G represent the complex gates, the edges the signals connecting them. Absolut timing restrictions can be specified for each edge (signal) $e(v_i, v_j)$ which connects the output of a complex gate v_i with the input of the complex gate v_j. The timing restrictions can be separately specified according to the n- (falling edge) and p-block (rising edge) and are denoted $t^n_{max}(e(v_i, v_j))$ and $t^p_{max}(e(v_i, v_j))$. The graph G is processed by a breadth-first algorithm taking into account all gate dependencies and starting with the nodes of G which are connected to the primary inputs of the circuit. Each node is processed as follows:

1. Calculate the *transistor geometries and parasitic capacitances* in the line-of-diffusion style according to the Uehara/vanCleemput algorithm for the complex gate which corresponds to the actual graphnode v_i.
2. Determine the absolut timings $t^p_{act}(v_i)$ and $t^n_{act}(v_i)$ of the output signal taking into account the signal incoming times and the informations obtained in step 1 by a *fast timing simulation.*
3. Check if $t^p_{act}(v_i) < t^p_{max}(e(v_i, v_j))$ and $t^n_{act}(v_i) < t^n_{max}(e(v_i, v_j))$. If no timing restriction is violated select the next node of G and return to 1 else step to 4.
4. Starting with v_i perform a *backtracking* on G to the primary inputs of the combinational circuit along edges with the largest actual signal delay. Note that due to the breadth-first traversing of G, all these signal times are yet known. This backtracking provides the gates on the critical path which leads to the timing violation on v_i. An iterative *partitioning* procedure and local transistor reorderings follow until the violated timing requirement is fullfilled or no further improvements is achieved. Sometimes a partitioning improves the timing of the n-block whereas the timing of the p-block can be worse than the specified timing constraint. This must be checked carefully.

In the following the different steps of the algorithm are discussed more detailed.

2.1 The Datastructure

The performance of the cited algorithm strongly depends on the underlying datastructure to represent a complex gate. This datastructure must provide all necessary informations for simulation, partitioning and layout synthesis. We use a ordered tree structure in which the leaves represent the transitor gates. The inner nodes are marked by + which indicates that all branches represent a parallel (serial) connection in a n-block (p-block), a $*$ indicates serial (parallel) connections. Figure 1 shows a complex gate and its corresponding tree structure. The Uehara/VanCleemput algorithm can be efficiently adapted to this datastructure. Simple and fast recursive tree traversals provide all necessary informations for simulation and partitioning since the tree contains all topological informations. Each node p of the tree is associated with two numbers $d(p)$ and $s(p)$ representing the circuit nodes in the complex gate om which the corresponding subcircuits/transistors are attached. The number to which all transistor drain (source) areas are connected is denoted $d(p)$ and $s(p)$ respectively. Due to the characteristic of the Uehara/VanCleemput algorithms, complex CMOS gates have dual blocks. Therefore only one tree topology for both blocks must be determined and stored.

2.2 Transistor Geometries and Parasitic Capacitances

The advantage of the line-of-diffusion style is its regularity. Figure 2 shows the layout of a complex gate as generated by the Uehera/vanCleemput algorithm. The parasitic capacitances and resistors can be quite easily extracted [8]. We define a unit capacitance C_0 which represents the junction capactity of a drain/source area. C_0 is composed of a sidewall C_s and a plate C_p capacitance. If we denote tr the number of tracks needed for horizontal routing within the p- or n-block of a complex gate C_0 can evaluated according to the following formula:

$$C_0 = C_p + C_s = width(tr) * \frac{D_{gates}}{2} * C_p + D_{gates} * C_s$$

D_{gates} is the distance of two parallel running polysilicon lines and C_p and C_s are the technology dependent plate and sidewall capacitance factors (different for n- and p-diffusion). The function *width* (different for n and p) delivers the absolute height of the diffusion area in the n- and p-block. dependent on tr and therefore determines the channelwidth. The total parasitic capacitance within a node of a complex gate results by multiplying C_0 with the number of drain/source areas connected to this node. Note that C_0 is different for the $n-$ and $p-$ block. By a recursive tree traversal the corresponding capacitance for each node in the complex gate can be determined. The resulting value is stored in the corresponding tree node for $d(p)$ and $s(p)$ respectively, in the following denoted $cap(d(p))$ and $cap(s(p))$. The resistances R_d and R_s of the drain and source areas are:

$$R_d = R_s = width(tr) * \frac{d_{gates}}{2} * R_{sh}$$

R_{sh} is the sheet resistance of a diffusion line. The MOS-transistor gate capacitance is evaluated as:

$$C_g = (width^p(tr) + width^n(tr)) * L * C_{ox}$$

2.3 Delay Estimation and Timing Analysis

The task of the timing analysis is to determine the worst case propagation delay within a complex gate taking into account signal shape and arrival times. There a several strategies known to do this, which are mainly based on RC models [9,10,11,12,13]. However such models have a limited accuracy due to their poor treatement of the effects of the shape and arrival time of the input waveforms. The worst-case delay estimation consists in the determination of the latest rising and falling transition at each output node. The problem is to determine which paths produce the slowest rising and falling waveforms at an output node. E.g. in Crystal the delay through every path from supply nodes to output nodes are determined, however the number of paths can grow exponentially. Transistors located on the critical path excepted the trigger transistor, which is the transistor with the latest input arrival time, are thought to be fully turned on. The resulting delay will be too optimistic. Ignoring the shape and arrival times of the other input transitions along the critical path can yield errors of 30% in delay times. More refined techniques e.g. the approach of Gaiotti [14] must be payed with computation time while in our opinion the overall gain in accuracy doesn't justify this effort. The new approach is based on a tradeoff between computation time and accuracy.

Complex gates can have a considerable amount of transistors e.g. the complex gate of figure 1 contains 18 transistors. Our strategy reduces the gate complexity by extracting the critical path. The complex gate is modelled by two equivalent circuits which contain the transistors on the critical path and all related parasitic capacitances. Equivalent gates are derived separately for the n- and the p-block denoted in the following as NEC (n-block equivalent circuit) and PEC. To get the delay of the circuit, NEC and PEC are simulated by a fast transient analysis in which the shape and delay of all signals belonging to the critical path are taken into account [15].

To derive the equivalent circuits, following assumptions exist:

- for worst-case considerations there is only one conducting path between the outputnode and a supply node. All other transistors are assumed to be switched off. Their influence is represented by evaluating the parasitic capacitances
- the shape and arrival times of the input signals are knwon
- parasitic capacitances are also known and stored in the tree

- always switched-off or -on pathes e.g. a*a' doesn't occur

These conditions are fullfilled in our approach. In a first step an average resistance r_{av}^{n} and r_{av}^{p} is determined for the transistors according to the Schichmann-Hodges transistor model:

$$r_{av} = \frac{\partial V_{DS}}{\partial I_{DS}}|_{V_{DS}=0, V_{GS}=VDD/2}$$

In the following we denote $t_d(i)$ the delay of the inputsignal i (the time needed to rise/fall to VDD/2) and s_p the set of sons of treenode p. A recursive bottom-up tree traversal determines a delay value $\tau(p)$ for each tree node p. The following describes the procedure to evaluate the delays for the n-block:

procedure **evaluate_delay(p:pto_node)**;
if p<>leaf *then*
    begin
        for all $s \in s_p$ *do* evaluate_delay(s);
        if $\forall_{s \in s_p} s$ =leaf *then*
            case type(p) *of*
            $* : \tau(p) = 2 * C_O * r_{av} \sum_{i=1}^{|s_p|-1} i + |s_p| * r_{av} * cap(d(p))$;
            $+ : \tau(p) = r_{av} * cap(d(p))$;
            end_case
        else
            case type(p) *of*
            $* : \tau(p) = \sum_{s \in s_p} \tau(s)$;
            + : select s with $max_{s \in s_p}\{\tau(s) + \Delta(s)\}$;
                    $\tau(p) = \tau(s)$;
            end_case;
        case type(p) *of*
        $* : \Delta(p) = max_{s \in s_p}\{\Delta(s)\}$;
        + :select s with $max_{s \in s_p}\{\tau(s) + \Delta(s)\}$;
                $\Delta(p) = \Delta(s)$;
        end_case
    end
else
    $\tau(p) = r_{av} * cap(d(p))$; $\Delta(p) = td(p)$;

The transistors belonging to the critical path can be determined by a recursive top down traversal along pathes which have the largest δ. The δ of a node p is defined as $\delta(p)=\Delta(p)+\tau(p)$. If a tree node p represents a serial link ($type(p) = *$) then all sons of p are processed, if a treenode represents a parallel link ($type(p) = +$), the son with the largest δ is processed further. All leaves (transistors) visited during this procedure belong to the critical path. This procedure in principal doesn't differ for NEC and PEC.

Thus the critical path e.g. of the n-block of the complex gate is reduced to a serial connection of transistors in NEC with all its associated parasitic capacitances. Taking into account that within a complex gate e.g. the switching-on of transitors in the n-block is associated with a dynamic switching-off of the corresponding transistors in the p-block, the p-block of NEC is build up of parallel connected transistors of the critical path. Furthermore all parasitic capacitances of the p-block of the complex gate which are associated with nodes located on pathes between a critical transistor and the output node are determined, summed up and appended as an addititional output capacitance to NEC. The same procedure is used to calculate PEC.

Thus NEC has always a NAND-structure, PEC a NOR structure. Figure 3 shows the NEC of the complex gate of figure 1.

To get the delay of the associated complex gate, NEC and PEC are simulated by a fast timing simulation. The corresponding capacitances are time discretized with the backward-euler integration method. The time steps are dynamically adapted dependant on a user specified maximum voltage change. The number of scanning points of the input signals is also controlled by the user. Due to the simple network structure two iteration steps for linearization are sufficient to determine a stable point. The SPICE-level 2 model is used to evaluate the transistor currents [16]. A speed up of 100 to 1000 order compared to the complete SPICE simulation of the complex gates can be gained whereas the resulting accuracy is within 15% of the SPICE output. The shown table summarizes some comparisons between our approach and SPICE. Complex gates discussed in this table are the carry generation units of a 4 bit carry-look ahead adder. The complete adder was simulated with SPICE. In a second simulation the carry-generation units in this circuit were substituted by our model. The table shows the carry delays obtained with these two simulations. The underlying technology is a 1.5μm CMOS process. The second column in the table lists the results of the SPICE simulation of the complete gate, the third column lists the delays obtained with the method described above.

results of p-block PEC			
name	$td^p_{spice}[ns]$	$td^p[ns]$	rel.error [%]
C2	2.51	2.64	5.2
C3	3.90	3.76	3.6
C4	5.66	5.51	2.7
C5	6.75	6.62	1.9
results of n-block NEC			
name	$td^n_{spice}[ns]$	$td^n[ns]$	rel.error [%]
C2	2.54	2.34	7.9
C3	3.28	3.05	7.0
C4	3.34	3.71	11.1
C5	4.21	4.38	4.0

2.4 Partitioning of a single Gate

In order to improve the timing behaviour in the case of a timing violation, a complex gate is partitioned into several gates of less complexity. Although this step increases the area, the timing can be drastically improved [17]. In the following a new partitioning procedure for complex gates is discussed.

Excluding technology influences there are two different factors influencing the overall delay of a complex gate: length of the critical path and arrival times of the signals on the critical path. By splitting the critical path transistors in at least two groups and connecting them by an additional NAND or NOR gate the circuit can be speeded up. If the critical path has one extraordinary signal whose delay arrives significantly later than the other signals, a splitting into two groups g_1 and g_2 is advantageous. g_1 contains the critical signal, g_2 contains the remaining transistors. An additional 2-input gate (NAND or NOR) connects the critical signal and the remainig gate. We call this splitting $strategy_1$. If all input signals arrive nearly at the same time, a splitting into two or more equally sized groups is better. This is called $strategy_2$. It can be shown that an iterative multiple partitioning into two groups per partitioning step (multiple binary partitioning), which results in a multilevel stage circuit, is more effective than a simultaneous partitioning into several groups, which results in a two stage circuit since a two-input gate on the top level causes the least delay when driving large capacitances. The *early/late – grouping* of Hofmann [18] defines a time critical group, which contains all input signals being within a certain percentage of the latest coming signal while all other signals are collected in a non-critical group. Since the number of critical pathes and nearly critical pathes has a widely varying range, our new partitioning scheme is based on a combination of $strategy_1$ and $strategy_2$. The n-block and p-block are separately considered and tested fo partitioning.

In a top down procedure we evaluate the critical path as described in the previous section. If the critical path is dominated by a late input arrival signal, we check if the associated transistor is at the highest tree level (direct connected to the root). If yes we can apply $strategy_1$ else we extract a suited subtree by a bottom-up procedure starting with the critical transistor. The subtree is substituted by one new transistor in the original gate. The transistor is controled by a new gate which represents the extracted subtree. If the critical path is not dominated by a late input arrival signal, we check if the tree root represents a serial link. If yes we can apply $strategy_2$. The following procedure describes the partitioning process for the highest level according to $strategy_2$. Two groups g_1 and g_2 are used representing the two gates in which the complex gate is divided. Each group is associated with a tree $t(g_i)$ which describes the topology of the corresponding gate. The delay model as described in section 2.3 is used. s_p denotes the set of sons of the root vertex.

```
procedure bi_partitioning(root:pto_node);

g1 := {};
g2 := sp;
t(g1) := {};
t(g2) :=original_delay_tree(root);
repeat
   select s ∈ g2 with δ(s) is maximal;
   g1 := g1 ∪ s; g2 := g2\s;
   t(g1):=update_delay_tree(g1);
   t(g2):=update_delay_tree(g2);
   Δ := δ(root(t(g1))) − δ(root(t(g2)));
until Δ increases;
```

Obviously this algorithms copes with both strategies having one distinct critical path and having equally delayed inputs. The quality of the result can be further improved:

- evaluate the dual network and check if the timing of the dual network improves the overall timing
- perform the partitioning of the dual network
- transistors can be partially reordered dependant on the incoming delay of the associated signals so that the fastest arriving signals are shifted towards VDD or GND respectivley
- the number of inverters resulting from the partitioning can be minimized by applying the rule of DeMorgan

2.5 The global Partitioning Procedure

Up to now the timing model and partitioning strategy of a single complex gate were discussed. In this chapter we present a new algorithm which determines the set of complex gates to be partitioned. The algorithm is based on an iterative optimization step. In the case of a timing violation a backtracking algorithm provides the gates of the critical path $c_p = \{c_1,..,c_n\}$, as described in section 2. We can define a *gain* for each complex gate $g(c_i)$ which represents the overall advantage of a partitioning of the gate c_i:

$$g(c_i) := \Delta t(c_i) - k * \Delta a(c_i)$$

$\Delta t(c_i)$ is the difference between the delay if the gate c_i is unpartitioned and the delay if the gate is partitioned. The second term $\Delta a(c_i)$ of the cited equation which is weighted with a user specified factor k describes the area increase due to the partitioning. The area a of a complex gate can be estimated dependant on the number of tracks and input signals. The global partitioning procedure is described in the following:

```
procedure global_partitioning(cp);

for each ci ∈ cp do calculate(gain(ci));
cmax:=select ci ∈ cp with largest g(ci);
cp := cp\cmax;
repeat
   bi_partitiong(cmax);
   update_critical_path(cmax, cp);
   update_gains(cmax, cp);
   cmax:=select ci ∈ cp with largest g(ci);
   cp := cp\cmax;
until (timing correct) or (cmax ≤ ε) or cp = {};
```

A dynamic update of the critical path and gains must be performed since the critical path can be changed by a partitioning. The complexity of one loop iteration is dominated by the *update* procedures which have a complexity of $O(|E|)$. However this is an upper bound and normally most of the gates are not influenced. An event driven mechanism determines the gates to be newly evaluated. At the moment the main problem consists in the determination of the weighting factor k when evaluating the gain.

3 Layoutgeneration

After the modification of the combinational logic according to the timing constraints the final layout can be produced. In a first step the corresponding layouts for each complex gate are generated. The layout elements of the gate like transistors and contacts are placed on a virtual grid according to the tree topology and compacted by two one dimensional compaction steps which are based on a modified most recent layer algorithm [19]. A local two dimensional compaction follows to improve the overall result. Experiences have shown that the difference in the estimation of the parasitic capacitances as described in the previous sections and the final value after the compaction can be neglected. The placement of the so generated cells is done with a standard simulated annealing based algorithm [20]. Detailed routing is performed by a greedy channel router. Since the wire length is not yet known when performing the timing simulation, a statistical model is used to estimate them. This is still an unsolved problem in our approach to consider the routing area in an adequate way during timing simulation and gain evaluation.

4 Results

In the following some results of the system are presented. All described algorithms are implemented in the program BETSY (Boolean Equation To Static CMOS). To demonstrate the efficiency, we want to discuss the following example. Given are 5 functions in complex gate representation:

$$F1 = (a + b' + c + d')'$$
$$F2 = ((a + b) * F1 * d)'$$
$$F3 = (a * b * e + F1 + F2 + d + f)'$$
$$F4 = (a * f + F1 * F2 * F3)'$$
$$F5 = ((F1 + F3) * F2 * F4)'$$

The timing in [ns] separated according to rising (n) and falling (p) edge after simulation with the described models are summarized in the following table. The fourth and fifth columns show the number of tracks needed for the layout of the corresponding gate:

funct.	td^p	td^n	$tracks^p$	$tracks^n$
F1	5.50	1.27	1	1
F2	2.57	12.5	1	2
F3	14.02	7.60	3	1
F4	14.26	14.48	1	1
F5	16.68	15.50	1	2

There is an obvious increase in the time td^n of F2. This large delay results from the slow rising edge of gate F1 since the p-block of F1 is based on a serial transistor structure of minimum width (1 track) which has to drive a fanout of 4 gates. This delay which strongly influences the overall delay in the circuit can be only obtained by taking into account the shape of the incoming signals of F2. RC models fail in this case. Running the partitioning algorithm of section 2.5 to speed up the overall circuit the following gain list is generated. Only gains with a positive Δt are considered:

funct.	$\Delta a[\mu m^2]$	$\Delta t[ns]$
F1	2556	12.79
F2	1572	8.83
F4	3951	1.32

The proposed partitionings according to the algorithm of section 2.4 are:

$F1 = ((a + b')'' + (c + d')'')'$
$F2 = (F1 * ((a + b) * d)'')'$
$F4 = ((F1 * F2 * F3)'' + (f * a)'')'$

The algorithm selects $F1$ as c_{max}. The update procedures remove F2 from the gain list since due to the partitioning of F1 Δt of F2 become negative. The gain of F4 is updated to $\Delta a = 3951$ and $\Delta t = 2.08$ which will be not accepted due to the large area increase compared to the speed increase. Thus the final timing looks like follows:

funct.	td^p	td^n
F1	4.36	2.42
F2	3.95	4.97
F3	6.93	5.85
F4	8.94	8.15
F5	10.27	9.12

The speed up of the circuit is obvious while the area increase is moderate. The td^n of F2 has drastically decreased since the output of F1 after partitioning consists of a NOR gate with only two serial transistors in the p-block. This shows how a minimum area layout (4 input nand gate with 1 track on the p-side) decreases the overall speed of a circuit. Thus a pure area oriented synthesis of complex gates e.g. by the Uehara/VanCleemput algorithms can produce poor results with regard to speed. On the other hand programs performing an automatically transistor optimization are based on RC models which doesn't reflect in an accurate way the real timing behaviour as shown in this example when signal shapes becomes important.

The CPU time on a VAX station 3100 was 31 seconds for the complete synthesis task excepted the layout generation. The deviation from an exact SPICE simulation was about 7%. Although we have presented only a small example, the processing of circuits of more than 100 gates is possible. However the problem of the weighting factor in the gain calculation and the estimation of the routing area is not yet sufficiently solved in our approach. This will be emphasized in further developments.

5 Conclusion

In this paper we have presented a new approach to timing driven partitioning of combinational logic. A new timing model for complex gates is presented and compared with exact SPICE simulations. To fullfill violated timing conditions a new partitioning strategy for complex gates is discussed. The efficiency of the overall system is demonstrated on some examples. Further work on this field are emphasized on a refinment of the timing model and inclusion of clocked elements.

References

[1] C.Kingsley *Timing Estimation for Netlist Performance Improvment*, Logic and Architecture Synthesis for Silicon Compilers, North Holland, 1989, pp.27-35

[2] K.Keutzer, M.Vancura *Timing Optimization in a Logic Synthesis System*, Logic and Architecture Synthesis for Silicon Compilers, North Holland, 1989, pp.13-25

[3] R.K.Brayton, R.Rudell, A.Sangiovanni- Vincentelli, A.R.Wang *MIS: A Multiple-Level Logic Optimization System* IEEE Transactions on Computer Design, VOL.CAD-6, Nov.87, pp1062-1081

[4] R.K.Brayton, C.McMullen, G.D.Hachtel, A.Sangiovanni-Vincentelli *Logic Minimization Algorithms for VLSI Synthesis*, Kluwer Academic Publishers, 1984

[5] T.Uehara, W.M.VanCleemput *Optimal Layout of CMOS Functional Arrays*, IEEE Trans. Computer, VOL.CAD-30, May81, pp.305-312

[6] R.L.Mazias, J.P.Hayes *Layout Optimization of CMOS Functional Cells*, 24th Design Automation Conference, 1987, pp.544-551

[7] J.Madsen *A New Approach to Optimal Cell Synthesis*, International Conference on Computer and Design, Santa Clara, 1989

[8] N.Weste, K.Eshragin *CMOS VLSI Design*, Addison-Wesley, 1985

[9] J.K.Ousterhout *Switch-Level Delay Models for Digital MOS VLSI*, 21th Design Automation Conference, 1984, pp.542-548

[10] J.P.Fishburn, A.E.Dunlop *TILOS: A Posynomial Approach to Transistor Sizing*, International Conference on Computer and Design, Santa Clara, 1985, pp.326-328

[11] K.S.Hedlund *AESOP: A Tool for Automated Transistor Sizing*, 24th Design Automation Conference, 1987, pp.114-120

[12] P.Penfield, J.Rubinstein, M.A.Horowitz *Signal Delay in RC Tree Networks*, IEEE Trans. Computer, VOL.CAD-2, Jul83, pp.202-211

[13] L.A.Glasser, L.P.J.Hoyte *DELAY and POWER OPTIMIZATION in VLSI CIRCUITS*, 21st Design Automation Conference, 1984, pp.529-535

[14] S.Gaiotti, M.R.Dagenais, N.C.Rumin *Worst-Case Delay Estimation of Transistor Groups*, 26th Design Automation Conference, 1989, pp.491-495

[15] C.F.Chen, C.Y.Lo, H.N.Nham, P.Subramaniam *The second generation MOTIS mixed-mode simulator*, 21th Design Automation Conference, 1984, pp.10-17

[16] A.Vladimirescu, K.Zhang, A.R.Newton, D.O.Peterson, A.Sangiovanni-Vincentelli *SPICE Version 2G Users Guide*, 1981

[17] K.J.Singh, A.R.Wang, R.K.Brayton, A.Sangiovanni- Vincentelli *Timing Optimization of Combinational Logic*, International Conference on Computer and Design, Santa Clara, 1988, pp.282-285

[18] M.Hofmann, J.K.Kim *Delay Optimization of Combinational Static CMOS Logic*, 24th Design Automation Conference, 1987, pp.125-131

[19] D.G.Boyer, N.Weste *Virtual Grid Compaction using the most recent layer algorithm*, International Conference on Computer and Design, 1983, pp.92-93

[20] C.Sechen *Chip-Planning, Placement, and Global Routing of Macro/Custom Cell Integrated Circuits using Simulated Annealing*, 25th Design Automation Conference, 1988, pp.73-80

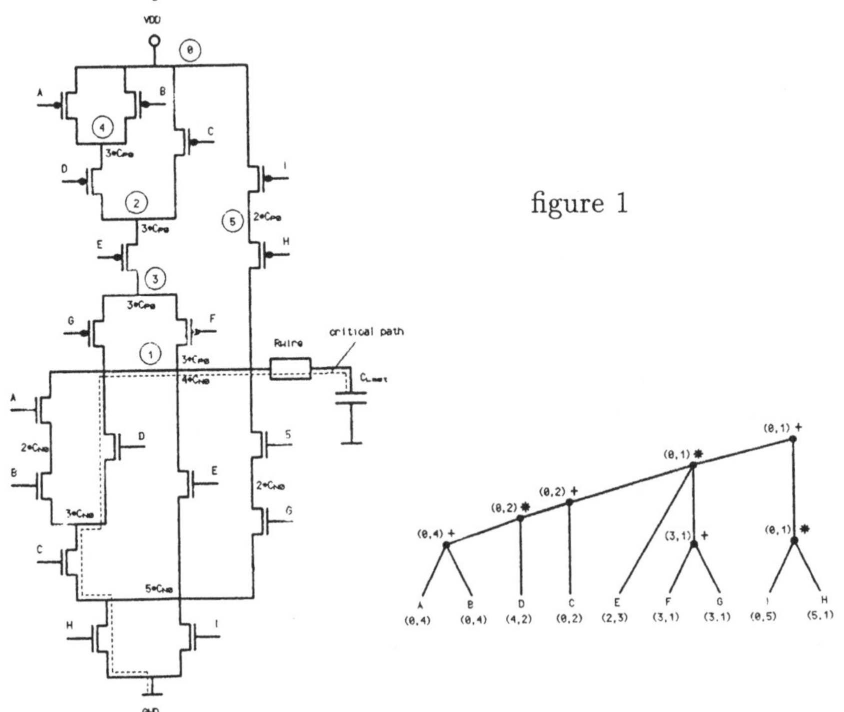

figure 1

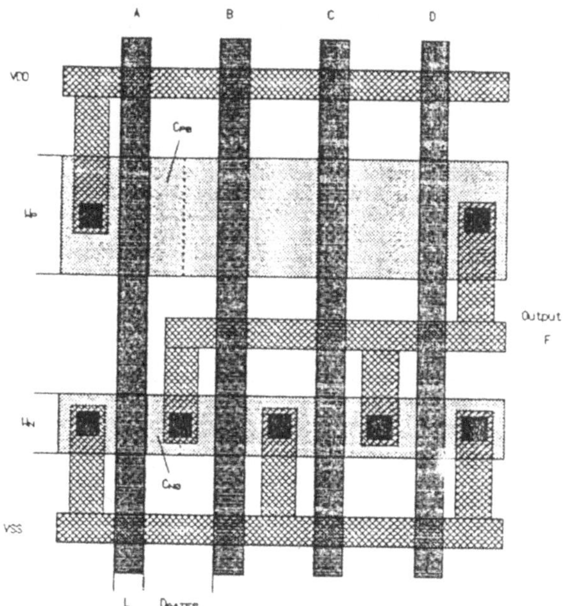

figure 2

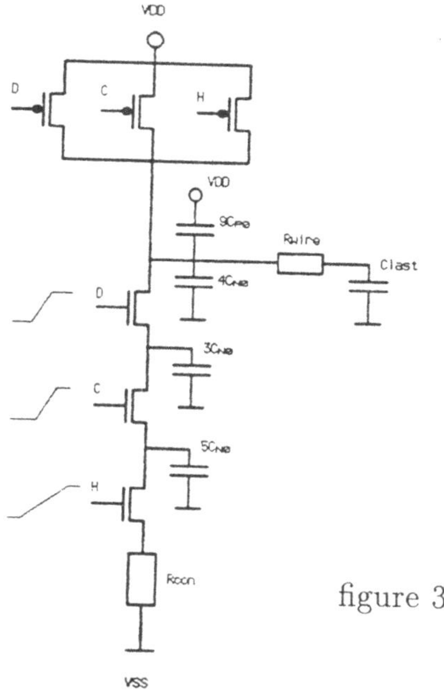

figure 3

ÜBER EIN MIN-CROSS KANALROUTING-PROBLEM

Michael May
Akademie der Wissenschaften der DDR
Zentralinstitut für Kybernetik und Informationsprozesse (ZKI)
Kurstr. 33, DDR-1086 Berlin

Einführung

Beim rechnergestützten Entwurf komplexer mikroelektronischer Systeme stellt die Bearbeitung und Dokumentation von *Schalt- und Stromlaufplänen* einen aufwendigen Teilprozeß dar.

Am ZKI werden Verfahren und Anwenderlösungen entwickelt, die eine effektive, halb- bzw. vollautomatische Generierung (*Layout*) derartiger Grafiken erlauben /1/ und somit den Entwurfsprozeß erleichtern und erheblich beschleunigen. Ausgangspunkt für solche Layout-Methoden sind *strukturelle* Systembeschreibungen (z.B. Netzlisten, Entwurfssprachen, Datenaustauschformate).
Ähnlich wie beim Layout von Leiterplatten und Schaltkreisen erfolgt die automatische Generierung von Stromlaufplänen sowie anderer grafischer Schemata in mehreren *Etappen*. In der Regel werden die Schemazerlegung (Partitionierung), die Plazierung der Schemasymbole und die Verlegung der Verbindungslinien (Routing) unterschieden.

Für das *Routing*, welches den Gegenstand der vorliegenden Arbeit bildet, eignen sich prinzipiell sequentielle Verfahren /2/, die die einzelnen Verbindungsnetze nacheinander verlegen. Darüber hinaus lassen sich für gewisse Klassen von Schemata mit relativ regulärer Struktur, wie z.B. Logik- und Stromlaufpläne, effektive quasi-parallele Verfahren entwickeln, bei denen mehrere Netze oder Teilnetze gleichzeitig bearbeitet werden. Zu diesen quasi-parallelen Techniken zählt das aus dem Schaltkreisentwurf bekannte *Kanalrouting*-Prinzip /3/.

Eine erste Anwendung dieses Prinzips auf das Schemarouting wurde in /4/ vorgestellt. Hierbei zeigte sich, daß in diesem Anwendungsbereich aufgrund der geforderten Übersichtlichkeit der Grafiken das Kriterium minimaler Kanalweite durch eine minimale

Anzahl von *Linienüberkreuzungen* zu ersetzen ist. Das sich hieraus ergebende neuartige MIN-CROSS Kanalrouting-Problem wird im folgenden untersucht. Die hierbei erzielten Ergebnisse u.a. über die Teilbarkeit von Netzen sind nicht nur für das Schemarouting sondern auch für das Dogleg-Routing auf Schaltkreisen sowie weitere Dokumentationsprobleme von Interesse.

Das MIN-CROSS Kanalrouting-Problem

Es sei RK ein rechtwinkliger, waagerechter *Kanal* der festen Länge q-1 ($q \geq 2$) und der variablen Höhe w+1. Die vertikalen Gitterlinien werden *Spalten* genannt und seien von links nach rechts mit $s_1, \ldots, s_q$ bezeichnet. Die Spalten werden für das Routing von senkrechten Verbindungslinien genutzt. Die horizontalen Gitterlinien seien von oben nach unten mit $h_0, \ldots, h_{w+1}$ bezeichnet.

h_0 ist der obere und h_{w+1} der untere Rand des Kanals RK, auf denen sämtliche Pins liegen. Die auf h_0 bzw. h_{w+1} gelegenen Pins heißen obere bzw. untere Pins von RK. Die $h_1, \ldots, h_w$ heißen *Spuren* und dienen dem Routing von waagerechten Linien. w wird als *Kanalweite* bezeichnet.

Gegeben seien ferner zwei Vektoren $T=(t(i))_q$ und $B=(b(i))_q$, $t(i), b(i) \in \{0,1,\ldots,n\}$, wobei die t(i) bzw. b(i) Markierungen der Gitterpunkte auf h_0 bzw. h_{w+1} von links nach rechts sind (vgl. Abb.1). Hierbei gilt $t(i)=k>0$ oder $b(i)=k>0$, falls der zugehörige Gitterpunkt ein Pin des Netzes $N_k \in N$ enthält, wobei N die Menge aller Netze in RK bezeichne. $t(i)=0$ bzw. $b(j)=0$ gilt, falls sich auf den entsprechenden Gitterpunkten keine Pins befinden.

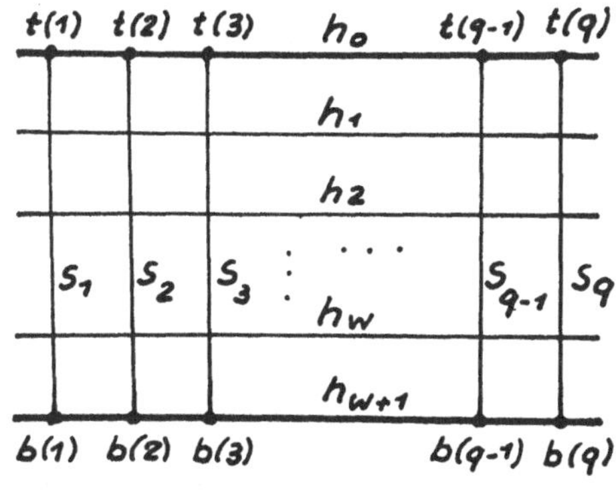

Abb. 1

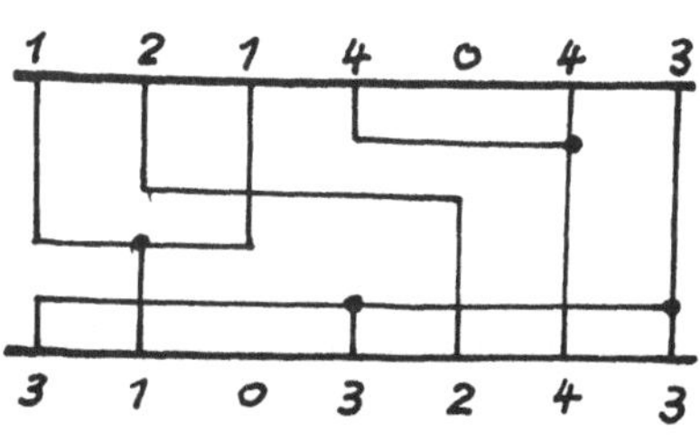

Abb. 2

Das Routing eines Netzes N_k im Kanal RK wird als *rektilinearer Steiner-Baum* realisiert. Dabei enthält ein Baum mit einer minimalen Anzahl von Knicken (Strecken) maximal einen waagerechten Abschnitt. Diese Form ist sehr übersichtlich und für das Schemarouting besonders geeignet. Wir bezeichnen diese Art des Routing als *einfaches (Kanal-) Routing*. Wir definieren nun das Kanalrouting-Problem (vgl. auch /1/).

Min-Cross Channel Routing Problem (MCCRP):

Gesucht ist ein zulässiges Routing der Netze $N=\{N_1,\dots,N_n\}$ im Kanal RK mit einer minimalen Anzahl von waagerechten Linien, so daß die Anzahl der Linienüberkreuzungen minimal ist.

Zur Illustration ist in Abb.2 die Lösung eines MCCRP dargestellt. Zunächst führen wir zwei Graphen /5/ ein, die für das Kanalrouting-Problem von Bedeutung sind und jeweils die Menge der Netze $\{1,\dots,n\}$ als Knotenmenge V besitzen, wobei wir die Netze N_k mit ihren Indizes k identifizieren.
Im *Vertikalbedingungsgraphen* $D_v=[V,E_v]$ werden die Abhängigkeiten der Netze in den einzelnen Spalten modelliert:

$$V:=\{1,\dots,n\},\quad E_v:=\{[t(i),b(i)],\ i=1,\dots,q \mid t(i)\neq b(i)\neq 0\}.$$

Ein Bogen $[t(i),b(i)]\in E_v$ besagt, daß der waagerechte Abschnitt des Netzes t(i) in einer Spur über der des Netzes b(i) aufgrund einer Abhängigkeit in der Spalte s_i angeordnet werden muß. Die Abb.3.a zeigt den zur Aufgabe aus Abb.2 gehörigen Vertikalbedingungsgraphen.

Abb. 3.a Abb. 3.b

Jedem Netz j läßt sich ein Intervall $I(j)=[l(j),r(j)]$ zuordnen, wobei

$$l(j)=\min_{i=1,\dots,q}\{i \mid t(i)=j \vee b(i)=j\},\quad r(j)=\max_{i=1,\dots,q}\{i \mid t(i)=j \vee b(i)=j\}.$$

Der *Horizontalbedingungsgraph* $G_h=(V,E_h)$ ist wie folgt definiert:

$$V:=\{1,\dots,n\},\quad E_h:=\{(i,j) \mid I(i)\cap I(j)\neq\emptyset,\ i\neq j\}.$$

In Abb.3.b ist der zu Abb.2 gehörige Graph G_h dargestellt.

Lemma 1: Ein einfaches Kanalrouting existiert genau dann, wenn der zugehörige Vertikalbedingungsgraph D_V azyklisch ist.

Über die Teilbarkeit von Netzen

Zunächst untersuchen wir den Fall, daß D_V *Zyklen* enthält. Gemäß Lemma 1 läßt sich ein zulässiges Routing hier nur erreichen, wenn gewisse Netze in mindestens *zwei waagerechte Abschnitte* aufgeteilt werden, die unterschiedlichen Spuren zugeordnet werden. In diesem Fall sprechen wir von *Dogleg-Routing*. Die Abb.4.a zeigt eine Routing-Aufgabe mit zyklischem Vertikalbedingungsgraphen D_V.

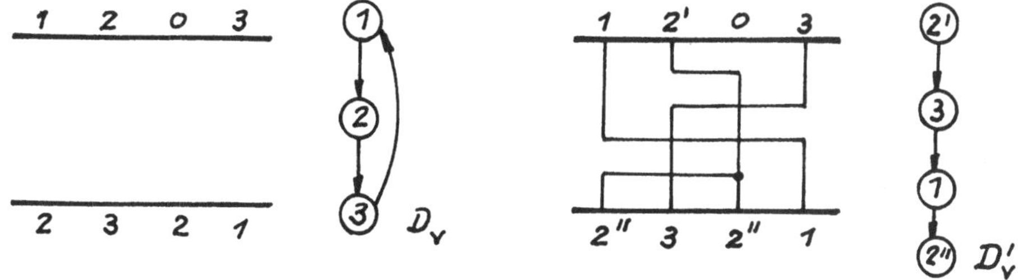

Abb. 4.a

Abb. 4.b

Eine Aufspaltung des Netzes 2 in s_3 in ein oberes Teilnetz 2' und ein unteres Teilnetz 2" führt zur Auflösung dieses zyklischen Konflikts. In Abb.4.b sind ein zulässiges Dogleg-Routing und der zugehörige azyklische Bedingungsgraph D'_V abgebildet.
Das Dogleg-Routing Problem ist als NP-schwer selbst bei azyklischem D_V bekannt /6/.

Häufig wird darauf hingewiesen, daß sich zyklische Konflikte umgehen lassen, indem die Pinpositionen verändert werden, was durch Verschieben der Komponenten oder den Anschluß funktionell äquivalenter Pins geschehen kann. Diese Freiheitsgrade sind jedoch nicht immer gegeben.
Als Auswege werden beim Schaltkreisentwurf sogenannte Dogleg-Router (z.B. /7/) benutzt, bei denen die Netze prinzipiell in den Spalten aufgetrennt werden, in denen sie Pins besitzen. Hierdurch werden zyklische Konflikte häufig beseitigt, jedoch besteht hierfür *keine* Garantie.

Darüber hinaus existieren gewisse Greedy-Kanalrouter (z.B. /8/), die in der Lage sind, zyklische Konflikte zu bewältigen aber dabei häufig die Kanallänge überschreiten und mehr Knicke als erforderlich generieren. Deshalb sind sie für das Schemarouting nicht geeignet.

Bislang sind keine Verfahren zur systematischen Behandlung *zyklischer* Vertikalbedingungsgraphen bekannt. Es existiert lediglich eine notwendige und hinreichende Bedingung dafür, wann ein Kanalrouting-Problem unter Benutzung von Doglegs innerhalb eines Kanals gegebener Länge lösbar ist (vgl. /9,10/).

Im folgenden wollen wir *notwendige und hinreichende* Bedingungen für die Teilbarkeit von Netzen herleiten, die die Grundlage für Verfahren zur Beseitigung zyklischer Konflikte bilden.

Ein Netz heißt *zyklisch*, falls es zu einem Zyklus im zugehörigen Vertikalbedingungsgraphen D_V gehört.
Ein Netz j wird in der Spalte s_k $(1<k<q)$ in ein oberes Netz j' und ein unteres Netz j'' *aufgespaltet*, indem alle zu j gehörigen oberen Pins dem Netz j' und alle unteren Pins dem Netz j'' zugeordnet werden. j' und j'' besitzen jeweils einen waagerechten Abschnitt und werden in s_k miteinander durch eine senkrechte Linie verbunden, wobei j' in einer Spur über j'' liegt. Durch diese Aufspaltung wird D_V in einen modifizierten Vertikalbedingungsgraphen $D'_V=[V',E'_V]$ (Abb.4.b) überführt.

Ein zyklisches Netz heißt *teilbar* in s_k, falls die durch die Aufspaltung von j entstehenden Teilnetze j' und j'' in D'_V nicht mehr auf Zyklen liegen. Dabei darf in einer Spalte s_k mit $t(k)=b(k)>0$ nur das Netz t(k) selbst aufgespaltet werden, da sonst eine zusätzliche Aufspaltung von t(k) in einer Spalte s_l $(l\neq k)$ und damit zusätzliche Spuren beim Routing erforderlich wären.

Es bezeichne $S^*(D_V)=\{S_1,\ldots,S_r\}$, $r\leq n$ die Menge der starken Zusammenhangskomponenten (SZK) von D_V. $K^*(D_V)=[V_K,E_K]$ bezeichne die Kondensation /11/ von D_V mit der Knotenmenge $V_K=S^*(D_V)$. Weiterhin sei $S(j)\in S^*(D_V)$ diejenige SZK, zu der das Netz j gehört.

Theorem 1: Ein zyklisches Netz $j>0$ ist in der Spalte s_k teilbar genau dann, wenn eine der folgenden Bedingungen erfüllt ist:

$t(k)=b(k)=0$ (1)

$t(k)=0,\ b(k)=j$ (2)

$t(k)=j,\ b(k)=0$ (3)

$t(k)=b(k)=j$ (4)

$t(k)=j,\ S(j)\neq S(b(k))$ und $\nexists$ Bahn $[S(b(k)),\dots,S(j)] \subset K^*(D_V)$ (5)

$b(k)=j,\ S(j)\neq S(t(k))$ und $\nexists$ Bahn $[S(j),\dots,S(t(k))] \subset K^*(D_V)$ (6)

$S(t(k))\neq S(b(k))\neq S(j)$ und $\nexists$ Bahnen $[S(b(k)),\dots,S(j)]$, $[S(j),\dots,S(t(k))] \subset K^*(D_V)$. (7)

Beweis (<=): Es sei das zyklische Netz j teilbar in der Spalte s_k, d.h. j' und j'' liegen nicht auf Zyklen in D_V'. Die Aufspaltung von j bewirkt, daß jeder Zyklus in D_V der Form $[j,\dots,u,\dots,j]$ in einen Semizyklus $j',\dots,u,\dots,j'',[j',j''],j'$ überführt wird, also keinen Zyklus mehr bildet. In Abb.5 ist die Überführung von D_V in D_V' durch Aufspaltung von j in j' und j'' dargestellt. Hierbei symbolisieren die gestrichelten Pfeile Bahnen, während die durchgehenden Pfeile Bögen bezeichnen.

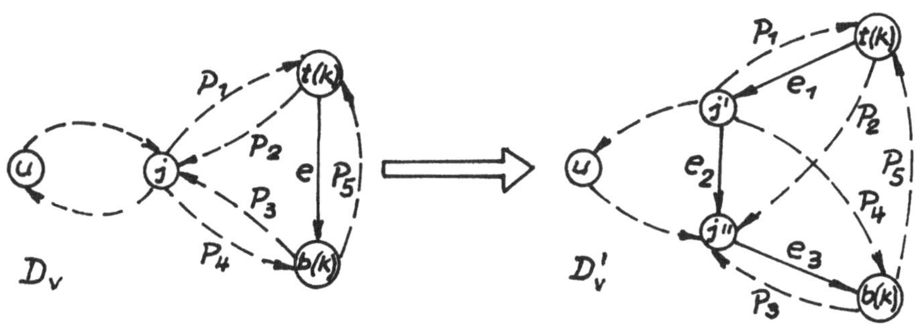

Abb. 5

Offensichtlich müssen in D_V' sämtliche Kombinationen der e_i und p_j untersucht werden, bei denen D_V' azyklisch bleibt. Folgende Fälle können hierbei auftreten:

a) $d^-(j')=0$, $d^+(j'')=0$, d.h. nach der Aufteilung von j enthält die Spalte s_K lediglich die Vertikalbedingung $[j',j'']$. Die Bögen

e_1 und e_3 treten also nicht auf in D'_V (Abb.5).
Dies ist der Fall, falls t(k)=j (bzw. t(k)=0) und b(k)=j (bzw. b(k)=0). Die Kombination dieser Fälle liefert die Bedingungen (1)-(4).

b) $d^-(j')=0$, $d^+(j'')>0$. $d^-(j')=0$ bedeutet, daß t(k)=j oder t(k)=0 gilt. Da j'' außer in s_k nur untere Pins enthält, gilt $d^+(j'')=1$ und $e_3 \in E'_V$. Nach Voraussetzung existiert keine Bahn p_3 in D'_V. Aufgrund der Konstruktion kann also auch keine Bahn [b(k),...,j] in D_V existieren, womit $S(j) \nmid S(b(k))$ und folglich die Bedingung (5) gilt.

c) $d^-(j')>0$, $d^+(j'')=0$. Analog zu b) ergibt sich (6).

d) $d^-(j')>0$, $d^+(j'')>0$. Analog zu b) ergibt sich $d^-(j')= d^+(j'')= 1$ und $e_1, e_3 \in E'_V$, woraus $e \in E_V$ folgt.

Unter der Voraussetzung, daß j teilbar in s_k ist, muß nun gezeigt werden, daß j, t(k) und b(k) paarweise nicht auf Zyklen in D_V liegen und keine Bahnen der Form p_1 und p_3 in D_V existieren. Wir führen den Beweis indirekt, indem wir die Fälle untersuchen, in denen D_V neben [j,..,u,...,j] weitere Zyklen enthält (Abb.5).

Wir nehmen an, es existiere ein Zyklus C=[t(k),b(k),...,t(k)] in D_V, der j nicht enthält. Dann besitzt D'_V nach Aufspaltung von j einen Zyklus der Form [t(k),j',j'',b(k),...,t(k)]. Falls in D_V ein Zyklus C=[t(k),...,j,...,t(k)] existiert, der b(k) nicht enthält, so tritt in D'_V ein Zyklus der Form [t(k),j',...,t(k)] auf. Analoges gilt für C=[b(k),...j,... ...,b(k)]. Schließlich ist noch der Fall zu untersuchen, daß ein Zyklus C=[t(k),b(k),...,j,...,t(k)] in D_V existiert. Dann enthält D'_V die Zyklen [t(k),j',...,t(k)] und [j'',b(k),...,j'']. Damit haben wir gezeigt, daß die Knoten $t(k), b(k), j \in V$ weder paarweise noch insgesamt auf Zyklen in D_V liegen, d.h. $S(t(k)) \nmid S(b(k)) \nmid S(j)$.

Schließlich nehmen wir an, es existiere eine Bahn [S(b(k)),...,S(j)] in $K^*(D_V)$. Somit muß mindestens eine Bahn [b(k),...,j] in D_V existieren. Wegen $e_3 \in E'_V$ muß dann ein Zyklus der Form [j'',b(k),...,j''] in D'_V auftreten, was im Widerspruch zur Teilbarkeit von j steht. Völlig analog läßt sich der Fall $[S(j),...,S(t(k))] \subset K^*(D_V)$ untersuchen. Damit haben wir gezeigt, daß im Fall d) die Bedingung (7) gilt.

(=>): Es gelte eine der Bedingungen (1)-(4). In diesem Fall werden durch die Aufspaltung von j in s_k laut Konstruktion (Abb.5) alle Zyklen aus D_V der Form $[j,\dots,u,\dots,j]$ in D'_V aufgetrennt. Da in s_k neben $[j',j''] \in E'_V$ keine weiteren Vertikalbedingungen entstehen, ist j in s_k teilbar.
Es gelte die Bedingung (5). Wegen $t(k)=j$ können in D'_V weder p_1, p_2, p_5 noch e_1 auftreten. Ein Zyklus der Form $[j'', b(k),\dots,j'']$ kann in D'_V nicht auftreten, da nach Voraussetzung keine Bahn $p_3=[b(k),\dots,j]$ in D_V existiert. Andere Zyklen können in D'_V nicht auftreten, weshalb j teilbar ist.
Der Beweis für die Bedingung (6) erfolgt analog zu (5).
Schließlich gelte (7), woraus $e \in E_V$ und $e_1, e_2, e_3 \in E'_V$ folgt. D_V kann keine Bahnen der Form p_1, p_3 und p_5 enthalten. Wie wir uns anhand der Abb.5 leicht überzeugen, folgt hieraus, daß der durch die Knoten $j, t(k), b(k) \in V$ in D_V induzierte Untergraph eine der folgenden Bogen- bzw. Bahnmengen besitzt: $\{e\}$, $\{e, p_2\}$, $\{e, p_4\}$ oder $\{e, p_2, p_4\}$. Da keine dieser Konstellationen bei der Aufspaltung von j einen Zyklus in D'_V generiert, ist j also teilbar in s_k. ■

Auf der Grundlage von Theorem 1 können nun erstmals gezielt *heuristische Algorithmen zur Aufspaltung zyklischer Netze* entwickelt werden. Für eine detaillierte Beschreibung verweisen wir auf /1/.
Bei der Suche nach Spalten, in denen eine Netzaufteilung erfolgen kann, bietet es sich an, die einfach zu prüfenden Bedingungen (1)-(4) zuerst zu testen und erst, wenn derartige Spalten nicht existieren, die anderen Bedingungen (5), (6) und schließlich (7) zu testen.
Kommen für die Aufspaltung mehrere Netze bzw. Spalten gleichberechtigt in Frage, so empfiehlt es sich, die Teilung so vorzunehmen, daß der Längenzuwachs der längsten Bahn in $K^*(D'_V)$ gegenüber $K^*(D_V)$ möglichst gering ist, da die Anzahl der Knoten einer solchen längsten Bahn eine untere Schranke für die Kanalweite w bildet.

Im folgenden können wir uns also auf den Fall beschränken, daß D_V *azyklisch* ist und die Netze in Form eines *einfachen Kanalrouting* realisiert werden.

MIN-CROSS Kanalrouting

Zur besseren Modellierung des MCCRP definieren wir einen sogenannten *Schnittpunktgraphen* D_S (vgl. /12/), der die Vertikal- und Horizontalbedingungen des Kanalrouting-Problems umfaßt und Schnittpunktinformationen für überlappende Netze enthält.
Hierbei handelt es sich um einen bogenbewerteten Digraphen $D_S=[V,E_S,c]$. $V=\{1,...,n\}$ symbolisiere wiederum die Menge der Netze $N_1,...,N_n$. Ein Bogen $e=[i,j]\in E_S$ mit dem Gewicht $c(i,j):=c(e)$ bedeutet, daß die Anordnung von $i\in V$ in einer höheren Spur als $j\in V$ zu $c(e)\in\mathbb{N}_+$ Schnittpunkten zwischen beiden Netzen führt. Für $I(i)\cap I(j)\neq\emptyset$ und $[i,j]\notin E_V$ gilt $[i,j]\in E_S$.
Besteht eine vertikale Abhängigkeit der Netze i und j, d.h. $[i,j]\in E_V$, so gilt $[i,j]\in E_S$, $[j,i]\notin E_S$.
Zur Veranschaulichung dient das Kanalrouting-Problem aus Abb.6.a.

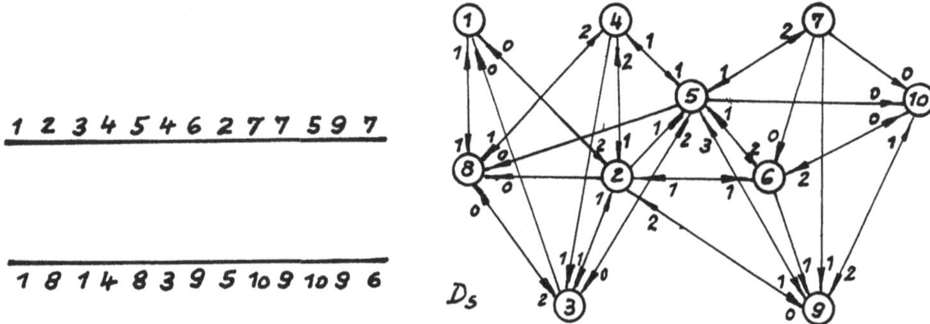

Abb. 6.a Abb. 6.b

Die Abb.6.b zeigt den zugehörigen Schnittpunktgraphen, wobei Zyklen der Länge 2 der besseren Übersichtlichkeit halber als Kanten dargestellt sind, die an beiden Enden Pfeile und die zugehörigen Bewertungen besitzen.

Das **Min-Cross Channel Routing Problem** lautet nun wie folgt:

> Gesucht ist ein maximaler, azyklischer Teilgraph $D'_S=[V,E'_S,c]$ des Schnittpunktgraphen D_S, dessen Gesamtbogenbewertung
>
> $$C_S=\sum_{e\in E'_S} c(e)$$
>
> minimal ist.

C_S gibt hierbei die minimale *Schnittpunktanzahl* für das MCCRP an. Eine Knotenrangbestimmung für D'_S liefert dann die gesuchte

Zuordnung der Netze zu den Spuren.
Neben der Minimierung der Schnittpunktanzahl sollte die Länge der längsten Bahn in D_S' möglichst gering sein, da hierdurch wiederum die Kanalweite bestimmt wird.
Die Frage, ob das MCCRP zur Klasse der NP-schweren Optimierungsprobleme gehört, ist bislang noch ungeklärt.

Lemma 2: Es sei $T=(t(i))$, $B=(b(i))$, $i=1,\ldots,q$ ein Kanalrouting-Problem mit dem azyklischen Vertikalbedingungsgraphen $D_V=[V,E_V]$ und dem Schnittpunktgraphen $D_S=[V,E_S,c]$. Für jeden Bogen $e=[i,j]\in E_S-E_V$ gilt $[j,i]\in E_S$.

Dieses Lemma ist eine unmittelbare Folge der Konstruktion von D_S. Aufgrund der Zyklenfreiheit von D_V enthält D_S also nur kürzeste Zyklen der Länge 2.

Um nun den gesuchten azyklischen Teilgraphen D_S' zu erhalten, müssen in D_S sämtliche Zyklen der Länge 2 (Zweierzyklen) durch Entfernen von Bögen aufgetrennt werden. Es müssen also genau $|E_S-E_V|/2$ Bögen aus D_S entfernt werden, d.h. aus *jedem Zweierzyklus* wird *ein* Bogen gestrichen.
Das Problem besteht darin, diese Bögen so aus E_S zu entfernen, daß D_S' *azyklisch* ist. Aufgrund einer fehlenden Transitivitätseigenschaft genügt es hierbei nicht, jeweils nur den Bogen jedes Zweierzyklus mit der größeren Bewertung zu entfernen.

Lemma 3: Es sei $D=[V,E]$ ein (nicht notwendig zusammenhängender) azyklischer Digraph. Es bezeichne $Q\subset V$ die Menge aller Quellen und $S\subset V$ die Menge aller Senken in D. Weiterhin sei $D'=[V,E']$, $E\subset E'$ ein Digraph, für dessen Bögen $e=[u,v]\in E'-E$ entweder $u\in Q$ oder $v\in S$ gilt. Dann ist D' azyklisch.

Beweis: Da D azyklisch ist, gilt stets $Q,S\neq\emptyset$. Es genügt zu zeigen, daß das Hinzufügen eines Bogens $[u,v]\in E'-E$ zu D keine Zyklen in D' generieren kann. Wir nehmen an, D' enthalte Zyklen. Da D azyklisch ist, muß also $[u,v]$ auf einem Zyklus liegen.

Demnach existiert mindestens eine Bahn $p=[v,\ldots,u] \subset D'$. Da laut Voraussetzung entweder $d^+(v)=0$ oder $d^-(u)=0$ ist, kann eine derartige Bahn jedoch nicht existieren, was der Annahme widerspricht. ■

Mit Hilfe der Lemmata 2 und 3 können wir nun einen effizienten heuristischen Algorithmus für das MCCRP entwickeln.

Bei der Konstruktion von $D_S' = [V, E_S']$ gehen wir zunächst von einem Graphen $D := D_V = [V, E_V] \subset D_S'$ aus. Nach gewissen Kriterien werden schrittweise Knoten aus D_S ausgewählt und die hierzu positiv (bzw. negativ) inzidenten Bögen zu D hinzugefügt. Diese Knoten sind in D *zeitweilig* Quellen bzw. Senken und werden entsprechend markiert.

Das Verfahren endet, wenn jeder Knoten $v \in V$ *genau einmal* Quelle oder Senke war, wodurch gesichert wird, daß aus jedem Zweierzyklus genau ein Bogen zu D hinzugefügt wird. Hiernach stimmt D mit dem gesuchten Graphen D_S' überein, und es erfolgt noch die Zuordnung der Netze zu den Spuren des Kanals, womit die Lösung des MCCRP vorliegt.

Ein hierauf basierender Algorithmus MIN_CROSS_CHANNEL wird in /1/ ausführlich beschrieben und diskutiert. Außerdem wird in /12/ der Einsatz dieses Verfahrens in einem Layout-System für *Logikpläne* vorgestellt.

Die Anwendung von MIN_CROSS_CHANNEL auf das Problem aus Abb.6.a liefert den azyklischen Digraphen D_S' (Abb.6.c). In runden Klammern sind hier jeweils die Knotenränge angegeben, die die Zuordnung der Netze zu den einzelnen Spuren bestimmen.

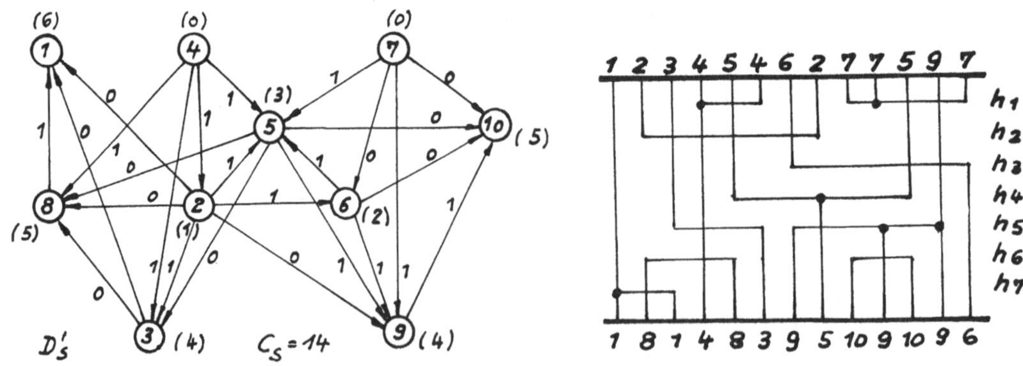

Abb. 6.c

Abb. 6.d

Die Abb.6.d zeigt schließlich die zugehörige Lösung des MCCRP mit einer minimalen Anzahl von Schnittpunkten $C_S=14$.

Inzwischen hat das Prinzip des Kanalrouting auch in andere Systeme zur *Schemagenerierung* Einzug gehalten (vgl. /13,14/). Außerdem lassen sich modifizierte MCCR-Algorithmen sehr effektiv für weitere Probleme der rechnergestützten Dokumentationserstellung einsetzen, z.B. für die *automatisierte Bemaßung* technischer Zeichnungen (vgl. /15/).

Literatur

/1/ May, M.: Über das Layout netzartiger Schemata. Dissertation (B), AdW der DDR, Berlin, November 1989.

/2/ May, M.; Nehrlich, W.; Weese, M. (Hrsg.): LAYOUT-ENTWURF - Mathematische Probleme und Verfahren. ZKI, Berlin Juli 1988.

/3/ Hashimoto, A.; Stevens, J.: Wire Routing by Channel Assignment within Large Apertures. Proc. 8th DA Workshop (1971)155-169.

/4/ May, M.: Computer-Generated Multi-Row Schematics. Comp.-Aided Design 17(Jan./Feb. 1985)1,25-29.

/5/ Yoshimura, T.; Kuh, E.S.: Efficient Algorithms for Channel Routing. IEEE Trans. CAD of IC and Syst. CAD-1(1982)1,25-35.

/6/ Szymanski, T.G.: Dogleg Channel Routing is NP-complete. IEEE Trans. CAD of IC and Syst. CAD-4(1985)31-40.

/7/ Deutsch, D.N.: A "Dogleg" Channel Router. Proc. 13th DA Conf. (1976)425-433.

/8/ Rivest, R.L.; Fiduccia, C.M.: A "Greedy" Channel Router. Proc. 19th DA Conf. (1982)418-424.

/9/ Kawamoto, T.; Kajitani, Y.: Minimum Width Routing of the 2-Row 2-Layer Polycell-Layout. Proc. ISCAS'79 (1979)685-688.

/10/ Sakamoto, A.; Shimamoto, T.; Ushida, A.: On Routability for Channel Routing Problem. Proc. ISCAS'85 (1985)1031-1034.

/11/ Harary, F.: Graphentheorie. R. Oldenbourg Verlag, München-Wien, 1974.

/12/ May, M.; Mennecke, P.: LOGIKPLAN 2 - Ein System zur automatischen grafischen Dokumentation. In /2/, 383-396.

/13/ Majewski, M.A.; Krull, F.N.; Fuhrmann, T.E.; Ainslie, P.J.: AUTODRAFT: Automatic Synthesis of Circuit Schematics. Proc. ICCAD'86 (Nov. 11-13, 1986)435-438.

/14/ Aoudja, F.; Laborie, M.; Saint-Paul, A.: CASE: Automatic Generation of Electrical Diagrams. Computer-Aided Design 18(Sept. 1986)7,356-360.

/15/ Iwainsky, A.; Kaiser, D.; May, M.: Computer Graphics and Layout Design in Documentation Processes. Erscheint in: Computers and Graphics 14(1990)3.

DIFFUSION - AN ANALYTIC PROCEDURE APPLIED TO GLOBAL MACRO CELL PLACEMENT

Peter V. Kraus Dieter A. Mlynski
Institut für Theoretische Elektrotechnik und Messtechnik
Universität Karlsruhe (TH)
Kaiserstr. 12, D-7500 Karlsruhe, Germany
Phone: FRG (721)608-2620

Chong-Min Kyung
Korea Advanced Institute of Science and Technology
Cheongryang, Seoul, Korea
P.O. Box 150, Phone: 966-1931 ext. 3722

Abstract

An analytic, global optimization procedure called *Diffusion* which was successfully applied to global macro cell placement for suppressing inter-module and module-to-chip boundary overlaps is described. The proposed *Diffusion* procedure, although it is so far applicable only for circuit placement, analytically decides on the parallel moves of all variables (module positions) simultaneously with a global objective. The features allowing multiple parallel moves and global judgement are very important advantages of the proposed algorithm. Its further potential applications include multi-layer placement, and placement in arbitrarily-shaped region.

1 Introduction

Physical placement of circuit modules in VLSI chips or Printed Circuit Boards (PCB's) has been given steady attention during the last two decades. Impressive progresses were made in this area due to such techniques as min-cut [1],[2], force-directed relaxation (FDR) [3],[4],[5],[6],[7], and simulated annealing [8],[9]. This, however applies largely to gate arrays or standard cells, where the shapes and/or sizes of circuit modules are more or less uniform.

On the other hand, macro cell placement becomes more and more important as the number of devices and the levels of hierarchy, both in digital and analog circuits, continuously grows. The capability of macro cell placement is important not only for block packing in the bottom-up design, but also as a guidline for floorplanning in the top-down design style. Major abstracts which have so far limited the application of various algorithms such as FDR and min-cut, which were rather successful in gate array or standard cells, to the macro cell placement is two-fold:

- The sizes and shapes of macro cells are widely varying within themselves, which is not properly taken into consideration by FDR [3] or its derived techniques [4],[5],[6],[7], and min-cut techniques [1],[2]. Therefore, using these techniques requires a significant postprocessing effort to remove the inter-module, and chip-to-module overlaps, which could significantly disturb the already-obtained results.
- The inter-module wire length, which is the criteria for the estimation of the placement quality, should take the actual pin location which depends not only on the position, but also on the orientation of the modules.

In this paper, we describe an analytic optimization algorithm called *Diffusion* and its application to global placement of macro cells. The name *Diffusion,* was taken from an analogy with particle diffusion, a natural phenomenon acting toward minimizing the particle concentration gradient, or making the population density uniform. *Diffusion* allows simultaneous decision of many parallel moves based on a global objective function evaluation, enabling the solution to converge to the global optimum very fast. Moreover, *Diffusion* is a general procedure for global placement of arbitrarily-shaped modules including rectilinear shapes in arbitrarily-shaped region consisting of arbitrarily number of layers.

Organisation of this paper is as follows. Section 2 will be devoted to explaining the proposed *Diffusion* in principle. Various techniques such as random, intelligent and mixed moves to improve its performance are described in section 3. In section 4, a model for the so-called *Net force* was introduced to represent the circuit connectivity, which is summed up with the *Diffusion* force to decide the eventual motion of each module. Experimental results on some example circuits are given in section 5. Discussions including further possible application areas of the proposed approach are given in section 6.

2 Diffusion principle

As mentioned above, diffusion is a nature's way of achieving a uniform distribution of particle concentration, or population density, within some given 2-D region, or 3-D space. In the global placement of macro cells, it is important to minimize both, the (estimated) wire length and the inter-module and module-to-chip boundary overlaps. As will be made clear, *Diffusion* is an iterative algorithm beginning with some initial placement having heavy inter-module and module-to-chip boundary overlaps, and gradually removing these overlaps. Since the FDR (Force-Directed-Relaxation) procedure calculates the optimal module positions in terms of wire length (to be accurate, squared Euclidean length) assuming each module as a "dot" having zero area, the result of FDR can be simply used as input to *Diffusion* process. In this combination, the FDR is used mainly for wire length minimization and the *Diffusion* is used for minimizing the inter-module and module-to-chip boundary overlaps.

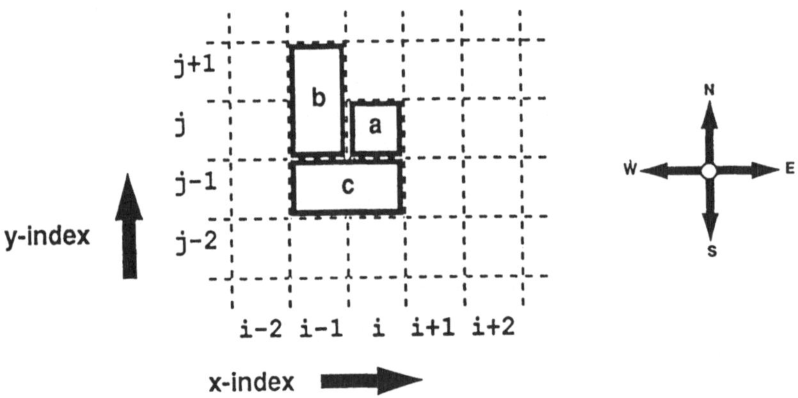

Figure 1: Three macro cells a, b and c in 2-D tiled space. Tile index (i, j) and the wind directions (N, E, S, W) are also shown.

Fig. 1 illustrates an example having three modules. The whole area is divided into uniform size tiles. As mentioned, *Diffusion* is an iterative process of achieving uniform module density within the given region. For simplicity, we assume here that each step of the whole *Diffusion* procedure consists of 4 phases, i.e., East (E), South (S), West (W) and North (N), which denote the direction of "wind". We further assume that each move m_k of module k is $1 \geq m_k \geq 0$, where 1 denotes the move of module k one grid step in the direction of wind and 0 that module k stays at the actual position. Assume that we are now in the E-phase, and calculate the population (module density) in each tile. The contribution $A(i, j)$ to the population at tile (i, j) comes from two possible sources:

- Module a can contribute to $A(i, j)$ if and only if $m_a = 0$, i.e., module a does not move in the E-phase.
- The other contribution comes from module b when $m_b = 1$.

Therefore, $A(i,j)$ which denotes the population at tile (i,j) after the E-phase in this case, can be represented as follows:

$$A(i,j) = (1 - m_a) + m_b$$

A general expression for $A(i,j)$ is given below (for E-phase)

$$A(i,j) = \sum_{k \epsilon M_{i,j}} a_k(1 - m_k) + \sum_{k \epsilon M_{i-1,j}} a_k m_k, \tag{1}$$

where the first term on the right-hand side is called the resident term, and the second is called the immigrant term. In Eq. 1, a_k denote the area of module k within tile (i,j) and $M(i,j)$ denote the index set of the modules which partially ($a_k < 1$) or fully ($a_k = 1$) overlaps the tile (i,j). The expression for $A(i,j)$ in other phases are similarily obtained, for example, if we are in the N-phase $A(i,j)$ can be written as

$$A(i,j) = (1 - m_a) + m_c$$

Next, we define the *desired* population at tile (i,j) as $B(i,j)$. Although we do not know which module is placed where, we do know approximately the desired population. For simplicity,

$$B(i,j) = \begin{cases} 1\text{: in tile (i,j) within the allowed region, and} \\ 0\text{: in tile (i,j) within the forbidden region} \end{cases}$$

Our objective function F, to be minimized is defined as a weighted squared difference of $A(i,j)$ and $B(i,j)$ summed up over all the tiles in the given region;

$$F = \sum_{i,j} \left(A(i,j) - B(i,j)\right)^2. \tag{2}$$

A decision on which modules to move and which modules to let stay in the relevant phase is made simultaneously for all modules $k = 1, 2, \ldots, N$ (N denotes the number of modules) by solving a set of N linear equations;

$$\frac{\partial F}{\partial m_k} = 0, \qquad \text{for } k = 1, 2, \ldots, N \tag{3}$$

In computing the Eq. 2, the summation need be performed only for those tiles belonging to the so-called whole *Region of Relevance (ROR)* which is shown in Fig. 2. The ROR for each module is the exclusive-OR set between tiles belonging to the module in its position and tiles belonging to the

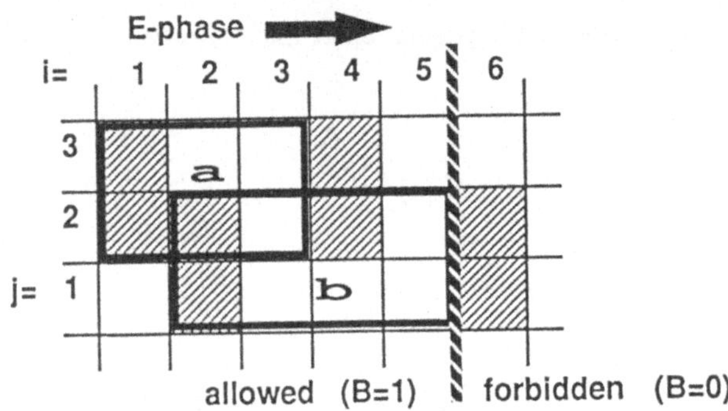

Figure 2: Region of relevance (ROR) is shown as shaded tiles. ROR for each module is the exclusive-OR set between tiles belonging to the module and those belonging to the shifted (in the given direction) image of the module.

tile index	A(i,j) in E-phase		B(i,j)
(i,j)	resident	immigrant	
(1,1)	0	0	1
(2,1)	1-mb	0	1
(3,1)	1-mb	mb	1
:	:	:	:
:	:	:	:
(6,1)	0	mb	0
:	:	:	:

Table 1: A(i,j) and B(i,j) values for some tiles in Fig. 2

shifted image of the module in the direction of wind in the given phase. The whole ROR is simply the union of all ROR's for each module. Table 1 shows $A(i,j)$ and $B(i,j)$ values for some tiles in Fig. 2. For example, $A(1,1)$ in Fig. 2 is zero, regardless of the move of any module. The tile $(3,1)$ does not belong to ROR, because the resident term, $1-m_b$, and the immigrant term, m_b (in the E-phase) cancel each other. As shown in this example (Fig. 2 and Table 1), the ROR can extend into the forbidden region (Tiles $(6,1)$ and $(6,2)$).

A simple example is given in Fig. 3 and Table 2. Two modules a and b having area 2 and 1, respectively, are to be placed in a region 1 * 3. The $A(i)$ and $B(i)$ terms are shown in Table 2. The objective function (in E-phase) is then given by

$$\begin{aligned} F &= (1-m_a-1)^2 + (1-m_a+1-m_b+m_a-1)^2 + (m_a+m_b-1)^2 \\ &= m_a^2 + (1-m_b)^2 + (m_a+m_b-1)^2 \end{aligned}$$

Therefore, by solving a set of two linear equations,

$$\begin{aligned} \frac{\partial F}{\partial m_a} &= 2m_a + 2(m_a+m_b-1) = 0 \\ \frac{\partial F}{\partial m_b} &= 2(m_b-1) + 2(m_a+m_b-1) = 0 \end{aligned}$$

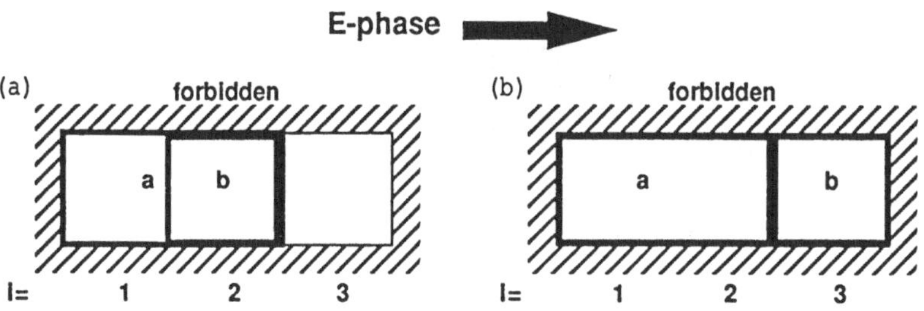

Figure 3: A simple example of two modules a and b having area 2 and 1 respectively, to be placed in a region of area 3.

tile index i	A(i) in E-phase		B(i)
	resident	immigrant	
1	(1-ma)		1
2	(1-ma) + (1-mb)	ma	1
3		ma + mb	1

Table 2: A(i) and B(i) terms for Fig.3.

we obtain $m_a = 0$ and $m_b = 1$, which results in the desired population distribution.

3 Strategial Details of Diffusion

3.1 Various move strategies

In addition to the already mentioned uniform move strategy (U-strategy), there is the so-called random move strategy (R-strategy), where the moves for all modules are 1-step translational, but the direction of movement is chosen randomly for each module. This is due to an observation that a systematic change of wind direction in U-strategy could not only lead to local optima, but also the results depend on the sequence of the wind directions.

Another strategy is called intelligent move strategy (I-strategy). An example for I-strategy is shown in Fig. 4. A simple guidline for I-move is to compute the population on the adjent tiles of the module in question and select the direction in which the fewest module exist. This guidline is, of course, based only on local considerations. The I-strategy is expected to be faster than U-, or R-strategies in arriving at the global optimum. A proper combination of I-, and R-strategies would probably be the practical choice. In this case, the scores given in Fig. 4 for all directions in I-strategy, which are 2, 1, 1 and 0 in the North, West, East and South-direction, respectively, are obscured by a random

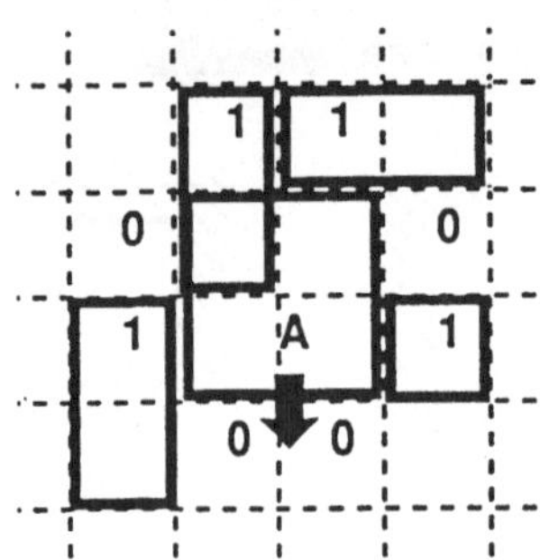

Figure 4: The intelligent move strategy (I-strategy) of modules selects the direction in which there are smallest population. For the modules A, the I-move direction is south-ward.

number ν so that the direction corresponding to the minimum among $(2+\nu_1)$, $(1+\nu_2)$, $(1+\nu_3)$ and $(0+\nu_4)$ is chosen.

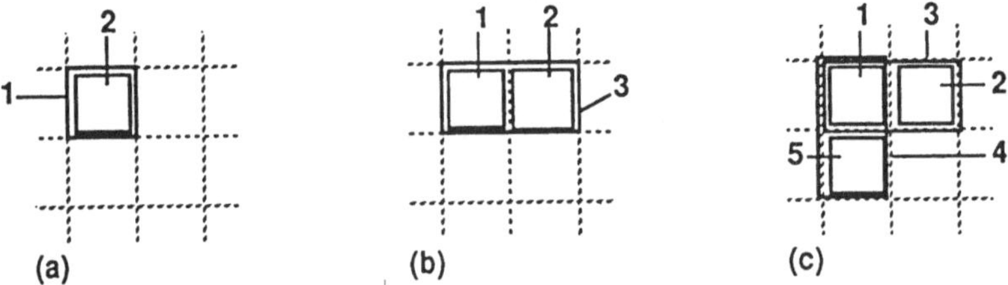

Figure 5: Three trivial cases where the resultant set of linear equations has redundancy number equal to the block redundancy number (BRN). In (a), BRN is 1 (block 1 is equivalent to 2); in (b) it is 1 (block 3 is equivalent to block 1 plus block 2); in (c) BRN is 2 (in addition to (b), block 4 is equivalent to block 1 plus block 5.

3.2 Miscallaneous considerations

Fig. 5 illustrates some trivial cases where the resultant linear equations are not necessarily independant from one another. For example, if there are two modules having the same area, shape and position, the objective function is symmetric with respect to the move flags of these two modules, i.e., for the case of Fig. 5, either m_1 or m_2 should be set arbitrarily to some value (usually to zero) to unambiguously determine the value of other m's. Similar cases are shown in Fig. 5 (b), (c) where the block redundancy number (BRN) is 1 and 2, respectively. BRN denotes the number of "equivalence" relations among blocks.

This problem can be avoided by proving whether the linear system of equations is singular or not. If the linear system of equations is singular, the redundant blocks can be extracted and the respective m's are set arbitrarily to zero.

4 Net Force Model

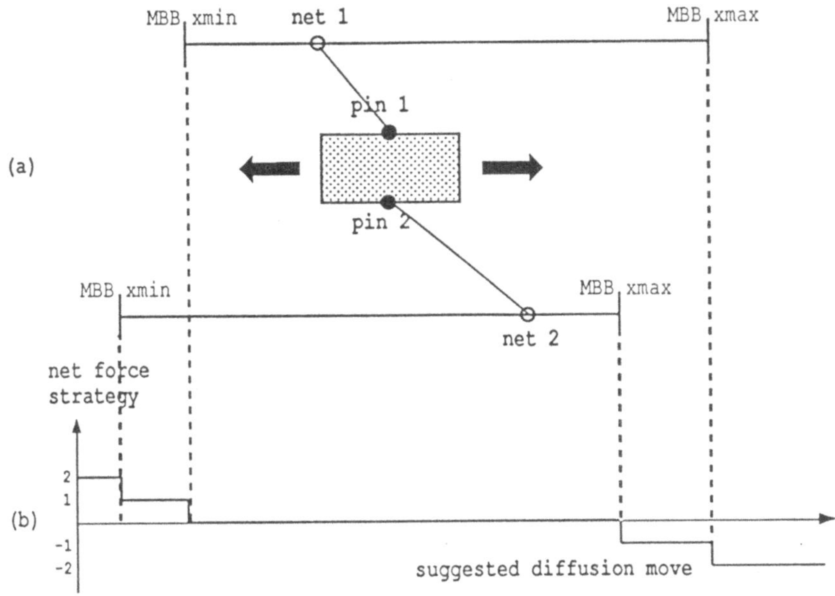

Figure 6: Net force model. (a) shows the x-spans of the nets to which pin 1 and 2 belong, respectively. (b) and (c) are two strategies of applying the net force.

The blocks are connected among themselves. The goals of block placement are not only minimal module overlaps but also minimal wiring length. In analogy with charged particles behaving according to the diffusion force as well as drift force, the motion of blocks as suggested by *Diffusion* force alone should be controlled by monitoring the circuit connectivity. The wiring length of a net is quite well represented as the half-perimeter length of the minimum-bounding box (MBB) containing all the pins belonging to the net. Fig. 6 shows how such moves as suggested by considering the diffusion force alone are to be penalized by the so-called net force. Only the x-spans of the MBB's corresponding to net 1 and net 2, to which pin 1 and pin 2 belongs, respectively are shown. As long as the move of the module is such that pins 1 and 2 stay within the current x-span of the corresponding MBB's no net-forces are enforced. When the module tries to diffuse further than this extent, the net force is exerted on that module to discourage the "too-excessive" movement. In our strategy the net force is proportional to the number of net-MBB's crossed by the *Diffusion* move normalized with the average number of pins per module.

5 Experimental results

A program was written in C and run on VAX 11/750 with VMS. Fig. 7 illustrates the placement configuration of a 4 * 4 mesh connected circuit example in the intermediate steps, beginning with the placement as obtained from FDR-procedure. Finally experimental results on a benchmark circuit called AMI33 [10] are shown in Fig. 8. Fig. 8 (a) shows the initial placement of our procedure, obtained by FDR procedure. Fig. 8 (b) shows the result of *Diffusion* with the net force model.

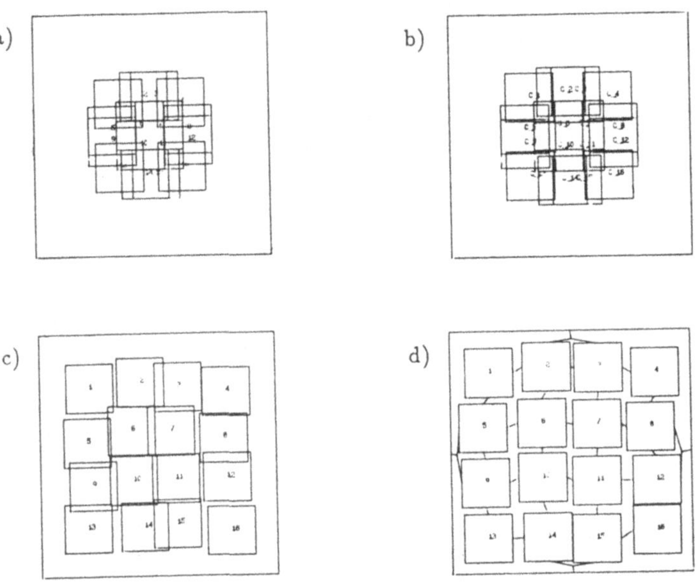

Figure 7: An example of 16 modules connected in a 2-dim. mesh pattern showing the intermediate steps in the Diffusion procedure including net force.

6 Discussions and Future Works

The proposed *Diffusion* principle is a global optimization technique based on the least square error principle. The error, in this case, denotes the difference between the actual and desired population at each tile position. Within its general framework of Diffusion, the size and shapes of modules and placement regions can all be arbitrary. The number of layers can be arbitrary, enabling its application to double-sided PCB (Printed Circuit Board) placement or some multiple-layer placement. This is easily achieved by simply setting the desired population, $B(i,j)$ equal to the number of layers involved. In a practical case where SMD (Surface Mounted Device) and conventional DIP (Dual-In-Line Plastic) packages coexist on either side of the double-side PCB, we simply set the

a)

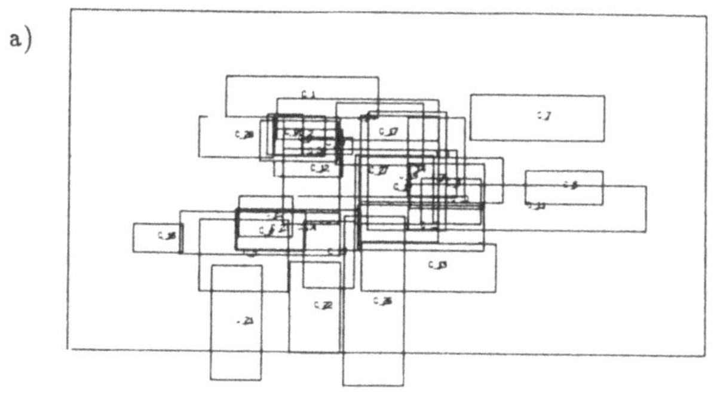

b)

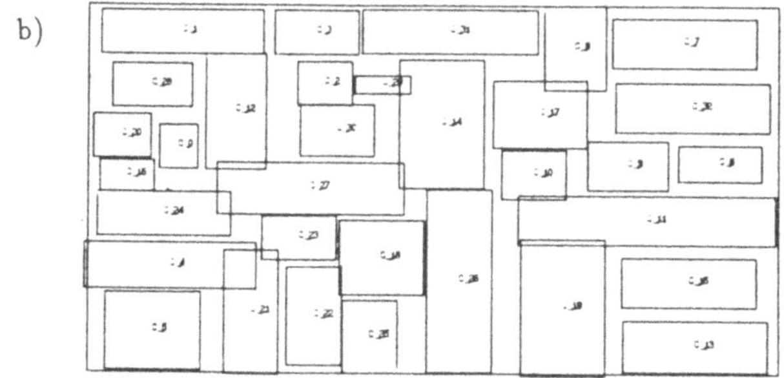

Figure 8: Example ami33 including net force.

values of a_k in Eq. 1 to be 1 for SMD's, and 2 for DIP's, and set $B(i,j)$ to 2 within the allowed regions.

The *Diffusion* principle can also be taken in consideration as part of a Global Placement Strategy in several, iterating steps as described in [11]. For Example the rotation of modules, to obtain the best module orientation with respect to minimal net length, may support new overlaps between modules. The overlaps can be avoided by *Diffusion* again.

Another task of macro cell placement is to generate space between the blocks used for wiring. This can be achieved by growing the modul sizes such that enough wiring space between all modules can be obtained by *Diffusion*.

References

[1] M.A. Breuer, *"Min-cut placement"*, J. Design Automation and Fault Tolerant Computing, vol. 1, pp.343-382, Oct. 1977.

[2] A.E. Dunlop and B.W. Kernighan, *"A procedure for placement of standard-cell VLSI circuits"*, IEEE Trans. on CAD of IC's and Systems, vol. CAD-4, pp. 92-98, Jan. 1985.

[3] N.R. Quinn and M.A. Breuer, *"A force-directed component placement procedure for printed circuit boards"*, IEEE Transactions on Circuits and Systems, vol. CAS-26, pp. 377-388, 1979.

[4] R.S. Tsay, E.S. Kuh and C.P. Hsu, *"Module placement for large chips based on sparse linear equations"*, Int. J. Circuit Theory and Applications, vol. 16, pp. 416-423, 1988.

[5] C.K. Cheng and E.S. Kuh, *"Module placement based on resistive network optimization"*, IEEE Trans. on CAD of IC's and Systems, vol. CAD-3, pp. 218-225, July 1984.

[6] J.M. Kleinhans, G. Sigl and F.M. Johannes, *"GORDIAN: A new global optimization/rectangle dissection method for cell placement"*, Proc. ICCAD, pp. 506-509, 1988.

[7] G.J. Wipfler, M. Wiesel and D.A. Mlynski, *"A combined force and cut algorithm for hierarchical VLSI layout"*, Proc. 19th DAC, pp. 671-676, 1982.

[8] S. Kirkpatrick, C.D. Gelatt and M.P. Vecchi, *"Optimization by simulated annealing"*, Science, vol 220, pp. 671-680, May 1983.

[9] C. Sechen and A. Sangiovanni-Vincentelli, *"TimberWolf 3.2: A new standard cell placement and global routing package"*, Proc. 23rd DAC, pp. 432-439, June 1986.

[10] B. Preas, *"Benchmarks for cell-based layout systems"*, Proc. 24th DAC, pp. 319-320, 1987.

[11] C.M. Kyung, P.V. Kraus and D.A. Mlynski, *"An evolutionary strategy for the global placement of macro cells"*, Proc. ISCAS, pp. 1668-1671, May 1990.

Rechnergestützte Spezifikation in einer integrierten Entwurfsumgebung für anwendungsspezifische Systeme

J. Bortolazzi K.D.Müller-Glaser
Lehrstuhl für Rechnergestützten Schaltungsentwurf
Universität Erlangen-Nürnberg

Zusammenfassung

Der vorliegende Beitrag beschreibt ein wissensbasiertes System zur rechnergestützten Spezifikation (CAS - Computer Aided Specification) analoger und digitaler Systemkomponenten, das im Rahmen eines Projektes zur Entwicklung einer integrierten, spezifikationsgesteuerten Entwurfsumgebung für Mikrosysteme (DEBYS - DEsign BY Specification) an der Universität Erlangen-Nürnberg entwickelt wird. Aufgabe des Systems ist es, die Entwicklung von detaillierten Umgebungsbeschreibungen und Anforderungsspezifikationen unterstützen oder auch steuern zu können. Auf der Grundlage eines gemeinsamen Datenmodells für digitale und analoge Spezifikationen erfolgt eine systematische Erfassung relevanter Spezifikationsdaten sowie deren Verwaltung in einem objektorientierten Format. Regelbasierte Verfahren erlauben die frühe und simulationsunabhängige Prüfung von Spezifikationen bezüglich Konsistenz, Vollständigkeit und Realisierbarkeit. Schnittstellen zu Entwurfs-, Analyse- und Testwerkzeugen ermöglichen die Unterstützung und Kontrolle des gesamten Entwurfsprozesses auf der Grundlage der erfaßten Spezifikationsdaten.

1. Einleitung

Die Integration ganzer Systeme aus analogen, digitalen, optoelektronischen und nichtelektronischen Komponenten auf einem Chip verzeichnet in den letzten Jahren eine stark ansteigende Anzahl von Entwurfsaktivitäten. Der aus technischer Sicht interessante Ansatz, die Schnittstellen zur analogen Außenwelt mit den digitalen Verarbeitungseinheiten zu integrieren wird durch rechnergestützte Entwurfsmittel zur Produktivitätssteigerung auch ökonomisch attraktiv. Eine Reihe spezifischer Problemstellungen erfordert dabei den Ausbau rechnergestützter Entwurfsverfahren. Im Bereich der frühen Entwurfsphasen sind hier vor allem die mangelnde Unterstützung von Studien- und Spezifikationsphase, die stark differierende Produktivität analoger und digitaler Entwurfswerkzeuge sowie die Simulation auf Systemebene zu nennen. Die Unterstützung von Studien- und Spezifikationsphase erfordert neue, in vielen Fällen wissensbasierte Ansätze zur frühen Abschätzung der Realisierbarkeit von Entwurfsvorhaben, zur Planung der einzusetzenden Personal- und Werkzeugkapazitäten sowie zur Erfassung, Verwaltung und frühen Prüfung von Anforderungsspezifikationen.

Das Problem der rechnergestützten Erfassung und Verarbeitung von Umgebungsbeschreibungen und Anforderungsspezifikationen hat in der Vergangenheit verschiedentlich Berücksichtigung in Teilbereichen des Systementwurfs gefunden. Einmal sind hier die zahlreichen Arbeiten zur Ergänzung der Spezifikation des rein funktionalen Verhaltens digitaler Systeme durch zeitliche Randbedingungen (timing constraints) sowie deren Berücksichtigung bei Syntheseprozessen zu nennen. Beispiele hierfür sind in /KAR88//BOR87//NES86/ beschrieben. Verschiedene Synthesewerkzeuge im digitalen Bereich erlauben die Berücksichtigung einiger wesentlicher Umgebungsbedingungen (Flächenlimitierung, Versorgung, Temperaturbereiche, Leistungsverbrauch, Prozeßparameter) sowie ausgesuchter Anforderungsspezifikationen (Geschwindigkeit). Ein werkzeugunabhängiger Ansatz zur Erfassung und Verarbeitung von elektrischen und zeitlichen Schnittstellenspezifikationen für rein digitale Systeme wird in /LEE89/ beschrieben. Im Bereich des Analogentwurfs bieten einige Synthesewerkzeuge die Möglichkeit, basierend auf der Beschreibung wesentlicher elektrischer und zeitlicher Anforderungen Standardfunktionen automatisch zu generieren /SED88//DEG89//CAR89//BER89/. Die Erfassung von Spezifikationen beschränkt sich hierbei auf die funktionsspezifischen Parameter und bieten keine Unterstützung bei der Spezifikation von komplexen, nicht zum Kreis der Standardfunktionen gehörenden Systemkomponenten.

Die Aufgabe, komplexe heterogene Systeme, d.h. Umgebung, Anforderungen, Aufbau und Funktion von Komponenten aus den Bereichen Digital- und Analogelektronik, Optoelektronik, Mikromechanik sowie deren Zusammenspiel zu beschreiben, erfordert einen universellen Ansatz zur Erfassung, Verwaltung und Verarbeitung von Umgebungsbedingungen, Anforderungsspezifikationen und Beschreibungen auf Systemebene (Systemstruktur, Makromodelle zur Systemsimulation). Hierzu muß ein allgemeingültiges Modell für Systembeschreibungen entwickelt werden, das die bereichs- und funktionsunabhängige Darstellung aller für die Systementwicklung relevanter Aspekte ermöglicht. Durch die Partitionierung von Systemen in Teilsysteme und die daraus resultierende hierarchische Systembeschreibung erfolgt im Zuge der Top-Down-Entwurfstrategie eine Identifikation von realisierbaren Komponenten, die im Falle des Entwurfs von heterogenen Systemen ihrerseits homogen und damit einem bestimmten Bereich (digital, analog, optoelektronisch, ...) zuzuordnen sind. Für die so entstandenen Teilfunktionen stehen in vielen Fällen Entwurfs- oder sogar Synthesewerkzeuge zur Verfügung. Der rechnergestützten Spezifikation obliegt hierbei die Aufgabe, die Propagierung von in Spezifikationen der Teilsysteme zu unterstützen, übergreifende (d.h. nicht unterteilbare) Spezifikationen effektiv zu verwalten sowie eine Umsetzung der Anforderungsspezifikation in bereichs-, funktions- und vor allem werkzeugspezifische Formate zu ermöglichen.

Der vorliegende Beitrag beschreibt einen wissensbasierten Ansatz zur Erfassung, Verwaltung, Prüfung und Verarbeitung von Umgebungsbeschreibungen und Anforderungsspezifikationen, der im Rahmen des DEBYS- (DEsign BY Specification) Projekts /MG89a,b/ realisiert wird. Eine objektorientierte Datenbasis erlaubt die Repräsentation von allgemeingültigen Informationen bezüglich des Aufbaus und der Semantik von Spezifikationen sowie die strukturierte Verwaltung der aktuellen Spezifikationsdaten. Ein regelbasierter Ansatz dient der frühen und simulationsunabhängigen Prüfung von Spezifikationsdaten im Hinblick auf ihre Vollständigkeit und Konsistenz. Eine komfortable Bedienungsoberfläche ermöglicht eine effektive Kommunikation während der Datenerfassung, wobei hier vertraute Darstellungs- und Beschreibungsformen sowie die Bereitstellung von Alternativen im Mittelpunkt stehen. Eine Reihe von Schnittstellen zu Entwurfs-, Analyse- und Testwerkzeugen ermöglichen die Unterstützung und Steuerung wichtiger Entwicklungsschritte durch die erfaßte Spezifikation. Die rechnergestützte Erzeugung von strukturierten und detaillierten Dokumentationen bietet schließlich wertvolle Hilfe für einen der kritischen Aspekte der Spezifikationsphase: der Aufzeichnung der initialen Anforderungen sowie deren Modifikation und Verfeinerung im Verlauf der Systementwicklung.

2. DEBYS (DEsign BY Specification) - spezifikationsgesteuerter Entwurf

Die Methode des spezifikationsgesteuerten Entwurfs basiert auf der Steuerung und Unterstützung der Entwurfs-, Analyse- und Testphasen durch Ansätze zur rechnergestützten Spezifikation und zur entwurfsbegleitenden Bewertung wesentlicher Entwurfseigenschaften /KIR90/ sowie auf der Integration dieser Werkzeuge in einer Entwurfsumgebung, die wesentliche Aspekte des Entwurfsmanagements und der Datenhaltung beinhaltet (Abb.1).

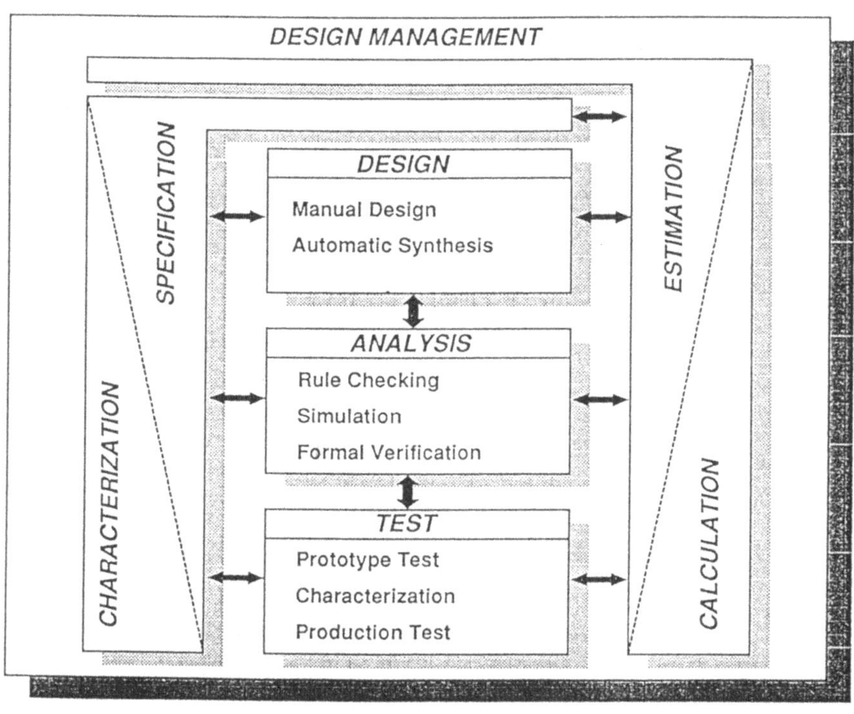

Abb.1 Das DEBYS Konzept für eine integrierte Mikrosystem-Entwicklungsumgebung

Ziel ist es, die Realisierung komplexer Systeme unter außergewöhnlichen Randbedingungen in einer akzeptablen Zeit durch die Unterstützung der frühen Entwicklungsphasen mit rechnergestützten Werkzeugen zu ermöglichen sowie die Erfolgsquote des ersten Entwurfsdurchlauf (first silicon success rate) für komplexe Systeme zu verbessern.

DEBYS umfaßt neben einer Reihe von kommerziellen Werkzeugen (Zycad VHDL, Silvar Lisco SDS, CASS, CAL-MP, PRINCESS; Silicon Compilers Genesil, GDT; Isdata LOG/iC,; HHB Intelligen; GenRad System HILO; Anacad ELDO/FIDELDO; Analogy Inc. SABER, SPICE) ergänzende Eigenentwicklungen im Bereich Projektmanagement, rechnergestützte Spezifikation, entwurfsbegleitende Schätzverfahren und Generatorsysteme. Darüberhinaus steht eine integrierte Testumgebung (TSSI Test Development System, Tektronix LT1001 VLSI Testsystem und ICT 9030 Elektronenstrahl-Testsystem) zur Verfügung.

CAS ist ein wissensbasiertes System, dessen Hauptbestandteile in Abb.2 dargestellt sind:

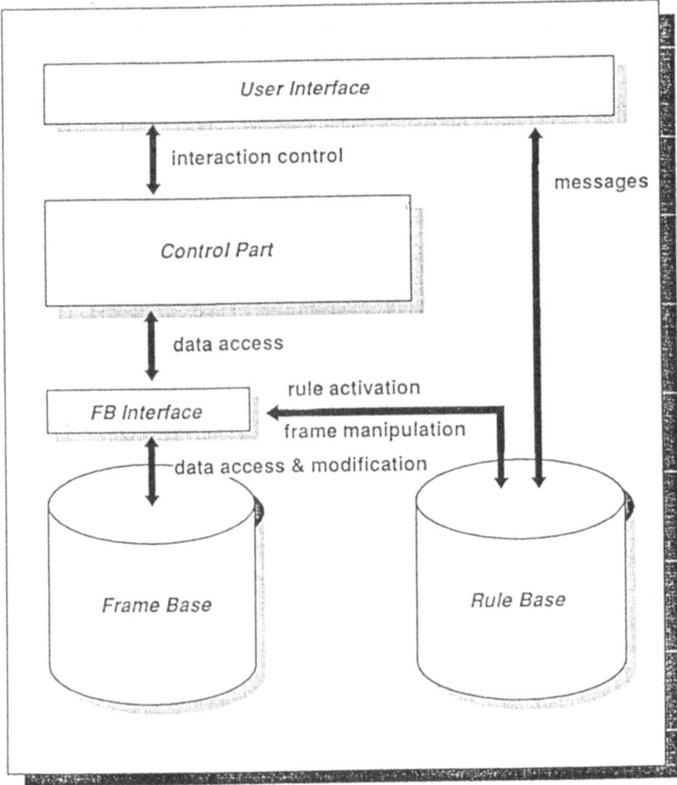

Abb.2 Die DEBYS/CAS Systemarchitektur

- *User Interface:* Eine graphische, menügesteuerte Bedienungsoberfläche zur Erfassung der Spezifikationen. Sie umfaßt verschiedenartige Darstellungs- und Interaktionskonzepte (Formulare, Zeitdiagramme, Graphiken, etc.), um für jeden Spezifikationsbereich eine abgestimmte und effektive Erfassung zu ermöglichen (Abb. 3).
- *Control*: Ein in der Sprache Prolog implementiertes Steuerungsprogramm zur Koordination der Einzelschritte während der Spezifikationsentwicklung.
- *Frame Base:* Eine objektorientierte Datenverwaltung, die alle relevanten Bestandteile, Beziehungen und Verarbeitungsvorschriften für Spezifikationen enthält und im Verlauf der Spezifikationserfassung zur Aufnahme der Daten sowie zur Steuerung dient. Die Frame Base ermöglicht die Darstellung von Objekthierarchien, verschiedene Beziehungstypen sowie Mechanismen zur Mehrfachvererbung (multiple inheritance) und zur Einbindung ereignisgetriggerter, prozeduraler Komponenten. Die prozeduralen Komponenten werden u.a. dazu genutzt, eine ereignisgesteuerte Aktivierung von Regeln zur Konsistenzprüfung zu implementieren.
- *Rule Base:* Eine in Prolog implementierte Regelbasis, die heuristische und analytische Verfahren zur Konsistenzprüfung von Spezifikationen enthält.

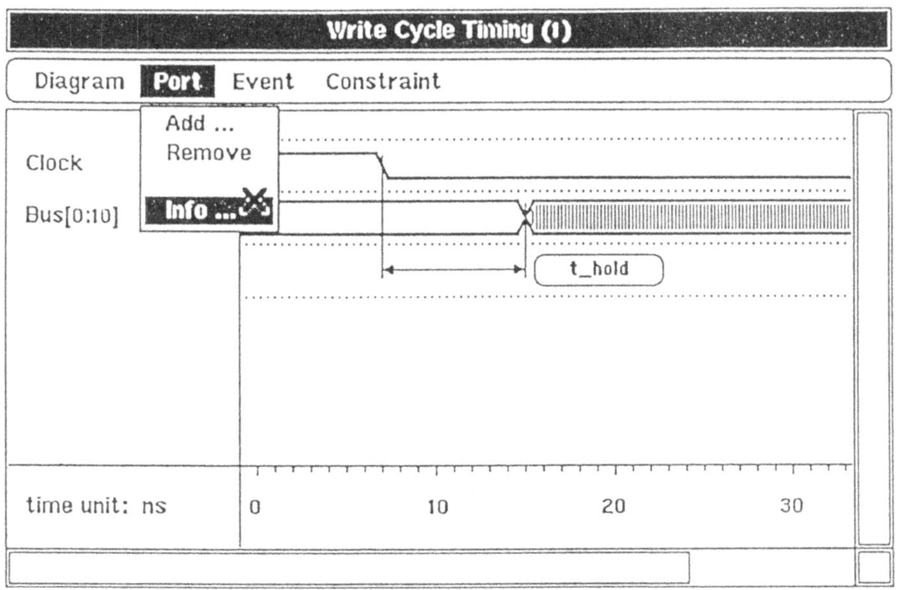

Abb.3 DEBYS/CAS-Bedienungsoberfläche zur Erfassung von Zeitspezifikationen

3. Aspekte der Entwicklung von CAS

Die grundlegende Aufgabenstellung bei der Entwicklung eines rechnergestützten Spezifikationssystems ist die Modellierung von Spezifikationen mit dem Ziel, eine Abbildung auf rechnerinterne Strukturen zu ermöglichen. Hierbei müssen sowohl die relevanten Bestandteile und Beziehungen als auch Organisation und Ablauf von Spezifikationen berücksichtigt werden. Eine Untersuchung existierender Spezifikationen und deren Entstehungsprozesse liefert hierbei wertvolle Anhaltspunkte über die Extraktion der initialen Anforderungen im Verlauf der Interaktion zwischen Auftraggeber (Kunde) und Auftragnehmer (Designer) sowie der Entstehung von Modifikationen und zusätzlichen Anforderungen.

Das objektorientierte Datenmodell: Die Grundlage des Spezifikationsmodells ist eine objektorientierte, hierarchisch organisierte Beschreibung der Topologie von Systemen sowie der relevanten Spezifikationen. Objekte werden dabei über mehrere Ebenen hinweg übergeordneten Objekten, sogenannten Klassen zugeordnet. Abbildung 4 illlustriert die Objekthierarchie für die Repräsentation von zeitlichen Ereignissen in digitalen Komponenten.
Verschiedene Beziehungstypen erlauben dabei den Aufbau verschiedener Hierarchien (Komponenten, Versionen und Alternativen, Funktionsklassen, etc.). Jedes System wird durch ein Objekt repräsentiert, das die Beschreibung seiner Schnittstelle zur Außenwelt sowie durch seiner Teilsysteme und deren Verbindungsstruktur enthält. Über die Vergabe von Attributen kann jedes Objekt detailliert beschrieben werden. So werden analoge oder digitale Komponenten durch einen Eintrag im domain-Attribut beschrieben.

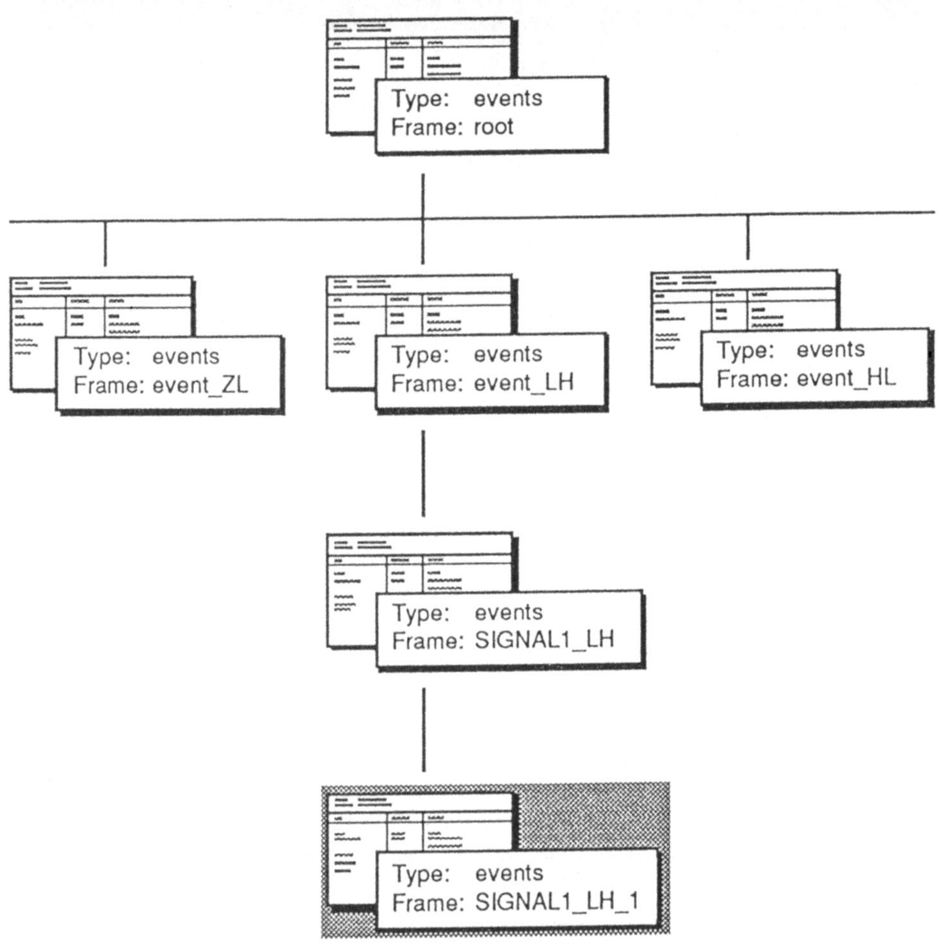

Abb.4 Objekthierarchie zur Beschreibung von Zustandsübergängen (events)

Vererbung innerhalb der Systemhierarchie ermöglicht die ökonomische Verwaltung gemeinsamer Daten. So werden Informationen über die verwendete Technologie, den Hersteller oder die Systemumgebung vom Ausgangsobjekt einer IC-Systemhierarchie vererbt, die Zuordnung eines Teilsystems zu einem bestimmten Bereich (digital, analog,...), führt automatisch zu einer Zuordnung aller darunterliegenden Teilsysteme zum spezifizierten Bereich. Über den Mechanismus der Mehrfachvererbung kann ein Objekt Informationen aus mehreren Klassenobjekten erhalten. So erfolgt die Übernahme der Technologiespezifikation und der Funktionsspezifikation aus verschiedenen Klassenobjekten. Die Einführung unterschiedlicher Betrachtungsweisen (views) erlaubt eine Auswahl von Objektinformationen unter bestimmten Kriterien. So exisieren für ein Entwurfsobjekt nach /WAL85/ strukturelle, funktionale oder physikalische, darüberhinaus aber auch elektrische, zeitliche, test- oder umgebungsorientierte Betrachtungsweisen. Die Spezifikation von Umgebungseigenschaften und Anforderungen erfordert neben der Beschreibung von Werten und Wertebereichen für einzelne Spezifikationsparameter die detaillierte Beschreibung von Gültigkeitsbedingungen und Beziehungen zwischen verschiedenen Spezifikationsparametern. So erfordert die Spezifikation des Verstärkungs-Bandbreite-Produkts für analoge Komponenten die Angabe einer genauen Parameterdefinition sowie der zugehörigen Meßschaltung (Abb.5).

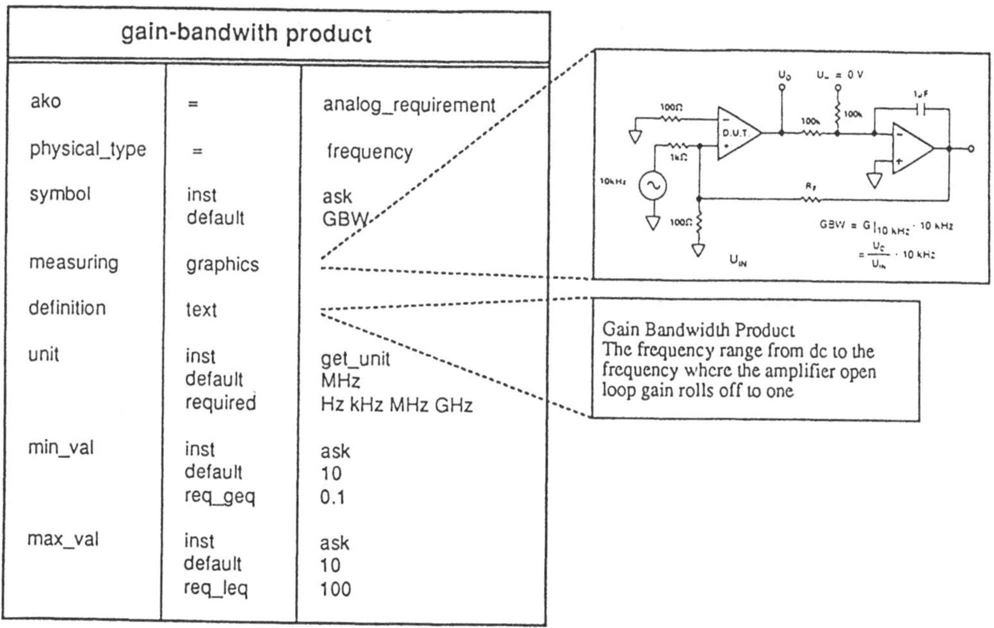

gain-bandwith product		
ako	=	analog_requirement
physical_type	=	frequency
symbol	inst default	ask GBW
measuring	graphics	
definition	text	
unit	inst default required	get_unit MHz Hz kHz MHz GHz
min_val	inst default req_geq	ask 10 0.1
max_val	inst default req_leq	ask 10 100

Abb.5 Generischer Frame zur Beschreibung einer Spezifikationsparameter-Klasse Gain-Bandwidth Product GBW

Dies macht eine Abbildung von Spezifikationsparametern auf Objekte notwendig, da eine Repräsentation mehrerer Parameter, die einem Teilsystem oder einem Port zugeordnet werden sollen, bei einer Darstellung durch Attribute des Teilsystems komplexe Datenstrukturen als Attributwerte bedingen würde. Durch die explizite Repräsentation von Parametern durch Objekte wird auch die Möglichkeit geschaffen, parameterspezifische Erfassungs- und Prüfverfahren in Parameterklassen zu verwalten und ihre Aktivierung an die Modifikation einer Instanz dieser Klasse zu knüpfen. Bei der Entwicklung eines Datenmodells zur Repräsentation von Umgebungsbeschreibungen und Anforderungsspezifikationen für heterogene Systeme müssen die unterschiedlichen, bereichspezifischen Aspekte berücksichtigt werden. Gemeinsame Aspekte können extrahiert und für den Entwurf eines Basismodells verwendet werden. Bereichsspezifische Aspekte müssen unter Berücksichtigung der durch das Basismodell gemachten Randbedingungen eingebracht werden. Wesentliche Entwicklungsaspekte sind hierbei die strukturierte, detaillierte und realitätsnahe Abbildung von Bestandteilen, Beziehungen und Verarbeitungsvorschriften einer Spezifikation. Ein entscheidender Aspekt bei der Partitionierung von Systemen in Teilsysteme ist die Propagierung von Systemanforderungen und Systemeigenschaften innerhalb der Hierarchie. Hier müssen nicht partitionierbare Spezifikationen (z.B. Technologie, Hersteller) ökonomisch verwaltet und partitionierbare Spezifikationen über geeignete Verfahren in Spezifikationen der Teilsysteme transformiert werden. Zur Beschreibung der Systemfunktion werden im digitalen Bereich Beschreibungssprachen oder logische Ausdrücke eingesetzt. Die Funktion analoger Systeme wird hingegen oft durch die Zuordnung zu einer bestimmten Systemklasse (z.B. Operationsverstärker, Umsetzer, Multiplexer) und die Spezifikation klassenspezifischer Parameter (z.B. Spannungsverstärkung für Operationsverstärker) sowohl im Zeit- als auch Frequenzbereich beschrieben (Abb.6).

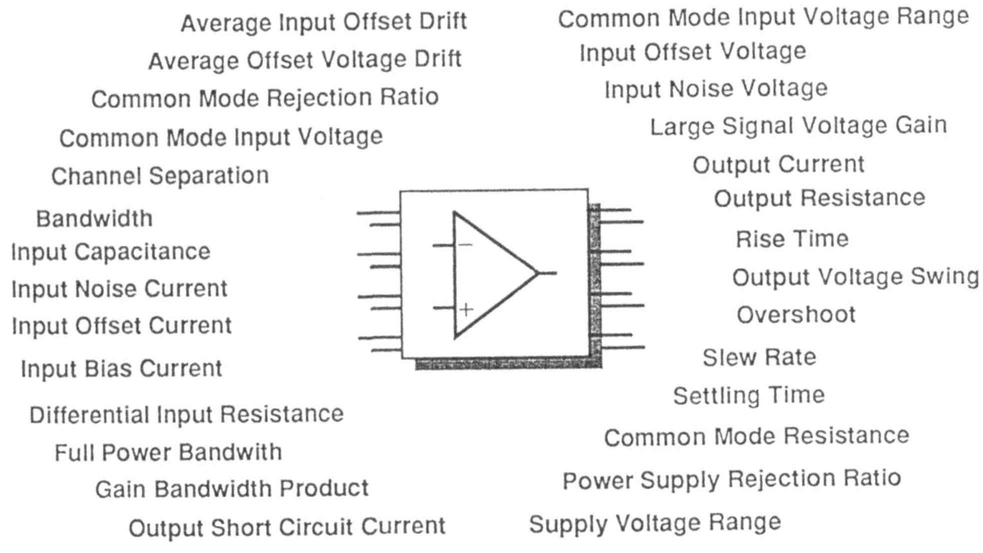

Abb.6 DEBYS/CAS Spezifikationsparameter für Operationsverstärker

Für die Beschreibung komplexer Analogfunktionen stehen gegenwärtig keine formalen Beschreibungsmittel zur Verfügung. Die Partitionierung solcher Systeme und die Propagierung der Spezifikationen unter Berücksichtigung vielzähliger und komplexer Wechselwirkungen erfordert üblicherweise hochspezialisierte Entwicklungsexperten. Kann dieses Expertenwissen mit Hilfe wissensbasierter Ansätze im Rechner repräsentiert werden, so wird eine Rechnerunterstützung beim Entwurf analoger Systeme bis hin zur Ebene der bekannten und heute zum Teil schon synthetisierbaren Grundfunktionen möglich. Dabei ist zu berücksichtigen, daß im Falle von extremen Anforderungen an das System die Qualität der Entwürfe rechnergestützter Werkzeuge oft deutlich gegenüber der menschlicher Experten abfällt.

Spezifikation analoger Parameter: Im Rahmen der Spezifikation analoger Komponenten müssen Anforderungen an den kontinuierlichen Verlauf bestimmter Größen formuliert werden. Toleranzbänder und Störschwellen spielen hier eine wesentlich wichtigere Rolle als im digitalen Bereich. Digitale Signale werden in der Regel mit Spannungstoleranzen für die HIGH und LOW Pegel beschrieben, wodurch implizit die Störschwellen für diese Pegel festgelegt sind. Toleranzbänder für analoge Größen werden sowohl im Zeit- als auch im Frequenzbereich beschrieben. Beispiele hierfür sind Frequenzverhalten von Amplitude und Phase, harmonische Verzerrungen und Signalgeräuschabstand. Häufig wird eine grobe Beschreibung im Zeitbereich, eine genauere Beschreibung im Frequenzbereich sowie eine Feinbeschreibung mittels spezieller Parameter vorgenommen. Im Rahmen der Spezifikationserfassung werden Toleranzbänder über graphische Darstellungen unter Verwendung von Fenstern zur Kennzeichnung zugelassener Bereiche beschrieben. Ihre Abbildung in der Datenbasis erfolgt mittels geeigneter Datenstrukturen in den Datenobjekten.

Im digitalen Bereich müssen in den frühen Entwurfsphasen relativ wenige Technologie- und Herstellerabhängigkeiten berücksichtigt werden. Beispiele hierfür sind Betriebsfrequenzen, Leistungsverbrauch und Treiberleistung. Im Gegensatz dazu sind Entwürfe im analogen Bereich weitgehend von prozeßspezifischen Parametern abhängig. Hier muß beispielsweise schon in frühen Entwurfsschritten die realisierbare Genauigkeit der verwendeten Bauelemente berücksichtigt werden. Zu diesem Zweck wird in der Wissensbasis eine Beschreibung der verwendeten Prozesse abgelegt, die zum einen der automatischen Erzeugung von Initialwerten für bestimmte Parameter, zum anderen der Prüfung von Anforderungsspezifikationen bezüglich der Prozeßgrenzwerte dient.

Analoge Systemkomponenten werden typischerweise durch eine Vielzahl unterschiedlicher Parameter beschrieben. Um den Aufwand für die Beschreibung der Anforderungen zu begrenzen und Redundanzen zu vermeiden, wird unter Ausnutzung von Vererbungsmechanismen und durch die Klassifikation von Spezifikationsparametern eine Systematik der Erfassung bestimmt. Eine grobe Unterteilung erfolgt durch die Klassifikation in allgemeingültige (Umgebung, absolute Grenzwerte, Betriebsbedingungen), bereichs- (analog und digital), komponenten- und anschlußspezifische Parameter. Innerhalb der Komponenten- und Parameterhierarchien können spezifizierte Werte vererbt werden.

Analoge Spezifikationsparameter werden in drei Klassen eingeteilt: Parameter erster Ordnung beschreiben die wichtigsten statischen, dynamischen und Transfereigenschaften einer Komponente, die durch den Komponententyp oder den Einsatz spezieller Entwurfswerkzeuge vorgegeben sind. Diese Parameter dienen der Beschreibung der prinzipiellen Funktion einer Komponente, so z.B. die geforderte Auflösung oder der Austeuerbereich eines A/D Umsetzers. Parameter zweiter Ordnung werden bei der Analyse von Entwurfsergebnissen herangezogen, müssen also extrahiert oder aus vorhandenen Ergebnissen berechnet und mit den Anforderungen verglichen werden. Diese Parameter, z.B. integrale und differentiale Linearität, Verstärkungs- und Offsetfehler für A/D Umsetzer, dienen der Verfeinerung der prinzipiellen Anforderungen und bilden Anhaltspunkte für die Qualität von Entwurfsergebnissen. Parameter dritter Ordnung dienen der Vervollständigung der Anforderungsspezifikation und werden häufig sehr vage spezifiziert. Ihr Vergleich mit extrahierten Parametern ist von geringerer Bedeutung für die Qualitätsbewertung, jedoch können die spezifizierten Werte im Rahmen der Erzeugung von Dokumentationen verwendet werden.

4. Spezifikationserfassung mit CAS

Die Spezifikationserfassung mit DEBYS/CAS umfaßt die in Tabelle 1 dargestellten Bereiche. Im folgenden soll auf die wesentlichen Aspekte eingegangen werden.

Schnittstellen-beschreibung	Verhaltens-beschreibung	Struktur-beschreibung	System-umgebung	Test-umgebung	Entwurfs-management
Definition der Interaktionsstellen (Ports, Pins, etc.) Absolute Grenzwerte Betriebs-bedingungen Gehäuse, Aufbau- und Verbindungs-technik Kritische Pfade Statistische, dynamische und Übertragungs-anforderungen Toleranzen	Funktions-definition Eingangs-/ Ausgangs-beziehungen Simulationsmodell Systemebene Logische Ausdrücke, Übertragungs-funktionen, Hardware-Beschreibungs-sprachen, Grafische Konstruktion, Beschreibungs-masken	Partitionierung Hardware Software Definition von Teilfunktionen Hierarchie Verbindungen von Gesamt- und Teilsystemen Strategie bzgl. Testbarkeit und Stimulii	Temperatur Feuchtigkeit Mechanische Belastungen Chemische Belastungen Strahlungs-belastung Störquellen Elektro-magnetische Verträglichkeit EMV Zuverlässigkeit	Testsysteme Meßgenauigkeit/ Auflösung Testsystem-verbindungen Sicherheits-grenzen Produktionstest Qualitätssicherung AQL, PPM, ZDS	Projektierung Einsatzplanung: - Personal - Werkzeuge Terminplanung Preis/Leistungs-bewertung Dokumentation

Tab1. Hauptbereiche der Spezifikation in DEBYS/CAS

Umgebungsbeschreibung: Im Vorfeld der Entwicklung einer Anforderungsspezifikation an ein zu entwickelndes System sollte eine detaillierte Beschreibung der System- und Testumgebung erfolgen (Tab1). Die Eigenschaften der Systemumgebung beeinflußen grundlegende Entscheidungen im Rahmen der Systementwicklung, so etwa die Auswahl von Technologie und Gehäuse, die Notwendigkeit von Schutzeinrichtungen und haben entscheideneden Einfluß auf die Zuverlässigkeit eines Systems. Die CAS Wissensbasis hält eine Reihe relevanter Parameter zur Beschreibung der Systemumgebung bereit. Für die Spezifikation der strahlungsbedingten Belastung müssen beispielsweise Strahlungsart und -intensität sowie Art und Umfang der Schutzvorkehrungen beschrieben werden. Die Beschreibung der Störumgebung umfaßt eine Charakterisierung aller relevanten externen Störquellen (Übersprechen, Frequenzeinkopplungen, etc.) unter Verwendung spektraler Rauschdichtediagramme und spezifischen Mittelwerten für unkorrelierte Quellen.

Die Beschreibung der Testumgebung umfaßt alle Kenndaten, die für die Prüfung der Anforderungsspezifikationen bezüglich ihrer Testbarkeit von Bedeutung sind. Auf dieser Grundlage kann unter Verwendung geeigneter Regeln eine rechnergestützte Prüfung der Testbarkeit vorgenommen werden.

Schnittstellenbeschreibung: Die Schnittstellenbeschreibung enthält alle relevanten Aspekte zur Darstellung eines Systems aus externer Sicht. Hierzu gehören Anschluß- und Gehäusespezifikationen, absolute Grenzwerte, Betriebsbedingungen sowie Anforderungen an statische, dynamische und Transfereigenschaften.
Im Verlauf der Spezifikationsentwicklung werden Instanzen von Parameterklassen mit Komponenten, einzelnen oder mehreren Anschlußports in Beziehung gesetzt.
Die Auswahl der zu spezifizierenden Parameter erfolgt dabei über spezielle Parameterlisten, die die für bestimmte Komponenten- oder Portklassen relevanten Parameter enthalten. Damit kann einerseits eine gezielte Asuwahl von Parametern erfolgen beziehungsweise die Vollständigkeit von Spezifikationen geprüft werden, andererseits können Inkonsistenzen durch unerlaubte Zuordnungen vermieden werden. Jede Parameterklasse enthält Informationen über die zu erfassenden Werte und gegebenenfalls Initialsierungen (default values), den physikalischen Typ und damit die entsprechenden Einheiten, eine Parameterdefinition sowie eine grafische Darstellung der Test- bzw. Meßschaltung (Abb.3). Für jeden Parameter können natürlichsprachliche Kommentare angegeben werden, die durch die Kennzeichnung und Verwaltung von Schlüsselworten zur rechnergestützten Erzeugung von Dokumentationen herangezogen werden können. Für jedes Attribut einer Parameterklasse kann eine Agenda mit Regeln abgelegt werden, die als Reaktion auf eine Eingabe oder Modifikation der Attributwerte aktiviert und sukzessive abgearbeitet wird. Diese Regeln dienen der Prüfung von Anforderungsspezifikationen bezüglich technologie- und herstellerabhängiger Grenzwerte, bezüglich der System- und Testumgebungseigenschaften, bezüglich absoluter Grenzwerte und Betriebsbedingungen sowie der Beziehungen zu bereits spezifizierten Anforderungen auf der aktuellen Ebene und von den darüberliegenden Systemebenen propagierten Anforderungen. Zur Unterstützung der Exploration von Entwurfsalternativen /HAR89/ können Grenzwerte für die zu variierenden Größen (z.B.Bandbreite, Slew Rate) sowie Leistungsverbrauch und Flächenbedarf spezifiziert werden.

Strukturbeschreibung: Die Strukturbeschreibung umfaßt die Partitionierung von Systemen in Teilsysteme, die Identifikation der Funktion von Teilsystemen sowie die Beschreibung der Verbindungen (Konnektivität). Die Identifikation von Teilsystemen erfolgt hierbei über die Zuordnung zu verschiedenen Systemklassen (elementare oder zusammengesetzte Systeme, digitale, analoge oder gemischt digital/analoge Systeme) und einer bestimmten Systemebene (System, PCB, IC, Modul).
Begleitend zur hierarchischen Partitionierung von Systemen erfolgt eine Propagierung von Systemanforderungen in Anforderungen an die Teilsysteme und damit eine zunehmende Verfeinerung der Spezifikation. Für vordefinierte Topologien existieren eine Reihe von algorithmischen oder heuristischen Propagierungsorschriften, während für unbekannte Topologien entsprechende Vorschriften durch den Benutzer definiert werden müssen. DEBYS/CAS ermöglicht die Formulierung von Propagierungsvorschriften in einem logikbasierten (Prolog-orientierten) Format. So kann in einem einfachen Beispiel eine spezifizierte Verstärkungsanforderung an einen dreistufigen Verstärker in Anforderungen an die Eingangs-, Übertragungs- und Ausgangsstufe durch die folgende Vorschrift aufgeteilt werden:

```
gain_requirement(Amp,Gain) :-
gain_requirement(Amp.In,Gain/A),
gain_requirement(Amp.Inter,Gain/b),
gain_requirement(Amp.Out,Gain/c).
```

Die Partitionierung erfolgt in der Regel so lange, bis eine in ihrer Realisierung bekannte oder aufgrund der propagierten Spezifikation synthetisierbare Komponente identifizierbar wird.

Verhaltensbeschreibung: Grundsätzlich erlaubt CAS die Anbindung beliebiger Beschreibungsformate für das Verhalten einer Komponente über die den einzelnen Entwurfsobjekten (design objects) zugeordneten Betrachtungsweisen (view objects) und damit die strukturierte Verwaltung von Verhaltensbeschreibungen. Realisierte oder parametrisierbare Komponenten können hier auch durch die Beschreibung eines eventuell verfügbaren Makromodells und der zugehörigen Parameter beschrieben werden /VIS88//NAG89/.
Darüberhinaus hat die Entwicklung eines Verfahrens zur Verhaltensbeschreibung für komplexe Systeme das Ziel, bereichsunabhängig die Funktion des Gesamtsystems sowie der Komponenten des Systementwurfs beschreiben zu können. Im Falle der Identifikation bereichsspezifischer Funktionseinheiten muß jeweils die entstandene Systemverhaltensbeschreibung in eine bereichsspezifische Beschreibung umgesetzt werden. Für die Beschreibung digitaler Komponenten kommen hierfür Hardware-Beschreibungssprachen, logische Ausdrücke oder tabellarische Beschreibungen zum Einsatz. Die Beschreibung analoger Komponenten erfolgt auf Systemebene durch Übertragungsfunktionen, Impulsantworten oder mathematische Gleichungen, auf Schaltkreisebene durch Strom-/Spannungsverläufe im Zeit- oder Frequenzbereich und durch Parameter wie Stabilität, Empfindlichkeit, Genauigkeit, auf Bauelementebene schließlich durch lineare und nichtlineare Beziehungen zwischen Strömen und Spannungen, die in Tabellen und Diagrammen beschrieben werden. Sofern verfügbar kann eine Analog-Hardwarebeschreibungssprache verwendet werden.

5. Regelbasierte Prüfung von Konsistenz und Vollständigkeit

Die Qualität und Verwertbarkeit einer Spezifikation hängt in erster Linie von ihrer Konsistenz und Vollständigkeit ab. Während die Realisierbarkeit bestimmter Anforderungen gesichert erst mit Vorhandensein eines Prototypen unter Verwendung geeigneter Testmethoden festgestellt werden kann, ermöglichen eine Vielzahl von Erfahrungen und allgemeingültigen Zusammenhängen die frühzeitige Erkennung von Entwurfsproblemen. Im Bereich sehr früher Entwurfsphasen stützen sich simulationsunabhängige Prüfverfahren größtenteils auf Heuristiken, die mit Hilfe von Regeln auf einen Rechner abgebildet werden können. Die implementierten Regeln stützen sich auf Informationen, die aus Lehrmaterial /ALL87//GRE86/, Entwurfsdokumentationen und Gesprächen mit Experten gewonnen wurden.
Eine Anzahl von Regeln dient der Erkennung von Überschreitungen der technologie- und herstellerspezifischen Grenzwerte. Hierzu sind detaillierte Beschreibungen der Prozeßparameter und Bibliotheksdaten in der Datenbasis nötig, die jedoch durch entsprechende Schnittstellen bereitgestellt werden können. Beispiele hierfür sind der Vergleich der geforderten Genauigkeit von Widerständen und Kapazitäten mit den technologiespezifischen Werten. Im Falle einer Regelverletzung wird hier der Ersatz von Einzelelementen durch Widerstands- oder Kapazitätsnetzwerke empfohlen. Für die frühzeitige Erkennung von di/dt-Problemen an Signalausgängen wird beispielsweise durch eine Regel auf Informationen bezüglich simultan schaltender Ausgänge, der spezifizierten Lastkapazitäten und Anstiegszeiten sowie eines technologiespezifischen Grenzwerts zugegriffen.

Die Prüfung von Anforderungsspezifikationen bezüglich ihrer Testbarkeit erfordert eine detaillierte Beschreibung der Testumgebung. Die frühe Erkennung von Testproblemen ist vor allem beim Entwurf komplexer heterogener Systeme von Bedeutung, da hier nicht auf Standard-Testsysteme zurückgegriffen werden kann. Eine detaillierte Beschreibung der wesentlichen Eigenschaften wie Strom-/Spannungsauflösung, Genauigkeit, maximaler Spannungsversorgungs- und Temperaturbereich ermöglicht die Prüfung von Anforderungsspezifikationen bezüglich ihrer Prüfbarkeit. Die Entwicklung zusätzlicher Testeinrichtungen kann dadurch gegebenenfalls früh begonnen werden. Beispiele für testorientierte Spezifikationsprüfung sind:

- Prüfung der Leckstromspezifikationen versus Stromauflösung der PMU (Parameter Measuring Unit)
- Prüfung der Qualitätsanforderungen an A/D-Umsetzer versus Qualität der im Testsystem verfügbaren Signalgeneratoren

Weiterhin können gezielte Hinweise auf die Auswahl und Gestaltung von Test- und Meßmethoden gegeben werden. Für die spektrale Analyse von A/D-Umsetzern muß beispielsweise der Leckeffekt berücksichtigt werden, der nach einer Frequenbereichs-Abtastung zusätzliche Frequenzkomponenten hervorruft, die bei der diskreten Fourier-Transformation zu einem verfälschten Spektrum führen. Durch geeignete Fenstertechniken kann dieser Effekt minimiert werden. Die Verwendbarkeit bestimmter Fenstertechniken hängt entscheidend von der geforderten Qualität der A/D-Umsetzer ab /HAR78//ANA88/. Für die Spektralanalyse von 16-bit ADCs wird aufgrund der hohen Dämpfung der Nebenmaxima ein Rosenfeld-Fenstertyp empfohlen.

6. Unterstützung und Kontrolle von Entwurf, Analyse und Test

Auf der Grundlage der strukturiert abgelegten Spezifikationsdaten ergeben sich eine Reihe von Möglichkeiten, Entwurfs-, Analyse- und Testwerkzeuge zu unterstützten und zu steuern. Beispiele für realisierte, in Entwicklung befindliche oder geplante Schnittstellen sind:

- die Bereitstellung von Umgebungsbeschreibungs- und Anforderungsparametern für digitale und analoge Synthesewerkzeuge (Synopsis und IDAC /DEG89/)
- der Aufbau von Simulationsumgebungen unter Berücksichtigung system- und testumgebungsspezifischer Werte
- die Unterstützung der Auswahl von Simulationsmodellen aufgrund der Versorgungs- und Umgebungsspezifikationen
- die Bereitstellung von zeitlichen Anforderungen für die rechnergestützte Auswertung von Simulationsergebnissen (SIMUEVA,/BUS89/)
- die Unterstützung bei der gezielten Erweiterung von Testumgebungen
- die frühe Abschätzung von Geschwindigkeit, Fläche und Verlustleistung mit heuristischen Verfahren
- die Verbindung mit einem wissensbasierten System zur Projektplanung, Personal- und Entwurfsmittelverwaltung
- die rechnergestützte Erzeugung detaillierter, strukturierter Dokumentationen.

7. Implementierung

CAS wird unter Verwendung der Sprachen Prolog und C und X Window System V.11 auf Apollo Workstations unter BSD4.3 UNIX implementiert. Die Software-Architektur ist in Abbildung 7 dargestellt. Die Verwendung verschiedener Programmiersprachen (multiparadigm programming) ermöglicht die Nutzung sprachspezifischer Vorteile um eine hohe Programmeffizienz mit kurzen Entwicklungszeiten zu ermöglichen. Die konventionelle Programmiersprache C wurde hierbei zur Implementierung prozeduraler Teilfunktionen (Parser, Ausgaberoutinen, Bedienungsoberfläche, Datenverwaltung) verwendet, während in den Bereichen Spezifikationsprüfung und Ablaufsteuerng Regeln in der logikbasierten Sprache Prolog formuliert wurden. Zur effizienten Verwaltung der Spezifikationsdaten wird gegenwärtig ein objektorientiertes Datenverwaltungssystems (CADLAB/OMS) in DEBYS integriert.

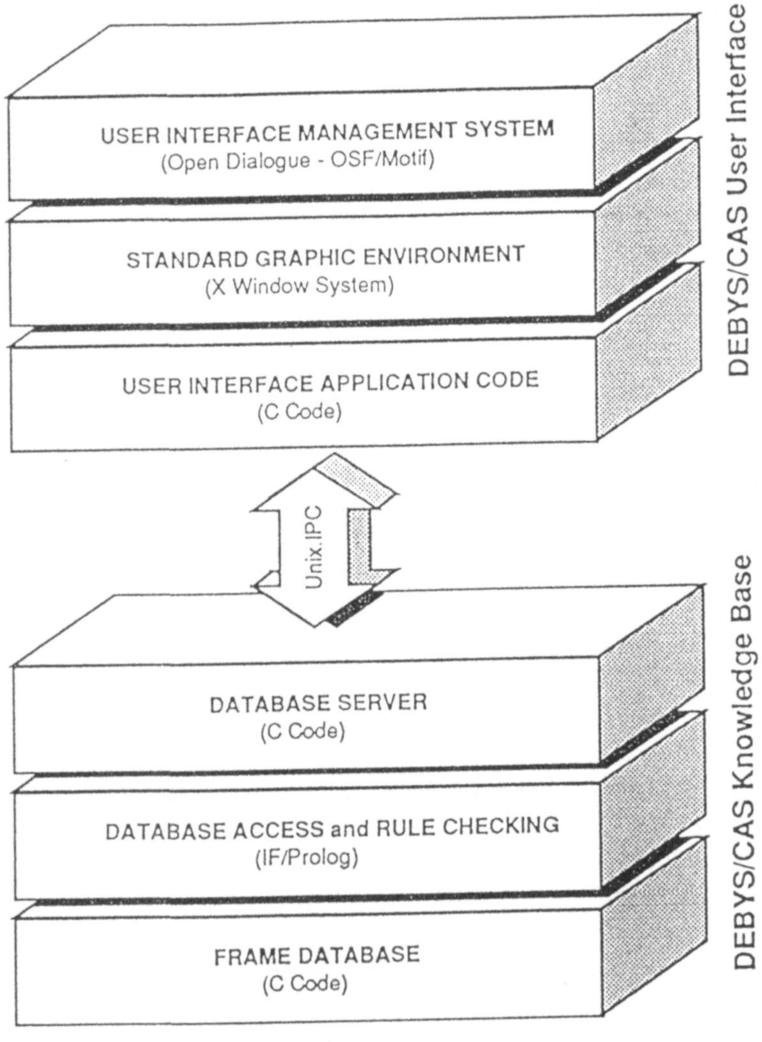

Abb.7 DEBYS/CAS Software-Architektur

8. Experimentelle Anwendungen und Ergebnisse

Das DEBYS/CAS System wird zur Erfassung und Prüfung von Anforderungsspezifikationen im Rahmen von realen Entwurfsprojekten eingesetzt. Diese Anwendungen dienen im wesentlichen der Beurteilung der Effektivität und Akzeptanz sowie zur Erweiterung und Bewertung der Objekt- und Regelsätze. Die ersten Ergebnisse wurden im Rahmen der Entwicklung eines digitalen ASICs mit 7200 Gatteräquivalenten und 84 Pins gewonnen. Dieses System enthält eine UART, einen dynamischen RAM-Controler, eine 16bit-Fehlererkennung - und korrektur sowie verschiedene Komponenten zur Steuerung des Bussystems und zur Erzeugung verschiedener Taktsignale. Das System zeichnet sich durch relativ extreme Anforderungen bezüglich des Zeitverhaltens aus. Im Verlauf der Spezifikationserfassung konnten kritische zeitliche Anforderungen ausfindig gemacht und die entsprechenden Modifikationen der Zeitzyklen durchgeführt werden. Besondere Aufmerksamkeit erweckten die Erkennung einiger Testprobleme und eines di/dt Problems, das aufgrund hoher kapazitiver Belastung simultan schaltender Steuersignale auftrat.
Die Erfassung gemischt analog-/digitaler Anforderungsspezifikationen erfolgte erstmalig im Rahmen des Entwurfs eines integrierten CODEC-(COder/DECoder) Systems. Weiterhin wurden Entwurfsprojekte für ein integriertes Tauchtiefen-Meßgerät sowie einer integrierten Dimmer-Steuerung für Energiesparlampen durch DEBYS/CAS unterstützt. Auch hier konnten einige Entwurfs- und Testprobleme frühzeitig erkannt werden. Vor allem die Charakteristika des vorhandenen Testsystems konnten zur Detektion von Problemen im Bereich der Strom-/Spannungsauflösung und der Temperaturbereiche genutzt werden.

9. Ausblick

Die weitere Entwicklung des DEBYS/CAS Ansatzes für rechnergestütze Spezifikation konzentiert sich im wesentlichen auf folgende Aspekte:

- Steigerung der Leistungsfähigkeit und Zuverlässigkeit des Systems durch Einbindung eines objektorientieren Datenverwaltungssystems
- Ausbau der Wissensbasis (Objekte und Regeln)zur Erfassung und Prüfung von Anforderungen an analoge und nichtelektronische Komponenten sowie zur Beschreibung von Interaktionen zwischen verschiedenen bereichsspezifischen Komponenten
- Aufbau von Bibliotheken mit Informationen über integrierbare Komponenten, vor allem im Bereich Sensorik/Aktorik
- Ausbau der Funktionalität der Bedienungsoberfläche mit dem Ziel, einen angepaßten und effektiven Informationsaustausch zwischen Mensch und Maschine auch im Bereich der analogen, optoelktronischen und nichtelektronischen Komponenten zu ermöglichen
- Aufbau weiterer Schnittstellen zur Unterstützung von Entwurfs-, Analyse- und Testaktivitäten
- Einbindung einer analogen Hardware-Beschreibungssprsche (AHDL)
- Integration des Hypertext-Konzeptes zur strukturiertenVerwaltung von detaillierten, nichtformalen Beschreibungen von Anforderungen und Eigenschaften
- Ausbau der Verbindungen zu Entwurfs- und Projektmanagement sowie zur spezifikationsbasierten Abschätzung von relevanten technischen und ökonomischen Kenndaten (Fläche, Leistungsbedarf, Verzögerungszeiten, Entwicklungskosten, Entwicklungsdauer).

10. Literatur

/ALL87/ P.E.Allen; D.R.Holberg: "CMOS Analog Circuit Design"; Holt, Rineheart and Winston, New York 1986

/ANA88/ " 16-Bit A/D Converter Performance Testing Technical Note"; Analog IC Corp. 1988

/BER89/ E.Bercan e.a.: "From Analog Design Description to Layout: a New Approach to Analog Silicon Compilation" in Proc. of CICC 1989, pp.4.4.1-4.4.5

/BOR87/ G.Borriello; R.H.Katz: "Synthesis and Optimization of Interface Transducer Logic" in Proc. IEEE ICCAD 1987, pp.274-277

/BOR90/ J. Bortolazzi; K.D. Müller-Glaser: "Towards Computer Aided Specification of Analog Components" in Proc. IEEE CICC 1990, pp.10.7.1-10.7.4

/BUS89/ R.Buschke; K.Lagemann: "An Approach to Understanding Evaluation of Simulation Results as an Integrated Task" in Proc. CICC 1989, pp.13.6.1-13.6.4

/CAR89/ L.R.Carley e.a.: "ACACIA: The CMU Analog Design System" in Proc. of CICC 1989, pp.4.3.1-4.3.5

/DEG89/ M.G.R.Degrauwe e.a.: "Towards an Analog System Design Environment" in IEEE JSSC Vol.24, NO3, June 1989, pp.659-671

/GRE86/ R.Gregorian; C.Temes: "Analog MOS Integrated Circuits for Signal Processing"; Wiley and Sons, New York 1986

/HAR78/ F.J.Harris: "On the Use of Windows for Harmonic Analysis with the DFT" in Proc. of the IEEE, Vol.66,NO.1,Jan.1978, pp.51-83

/HAR89/ R.Harjani e.a.: "OASYS: A Framework for Analog Circuit Synthesis" in IEEE Trans. on Computer-Aided Design, Vol.8, NO.12, Dec.1989, pp.1247-1266

/LEE89/ E.S.Lee e.a.: "The Input/Output Specifications Analyzer for IC Designs" in Proc. CICC1989, pp.19.1.1-19.1.4

/KAR88/ A.Kara e.a.: "An Expert System to Automate Timing Design", IEEE Design & Test Oct.1988, pp.28-40

/KIR90/ K.Kirsch; B.Koch; K.D. Müller-Glaser: "Schnelle Chiplflächen- und Verlustleistungsschätzung im frühen ASIC-Entwurfsablauf", Proc. SMT/Hybrid/ASIC 1990; Alfred Hüthig Verlag Heidelberg 1990

/MG89a/ K.D.Müller-Glaser,J.Bortolazzi: "An Approach to Computer-Aided Specification" IEEE Journal of Solid State Circuits Vol.25, NO.2 April 1990, pp.335-345

/MG89b/ K.D.Müller-Glaser;J.Bortolazzi:"An Approach to Knowledge-Based ASIC Specification" in Proc. IEEE CICC 1989, pp.19.2.1-19.2.4

/NAG89/ P.Nagel;W.Wolz: "Mixed Signal CAD/CAT: Functional Modeling Supports Expected Signal Generation" in Proc. ITG/GI-Workshop "Testmethoden und Zuverlässigkeit von Schaltungen und Systemen: Herausforderung der 90er Jahre", Lenggries, 1989

/NES86/ J.A.Nestor; D.E.Thomas: "Behavioral Synthesis with Interfaces" in Proc. of IEEE ICCAD 1986, pp.112-115

/SED88/ S.Seda e.a.: "A Symbolic Analysis Tool for Analog Circuit Design Automation" in Proc. IEEE ICCAD 1988, pp.448-451

/VIS88/ C.Viswesvariah e.a.: "Model Development and Verification for High Level Analog Blocks" in Proc. ACM/IEEE Design Automation Conference 1988, pp.376-382

/WAL85/ R.A. Walker; D.E. Thomas: "A Model of Design Representation and Synthesis" in Proc. ACM/IEEE Design Automation Conference 1985, pp.453-459

A CONCEPT OF DEFINING SEMANTICS OF CONCURRENT MICROPROGRAMS*[1]

Marek Gondzio
Institute of Computer Science, Warsaw Univ. of Technology
Nowowiejska 15/19, 00-665 Warsaw, POLAND

ABSTRACT

An approach to defining formal semantics of systems composed of asynchronously cooperating microprogrammed units is presented as a case study related to a concurrent microprogramming language called C-MIDDLE. Essential features of the language are briefly described. Main aspects of the semantics of systems of concurrent microprograms are discussed. Specific problems, including a method for specifying semantics of jumps and concurrency mechanisms within a framework of the same model, are underlined. The considered semantics is denotational, set-theoretic, and trace-based. It provides a background for developing micropogram oriented logic to reason about properties of systems of concurrent microprograms.

1. INTRODUCTION

Verification plays a crucial role in the design of complex hardware systems. Hardware description languages can be efectively used in the design verification if they are formally defined [Gord83, PiSt83, DaWa84, Lars86, Damm88]. A mathematical semantics of a language is particularly required to create a background for reasoning about properties of devices under development before prototyping.

Languages to describe and/or design digital systems composed of a number of asynchronously cooperating units must support concurrency. Specific problems appear on the ground of microprogramming, i.e. when cooperating units are microprogrammed. A survey of microprogramming languages presented in [Gond89b] showed that there was not a microprogramming language with formally defined semantics which can support concurrency on real hardware level. A concurrent microprogramming language C-MIDDLE has been proposed to fill in this gap. C-MIDDLE is a concurrency-oriented extension of an existing sequential language MIDDLE [DeBu78].

In this paper, we concentrate only on C-MIDDLE's semantics; other issues related to concurrent microprogramming and to the language C-MIDDLE are discussed in separate papers (see e.g. [GoBu83], [Gond88], [Gond89a]). Some of C-MIDDLE's characteristics made this language a very specific case with respect to defining semantics. The most important features and their influence on the language's semantics may be summarized as follows:

1. The language distinguishes synchronous and asynchronous assignments (microoperations). Asynchronous microoperations are performed on combinational circuits (e.g. multiplexers) while synchronous microoperations usually refer to sequential circuits (e.g. registers). Assignments of both types can appear within a single

[1] Research supported by a grant under the Project RP.I.09

microstatement. The semantics must reflect this feature and a formalism must be found to express semantics of asynchronous co-assignments (i.e. lists of asynchronous microoperations).

2. C-MIDDLE contains both jumps and a synchronization mechanism. There are, of course, mathematical models which constitute necessary frameworks for presenting semantics of programmming languages with jumps <u>or</u> with concurrency mechanisms. But to our best knowledge, no semantical model has been reported which allows to express both jumps <u>and</u> concurrency mechanisms just on the same ground. The semantics of C-MIDDLE must desrcibe both mechanisms within the same framework.
3. Since concurrent microprograms allow infinite computations, usual behavioral semantics in the form of a state transition function (state -> state) is not adequate for describing behaviors of systems of concurrent microprograms. Thus, a model based on (possible infinite) sequences of states should be applied.

Solutions to the three problems formulated above as well as other aspects of defining semantics of the language C-MIDDLE are discussed in more detail in the paper.

Complete definitions of languages' semantics are usually very long and full of complex formulae. Since C-MIDDLE's semantics is not totally deprived of this feature, it is impossible to include the whole semantics within the limits of such a short paper like this. Therefore, we concentrate here on essential issues of the approach, especially on these which are closely related to concurrent cooperation of microprograms.

For the benefit of these readers who are less familiar with notions of denotational semantics we include (in the Appendix) brief explanation of main notational conventions used in the subsequent sections. More detailed presentation of the mathematical background and tools implicitely used in the definition of C-MIDDLE's semantics may be found e.g. in [Blik87a,b].

2. <u>CONCURRENT MICROPROGRAMS IN THE LANGUAGE C-MIDDLE</u>

The language C-MIDDLE has been designed to describe SYSTems of CONCurrent MicroPrograMS (SystConcMpms).

SystConcMpms are digital systems composed of a number of cooperating microprogrammed units. Units may be timed by their own individual clocks. Each unit is assigned a concurrent microprogram which describes its behavior. Distinguished lines connect cooperating units to carry synchronization signals between units. Synchronization signals are generated by executing microoperations. States of synchronization lines form synchronizatin conditions which are embedded in guarded operations. A synchronization conditin is a Boolean-like expression built of states of synchronization lines. A mutual synchronization mechanism employed in SystConcMpms consists in suspension of an internal (local) clock signal [HuAc76] until externally controlled synchronization condition is satisfied.

To simplify the presentation of the semantics of SystConcMpms a subset of C-MIDDLE is only considered in this paper. This subset (called SmalCMID) does not allow eg. global declarations, structured types, conditional microoperations, polyphase microinstructions or hardware attributes, but it contains, however, all constructs related to concurrency of microprograms.

The syntax of SmalCMID, given in the form of syntax domain equations, has the following form:

```
syst    : <System> = {system} <Milist> {ends.}
milist  : <Milist> = <Miprog>  |  <Miprog> {||} <Milist>
miprog  : <Miprog> = {microprogram} <Mpname> {=} <Entry> {;} <Mistat> |
                     {microprogram}<Mpname>{=}<Entry>{;}<Mistat>{;}<Stop>
stop    : <Stop>   = <Label> {:}
ent     : <Entry>  = <Decl> {start} <First> | {start} <First>
mpname  : <Mpname> = <Iden>
label   : <Label>  = <Iden>
decl    : <Decl>   = {dcl} <Inilst> {lcd ;}
inlist  : <Inilst> = <Init>  |  <Init> {;} <Inilst>
init    : <Init>   = <Iden> {=} <Expr>
first   : <First>  = <Label>  |  <Label> {,} <First>
mistat  : <Mistat> = <Label> <Cond> {:} <Asypart> {,} <Synpart>  |
                     <Label> <Cond> {:} <Synpart>  |
                     <Label> {:} <Asypart> {,} <Synpart> |
                     <Label> {:} <Synpart>  |  <Mistat> {;} <Mistat>
cond    : <Cond>   = {/} <Expr>
aspart  :<Asypart> = <Coas_asp>
co_asy  :<Coas_asp>= <Asy_asg>  |  <Asy_asg> {,} <Coas_asp>
as_asg  :<Asy_asg> = <Iden> {<=} <Expr>
sypart  :<Synpart> = <Coas_syp> {exit} <Branch>  |  {exit} <Branch>
co_syn  :<Coas_syp>= <Syn_asg>  |  <Syn_asg> {,} <Coas_syp>
sy_asg  :<Syn_asg> = <Iden> {:=} <Expr>
branch  : <Branch> = <Next> | <Ptlist>
next    : <Next>   = <Label>
ptlist  : <Ptlist> = <Path>  |  <Path> {,} <Ptlist>
pth     : <Path>   = <Expr> {.} <Label>
iden    : <Iden>   = (... identifiers ...)
expr    : <Expr>   = (... expressions ...)
```

A SystConcMpms (syst) is composed of a list (milist) of microprograms (miprog). Microprogram's header contains a name (mpname) and an entry part (ent) which combines declarations of variables (decl) and a list of entry points (first). In SmalCMID, decl is restricted to a sequence (inlist) of initiations (init) of declared variables. Entry points are labels (label) of microstatements which are allowed to be executed first (to start microprogram's execution). Microprogram's body is a sequence of microstatements. C-MIDDLE microstatements correspond (one-to-one) to microcode's microinstructions. All microstatements (mistat) contain a label (label) and a synchronous part (sypart), and can optionally contain an asynchronous part (aspart) and a synchronization condition (cond). Only halt microstatement (stop) has a different syntax. An aspart is simply a list (co_asy - coassignment) of asynchronous assignments (as_asg). A synchronous part is more complicated because it combines a list (co_syn) of synchronous assignments (sy_asg) as well as an exit (i.e. transition) microoperation (branch). The assignment type is distinguished by the operator: the symbol ":=" is used in synchronous microoperations while "<=" denotes asynchronous assignments. Exit micro-operations specify branches in the control flow. A branch can be an unconditional jump (next) or it contains a list (ptlist) of possible paths (pth). Each path combines a Boolean-like condition and a microstatement's label. Exactly one condition from the list ptlist can be true when the exit microoperation is being performed.

3. GENERAL IDEA OF DEFINING SEMANTICS OF CONCURRENT MICROPROGRAMS

The main characteristics of the approach applied to define and to present the semantics of SystConcMpms are the following:

- The semantics is given in denotational way, by means of functions which assign meaning to syntax. No continuations are used. The semantics satisfies the compositionality property (so called rule of structural induction).
- Semantic domains are usual sets, like in so called naive denotational semantics [BlTa83].
- An idea of trace semantics has been used to express the cooperation of concurrent microprograms.
- The semantics is based on interleaving approach.
- The semantics is presented in a VDM-like notation (in a form adopted by MetaSoft [Blik87b]).
- Mathematical background is based on the approach proposed by A. Blikle in [Blik87a].

In this section, we introduce only a general concept how the semantics of SystConcMpms is formulated, more details and semantic formulae are given in the next section. However, we sometimes refer here to the notion used in the next section in order to facilitate understanding of general ideas by connecting them with actual solutions.

As we have already mentioned in the Introduction (pnt. 3.), usual state transition functions or input/output relations cannot be applied to describe behaviors (beh) of SystConcMpms because infinite computations are allowed and possible. Instead, denotations of SystConcMpms are sets of executions, while an execution (exe) is a (finite or infinite) sequence of states of an abstract environment (env) of SystConcMpms.

To derive executions of a SystConcMpms a model and a representation of the control flow are needed. Required model should be adequate for single (sequential) microprograms as well as for systems of cooperating (concurrent) microprograms. A simple generalization of Hoare's traces [Hoar85] satisfies this requirement quite well. Interleaving of traces allows to express microprogrammed concurrency.

In our model of SystConcMpms, denotations of microinstructions (ins) and denotations of microprograms (mic) have a form of sets of traces. Traces (ftr, ltr, str) are, in general, finite or infinite sequences of elementary actions (act) of SystConcMpms. Elementary actions are just these operations of single microprograms which can be treated as indivisible activities on the ground of microprogrammed concurrency. Traces are calculated directly from the syntax by means of functions of trace constructors (e.g. MC, MI, EN). According to the rule of structural induction, denotations of compositions (ie. lists) of concurrent microprograms, which are also sets of traces, are established by interleaving sets of traces (mic) representing component microprograms. See the definition of the function MC for details.

Overall, global control flow of the cooperation of all component microprograms is represented by a set of traces (mcn). In order to derive a denotation of a SystConcMpms, an appropriate mcn is transformed into a set (beh) of corresponding executions. Special functions (run_t, run) are defined to describe the transformation of traces into executions. The general idea of this approach is that elementary actions registered in a trace are consequtively "performed" (see the function run_a) to establish changes of environment states and resulting states are respectively registered in a cooresponding execution. Thus, in our model, actions are rather "semantic" than "syntax" objects. In contrast to other concurrency oriented models (like Petri nets or CCS) which ignore data flow, executions can precisely express both control and data flow.

Merging two types of semantics (trace-based and behavioral) allows to get a semantic representation of jumps within the same framework in which concurrency is considered and without applying continuations. The mechanism of a jump appears in SmalCMID (as branch) in exit microoperations of all microstatements. Jumps are considered as specific transitions from actions to actions while a general approach has been proposed in the semantic model to express the mechanism of transitions between elementary actions. Actions are registered in traces with appropriate labels which identify actions' locations in a SystConcMpms. A label (or marking) of an action combines the indication of a microprogram (by name) and of a microstatement (by its label) to which this action belongs. Functions mac and pac deal with marking of elementary actions. While constructing a denotation of a microprogram (function MI), a sequence of actions repesenting the syntax of this microprogram is repeatedly concatenated to create "long enough" traces with multiplied occurences of particular actions. This allows to find any action to be executed next "further on in the trace" regardless the relation of syntax locations of a current action and its successor in the real control flow. Semantically, jumps are considered on the ground of behavioral representation. When traces are transformed into executions elementary actions are treated in one of two ways (see the functions run_a and run_t for details), namely:

- if a current action (in the trace) is just the one to be executed next (e.g. if it has been pointed out by a jump) a new environment state is calculated (as a result of action's execution),
- otherwise the current action is "omitted" and a next (in syntax) action is taken into account.

In this way, redundant environment states which represent only searching for actions are ignored.

4. MAIN SEMANTIC FORMULAE

In this section we present essential formulae of the semantic definition of SystConcMpms. Full definition is given in [Gond88]. To abridge the necessary explanation of presented formulae defined domains and functions are given self-explanatory names as far as possible. Some defined objects have been already explained in the previous section, however some others need at least compact explanation which is presented below their definitions.

4.1 Basic semantic domains

Basic semantic domains are defined as follows:

beh : Behavior = Execution-set

exe : Execution = $\text{Environment}^{c\Omega}$

env : Environment = Mode **x** Control **x** Situation

env_t : Env_transform = Environment ~> Environment

mod : Mode = {done, search}

ctl : Control = <Mpname> $\underset{m}{\to}$ Point

pnt : Point = <Label> **x** Type

typ : Type = {ASY, SYN}

sit : Situation = Message **x** State

sit_t : Sit_transform = Situation -> Situation

```
   mes : Message         = {OK, ee, er, ERR}
   sta : State           = <Iden> -> Data
                                   m
   dat : Data            = Value \ {er, ee}
   val : Value           = Nat | Bool
   nat : Nat             = {0, 1, 2, ..., N, er}
  bool : Bool            = {tt, ff, ee}
```

Abstract environment (env) of SystConcMpms combines a global control state (ctl), a situation (sit), i.e. a current state of system's variables (sta) with an error/OK indication (mes), and a mode (mod) which specifies how env has been established. If mod=done the env is the result of an action's execution, otherwise, i.e. when mod=search, the env reflects searching for an action to be executed next. Every microprogram is assigned a local control state (pnt). To simplify the whole notation we restrict the domain Data to natural (nat) and Boolean (bool) values only.

The next part of semantic domains refers to elementary actions of SystConcMpms:

```
     act : Action          = Asynch_part | Synch_part | Neg_test |
                             Pos_test | Entry | Stop
   asy_p : Asynch_part     = Sit_transform
   syn_p : Synchr_part     = Branch x Sit_transform
     bra : Branch          = Path-finset
    path : Path            = Evaluator x <Label>
 eva,evl : Evaluator       = State -> Value
   pos_t : Pos_test        = Evaluator x {PST}
   neg_t : Neg_test        = Evaluator x {NGT}
   entry : Entry           = Declaration x <Label>
     dcl : Declaration     = Sit_transform
     hlt : Halt            = <Label> x {HLT}
```

Four actions (asynchronous execution part, negative test, positive test, and synchronous execution part) corresponding to a single microinstruction are distinguished in order to express concurrency of elementary activities of cooperating microprograms.
The execution of an asy_p (asynchronous execution part of a microinstruction) is semantically represented by the transformation (sit_t) of the states of variables. A synchronous execution part (syn_p) corresponds to the syntax object sypart which combines a list of synchronous microoperations and an exit microoperation. The execution of an action syn_p modifies the state of variables (sta) and the local control state (pnt) of a given microprogram. Positive and negative tests (pos_t and neg_t) are actions corresponding to testing of synchronization conditions (cond). A pos_t finds the respective cond satisfied while a neg_t always finds it false. Two actions have been distinguished to represent waiting for the fullfilment of a synchronization condition on the ground of the semantic model. An action entry represents assigning initial values to variables and a choice of a microinstruction to be executed first. An action hlt means finishing a microprogram (but not necessarily whole SystConcMpms).

4.2. Traces and constructors of trace denotations

Basic domains and functions related to trace functions are the following:

ftr : Full_trace = $\text{Marked\_action}^{c\Omega}$

ltr : Local_trace = $\text{Pointed\_action}^{c\Omega}$

str : Simple_trace = $\text{Action}^{c\Omega}$

```
lts : L_traces                 = Local_trace-set
sts : S_traces                 = Simple_trace-set
mac : Marked_action            = Mic_name x Point x Action
pac : Pointed_action           = Point x Action
mar : Mic_name x L_traces -> Full_trace-set
ptg : <Label> x S_traces  -> L_traces
```

The distinction of three types of traces (ftr, ltr and str) as well as the introduction of additional marking functions (mar and ptg) follows the necessity to assign appropriate global markings (labels) to elementary actions (in order to allow searching for actions to be executed next) without breaking the rule of structural induction. Marking functions are applied in constructing trace denotations of the following syntax objects: compositions of microprograms, microprograms, microstatements (including the halt microinstruction), microprogram's entries, and of synchronization conditions. Respective domains are defined as follows:

```
stm   :  System             = Full_trace-set
mcn   :  Mic_composition    = Full_trace-set
mic   :  Microprogram       = Full_trace-set
ins   :  Instruction        = L_traces
sto   :  Stop               = L_traces
ets   :  Entries            = L_traces
wat   :  Wait               = S_traces
```

Semantic constructors of these objects are specified by means of functions which assign trace denotations to respective syntax objects. Below we define main constructors only.

Denotations of lists of microprograms (including the full list of all component microprograms of a SystConcMpms) are calculated as interleaving (|||) of denotations of component microprograms:

```
MC    :  <Milist>           -> Mic_composition
MC.[miprog] = MI.[miprog]
MC.[miprog || milist] = MI.[miprog] ||| MC.[milist]
```

The constructor of microprogram's denotation shows how sequences of actions corresponding to the microprogram's body (IN.[mistat]) are repeatedly concatenated in order to allow semantic representation of jumps:

```
MI    :  <Miprog>           -> Microprogram
EN    :  <Entry>            -> Entries
ST    :  <Stop>             -> Stop
MI.[microprogram mpname = ent ; mistat] =
   mar.<mpname, (EN.[ent]^(IN.[mistat])* | EN.[ent]^(IN.[mistat])∞)>
MI.[microprogram mpname = ent ; mistat ; stop] =
   mar.<mpname, (EN.[ent] ^ (IN.[mistat])* ^ ST.[stop] |
                 EN.[ent] ^ (IN.[mistat])∞)>
```

The definition of the constructor of microinstruction's denotation consist of five separate clauses corresponding to separate cases in the syntax of mistat. Here, the most complicated case represents the whole definition:

```
IN    :  <Mistat>           -> Instruction
AP    :  <Asypart>          -> Sit_transform
SP    :  <Synpart>          -> Synchr_part
IN.[label cond : aspart , sypart] =
      ptg.<label, {<AP.[aspart]>} ^ WA.[cond] ^ {<SP.[sypart]>}>
```

This definition reflects the fact that the execution of a micro-instruction can be devided into three subsequent steps:

- parallel execution of asynchronous microoperations,
- waiting for the fullfilment of the synchronization condition,
- simultaneous execution of synchronous microoperations and of the exit microoperation.

In the definition of the function AP which specifies a denotation of asynchronous execution part, an important fact has been applied to solve the first problem (pnt. 1) mentioned in the section 1. It is proven in [Gond88] that the execution of a list of asynchronous assignments (of a microstatement) can be expressed (on the ground of our semantic model) as a sequence of executions of appropriately ordered component microoperations.

Waiting for fulfilment of synchronization condition is represented by a set (sts) of simple traces (str) in order to allow expressing both successful and infinite waiting:

$$\text{WA} \quad : \quad \langle\text{Cond}\rangle \qquad\qquad \rightarrow \text{Wait}$$

$$\text{WA.[/expr]} = (\{\langle\langle\text{EX.[expr]},\text{NGT}\rangle\rangle\})^{*} \wedge \{\langle\langle\text{EX.[expr]},\text{PST}\rangle\rangle\} \;|\; (\{\langle\langle\text{EX.[expr]},\text{NGT}\rangle\rangle\})^{\infty}$$

4.3 Assigning behaviors to traces

The section 4.2 illustrates how trace denotations are constructed for given syntax objects. Now, we briefly present how these traces are assigned final behavioral representation. The key element in assigning behaviors to traces is a function which describes the execution of actions (run_a). This function (applied to full traces - ftr) specifies how the execution of a single elementary action act changes the abstract environment env of SystConcMpms. Below, we give the definition of this function for only three actions (the asynchronous and the synchronous execution parts and the negative test), executions of remaining actions are described similarly.

```
run_a : Marked_action -> Env_transform

run_a.mac.<mod, ctl, sit> =
  let <mes, sta> = sit in
  mes ∈ Error  ->  <mod, ctl, sit>,
  let <mpname, pnt, act> = mac in
  act ∈ Asynch_part ->
    ctl.mpname ≠ pnt  ->  <search, ctl, sit>,
    let <label, ASY> = pnt in
    let sit_t = act in
    let <mes_1, sta_1>  = sit_t.sit in
  mes_1 ∈ Error  ->  <done, ctl, <mes_1, sta>>,
  TRUE  ->  <done, ctl[<label,SYN>/mpname], <mes_1, sta_1>>,
```

```
12  act ∈ Neg_test ->
13    ctl.mpname ≠ pnt  ->  <search, ctl, sit>,
14    let <eva, NGT> = act in
15    let val = eva.sta in
16    val ∉ {tt, ff} -> <done, ctl, <val, sta>>,
17    val = ff -> <done, ctl, sit>,
18    TRUE -> UNDEFINED

19  act ∈ Synchr_part ->
20    ctl.mpname ≠ pnt  ->  <search, ctl, sit>,
21    let <bra, sit_t> = act in
22    let <mes_1, sta_1>  = sit_t.sit in
23    mes_1 ∈ Error  ->  <done, ctl, <mes_1, sta>>,
24    let n = |bra| in
25    n = 0 -> <done, ctl, <ERR, sta>>,
26    let {path_1, path_2, ..., path_n} = bra in
27    for i=1 to n do
28      let <eva_i, label_i> = path_i in
29      let val_i = eva_i.sta in
30    let bool = well_def.<val_1, val_2, ..., val_n> in
31    bool ≠ tt  ->  <done, ctl, <ERR, sta>>,
32    let <bool',nat> = next_index.<ff, 1, <val_1,...,val_n>> in
33    bool' ≠ tt  ->  <done, ctl, <ERR, sta>>,
34    TRUE -> <done, ctl [<label_nat,ASY>/mpname], <mes, sta_1>>
```

This definition shows that, informally speaking, we always check if the input environment is error-free. No action is taken if current situation sit is erroneous (line 3). Lines 5-11 describe the execution of an action of asynchronous execution part asy_p. At the begining (line 6) we check if the local control consists with the marking of the action i.e. if the current action is just the one to be executed by the microprogram mpname. If not, the action is not executed and a next search state is returned with control ctl and situation sit not affected. The same checking is performed in the actions neg_t and syn_p (lines 13 and 20) but not in eg. halt and entry actions which, however, are not described here. Actual execution of the action asy_p is specified in lines 7-11. The asynchronous execution part changes the local control pnt=ctl.mpname to indicate that a test of the synchronization condition or the synchronous execution part of the current microinstruction can be executed next. It affects also the state of variables sta.
Lines 12-18 describe the execution of a negative test of synchronization condition. The evaluation of the synchronization condition is expressed by the clause 15. Negative test must find the synchronization condition false to return new (but the same) environment properly.
Synchronous execution part (lines 19-34) is the most complicated case because it comprises a synchronous coassignment and an exit microoperation. All component microoperations are performed simultaneously (on a clock signal). Final result of the execution of syn_p is specified in the clause 34. Previous lines describe how a new state of the global control (24-33) and a new situation (21-23) are established. Two additional functions are used in this definition: the function well_def checks if exactly one exit condition (from the given path list bra) is true and the function next_index returns the index (nat) of a path which indicates microstatement to be executed next.

The function run_a (the execution of action) is used in transforming traces into executions. The following function of "the execution of a trace" specifies how a single full trace ftr is transformed into an execution exe.

```
run_t : Environment x Full_trace -> Execution  |  Execution {EXERR}
run_t.<env, <>> = <>
run_t.<env, <mac>> =
   env ∉ dom.(run_a.mac)  ->  EXERR,
   let env' = run_a.mac.env in
   let <mod, ctl, mes, sta> = env in
      mod = search   ->  <>,
      TRUE           ->  <env>
run_t.<env, <mac_1, mac_2, ..., mac_n> =
   env ∉ dom.(run_a.mac_1)  ->  EXERR,
   let env' = run_a.mac_1.env in
   TRUE -> run_t.<env,<mac_1>> ^ run_t.<env', <mac_2,...,mac_n>>
run_t.<env, <mac_1, mac_2, ...> =
         lim { run_t.<env, <mac_1, ..., mac_n> } ∞ n=1
```

This definition shows that every action registered in the trace is "executed" with the function run_a. A return state env' is stored in the corresponding execution iff it has been "done" by executing the action. "Search" environment states are excluded. In this way the redundant information introduced by the representation of jumps is eliminated.

In order to establish final behavioral representation of a whole SystConcMpms we define the function of "the execution of system":

```
run      : System          -> Behavior
run.<sys> =
      U   {beh | beh=run_t.<env, ftr> and beh∈Behavior}
   ftr∈sys
   env∈Environment
```

The domain of the function is a set of full traces (calculated with the function MC) which contains all possible traces of the whole SystConcMpms. Corresponding set of executions is established for all possible initial environments env.

Now, having this function, we can easily give the semantics of SystConcMpms (or, more precisely, the semantics of the language SmalCMID) with the function SY which assigns behavior to SystConcMpms in the following way:

```
SY    :  <System>          -> Behavior
SY.[system milist ends.] = run.(MC.[milist])
```

The function SY is the final semantics of SystConcMpms.

5. CONCLUDING REMARKS

The approach to define and to present the semantics of systems of concurrent microprograms has been described as a case study related to the language C-MIDDLE. The approach seems adequate for other systems of asynchronously cooperating units (eg. self-timed VLSI systems) as well. Mathematical semantics of C-MIDDLE sufficiently supports the implementation of the language and provides a formal framework for developing an appropriate logic to formulate and verify properties of SystConcMpms.

Works of Dasgupta (eg. [DaWa85]) and Damm [Damm88] prove that logic-based approaches to reason about the behavior of microprograms seem very promising. Pitchumani and Stabler [PiSt83] worked out a Floyd's inductive method for RTL descriptions. Gordon [Gord83] showed how formal CCS-based semantics can be used to built a verifier based on it. Gordon's verifier was effectively applied to prove a simple microprogrammed processor.

Respective methods and tools should be constituted for C-MIDDLE, as well. For the time being, a Petri net based verifier [GoBu83, Gond89a] aids analysis of control flow in SystConcMpms. Net models are automatically created from C-MIDDLE source programs and then verified eg. against deadlocks. The verifier is not able, however, to take into account actual data flow. Since C-MIDDLE's semantics combines both data and control flow, a reasoning logic based on this semantics could deal with any problems related to the behavior of SystConcMpms. Such a logic should be worked out. A research to do this is to be started soon.

6. ACKNOWLEDGMENT

This research of formulating denotational semantics of the microprogramming language C-MIDDLE was inspired by and profited very much from many discussions with Prof. A. Blikle.

BIBLIOGRAPHY

[Blik87a]
Blikle, A.J., Denotational engineering or from denotations to syntax, in: VDM - A Formal Method at Work, Proc. Of VDM-Europe Symp., Brussels, (Springer LNCS 252), 1987.

[Blik87b]
Blikle, A.J., MetaSoft Primer. Towards a Metalanguge for Applied Denotational Semantics, LNCS No. 288, Springer Verlag, 1987.

[BlTa83]
Blikle, A.J. and Tarlecki, A., Naive denotational semantics, in: Mason, R.E.A. (ed), Information Processing'83, Elsevier Science Pub. B.V., 1983, pp. 345-355.

[Damm88]
Damm, W., A microprogramming logic, IEEE Trans. on Software Engineering, Vol. 14, No. 5, 1988, pp. 559-574.

[DaWa84]
Dasgupta, S. and Wagner, A., The use of Hoare logic in the verification of horizontal microprograms, International Journal of Computer and Information Sciences, Vol. 13, No 6, pp. 461-490, 1984.

[DeBu78]
Dembiñski, P. and Budkowski, S., Verification, design and description oriented microprogramming language, in: Proc. of 4th Euromicro Symp., Lawson, H.W. et al. (eds), Large Scale Integration North Holland Pub. Co., 1978, pp. 230-240.

[Gond88]
Gondzio, M., The extension of the Microprogramming Language MIDDLE with Concurrency Mechanisms - Presented on the Ground of Denotational Semantics, PhD Thesis, Warsaw Univ. of Technology, 1988.

[Gond89a]
Gondzio, M., Verification oriented approach to concurrent microprogramming with the language C-MIDDLE, Microprocessing and Microprogramming, Vol. 27, pp. 607-618, 1989.

[Gond89b]
Gondzio, M., Concurrency in microprogramming languages, in: Proc. of Symp. on Microprocessor and Microcomputers Applications, Budapest, Hungary, 1989.

[GoBu83]
Gondzio, M. and Budkowski, S., Modelling and verifying asynchronous cooperation between microprogrammed units, in: Proc. of FTCS-14, Milano, Italy, IEEE Catalog 83CH1894-5, 1983, pp. 74-77.

[Gord83]
Gordon, M., LCF_LSM - a system for specifying and verifying hardware, Tech. Rep. 41, Computer Lab., Univ. of Cambridge, 1983.

[Hoar85]
Hoare, C.A.R., Communicating Sequential Processes, Prentice Hall Int., London, 1985.

[HuAc76]
Huertas, J.L. and Acha, J.I., Self-synchronization of asynchronous sequential circuits employing a general clock function, IEEE Trans. on Computers, Vol. C-25, No. 3, 1976, pp. 297-300.

[Lars86]
Larsson, T., On the specification and verification of VLSI systems, Thesis No. 72, Dept. of Computer and Information Science, Linkoping Univ., 1986.

[PiSt83]
Pitchumani, V. and Stabler, E.P., An inductive assertion method for register transfer level design verification, IEEE Trans. on Computers, Vol. C-32, No. 12, 1983, pp. 1073-1080.

APPENDIX

For any sets A and B:

A|B (A\B) - union (difference) of sets

A **x** B - cartesian product of sets

A->B (A~>B) - set of all total (partial) functions from A into B

$A \underset{m}{\to} B$ - set of all mappings from A to B

A-set - set of all subsets of A

A-finset - set of all finite subsets of A

$A^{c\Omega}$ (A^{c+}) - set of all finite and infinite sequences (ie. tuples) over A including (excluding) the empty sequence <>

For any sequences s,t and sets of sequences S,T:

s^t (S^T) - concatenation of sequences (of sets of sequences)

S ||| T - interleaving of sets of sequences (used for traces)

S^* (S^∞) - set of all sequences which can be obtained by concatenating any finite (infinite) sequences belonging to S

In domain equations of the form

d : D = (domain expression)

D denotes a domain while d is its element.

Dotted notation is used for Curried functions. For instance, if f : A->B->C->D then f.a.b.c stands for ((f(a))(b))(c).

Multiplied conditional expressions are written in the form

b_1 -> a_1,

...

b_n -> a_n,

TRUE -> c

what means: if b_1 then a_1, else ... if b_n then a_n, otherwise c.

If A ~> B, a $\in$ A, b $\in$ B, f[b/a] denotes the following modification of f:

f[b/a].x = x=a -> b, f.x

This notion is naturally extended to multiplied modification.

Overwriting of partial functions f:A~>B and g:C~>D is denoted f[g] and understood as follows:

f[g].a = a $\in$ dom.g -> g.a,
a $\notin$ dom.g -> f.a

where dom.g means domain of the function g.

A METHODOLOGY FOR HIERARCHICAL MODULE GENERATOR SPECIFICATION

DeForest Tovey Victor Valdivia
Siemens AG, Corporate Research and Development, Munich, FRG

Abstract

A methodology for specifying complex hierarchical modules is presented. An IC designer with minimal software background is able to quickly and easily specify the structure of a parameterizable module by means of an abstract circuit description for each component in the hierarchical design. In conjunction with Siemens' Generator Development Environment [1], this description allows the automatic generation of a structural netlist representation for a particular module configuration. All further circuit representations (e.g. physical and behavioral) refer to the structural representation for assembly or verification purposes. A register-file module generator capable of generating connection-validated mask layout as well as a transistor netlist has been developed to demonstrate the power of the methodology.

1 Introduction

Advances in VLSI process technology during the 1980s allowed chip complexities of incredible proportions, with 100,000 to 1 million transistors per chip being for the first time common. The designs of these chips were initially extremely time intensive, and therefore expensive. This design-time bottleneck stimulated a surge in CAD tool development in an effort to reduce the complexity of designing, simulating and verifying IC circuits. Module generators were developed to allow the automatic generation of regular, parameterizable circuit types such as ROMs, RAMs, PLAs and datapaths. These tools allow an IC system designer to specify circuit parameters (type-of-circuit, number-of-bits, number-of-words, etc) and have the module generator automatically generate the layout, transistor netlist, simulation model, test vectors, datasheet, and external circuit information needed to integrate the circuit into a higher level system design. For a detailed report of existing module generators, see [2]. The IC system designer using a module generator does not need to have any special knowledge concerning the underlying components of the module. The IC system designer is able to utilize the circuit knowing only the functionality of the module, e.g. a register file with 8 word locations and 32 bits per word. Despite the advantages module generators afford, first generation module generators tended to be expensive to develop and difficult to maintain.

As the need for module generators increased, support tools to aid IC designers in developing module generators themselves became available. These CAD tools typically provide a stable programming environment, a VLSI database, and various data interfacing tools allowing a generator developer to create module generators quickly and efficiently, while simultaneously simplifying the maintenance tasks that are inherently associated with module generators. (Maintenance tasks include process changes, design upgrades, etc.)

2 Classification of Generator Development Environments

Two basic varieties of generator development environments exist [3]: **Closed-systems** which include proprietary tools for simulation, extraction, and verification, and **Open-systems,** which may be integrated into a standard CAE workstation, and use the support tools (e.g. layout editor and simulation environment) provided by the host workstation environment.

The advantage of using a complete-system for module generator development lies in the consistency of the system's tool interfaces. Complete-systems typically include interfaces to other common format standards, allowing existing designs to be integrated into the system. Examples of the complete-system variety of support tools are Silicon Compiler Systems' GDT system (Generator Development Tools), and the VLSI Silicon Compilation System from VLSI Technology Inc. The advantage of the integration-system approach is that IC designers do not need to learn an entirely new system, and can use existing design methodologies. Obviously, the integration-system must support the data formats of the host environment. The created module generators can be easily added to existing libraries or tool boxes. Examples of the integration-system variety of support tools are Siemens' GDE (Generator Development Environment), and Seattle Silicon Technology's Concorde system.

3 Overview of Initial Circuit Design Phase

Regardless of the generator development system used, the IC designer responsible for developing a module generator must take the following steps:

a. Divide the module into its natural hierarchy, with the partitioning dictated by the module's functionality.

b. Continue partitioning the module's sub-components into their natural hierarchy, until a level is reached in which the sub-components consist totally of leaf-cell elements. This leaf-cell element might be a transistor, or it might be a custom layout cell developed specifically for use in the module generator.

c. For each module defined, develop a floorplan detailing all possible variations for all parameter values.

Steps *a* and *b* above are the normal procedures taken by an IC designer in creating a custom IC, with step *c* detailing the parameterization of the module (and each sub-module). In some systems, leaf elements are described using a procedural language. The subsequent generation of the layout can then be controlled by a variable technology file, resulting in technology independent layout capability. Other approaches take advantage of the density afforded by using process-dependent custom leaf cells. The composition of the leaf cells is a separate matter, however, from the initial design specification.

After steps *a* through *c* have been completed by an IC designer, the circuit design for the module generator has been defined and is ready to be implemented. The next steps in the development of a module generator depend heavily upon which development system is to be used. Typically, all systems allow the generator developer to realize the algorithm of a module (step c) using a procedural description language [4]. The parameterization of the module is then expressed in terms of IF-condition THEN-action type statements. Routing between sub-components is done using relative coordinates, often controlled by design rules stated in a technology file.

4 Overview of GDE Specification Methodology

In conjunction with the Siemens' GDE system, a specification methodology has been developed to simplify the design specification process (see appendix A for a generation flowchart). It enables an IC designer with virtually no software background to specify a module generator capable of generating mask layout as well as a transistor netlist. Following the initial design phase (steps *a* through *c*, above), the IC designer creates a separate specification for each element (module) in the design hierarchy tree. This specification enables a structural netlist for the module to be created during generator runtime. The structural information includes signal connectivity between sub-components (other modules or leaf-elements) as well as the topological relative placement of the sub-components. This relative placement consists of the circuit's specific floorplan, depending upon the desired parameterization. The **composition** of the sub-elements is **not** given here. Doing so would result in crossing two levels of hierarchy, destroying the modularity of the design. Each sub-element is itself either a module, or a leaf-element. If it is a module, it has itself a specification detailing its composition. Therefore, during runtime of the generator, a structural netlist is created in a top-down manner. The highest level module (e.g. Register File) is first structurally defined in terms of its sub-elements (e.g. Word-rows and Buffer-row). An automatic sequencer then creates the structural netlist of each of the sub-elements (modules) by cycling down through the design's hierarchy until the entire design is structurally specified in terms of basic leaf-elements.

Once the entire circuit has been described from top to bottom structurally, it is possible to construct the physical representation (or other representations) in a bottom-up manner. Leaf-elements are used to construct the layout for low-level modules. Each connection can be verified during construction, allowing immediate feedback to the module generator designer concerning possible design or specification errors. The created layout can then be used itself in higher-level modules. An automatic sequencer cycles through the circuit hierarchy tree, constructing the layout in a bottom-up manner. A system using this approach is often referred to as a Correct-By-Construction system, in which all steps are internally verified by the system. A transistor netlist is assembled in a similar way.

What does this mean? It means that in addition to performing steps *a* through *c*, the generator developer must only perform the following two steps:

d. For each module defined, develop a module specification stating sub-element connectivity and sub-element topology. This is done using a syntax-driven specification language in conjunction with a C language function.

e. Construct a custom dialog function using a prepared tool box of C language functions. The dialog function performs the user interface of the module generator, and is responsible for receiving the values of the input properties from the generator user.

While seemingly complicated, the module specifications (step *d*) are really quite simple. They roughly approximate the schematic-level design process normally performed by IC designers, but allow the design to be parameterizable. In a module's specification, the module's sub-elements are described in terms of their external connections (roughly equivalent to a schematic Body representation). The assembly algorithm is expressed in a C language function (allowing conditional operators). The function is limited to performing conditional operations (IF ..., FOR ..., etc.), and is used to specify the module's floorplan in terms of input properties, making the floorplan parameterizable. During generator runtime, the module's floorplan, which is the output of the C function, is given in a text-readable format, which allows for easy debugging, i.e. the module generator designer does not have to wait until a physical representation is constructed before the assembly algorithm can be checked.

Step *e*, which requires the creation of a custom dialog, is also easily performed by an IC designer with virtually no software experience. The prompts for properties are defined by the IC designer, but user-friendly functions have been developed to aid the designer in this process. A software novice can easily learn the process by mimicking existing dialog function examples.

5 Specification Details

The module specification (step *d*, above) consists of two separate parts. The first part is a file describing each sub-element of the module in terms of its connection signals. The sub-elements are described by listing their signals using relative ordering for each side of the sub-element. The second part is a parameterizable description of the module's floorplan. The floorplan details the relative placement (topology) of sub-elements in the form of a virtual array. During generator runtime, the structural netlist of the module is created based upon these two parts by a GDE connection tool. The floorplan of the module is first determined, based upon the value of input properties. The GDE connection tool then 'places' the referenced sub-element in the virtual array position described in the floorplan, and automatically connects all signals to adjacent neighbor signals. For example, a floorplan might simply state that two inverter cells be placed side by side. The inverter cell description states that an input signal, IN, exists on the left side of the inverter, and an output signal, OUT, exists on the right side. After 'placement' of the two inverter references, the GDE connection tool automatically connects the OUT signal of the left cell to the IN signal of the right cell. Only one inverter cell is used, and only one is described. The linking of sub-element signals that appear on the created cells' exterior to their new, created cell level name is also specified in the sub-element description. Single signals may be linked to busses, i.e. to one element of a bus. The bus element number is normally not known before 'placement' of the referenced sub-element. The ordering of the sub-elements' signals is relative; the order is only used to establish connectivity and does not neccessarily reflect actual physical signal ordering. Signals may also be specified as busses. During the automatic connection process, these busses are 'flattened' into their individual elements before being connected.

The methodology stated above takes advantage of the inherent regularity of circuit types typically constructed with module generators. Connections are possible only between adjacent elements, with built-in physical feedthrough lines required for connections bridging non-connected elements (making the connections cell-adjacent). The specification methodology is not intended for system level floorplanning, but for the specification of highly compact structures suitable for module generation.

6 Specification Example

An example is now shown, in which a simple design spanning several hierarchy levels is specified. A parameterizable Tri-State Buffer Row module will be used as an example. A Tri-State Buffer Row cell may be a a separate module, or it may itself be an element of a higher level design, such as a datapath ALU. Figure 1a depicts an ALU using a Tri-State Buffer Row cell (*buf-row*) as a sub-element.

A partial example of the ALU module's specification is shown in Figure 1b. The *buf-row* cell is depicted in bold type. The *add-row* cell is also described in the file, as are all the other sub-elements (not shown) used to construct the ALU.

Figure 2 shows the internal composition of the parameterizableTri-State Buffer Row module in a schematic level view. It is composed of two different element types, 1-bit tri-state buffer cells and an inverter cell. For this example, these cells can be thought of as leaf elements, although lower level descriptions are possible and often necessary.

Figure 3a shows the basic floorplan of the module, expressed in terms of its sub-elements.

The complete specification file for the Tri-State Buffer Row module is shown in Figure 3b.

The Tri-State Buffer Row module now has the connectivity characteristics of its sub-elements specified. What remains is the realization of the floorplan algorithm. For the example shown, the algorithm is the following:

1) Place an inverter cell (*INV*) in the right-most position.
2) From right to left, place a tri-state buffer cell (*TRI*) for each bit location.

This algorithm, expressed procedurally, is shown in Figure 4.

To further clarify, the module generator would perform the following steps in generating a Tri-State Buffer Row cell. Either a higher level module (e.g. ALU) would call the Tri-State Buffer Row generator, giving the property values that are specified as MASTER-PROP properties, or the stand-alone generator would input the values through a dialog function. If a cell (named *buf-row* for example) having the property values MODULE-TYPE = *tri-state-buffer-row*, and NUM-BITS = *5* is to be generated, the automatic sequencer will read in the function algorithm and specification file of the stated MODULE-TYPE (*tri-state-buffer-row*). The generated specification file for *buf-row* is shown in Figure 5. This file gives the exact

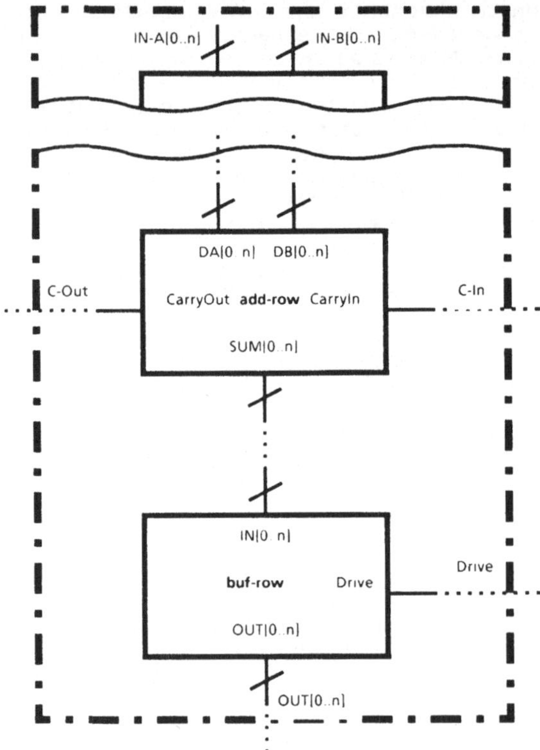

Figure 1a
Example of a Tri-State Buffer Row cell (*buf-row*) being used in a higher-level ALU module

specification of the cell, depending upon the values of the input properties. The generated file is then used by the system to actually do the structural netlisting of the cell (*buf-row*).

Note that the floorplan of the cell (*buf-row*) is now given (with the INSTARRAY ... sequence shown in bold type), but that the file is otherwise very similar to the general Tri-State Buffer Row module connection specification. An important difference not observable in this example is the replacement of property references (ex. p-NUM-BITS) with the actual property value .

The creation of this specification file is done to aid the module generator developer in debugging the module's floorplan algorithm. Incorrect specifications (typing errors, incorrect ordering, etc.) are flagged by the system, with extensive error-reporting capability provided.

7 Advanced Features

The parameterizableTri-State Buffer Row module example was useful for explaining some of the more important aspects of the specification methodology, and is actually quite representative of simple designs spanning more than one hierarchy level. More complex specifications are possible, however, and this section will explore some of the features that make this possible.

```
# Partial ALU Module Specification Example
#
MASTER-PROP     MODULE-TYPE
MASTER-PROP     NUM-BITS
MASTER-PROP     ADDER-TYPE
MASTER-PROP     ,etc.
#
#
CELL      buf-row
#
SIGNAL   IN      TOP       0   p-NUM-BITS
SIGNAL   OUT     BOTTOM    0   p-NUM-BITS   ---   OUT
SIGNAL   Drive   RIGHT     0   0            ---   Drive
#
PROPERTY   MODULE-TYPE   tri-state-buffer-row
PROPERTY   NUM-BITS      p-NUM-BITS
#
ENDCELL
#
```

List of properties needed for the parameterization of the ALU module.

Statement sequence describing the sub-element *buf-row*'s interface connections.

```
#
CELL      add-row
#
SIGNAL   DA         TOP      0   p-NUM-BITS
SIGNAL   DB         TOP      0   p-NUM-BITS
SIGNAL   SUM        BOTTOM   0   p-NUM-BITS
SIGNAL   CarryOut   LEFT     0   0            ---   C-Out
SIGNAL   CarryIn    RIGHT    0   0            ---   C-In
#
PROPERTY   MODULE-TYPE   adder-row
PROPERTY   NUM-BITS      p-NUM-BITS
PROPERTY   ADDER-TYPE    p-ADDER-TYPE
#
ENDCELL
#
```

Statement sequence describing the sub-element *add-row*'s interface connections.

Figure 1b
Partial ALU Specification File Example

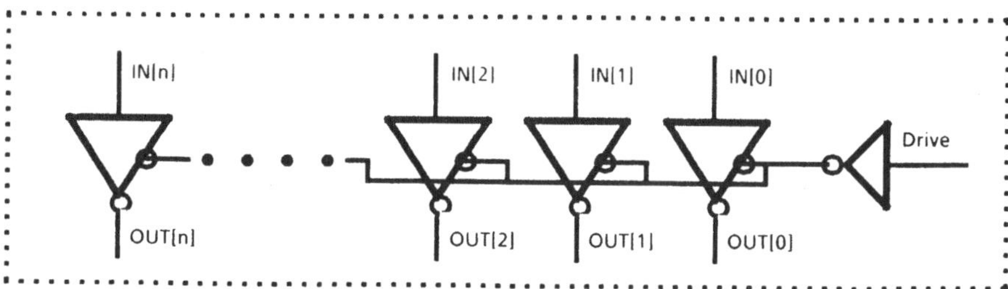

Figure 2
Schematic Level View of the Tri-State Buffer Row Module

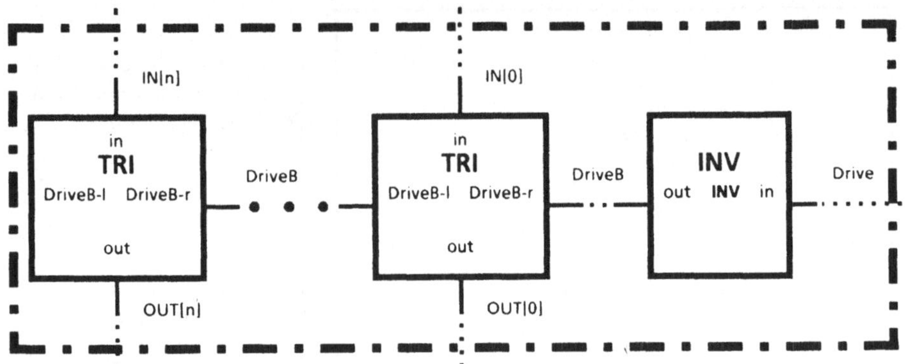

Figure 3a
Basic Floorplan of Tri-State Buffer Row Module

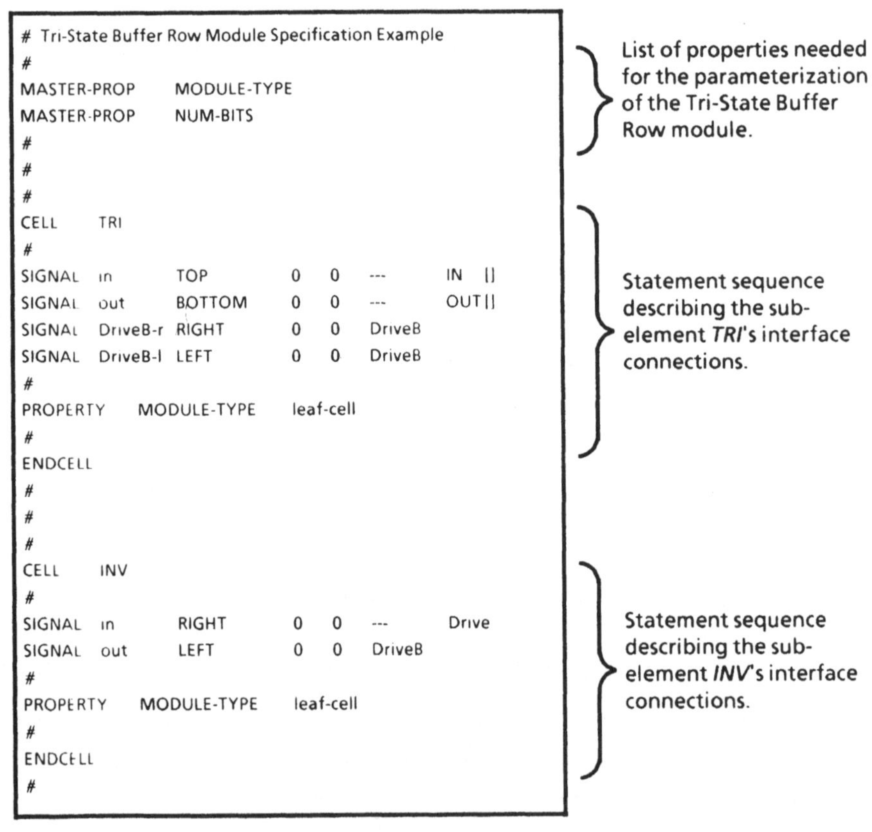

```
# Tri-State Buffer Row Module Specification Example
#
MASTER-PROP     MODULE-TYPE
MASTER-PROP     NUM-BITS
#
#
#
CELL    TRI
#
SIGNAL  in        TOP       0   0   ---      IN  []
SIGNAL  out       BOTTOM    0   0   ---      OUT []
SIGNAL  DriveB-r  RIGHT     0   0   DriveB
SIGNAL  DriveB-l  LEFT      0   0   DriveB
#
PROPERTY    MODULE-TYPE    leaf-cell
#
ENDCELL
#
#
#
CELL    INV
#
SIGNAL  in        RIGHT     0   0   ---      Drive
SIGNAL  out       LEFT      0   0   DriveB
#
PROPERTY    MODULE-TYPE    leaf-cell
#
ENDCELL
#
```


Figure 3b
Complete Tri-State Buffer Row Specification File Example

```
PRINT(INSTARRAY HORIZONTAL 1 {p-BIT-NUM + 1} RIGHTBOTTOM)
PRINT(LINE)
for (i = 1;i<p-NUM-BIT;i + +)
     PRINT(TRI)
PRINT(INV)
```

Figure 4
Tri-State Buffer Row Floorplan Algorithm

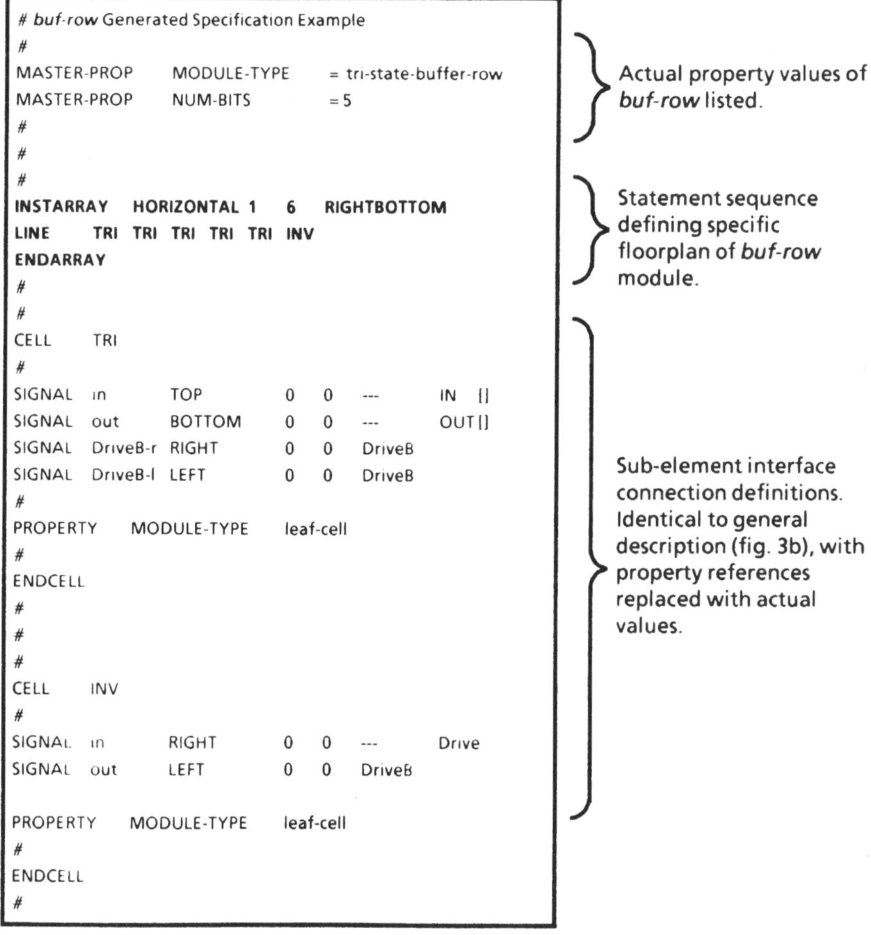

```
# buf-row Generated Specification Example
#
MASTER-PROP     MODULE-TYPE     = tri-state-buffer-row
MASTER-PROP     NUM-BITS        = 5
#
#
#
INSTARRAY   HORIZONTAL 1    6   RIGHTBOTTOM
LINE      TRI  TRI  TRI  TRI  TRI  INV
ENDARRAY
#
#
CELL      TRI
#
SIGNAL   in        TOP        0   0   ---      IN  []
SIGNAL   out       BOTTOM     0   0   ---      OUT []
SIGNAL   DriveB-r  RIGHT      0   0   DriveB
SIGNAL   DriveB-l  LEFT       0   0   DriveB
#
PROPERTY     MODULE-TYPE     leaf-cell
#
ENDCELL
#
#
#
CELL      INV
#
SIGNAL   in        RIGHT      0   0   ---      Drive
SIGNAL   out       LEFT       0   0   DriveB

PROPERTY     MODULE-TYPE     leaf-cell
#
ENDCELL
#
```


Figure 5
Generated Specification File for *buf-row* cell
(*buf-row* is a 5-bit Tri-State Buffer Row cell)

It is a common need to be able to specify a cell's orientation, as well as its relative placement in the floorplan. The module's floorplan algorithm can specify this when determining the virtual array. A line in a virtual array, with every other cell mirrored about the y-axis is shown:

LINE inverter {R0-MY} inverter inverter {R0-MY} inverter ,etc.

When a sub-element reference has a non-default (e.g. other than R0-M0) orientation, the sub-element's signal ordering will be altered during the automatic connection process in a manner equivalent to a physical representation undergoing the same transformation.

It is possible to explicitly specify an internal electrical connection. This is always neccessary when specifying feed-through lines (e.g. lines with more than one terminal, but one electrical potential). The automatic connection process will assign a unique net to two feed-through terminals on separate sub-elements. This net will be used during layout assembly to connect the two terminals. Unfortunately, this unique net can not be used for electrical purposes, because the electrical potential in this case is **not** unique; it should share the same potential as every connected terminal to the feed-through line. A specification example is shown in Figure 3b, for the *DriveB-r* and *DriveB-l* signals on the *TRI* cell. These two terminals are ends of a feed-through line. Their electrical potential, *DriveB*, is given in the 5th field of the SIGNAL statement. The sub-element *INV* also must explicitly specify the same potential for the SIGNAL *out*, because it will be connected to the feed-through line during the 'placement' of the sub-elements. For non-feed-through cases, the automatic net can be used as the electrical potential for the node, and the 5th field of the SIGNAL statement is not specified.

It is possible to parameterize leaf cells simply by connection specification. Internal cell connection options can be chosen by explicitly connecting two internal terminals of a sub-element in the specification file. For example, a driver can output to several different built-in busses simply by leaving the internal routing channel open. The internal layout terminals would be labelled the same as external terminals. After the structural netlist was assembled, and actual layout constructed, the routing of the internal connection would take place in a similar manner to external routing.

Using an explicit property passing mechanism, it is possible to control the flow of properties to lower level modules. Local properties can be created in order to extend the parameterization of a module. Any field of the specification file may use a referenced property value in place of a constant value. Figure 1b shows an example. Signal *IN* of cell *buf-row* uses a referenced property value in its max-bus-number field (p-NUM-BITS refers to the value of the property NUM-BITS). The same example shows the NUM-BITS property is to be passed down to sub-element *buf-row*, with the value of the property equal to the referenced value (the value of the property being sent into the ALU).

8 Results

Initial results of the system are very promising. With only two days development time, an IC designer with no programming experience was able to construct a register-file module generator, parameterizable in wordlength (1 to 64 bits) and wordsize (1 to 64 locations). Using pre-designed abutable leaf-cells from a datapath library, the module generator was capable of producing connection-validated mask layout as well as a transistor netlist representation.

9 Conclusion

A methodology has been developed to allow IC design engineers with virtually no software experience the capability to specify and create hierarchically based module generators capable of generating layout and transistor netlist representations. Future alterations, expansions or revisions are possible by altering or replacing an abstract specification of the module in question. The module generator designer is never exposed to the actual code used to generate layout or other representations. These representations are automatically generated from an abstract specification. In conjunction with future GDE development of support tools for automatic/semi-automatic generation of additional circuit representations (e.g. behavioral, schematic symbol, etc.), an enhancement of the specification process is under investigation.

References

[1] Siemens AG, 1990. "GDE: A Development Environment for Module Generators and Related Design Tools", (report in preparation).

[2] Meyer, E.L., March 1987. "On Module Generation," *VLSI Systems Design*.

[3] Gajski, D., and Thomas, D., 1988. "Introduction to Silicon Compilation," in *Silicon Compilation* (D. Gajski, ed.), Addison-Wesley Publishing Company, Inc.

[4] Burich, M.R., 1988. "Design of Module Generators and Silicon Compilers," in *Silicon Compilation* (D. Gajski, ed.), Addison-Wesley Publishing Company, Inc.

Appendix A
Generation Flow Chart

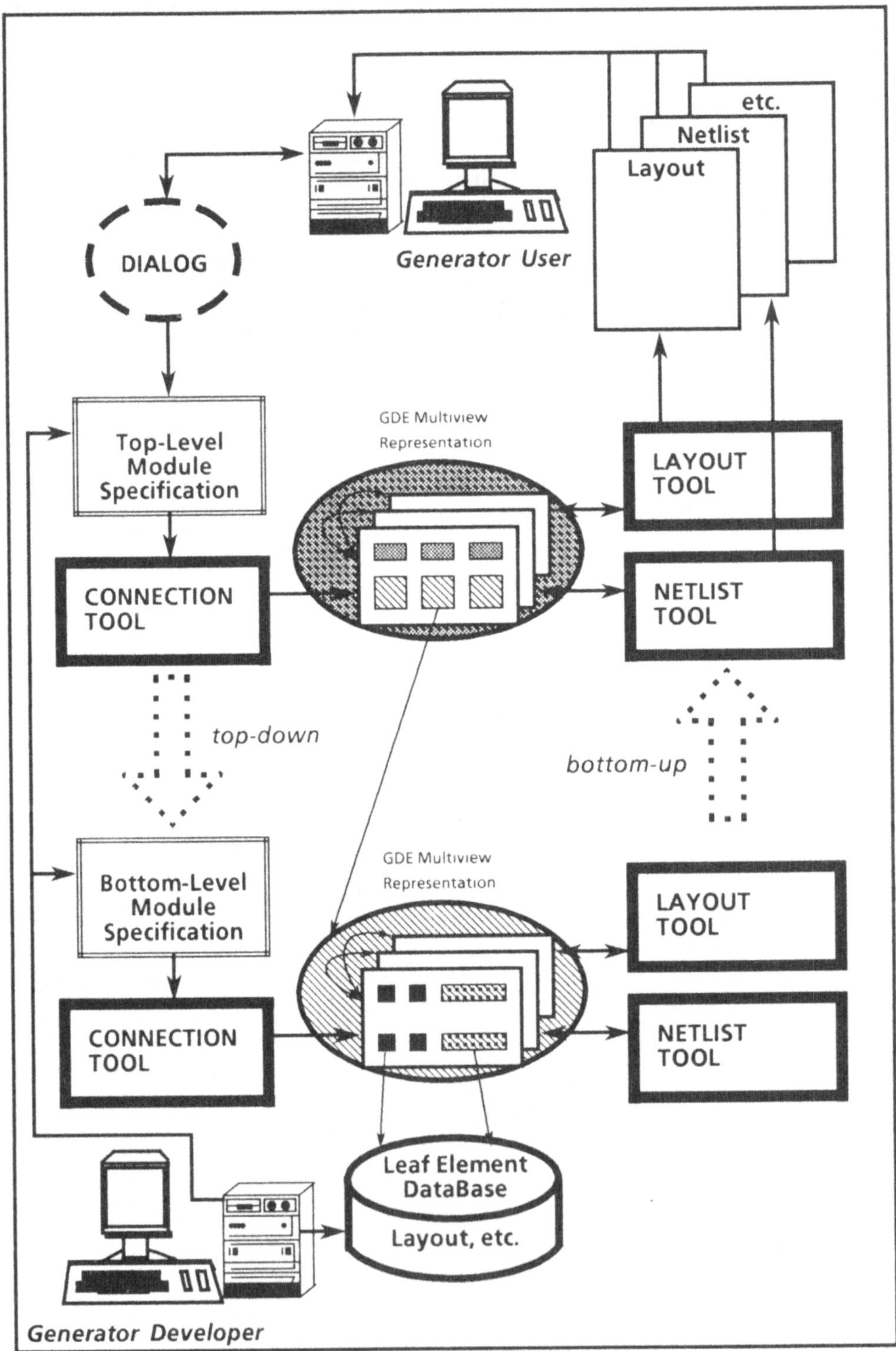

A NEW ALLOCATION METHOD FOR THE SYNTHESIS OF PARTITIONED BUSSES

Christian Ewering
Fachbereich 17 Mathematik/Informatik
Universität-Gesamthochschule Paderborn
Warburger Straße 100, D-4790 Paderborn, F. R. G.

Abstract

The allocation task in high level synthesis systems maps operations of a behavioural description to functional units and determines the number of registers, multiplexers and wires. Although the number of multiplexers and wires is minimized, a rather large amount of space is used for the individual connections between the functional units. We reduce this space drastically by generating partitioned busses. For this purpose a parameterized and powerful bus architecture is defined. A method which partitions a data flow graph to allow a bus oriented design and a new allocation method are presented in this paper. First experiments with this approach were successful and lead to very small designs.

1 Introduction

Many automatic hardware synthesis systems have been developed in the last few years [CaR89, MRV88,Mar85,PaP86,PPM86,PaK89]. Such systems accept a functional or algorithmic behavioural description and synthesize a register transfer structure. Compilation, scheduling and allocation are the subtasks of the different approaches (see Fig. 1). The target function is the reduction of space and time of the data path design.

The reduction of time is achieved by the scheduling phase which maps operations of the data flow graph to control steps. Thereby the scheduling phase must respect a specified hardware constraint. A tradeoff between space and time has to be solved already in this phase, since a schedule fixes the minimum number of all resources, e.g. the number of registers [Pfa87].

The allocation phase maps operations of the data flow graph to functional units due to the schedule and minimizes the number of registers, multiplexer, demultiplexer and busses. In the synthesis systems the integration of interconnection aspects is only an add on to the allocation phase. Only if the allocation algorithm can choose between different mappings, the one which implies a smaller interconnection structure is selected. Multiplexers and busses are minimized at last.

Computing the space of the interconnections is done by adding the space of used multiplexers and the number of bus and multiplexer inputs weighted by a value which represents their space. This measure is rather weak, since the structure and the length of the interconnections is left unconsidered.

For these purposes the synthesized floorplans and layouts waste much space for interconnections and the designs are normally not suitable for the production of ASIC's, because a hand design is more space efficient.

To handle this problem, we define an architecture with an ordered communication structure. A number of parallel busses is the base in this design style. The number of functional units, registers, ports etc. is still design dependent and automatically determined. The busses can be partitioned in a variable number of segments.

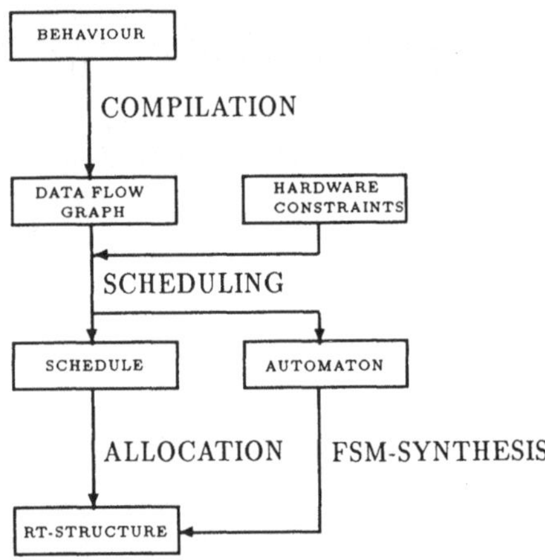

Figure 1: Synthesis System

This structure has proven to yield space efficient in manual designs. With this design style we overcome the problem of space inefficient interconnection structures. The problem to solve is the mapping of the behaviour specification onto this architecture. Therefore new allocation algorithms had to be developed. The general principle is to divide the synthesis process carefully into single decisions and delay each decision as far as adequate informations are available.

The target architecture is presented in section 2. It is also shown how the communication of data is performed. In section 3 we present the schedule model and the hardware constraints. Section 4 is the main part of this paper and it presents the the new allocation phase. This phase is divided in four subtasks. Each subtask is mapped to a problem where algorithms to solve it are well known. The advantage of the presented approach is shown in section 5 by comparison of the designs synthesized with the traditional approach and the new approach. One example is used throughout this paper. Other examples are taken from current literature and from the ACM/IEEE 1988 High-Level Synthesis Workshop [BoD88]. The conclusion and a discussion of the new approach is presented in section 6.

2 Target Architecture

From manual design the technique of partitioned busses has proven to yield space efficient interconnection structures. In order to achieve this for an automatic high level synthesis system a parameterized architecture is defined.

This architecture consists of a number of parallel busses (Fig. 2). A bus can be diveded into segments with the same number of segments on each bus. Two adjacent bus segments are connected via a switch. The switches are placed symmetricly.

A switch permits or inhibits the flow of data from one segment to another in either direction. They are connected to a global clock and each of it can be controlled independently. The switches produce an overhead since the space of the functional unit area increases.

The communication on the busses flow through the switches. This communication is considered in this paper and is called global communication. The communication between the busses is performed via registers and functional units and will not be minimized. Its called local communication. A local communication takes the same time as a global communication.

A bus system BS(B,S) with B the number of global busses and S the number of bus segments on

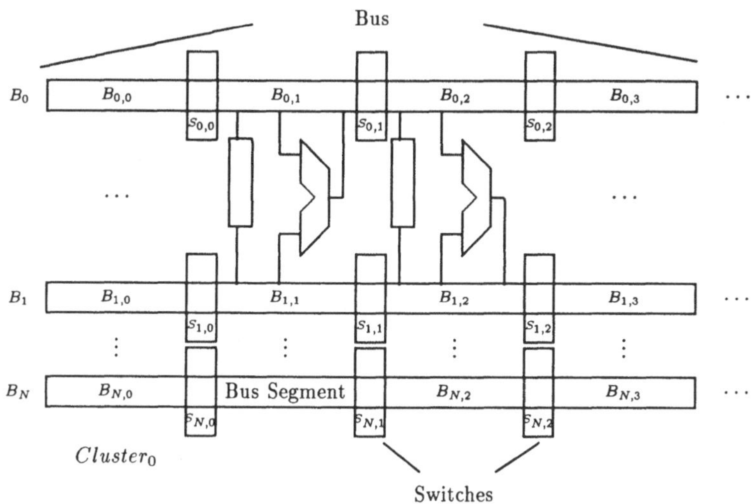

Figure 2: Target Architecture

each global bus is described as follows:

B_i is a global bus, with $0 \leq i \leq B-1$

$B_{i,j}$ is the bus segment j of the global bus i. $0 \leq i \leq B-1$ and $0 \leq j \leq S-1$.

$S_{i,j}$ is a switch on bus i between bus segment $B_{i,j}$ and $B_{i,j+1}$. $0 \leq i \leq B-1$ and $0 \leq j \leq S-2$.

$Cluster_j$ is the set of all $B_{i,j}$ with $0 \leq i \leq B-1$.

See Fig. 2 for an example bus structure with BS(N,4).

In our synthesis system only the number of busses is given as a design parameter. The number of bus segments and the switches are determined automatically. We map each functional unit to an own *Cluster*. The rest of this paper is focused on designs with two busses BS(2,S).

3 Schedule Model

In high level synthesis, scheduling is the task of determining a propagation delay for each operation of the input description and the assignment to a specific control step (c-step) [MPC88]. A control step for this architecture is divided in two phases, an operand fetch phase and a result write phase. Therefore every functional unit needs a result buffer. If the propagation delay of an operations is longer than one c-step, the functional units need an operand buffer.

For the scheduling task we choose list scheduling because of its low algorithmic complexity. The target function is to minimize the number of control steps. The number of functional units is a hardware constraint which has to be satisfied.

Since we want to minimize the number of control steps, the schedule phase does not consider any bus structure. It assumes that every communication can be satisfied. If a communication bottle-neck exists it will be resolved later.

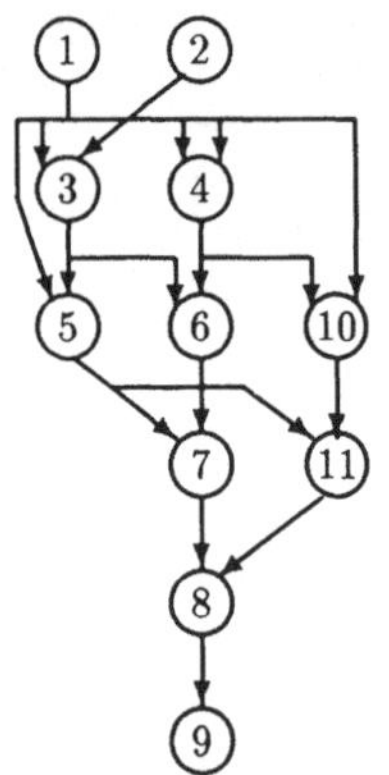

Figure 3: Data Flow Graph

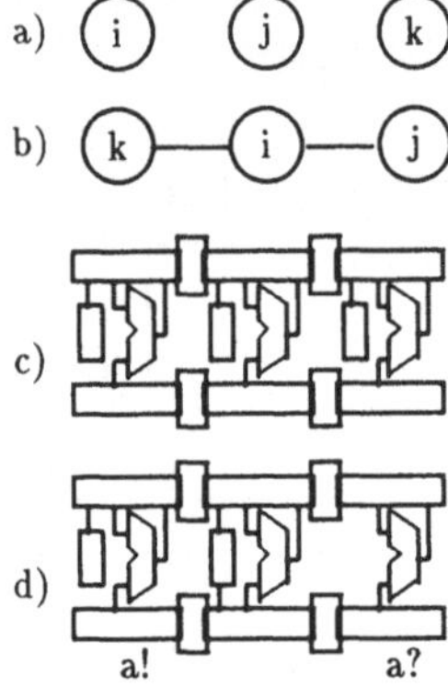

Figure 4: Allocation Subtasks

The scheduler can perform multicycle and chained operations. Also pipelined functional units are supported. Hardware constraints are considered. These constraints are the number and type of allowed functional units and their operations. For a given data flow graph like that in Fig. 3 the scheduling step computes a schedule as shown in Fig. 6. The example will be used throughout this paper.

4 Allocation

The allocation task is the new part of this approach and it is divided in four subtasks. At first it has to perform the mapping of operations to partitions (partitions i,j,k in Fig. 4a). The base of this mapping is, that each partition consists of exactly one functional unit.

After that, the partitions have to be mapped to the clusters of the target architecture. Therefore a linear order of the partitions has to be determined (Fig. 4b). The number of communications between the partitions has to be considered.

Than, the ports of the functional units and registers are allocated to the busses (Fig. 4c). A maximum number of registers and a minimum number of ports is defined.

In order to synthesize the specified behaviour, the data flow between the clusters has to be satisfied (Fig. 4d) at last. One partition needs a value (a?) produced by another partition (a!). Here the number of registers can be minimized and the ports of the functional units and registers may be connected to additional busses.

4.1 Partitioning

Partitioning of data flow graphs is a new aspect in high level synthesis. Partitioning can be performed in one or more stages [LaT89]. The closeness of operations can be computed with respect to data, control and schedule dependencies [McF83]. Our first model considers only data dependencies and performs a one stage partitioning.

The closeness of two data flow nodes is computed to

$$C(a,b) = \frac{Common(a,b)}{Ports(a) + Ports(b)} \tag{1}$$

where a and b are operations in the data flow graph [McF83]. *Ports*(a) is the number of input and output ports of a. Common(a,b) is the number of common ports of a and b. The closeness of the data flow graph from Fig. 3 is shown in Fig. 5. The closeness values are mapped to the common denominator. A hyphen represents the closeness zero. Since the matrix is symmetric only the upper right corner is given.

operation	1	2	3	4	5	6	7	8	9	10	11
1	-	-	6	9	6	-	-	-	-	6	-
2	-	-	6	-	-	-	-	-	-	-	-
3	-	-	-	6	8	4	-	-	-	-	-
4	-	-	-	-	-	4	-	-	-	10	-
5	-	-	-	-	-	4	4	-	-	-	4
6	-	-	-	-	-	-	4	-	-	4	-
7	-	-	-	-	-	-	-	4	-	-	4
8	-	-	-	-	-	-	-	-	6	-	4
9	-	-	-	-	-	-	-	-	-	-	-
10	-	-	-	-	-	-	-	-	-	-	4
11	-	-	-	-	-	-	-	-	-	-	-

Figure 5: Closeness Matrix

c-step	operation
1	1,2
2	3,4
3	5,6,10
4	7,11
5	8
6	9

Figure 6: Schedule

Operator mapping

The mapping of operations to partitions can be formulated as a graph colouring problem. The number of colours is the number of functional units or partitions. There is exact one functional unit in each partition. The graph that has to be coloured is called an interference graph. IG(V,E) is described as:

$V = \{x \mid x \; is \; an \; operation \; of \; the \; data \; flow \; graph\}.$

$E = \{(a,b) \mid a,b \in V \wedge (\text{a and b are allocated to the same c-step })\}.$

The IG is derived from the schedule of the previous step. Operations which are mapped to the same control step form a clique. In Fig. 6 a three processor schedule of the data flow graph of Fig. 3 is given.

The overall closeness of the operations has to be maximized. Since we want to minimize communication between different partitions, the colouring algorithm has to find a colouring with partitions such that the sum of the closeness within the partitions is maximal. The target function is:

$$z = \sum_{i=0}^{S-1} \sum_{a \in P_i} \sum_{b \in P_i} C(a,b) \tag{2}$$

with P_i is the i-th partition, a and b are allocated to different c-steps and the functional unit in P_i is able to support the specified operations.

The partitions and the mapped operations of our example are shown in the first two columns of Fig. 7.

Register mapping

After allocating the operations to partitions, the computed results have to be stored in registers. At first we define a maximum solution where every result is mapped to an own register. These registers are called symbolic registers. Each operation of the data flow graph writes a result to a symbolic register with the same number as the operation, e.g. operation 4 writes the result to symbolic register 4. The symbolic register and the corresponding operation are mapped to the same partition. Also all operands which are computed in other partitions are mapped to a symbolic register, e.g. in Fig. 7 in partition 2 the symbolic registers 3 and 4 are used as operands of operation 6. So a symbolic register can be mapped to various partitions. These registers are called global. We call a symbolic register which is only mapped to one partition local.

A set of partitions is the result of this step. Each partition consists of two sets: A set of operations and a set of symbolic registers (Fig. 7).

partition	operations	symbolic registers
0	1,4,10,11,8,9	1,4,10,11,8,9, 5,7
1	2,3,5,7	2,3,5,7, 1,6
2	6	6, 3,4

Figure 7: Partitioning

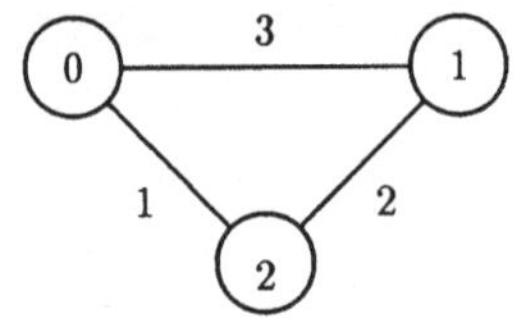

Figure 8: Communication Graph

4.2 Sequence of Clusters

In the next step towards the synthesis of busses the partitions are arranged in a linear order. Each partition forms a cluster of the final design. The separation of different busses is still left open. In this step it is determined which clusters shall be adjacent. It is obvious that those partitions have to be adjacent which communicate very often.

This problem can be characterized by a communication graph CG(V,E), with:

$V = \{x \mid x \; is \; a \; partition\}.$

$E = \{(a, b, w) \mid a, b \in V$ and w is the number of symbolic registers common for partitions a and $b\}$.

The nodes of CG are the partitions. The weighted edges represent the communication in either direction, the weight may be zero. The registers used for communication are immediately derived from Fig. 7. Fig. 8 shows the communication graph of the example.

The locality of the communication is maximized if we find a hamilton path with maximum weight. Every node is visited only once, and the start node is different from the end node. This problem is well known as the open traveling salesman problem with a benefit measure on the edges. It can be solved optimaly for a small number of partitions by complete enumeration. Since the complexity of all permutations is $N!$, for a larger number of partitions a heuristic method is needed [Chr75].

The result of this step is a linear sequence of partitions. Each partition consists of two sets: A set of operations and a set of symbolic registers. In our example the sequence is 0,1,2 or 2,1,0. In this paper the first solution is selected.

4.3 Allocation of Bus Segments

This step assigns the bus segments of the partitions to the bus segments of the target architecture. Since the bus segments of the partitions are not real bus segments of the final design we call it logical bus segments. $LB_{i,j}$ is the logical bus i in partition j.

This step is divided in two phases. At first the allocation of functional unit ports and register ports to logical busses is performed. Second, the logical bus segments are allocated to real bus segments.

Allocation of Functional Unit Ports and Register Ports

Most operations have two operands and one result. Since we focus on designs with two busses there are two logical bus segments in each partition. The operand fetch phase needs both bus segments. The write phase needs only one bus segment, so the other bus segment can be used for the transfer of operands from other partitions. For this purpose the read ports of the local symbolic registers are connected to another bus than the read ports of the global symbolic registers.

A heuristic which allocates functional unit ports and logical register ports to logical bus segments for every partition is defined as follows:

- Allocate the write port and one read port of the functional unit to logical bus one. Allocate the other read port to logical bus zero.

- Allocate the read ports of the local symbolic registers to logical bus one.

partition	LB_0	LB_1
0	5,7,9	1,4,8,10,11
1	1,6	2,3,5,7
2	3	4,6

Figure 9: Logical Register Mapping

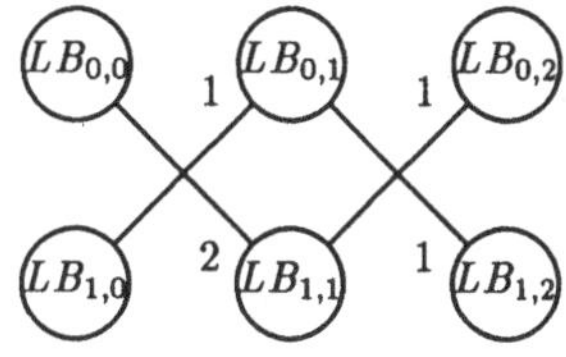

Figure 10: Bus Segment Mapping Graph

- Allocate the read ports of the global symbolic registers to logical bus zero.
- For every operation which is allocated to this partition: Map the write port of one symbolic register to logical bus one and the other to logical bus zero.

In Fig. 9 we show a mapping due to this heuristic. LB_0 is the logical bus 0.

Allocation of Bus Segments

In order to perform the mapping of bus segments we build a graph where the nodes are the logical bus segments in every partition. The logical bus segment is connected with symbolic registers. An edge is inserted between a pair of nodes in the graph, if they have the same symbolic register and if the logical bus segments are in adjacent partitions. E.g. $LB_{0,0}$ and $LB_{1,1}$ are adjacent nodes since the symbolic registers 5 and 7 are allocated to both bus segments (Fig. 9,Fig. 10).

This means, that a value has to flow between these segments. The weight of the edge is the number of common symbolic registers. The graph between adjacent partitions is bipartite, and the problem is solved by a maximum matching algorithm. Let G(V,E,j) be a graph with:

$$V = \{LB_{i,j} \mid 0 \leq i \leq B_j, 0 \leq j \leq S-1\}$$

$$E = \{(LB_{i,j}, LB_{i,j+1}, w) \mid w \text{ is the number of common symbolic registers of } LB_{i,j} \text{ and } LB_{i,j+1}\}.$$

Fig. 10 shows the corresponding graph of the example. $LB_{0,0}$, $LB_{1,1}$, $LB_{0,2}$ are mapped to bus 0 and the other segments to bus 1.

The result of this step is a structure, where the operations are mapped to functional units which are mapped to different clusters. Each functional unit writes to exactly one bus. Different functional units can write to different busses. Symbolic registers are assigned to these clusters and its read and write ports are connected to busses. The bus structure is completely determined after this step.

4.4 Communication Resolution

The last task has to satisfy the global communication between the clusters. It is divided in five phases.

First, the local communication is fixed at the times determined by the schedule.

Second the global communications have to be identified and paths from the target to the source partitions must be found.

Third the c-steps and phases when the global communication can take place has to be considered.

The fourth step has to filter those global communications which are not in conflict with the local communications. Two communications are in conflict if they use the same bus segment at the same time for the communications of different values.

At last we add costs to the remaining global communications since they influence the number of multiplexers, demultiplexers and registers.

local communication							
time	$B_{0,0}$	$B_{1,0}$	$B_{0,1}$	$B_{1,1}$	$B_{0,2}$	$B_{1,2}$	cost
1f							
1w		1	2				
2f	1	1	2	1			
2w		4	3				
3f	1	4	3	1	3	4	
3w		10	5			6	
4f	5	10	5	6			
4w		11	7				
5f	7	11					
5w		8					
6f		8					
6w		9					

global communication							
time	$B_{0,0}$	$B_{1,0}$	$B_{0,1}$	$B_{1,1}$	$B_{0,2}$	$B_{1,2}$	cost
1w		1		1			reg
2f		1		1			-
2w			3		3		reg
3f			3		3		-
2w		4		4		4	reg
3f		4		4		4	bus
3w	5		5				-
4f	5		5				-
3w				6		6	reg
4f				6		6	reg
4w	7		7				-
5f	7		7				-

Figure 11: Communication Resolution

Local Communication

First, the values on the bussegments induced from the local communication have to be determined. They are derived from the schedule and the mapping of functional units and symbolic register and is shown in the top table of Fig. 11. The first column holds the c-steps and fetch or write phases and the second row gives the bus segments . 1f is the fetch phase of the first c-step. E.g. the local communication induced from operation 5: Operation 5 is mapped to c-step 3 (Fig. 6) in partition 1 (Fig. 7). Operation 5 needs the results of operation 1 and 3 as operands (Fig. 3) which has to be transfered in the fetch phase of c-step 3. Symbolic register 1 is mapped to $B_{1,1}$ and the symbolic registers 3 and 5 are mapped to $B_{0,1}$ (section 4.3). The result of operation 5 is written in the write phase of c-step 3 (Fig. 11).

Determination of Paths

A global communication can be identified if there are two clusters with the same logical register (Fig. 7). The value in this symbolic register has to be transported from the source to the target cluster. These clusters are not necessarily adjacent. For every communication a bus segment path from the source to the target cluster must be found. The actual model allows only two paths for communication, since we won't jump between the busses. If one logical register port needs an additional connection to one bus, a path can be attributed with costs.

The path over the bus segments and the values on these segments is shown in the right table of Fig. 11. It is not sorted by times. E.g. the global communication of the value 3 can be performed over the bus segments $B_{0,1}$ and $B_{1,1}$, it is the communication over bus 1. The direction is unimportant.

Determination of Times

Every c-step is divided in two phases, an operand fetch phase and a result write phase. The global communication can take place between the write phase of the communicated value and the fetch phase of this value. E.g. value 3 in the right table can be communicated between the write phase of c-step 2 and the fetch phase of c-step 3.

Permissability of Communications

The previous tasks identify the paths and times of the global communication. It is not sure, that all communications can take place, since some bus segments of the communication paths can be occupied by the local communication at a specific time. The following task identifies such global communications and drops them.

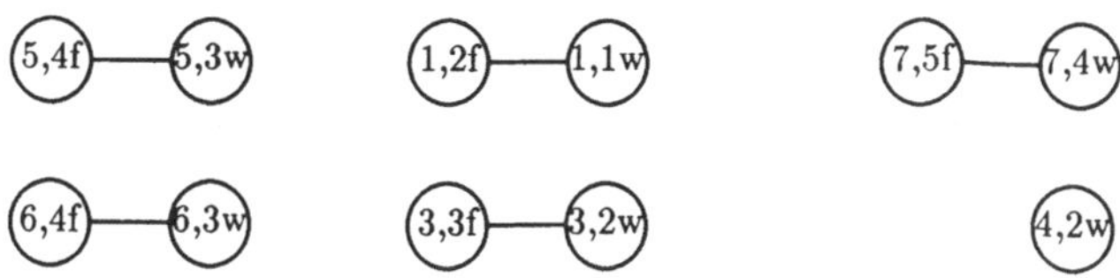

Figure 12: Communication Interference Graph

Let A and B are bus segments. Values on these bus segments are called *compatible* at a certain step in time, if:

- value(A)=value(B) or
- value(A)=don't care or value(B)=don't care.

A global communication is characterized by the communicated value and the c-step and its phase, e.g. (4,2w) is the communication of value 4 at c-step 2 in the write phase. Let (a,b), (c,d) be two communications. They are called *compatible* if:

- b=d and
- the values on the bus segments are compatible.

In order to resolve the global communication the problem is mapped to a graph. The communication interference graph CIG(V,E) is defined as:

V= { x | x is a global communication and x is compatible to all local communications at the same c-step and phase }.

E= { a,b | a,b ∈ V and a=(j,k), b=(l,m) and

- j=l or
- k=m and a and b are not compatible }.

An edge between two nodes means that these two communications can not be selected both. The first condition inserts an edge between communications which transfer the same value. Since we will not communicate a value more than once, only one communication of the same value must be chosen. The second condition inserts an edge between global communications which are not compatible.

Any of these communications is possible, because the local communication has the same value or no value on the corresponding bus segments at these times.

In Fig. 12 the communication interference graph of Fig. 11 is shown. In this case all global communications of different values are mutual compatible. The global communication (4,3f) is uncompatible with the local communication 3f, since the values on the bus segment $B_{1,1}$ are different. In our example this communication is dropped.

For a correct execution of the specification each value in the CIG must be transfered. This can not be guaranteed, e.g. two global communications at the same time on the same bus. The algorithm which chooses the communications from the CIG has to maximize the number of satisfied communications. All these satisfied communications must be independent in the CIG. The method to solve this problem is to find the maximum independent set in the CIG.

If the solution misses to transfer some values the schedule must be increased by inserting additional c-steps. In this case the overall result might be improved by restarting the process with an adapted schedule. We expect that the schedule will normally not increase for practical applications. The

partition 0																
local communication						global communication										
value	1	4	10	11	8	1		3		4	5		6		7	
direction						0– > 1		1– > 2		0– > 2	1– > 0		2– > 1		1– > 0	
time						1w	2f	2w	3f	2w	3w	4f	3w	4f	4w	5f
1	x															
2	x	x					o									
3			x								x					
4				x											x	
5					x											
partition 1																
local communication						global communication										
	2	3	5													
1	x					x										
2		x							o							
3			x									o	x			
4																x
partition 2																
local communication						global communication										
2								x		x						
3														x		

Figure 13: Register Lifetimes

reason is that the communication bandwidth in a segmented two bus design is not so low as expected. In each write phase only one bus segement is used for the local communication, the other segment is free for the global communication. This is the worst case if the functional units are always active. Each c-step where a functional unit is idle increases the bandwidth for the global communication.

Minimization of Registers, Multiplexers and Demultiplexers

The independent set algorithm can choose between different communications of the same value, e.g. (3,3f) and (3,2w). This freedom can be used to add space costs induced by the communications.

Multiplexer and demultiplexer costs arise if other communication paths in the right table of Fig. 11 are integrated. The integration of these costs is straight forward and leads to a larger number of global communications without any change in the presented method.

Register costs are dependent from the communication time. The earliest time of a communication is the write phase in the source partition, the latest the fetch phase in the target partition. A communication influences the number of registers of the final design. If the data transfer takes place at the write phase, a register is needed in the target partition. If it happens at the fetch phase a register is needed in the source partition. At all other times between write phase and fetch phase, assume there are more than one c-step difference, a register is required both in the source and the target partition. The source and target partitions can be directly derived from the operator mapping table and the data flow graph (Fig. 7, Fig. 3) .

In Fig. 13 the table is divided into three parts. For each partition it is subdivided into local and global communications. A x in the table means, that a real register is needed for the communication of the value at that time. The number of real registers needed in one partition is the maximum number of xs in the time lines. For the register allocation the direction of the global communication is significant.

Line four of Fig. 13 holds the direction of the global communication. Value 3 must be transfered from partition 1 to partition 2. A transfer at time 2w implies a real register in partition 2, at time 3f in partition 1. Since value 3 is already stored in a register (see the local communication) in partition

1 no additional register is needed for the communication (3,3f). These registers are identified by os in Fig. 13.

Partition 2 doesn't need any register for the local communication. For the communications (3,2w), (4,2w) and (6,3w) an additional register is synthesized if one of these communication is selected. The number of registers are the costs in Fig. 11.

Because the space should be minimized too, a minimum independent set with minimum cost is searched. That set is in this example {(5,4f),(6,4f),(7,5f),(1,2f),(3,3f),(4,2w)}. All transfers can take place without increasing the schedule length.

Now the synthesis process is finished. All operations are mapped to functional units and partitions. All values are stored in registers and these registers are mapped to bus segments. The control of the switches is computed from the chosen global communications.

5 Design Examples

In this section we want to compare the space and the execution time of the new and the traditional method applied to the presented example, an example taken from current literature and an example from the ACM/IEEE 1988 High-Level Synthesis Workshop [BoD88]. At first we want to define some parameters of the final designs.

We assume that a switch needs the same space as a register. This leads to an overhead since every additional cluster needs the space of two switches. For this reason the allocation phase has to work very hard because the only profit is the reduction of interconnection area. All investigated designs produced with the presented approach have a smaller total area than those produced with the traditional approach.

Another important fact is the execution time of the final design. In the investigated examples with up to five clusters the execution time was never increased.

As stated above the number of bus inputs and multiplexer inputs is a weak measure, because the length of the wires and the structure of the interconnections is left unconsidered. As we will see the designs are better comparable if one compares the resulting floorplans.

For the comparison of the floorplans it is assumed that both design styles use the same hardware library. In both floorplans the size and the sizing functions of the functional units are the same. For the bus layout, functional units are a bit bigger, since result or operand latches are needed. But we save register space, because registers in the bus layout are simple latches whereas the registers in the other design style are bigger master slave flip flops. All designs were processed by a prototype floorplanner [MüL90]. The boxes with characters in the middle are the functional units and have the following abbreviations: P=processor, R=register, M=multiplexer and S=switch. Any other space in the floorplans can be used for wires.

5.1 Presented Example

The schedule used in the presented method is the same as in the traditional synthesis approach. Hence the results are directly comparable.

The left floorplan is the result of the presented method (Fig. 14). The right floorplan is the result of a synthesis system without any target architecture in mind. The size of the bus layout amounts to only 30 % of the space of the traditional synthesis design for this example. Less wiring area is the main benefit of this design, although three multiplexers were saved. One switch can be saved too, because the values on these adjacent bus segments are always compatible. It should be marked, that the bus design needs an additional register to synthesize the correct behaviour.

In Fig. 15 it is seen that the simple counting of functional units , bus and multiplexer inputs is not a good measure for the final area. All these values vote for the traditional design, although the space

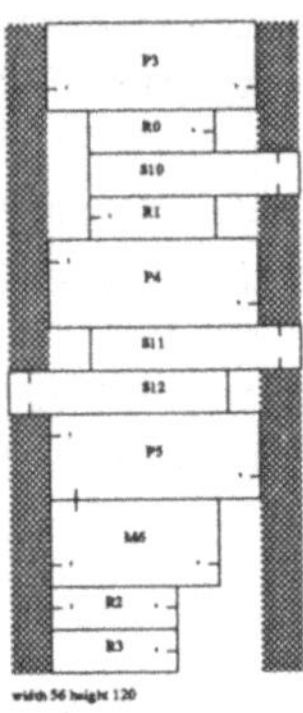

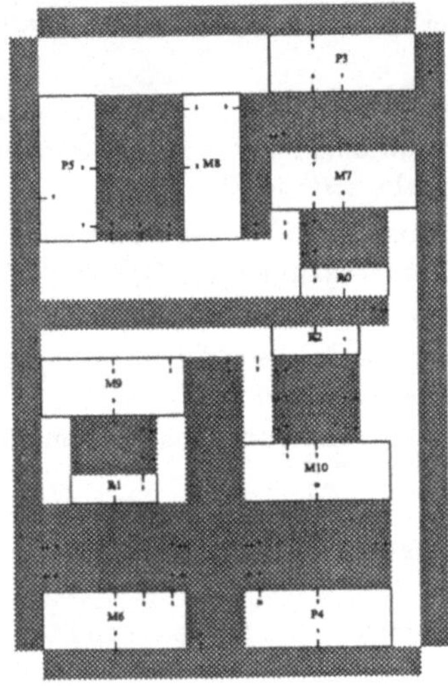

Figure 14: Floorplans

	traditional	here
registers	3	4
switches	0	3
multiplexers	4	1
busses	0	2
bus/mux inputs	8	14
area	22080	6720

Figure 15: Example Design Results

of the new design is only a third.

5.2 Differential Equation

The second example was presented in [PaK89] with the following conditions: Additions are performed by adders in 40 ns. Multiplications are performed by pipelined multipliers in 80 ns. Every 40 ns a new multiplication can start. Registers are preset with their original values. Constants are implemented as direct connections to power and ground lines.

We compare the result with that presented in [PaK89]. Since the schedules are the same we focus the investigations on the used area (Fig. 18). The data paths are shown in Fig. 16 and Fig. 17. The counting of the functional units, register etc. prefers no design, although the space of the design with the presented approach is about 1.8 times better. The most benefit is again the minimized interconnection structure.

5.3 Elliptical Filter

This example is a fifth order digital elliptical wave filter [KWK85]. It is choosen as a benchmark for the ACM/IEEE 1988 High-Level Synthesis Workshop [BoD88]. The hardware constraints are two adders which perform an addition in one c-step and a pipeline multiplier with a delay of two c-steps and a latency of one c-step. This leads to a design with three partitons. The partitioned data flow graph is shown in Fig. 19. The circles are the additions and the ellipsis are the multiplications. A data transfer at the fetch phase is an edge crossing the partition border at the top of the c-step, a data transfer at the write phase at the bottom.

We assume that the constants are stored in a ROM and it needs twice as much space as a register and it is not directly connected to the multiplier. This assumption leads to a data path which is shown in Fig. 20.

The schedule length does not increase, although 14 communications between adjacent partitions and 6 communications across the middle partition has to be satisfied.

Again we compare the results with the HAL system (Fig. 21). Both designs have the same schedule length of 19 c-steps. The space of the functional units of the bus design style is much greater, because of the four additional switches. Even though the area of the final design is 2.05 times smaller because of the regular interconnection structure.

6 Conclusion

A promising approach is presented which automatically synthesizes data pathes via segmented busses. The method is based on systematic partitioning of data flow graphs for bus allocation with a target architecture in mind. The only predefined design parameter is the number of busses to be generated. This strategy overcomes with the problem of much wasted space for interconnections and leads to a drastic space reduction in the layout.

A great success is, that the execution time is not increased for the investigated examples. We think that further work will show that even for greater examples an increase of the execution time is rather rare for two bus designs.

The future work will be extended in the following areas:

- Designs with more than two busses.
- A second important topic to solve are unsatisfied global communications. If this rare case appears, then the number of new c-steps should be minimal. A strategy which also delays local communications is possible.
- A method could be investigated which allows asymmetric placement of switches on the busses.
- Partitions with more than one functional unit is an interesting topic too. Also partitions only with registers where neighboured partitions share these registers.

Acknowledgements

I am grateful to Uwe Kastens, Franz Josef Rammig, Bryan Preas, Peter Pfahler, Gunter Gerhardt, Rolf Müller, Bernd Kleinjohann, Frank Buijs and all other members of the CADLAB synthesis team for their helpful comments on the architecture and the presentation of this approach. This work was funded by the BMFT project NT 2850 60.

References

[BoD88] Borriello, G. and Detjens, E., *High-Level Synthesis: Current Status and Future Directions*, DAC88 25 (1988), 477–482.

[CaR89] Camposano, R. and Rosenstiel, W., *Synthesizing Circuits from Behavioral Descriptions*, IEEE Trans. on Comp. 8 (February 1989), 171–180.

[Chr75] Christofides, N., *Graph Theory: An Algorithmic Approach*, Academic Press (1975).

[KWK85] Kung, S. Y., Whitehouse, H. J. and Kailath, T., *VLSI and Modern Signal Processing*, Prentice Hall (1985), 256–264.

[LaT89] Lagnese, E. D. and Thomas, D. E., *Architectural Partitioning for System Level Design*, Proc. 26th ACM/IEEE Design Automation Conference 26 (25-29 June 1989), 62–67.

[MRV88] Man, H. D., Rabaey, J., Vanhoof, J., Goossens, G., Six, P. and Claesen, L., *CATHEDRAL-II - a computer-aided synthesis system for digital signal processing VLSI systems*, Computer-Aided Engineering Journal (April 1988), 55–66.

[Mar85] Marwedel, P., *The Mimola Design System: A Design System which spans several levels*, IFIP Methologies for Computer System Design (1985), 223–237.

[McF83] McFarland, M. C., *Computer-Aided Partitioning of Behavioral Hardware Descriptions*, 20th Design Automation Conference (1983), 472–478.

[MPC88] McFarland, M. C., Parker, A. C. and Camposano, R., *Tutorial on High-Level Synthesis* , DAC88 25 (1988), 330–336.

[MüL90] Müller, R. and Lengauer, T., *FRODO: A Robust Framework for Partitioning-Based Floorplanning and Integrated Global Routing*, Technical Report, Universität GH Paderborn (1990).

[PaP86] Park, N. and Parker, A., *SEHWA: A Program for Synthesis of Pipelines* , DAC86 23 (1986), 454–460.

[PPM86] Parker, A. C., Pizarro, J. T. and Mlinar, M., *MAHA: A Program for Datapath Synthesis*, DAC86 23 (1986), 461–466.

[PaK89] Paulin, P. G. and Knight, J. P., *Force-Directed Scheduling for the Behavioral Synthesis of ASIC's*, IEEE Trans. on CAD 6 (June 1989), 661–679.

[Pfa87] Pfahler, P., *Automated Datapath Synthesis: A Compilation Approach* , Microprocessing and Microprogramming 21 (1987), 577–584.

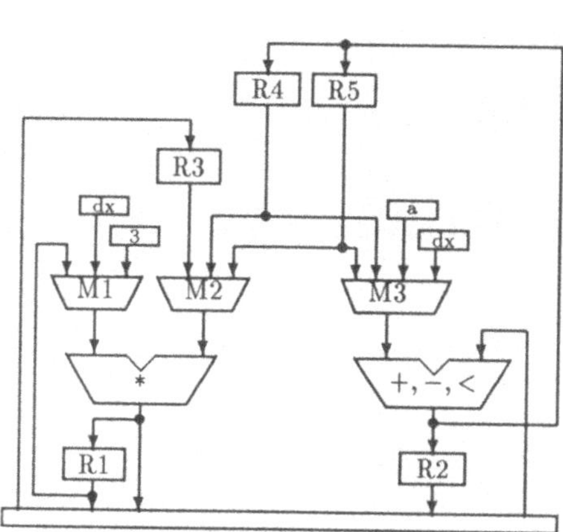

Figure 16: HAL Data Path

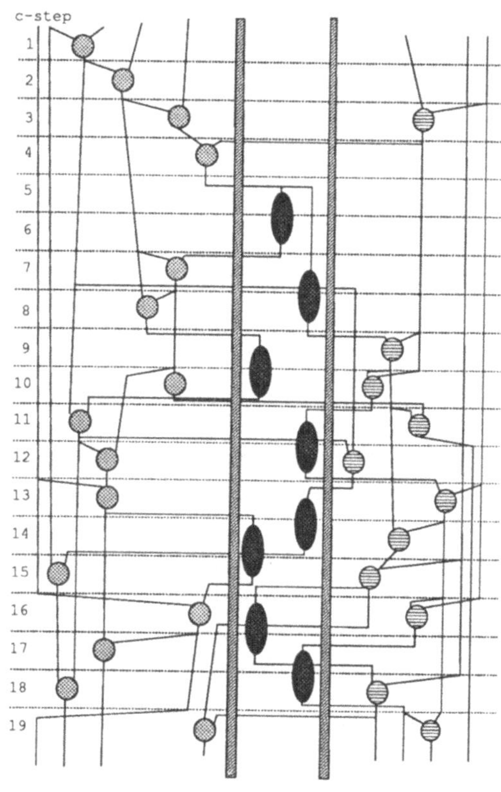

Figure 19: Data Flow Partitioned Elliptical Filter

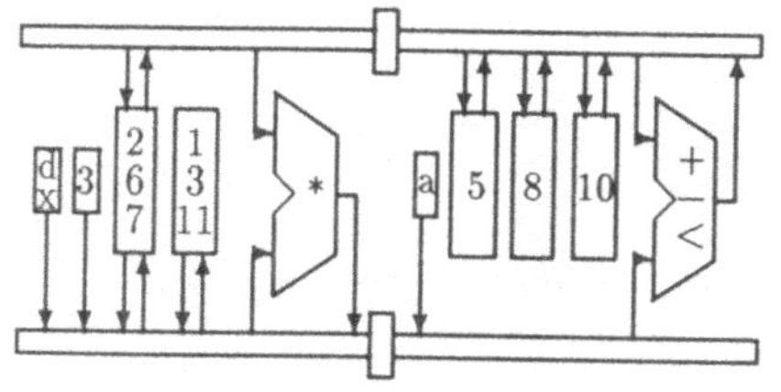

Figure 17: Bus Data Path

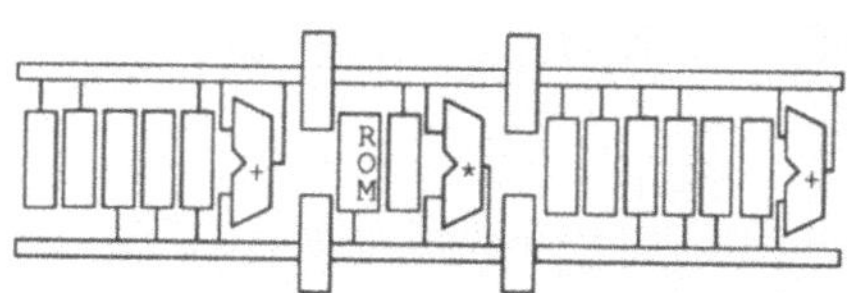

Figure 20: Bus Data Path Elliptical Filter

Differential Equation	HAL	here
registers	5	5
switches	0	2
multiplexers	3	0
busses	1	2
bus/mux inputs	13	15
area	21120	11651

Figure 18: Design Results

Elliptical Filter	HAL	here
c-steps	19	19
registers	12	12
switches	0	4
busses/segments	6/6	2/6
bus/mux inputs	26	27
area	34816	16958

Figure 21: Design Results

Architekturentwurf für nebenläufige, funktionssichere Steuerungen

Georg Klein-Heßling Manfred Schäfer

Siemens AG

Zentralabteilung Forschung und Entwicklung

D-8000 München 83, BRD

Kurzfassung

Beim Architekturentwurf informationstechnischer Systeme bereitet insbesondere die Entwicklung komplexer Steuerungen Probleme. Entwurfskonzepte fehlen vor allem bei Aufgabenstellungen, die eine Aufteilung der Steuerung auf mehrere, miteinander kooperierende Teilsteuerwerke erfordern. In diesem Beitrag konzentrieren wir uns auf Fragen der Spezifikation, der Verifikation und der Realisierung solcher Steuerungen. Wir stellen ein integriertes Entwurfskonzept vor, in dessen Mittelpunkt die Funktionssicherheit nebenläufiger Systeme steht. Unser Ansatz basiert auf der Beschreibung einer Steuerungsaufgabe mit Hilfe strukturierter Ablaufgraphen. Diese Beschreibungsform eignet sich für den rechnerunterstützten Architekturentwurf und für die formale Analyse der Funktionssicherheit. Die Entwurfsmethode wird anhand eines praxisbezogenen Beispiels erläutert.

1. Einleitung

Ausgangspunkt unserer Arbeiten ist die unbefriedigende Situation beim Entwurf von digitalen Steuerungen für Aufgabenstellungen, die eine Aufteilung auf mehrere, miteinander kommunizierende Einheiten erfordern.

Wir beschränken uns auf solche digitale Schaltungen, die in *steuernde* und *gesteuerte* Teilschaltungen zerlegbar sind. Unter einer Steuerung ist dann derjenige Teil eines Systems zu verstehen, in dem die wesentlichen Steuerungsaufgaben zur Koordination der Ablaufschritte in den Verarbeitungseinheiten konzentriert sind. Heute verfügbare Entwurfssysteme unterstützen hauptsächlich den Entwurf von Verarbeitungseinheiten und von sequentiellen Steuerungen, während sie für die Bewältigung komplexer Steuerungsaufgaben kaum Hilfestellung leisten. Hier fehlen allgemein anwendbare Konzepte zur formalen Beschreibung der Steuerungsaufgabe, zum frühzeitigen Nachweis der Sicherheit und Lebendigkeit des Ablaufs und zum automatisierten Entwurf geeigneter Steuerungsarchitekturen.

Wir halten Petrinetz-basierte Beschreibungsmethoden wegen des Aufwands zum Nachweis der dynamischen Korrektheit /Hack72, Ullr76/ für nicht geeignet. P/V-Systeme /Dijk68/ können nicht alle nebenläufigen Steuerungsprobleme konfliktfrei lösen /Pati71/. Message-Passing-Systeme /Ridd72/ stellen keine geeigneten Beschreibungsparadigmen dar, weil sie eine Blockarchitektur einer Steuerung bereits voraussetzen und somit die Entwurfsfreiheit für Steuerungsarchitekturen zu sehr einschränken.

Die Beschreibung von Steuerungsaufgaben muß auf einer noch nicht realisierungsgeprägten Ebene erfolgen. Darüberhinaus muß die Fähigkeit zur Modellierung komplexer Zusammenhänge mit einem praktikablen Nachweis der Funktionssicherheit vereint werden. Dazu wird in diesem Beitrag ein Konzept für den Entwurf von Steuerungsarchitekturen vorgestellt. Zunächst führen wir eine Methode zur Modellierung komplexer Steuerungsaufgaben ein, die unseren Anforderungen gerecht wird. Auf der Grundlage dieser Beschreibungsform zeigen wir einen durchgehenden Weg auf, um von einer Systembeschreibung auf Prozeßebene bis zur Beschreibung der Steuerungsaufgabe auf einer realisierungsnahen Ebene zu gelangen. Das Realisierungsmodell der Steuerung, auf das wir abbilden, ist ein Verbund miteinander kommunizierender Automaten. Der Entwurf der zu steuernden Verarbeitungseinheiten steht nicht im Vordergrund unserer Untersuchungen, soll aber im Rahmen des vorgestellten Konzeptes berücksichtigt werden können, da die Performance der Gesamtarchitektur in der Regel davon beeinflußt wird.

2. Modellierung mit nebenläufig strukturierten Ablaufgraphen

Unser Entwurfskonzept basiert auf der Beschreibung allgemeiner Steuerungsvorgänge mit nebenläufig strukturierten Ablaufgraphen (NSA), wie sie erstmals von Thurn /Thur82/ vorgestellt wurden. NSA stellen eine strukturfreie Beschreibungsform dar und sind speziell auf den Entwurf von Steuerungen zugeschnitten. Nach diesem Ansatz wird der Nachweis der Eigenschaften "lebendig" und "sicher", der in allgemeinen Petrinetzen mit exponentiellem Aufwand erbracht werden muß, auf einen quadratisch wachsenden Aufwand reduziert. Durch eine algorithmisch durchgeführte, formale Analyse kann eine simulative Überprüfung der Funktionsfähigkeit entfallen. Diese Verifikation auf Verhaltenssebene gewährleistet eine hohe Entwurfssicherheit. Darüber hinaus wird eine frühzeitige Bewertung des dynamischen Verhaltens eines modellierten Systems schon vor dem Entwurf einer Steuerung unterstützt.

Die Strukturelemente von NSA, die nach unseren Vorstellungen erweitert sind, werden im folgenden vorgestellt.

2.1. Operationen

Der Begriff der Operation ist aus den Stellen S der Petrinetze abgeleitet. Da durch NSA insbesondere komplexe Steuerzusammenhänge beschrieben werden sollen, wird der Interpretationsrahmen für die Stellen S eines Petrinetzes begrifflich erweitert. Während in Petrinetzen eine Stelle S üblicherweise *einen einzelnen Systemzustand* repräsentiert, steht eine Operation O für eine *Zusammenfassung von Systemzuständen*. Es wird dadurch möglich, komplexe Zusammenhänge übersichtlich darzustellen und nur die ablaufrelevanten Eigenschaften hervorzuheben. Damit wird die Darstellungskomplexität gegenüber Petrinetzen entscheidend verringert.

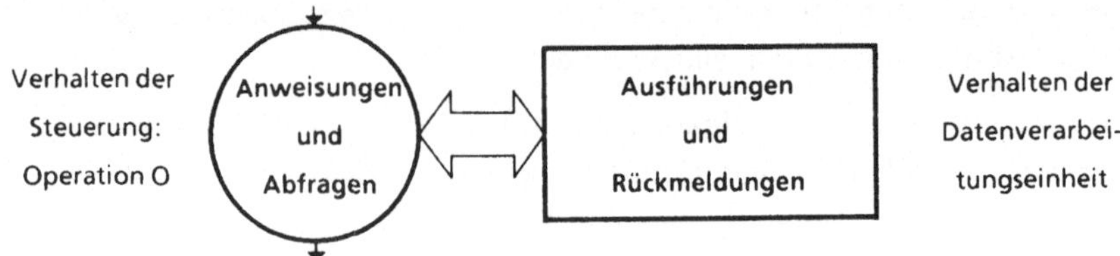

Bild 2.1: Operation

Eine Operation (Bild 2.1) ist nicht als eine eigenständige Einheit zu sehen, sondern sie ist nur in Verbindung mit Verarbeitungseinheiten sinnvoll, die ausführenden Charakter besitzen. In einer Operation werden nur steuerungsrelevante Vorgänge betrachtet, die durch eine Aneinanderreihung einzelner Steueraktionen bearbeitet werden. Solche Steueraktionen haben entweder *anweisenden* oder *abfragenden* Charakter. Anweisende Steueraktionen lösen die Ausführung einer Aktion in einer Verarbeitungseinheit aus, deren Status rückgemeldet und durch Abfragen ausgewertet wird. Auf detaillierteren Beschreibungsebenen entspricht eine Operation der Beschreibung eines endlichen Automaten (FSM).

Außer den Operationen, wie sie in Bild 2.1 eingeführt werden, benötigt man spezielle Operationen mit ablaufbestimmendem Charakter (Bild 2.2). Diese Strukturelemente der NSA heißen:

- Alternativverzweigung (AVZ) und Alternativvereinigung (AVE)
- Nebenlaufverzweigung (NVZ) und Nebenlaufvereinigung (NVE)

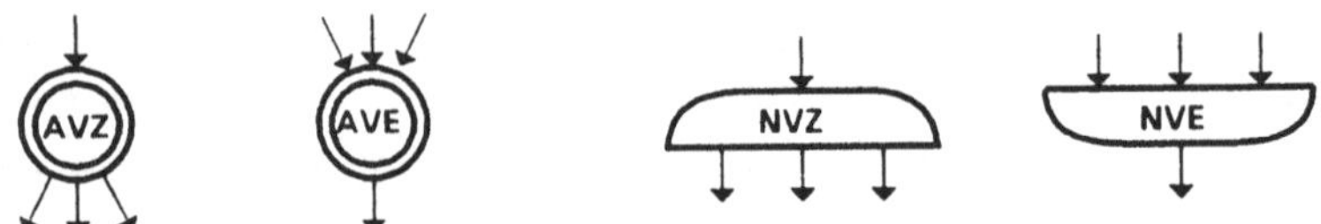

Bild 2.2: Operationen mit ablaufbestimmendem Charakter

Entscheidungen bei Alternativverzweigungen werden aufgrund der Werte von Ereignisvariablen getroffen, wie sie bei Nolle /Noll86/ eingeführt werden. Ereignisvariable sind spezielle Entscheidungsvariable, auf die ablaufrelevante Ereignisse abgebildet werden. Nach unseren Vorstellungen können hierzu die Statusinformationen der Datenverarbeitungseinheiten direkt verwendet werden.

2.2. Relationen

Neben den Operationen sind die Beziehungen (Relationen), die zwischen den Operationen bestehen, ein wesentlicher Bestandteil des Darstellungskalküls. Hierbei werden *kausale* und *zeitliche* Relationen unterschieden.

Zu den *kausalen* Relationen zählen:

- Die direkter-Vorgänger-Relation <dv>, dargestellt durch eine gerichtete Kante.

- Die Nebenläufigkeits-Relation <nl>; Nachfolger (Vorgänger) einer Nebenlaufverzweigung (Nebenlaufvereinigung) sind zueinander nebenläufig.
- Die Alternativ-Relation <al>; Nachfolger (Vorgänger) einer Alternativverzweigung (Alternativvereinigung) sind zueinander alternativ.

Die Relationen <dv>, <nl> und <al> drücken die Kausalzusammenhänge eines Ablaufs aus. Um zwischen nebenläufigen Operationen Forderungen bezüglich ihres zeitlichen Verhaltens aufstellen zu können, werden zusätzlich die zeitlichen Relationen benötigt. Sie vereinfachen die Darstellung komplexer Abhängigkeiten.

Zu den *zeitlichen* Relationen gehören:

- Die Gleichzeitigkeits-Relation <gl>; Operationen, die in dieser Beziehung stehen, müssen gleichzeitig beginnen (Bild 2.3a). Durch <gl> werden synchrone oder parallele Abläufe ermöglicht.
- Die Nichtgleichzeitigkeits-Relation; Operationen, die in dieser Beziehung stehen, dürfen nicht gleichzeitig stattfinden. Wir unterscheiden hier Relationen, bei denen keine Priorisierung (<ng>) bzw. eine statische (<sng>) oder eine dynamische Priorisierung (<dng>) festgelegt ist (Bild 2.3b). Diese Relationen dienen zur Lösung von Zugriffskonflikten auf gemeinsame Ressourcen.
- Die zeitlich-vorher-Relation <zv>; O_i<zv>O_j besagt, daß O_i vorbereitend auf O_j wirkt und daher zeitlich vor O_j stattfinden muß (Bild 2.3c). Damit können Datenabhängigkeiten beschrieben werden. Läßt man zu, daß sich Operationen in Schleifenabläufen (z. B. zur Beschreibung eines Pipeline-Verhaltens) auch überlappen dürfen, wird dies durch die Relation <zvü> ausgedrückt.

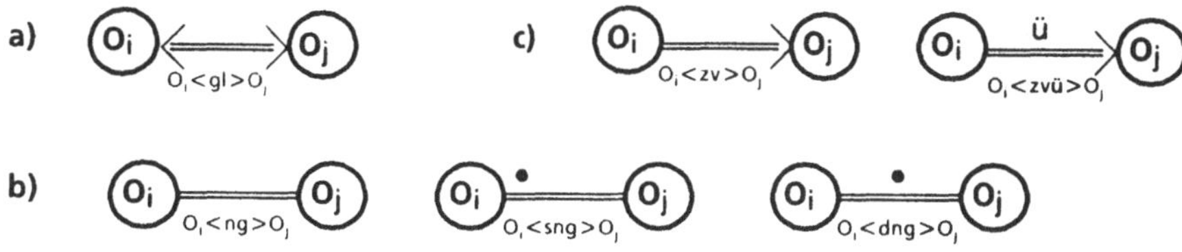

Bild 2.3: Zeitliche Relationen

Mit den hier vorgestellten zeitlichen Relationen können häufig vorkommende Koordinationsprobleme zwischen nebenläufigen Vorgängen auf einfache Weise beschrieben werden.

3. Nachweis der Funktionssicherheit

Der Entwurf einzelner Module zur Bearbeitung von Teilaufgaben läßt sich in der Regel ohne Schwierigkeiten bewerkstelligen. Die hierfür verfügbaren Methoden und CAD-Werkzeuge können als ausgereift angesehen werden. Es ist jedoch keineswegs gewährleistet, daß die Synthese eines komplexen Systems aus einzelnen, für sich funktionierenden Funktionseinheiten auch ein funktionsfähiges Gesamtsystem ergibt. Die wesentlichen Probleme erwachsen aus den sich durch die Zusammenarbeit ergebenden Konfliktsituationen, die nur durch eine gut organisierte Koordination der Module vermieden werden können. Diese Aufgabe fällt der Steuerung zu.

Mit Hilfe einer Verhaltensbeschreibung durch NSA wird die Steuerungsaufgabe als Ganzes erfaßt und kann auch aus einer globalen Sicht analysiert werden. Die formale Analyse von NSA kann algorithmisch durchgeführt werden. Sie beruht zunächst auf dem Nachweis struktureller Eigenschaften des Ablaufgraphen. Zeigt man, daß der aus Operationen und kausalen Relationen gebildete Graph "nebenläufig strukturiert" ist, so ist gewährleistet, daß der beschriebene Ablauf deadlock-frei ist und ein äquivalenter endlicher Automat existiert, auf den der Steuerungsablauf abgebildet werden kann. "Nebenläufig strukturiert" bedeutet, daß es keine nebenläufigen Maschen geben darf, die sich weder enthalten noch voneinander disjunkt sind (vergl. Bild 3.1).

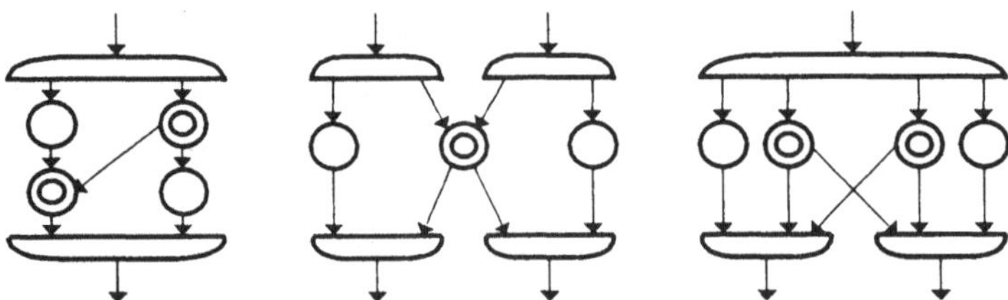

Bild 3.1: Beispiele *nicht* nebenläufig strukturierter Ablaufgraphen

Zu jeder NVZ muß genau eine zugehörige NVE existieren. Zusätzlich müssen kausale und zeitliche Relationen zueinander widerspruchsfrei sein. Durch die von Thurn vorgeschlagene Beweismethode werden noch nicht alle notwendigen Lebendigkeitseigenschaften erfaßt. Weitergehende Analyseansätze findet man bei Nolle /Noll86/, jedoch bleiben auch dort noch einige Fragen der Funktionssicherheit offen. Unsere zukünftigen Arbeiten konzentrieren sich darauf, die Beweismethoden zu vervollständigen.

4. Entwurfskonzept

Unser Konzept basiert auf der Beschreibung der Steuerungsaufgabe durch NSA (Bild 4.1a), die auf ein Netz kooperierender Automaten (FSM) (Bild 4.1b) abgebildet werden. Parameter einer solchen Steuerungsarchitektur sind Automatentyp, Größe und Anzahl der entstehenden Teilsteuerwerke, ihre Kommunikationsstruktur, die Kopplungsmechanismen und die Protokolle zur Koordinierung des Ablaufs.

Die Menge der Operationen eines NSA wird unter Berücksichtigung physikalischer Randbedingungen algorithmisch partitioniert, wobei die resultierenden Teilmengen einzelnen Automaten zugeordnet werden. Die Einhaltung der Relationen <dv> und <al> wird durch entsprechende Verzweigungen innerhalb eines Automatenablaufs realisiert. Die Synchronisation nebenläufiger Operationen, die in der Regel auf verschiedene Automaten verteilt werden, geschieht durch eine direkte Kopplung der beteiligten Automaten. Die Erfüllung der zeitlichen Forderungen wird durch zusätzliche Koordinierungsschaltungen erreicht.

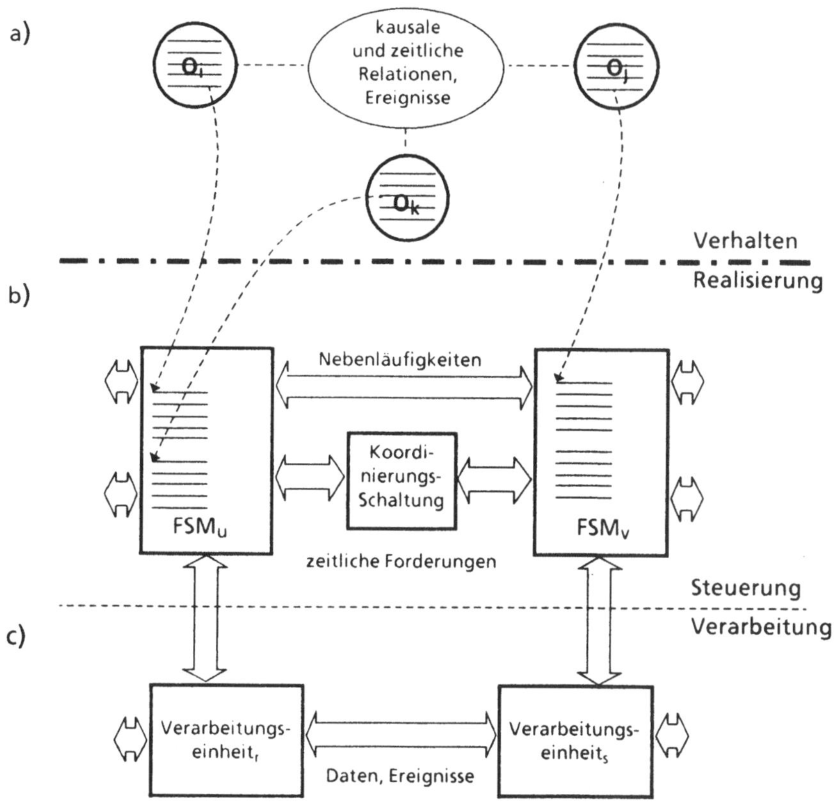

Bild 4.1: Verhaltensbeschreibung (a) und Realisierungsmodell (b, c)

Die miteinander kooperierenden Automaten steuern die Verarbeitungseinheiten und erhalten von ihnen Statusinformationen (Bild 4.1c). Der Entwurf dieser Verarbeitungseinheiten wird von uns nicht durchgeführt, wir untersuchen jedoch ihren Einfluß auf die Steuerungsarchitektur.

Das Ziel unserer Arbeiten ist die Verteilung der Steuerungsaufgabe auf kommunizierende Automaten, die funktionssichere und effiziente Implementierung der Kommunikationsmechanismen und die Einbettung in einen durchgängigen Entwurfsablauf. Dazu wird der gesamte Entwurfsvorgang in eine Reihe von Teilaufgaben von der Systembeschreibung auf Prozeßebene bis zur Generierung der Automatenmodelle strukturiert und die Teilaufgaben in ein Entwurfskonzept (Bild 4.2) integriert.

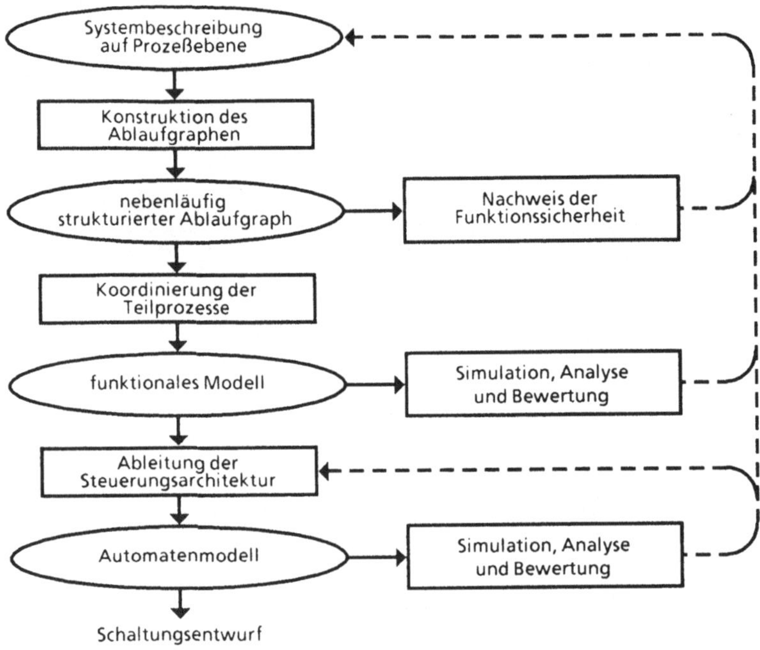

Bild 4.2: Entwurfskonzept

Bei der Systembeschreibung auf Prozeßebene wird differenziert zwischen der Beschreibung der Verarbeitungseinheiten und der Beschreibung der Steuerungsaufgabe. Die Beschreibung der Verarbeitungseinheiten besteht aus einer vorgegebenen Blockarchitektur, einer Verhaltensbeschreibung der Blöcke und ihrer Steuerschnittstellen in einer Hardwarebeschreibungssprache (z. B. VHDL). Die Steuerungsaufgabe wird in Anlehnung an die verwendete Hardwarebeschreibungssprache spezifiziert. Der Steuerfluß (kausale Relationen) legt fest, wann welche Funktionen in den einzelnen Modulen bearbeitet werden. Durch die Spezifikation zeitlicher Forderungen (zeitliche Relationen) werden Verhaltensvorschriften für nebenläufige Teilprozesse erstellt.

Aus der Spezifikation der Steuerungsaufgabe wird ein NSA konstruiert. Damit sind alle Forderungen zwischen Teilprozessen beschrieben. Durch eine algorithmische Analyse der Eigenschaften dieses Graphen wird der Nachweis der Funktionssicherheit erbracht.

Die Logikgleichungen der Koordinierungsschaltung werden aus den zeitlichen Forderungen zwischen nebenläufigen Operationen abgeleitet. Ein funktionales Simulationsmodell unterstützt die Bewertung der Gesamtarchitektur. Hierbei können frühzeitig Systemengpässe entdeckt und durch Architekturänderungen beseitigt werden.

Im letzten Entwurfsschritt wird die Steuerungsarchitektur durch Partitionierung der Steuerungsaufgabe gewonnen. Für alle entstehenden Teilsteuerwerke werden Automatentafeln und Simulationsmodelle generiert. Sie ermöglichen zusammen mit den Modellen der Verarbeitungseinheiten die Simulation des Gesamtsystems auf einer realisierungsnahen Ebene. Verfügbare Synthese-Werkzeuge können auf der Beschreibung der Automaten aufsetzen und den Schaltungsentwurf durchführen.

5. Anwendungsbeispiel „Interface Unit"

Am Beispiel einer Interface Unit werden die Entwurfsschritte unseres Konzeptes näher erläutert. Die Verarbeitungseinheiten und die Steuerschnittstelle dieser Funktionseinheit sind in Bild 5.1 dargestellt. Gesucht ist eine geeignete Steuerschaltung, die den Datentransfer der Interface Unit steuert.

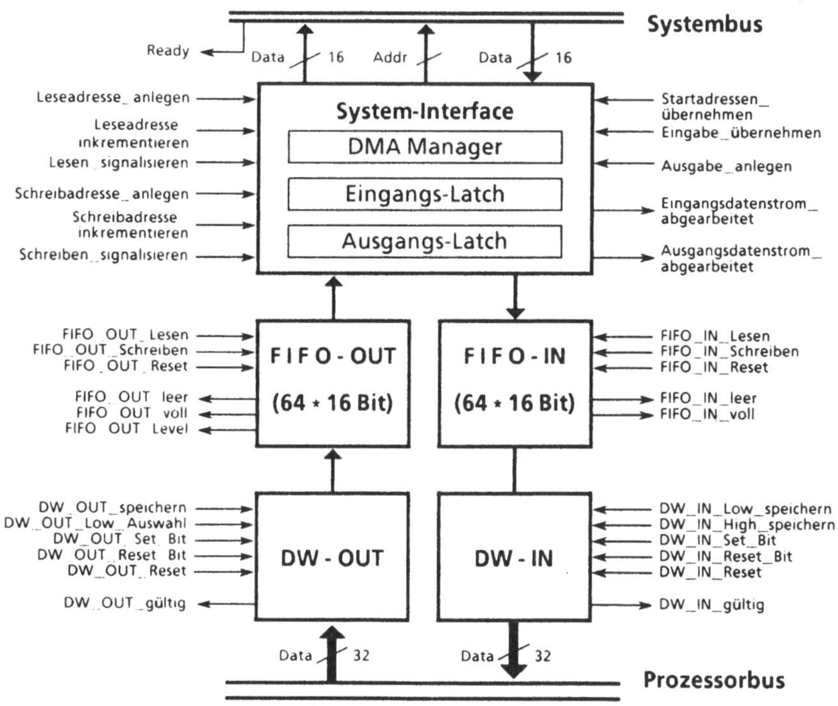

Bild 5.1: Verarbeitungseinheiten und Steuerschnittstelle der Interface Unit (DW: Doppelwort)

5.1. Spezifikation der Interface Unit

Die Interface Unit dient als Schnittstelle zwischen einem System- und einem Prozessorbus. Über diese Schnittstelle wird eine vorgegebene Anzahl von Datenworten aus dem Systemspeicher zum Prozessor und nach ihrer Bearbeitung zurück in den Systemspeicher transferiert. Die Adressierung des Systemspeichers übernimmt ein DMA-Manager. Zur Entkopplung der beiden Bussysteme werden die Datenworte in FIFOs zwischengespeichert. Ein weiteres Merkmal ist die doppelte Wortbreite des Prozessorbusses gegenüber dem Systembus und der Wortbreite der FIFOs. Die Umsetzung der Wortbreite erfolgt durch Speicherung von Wortpaaren in Doppelwortspeichern.

Die Steuerungsaufgabe kann durch drei nebenläufige Prozesse gelöst werden:

1) Datentransfer zwischen dem Systemspeicher und den FIFOs,
2) Datentransfer vom FIFO-IN zum Prozessor,
3) Datentransfer vom Prozessor zum FIFO-OUT.

Es werden FIFOs verwendet, die nicht gleichzeitig gelesen und beschrieben werden können. Ein gleichzeitiger Schreib- und Lesewunsch muß daher koordiniert werden, wobei die Schnittstelle zum System-Interface priorisiert wird. Der Datentransfer über den Prozessorbus wird vom Prozessor selbst verwaltet. Die Entscheidung, ob der Systemspeicher gelesen oder beschrieben werden soll, wird in Abhängigkeit vom Füllstand der FIFOs getroffen.

5.2. Systembeschreibung auf Prozeßebene

Die Systembeschreibung auf Prozeßebene besteht aus einer Beschreibung der Verarbeitungseinheiten und der zugehörigen Steuerschnittstelle (Bild 5.1) sowie aus einer formalen Beschreibung der Steuerungsaufgabe (Bild 5.2).

Die Beschreibung der Verarbeitungseinheiten kann beliebig detailliert erfolgen und sowohl das Verhalten als auch die Struktur umfassen. Die symbolischen Steuersignale beschreiben, welche Funktionen in einem Zyklus auszuführen sind. Eine genauere zeitliche Auflösung kann innerhalb der Verarbeitungseinheiten modelliert werden. Deren Beschreibung hat keinen Einfluß auf den Nachweis der Funktionssicherheit und auf die Ableitung der Steuerungsarchitektur, wird jedoch bei der Simulation zur Analyse des Zusammenspiels zwischen der Steuerungsarchitektur und den Verarbeitungseinheiten herangezogen.

Die Beschreibung der Steuerungsaufgabe erfolgt mit Hilfe eines erweiterten Subsets von VHDL (Bild 5.2). Durch die Beschreibung wird festgelegt, wann welche Aktion einer Verarbeitungseinheit zur Ausführung kommt. Mehrere Aktionen können später zu Operationen zusammengefaßt werden. Die kausalen Beziehungen zwischen den Aktionen werden durch den Programmfluß beschrieben. Schlüsselworte und Sonderzeichen geben an, welche Aktionen parallel (durch ',' getrennt), nebenläufig (Schlüsselwort 'concurrent'), alternativ (if.. then.. else) oder sequentiell (durch ';' getrennt, Schlüsselwort 'sequential') ausgeführt werden. Die zeitlichen Beziehungen zwischen Operationen werden nach dem Schlüsselwort 'relations' im Vereinbarungsteil definiert. In unserem Beispiel dürfen die genannten Paare von Operationen nicht gleichzeitig ausgeführt werden, wobei jeweils die erste Operation gegenüber der zweiten priorisiert ist.

```
architecture Systembeschreibung of InterfaceUnit is
   relations sng    (O2 O5) (O2 O6) (O4 O7) (O4 O8);
        :
sequential
   Startadressen_übernehmen, FIFO_IN_Reset, FIFO_OUT_Reset,
      DW_IN_Reset, DW_OUT_Reset;                                  -- Operation 0
   concurrent
      while not (Eingangsdatenstrom_abgearbeitet and Ausgangsdatenstrom_
                     abgearbeitet) loop
         if not (FIFO_IN_voll or FIFO_OUT_Level) then
            Leseadresse_anlegen;                                   -- Operation 1
            Lesen_signalisieren, Leseadresse_inkrementieren;       -- Operation 1
            while not Ready loop wait for 1; end loop;
            operation O2 is
               Eingabe_übernehmen, FIFO_IN_schreiben;              -- Operation 2
            end operation O2;
         elsif not FIFO_OUT_leer then
            Schreibadresse_anlegen;                                -- Operation 3
            operation O4 is
               FIFO_OUT_Lesen, Ausgabe_anlegen, Schreiben_signalisieren,
               Schreibadresse_inkrementieren;                      -- Operation 4
            end operation O4;
            while not Ready loop wait for 1; end loop;
         else wait for 1;
         end if;
      end loop;

      while not (Eingangsdatenstrom_abgearbeitet and FIFO_IN_leer) loop
         while (DW_IN_gültig or FIFO_IN_leer) loop wait for 1; end loop;
         operation O5 is
            FIFO_IN_Lesen, DW_IN_Low_speichern;                    -- Operation 5
         end operation O5;
         while FIFO_IN_leer loop wait for 1; end loop;
         operation O6 is
            FIFO_IN_Lesen, DW_IN_High_speichern, DW_IN_Set_Bit;    -- Operation 6
         end operation O6;
      end loop;

      while not Ausgangsdatenstrom_abgearbeitet loop
         while (not DW_OUT_gültig or FIFO_OUT_voll) loop wait for 1; end loop;
         operation O7 is
            FIFO_OUT_Schreiben; DW_OUT_Low_Auswahl;                -- Operation 7
         end operation O7;
         while FIFO_OUT_voll loop wait for 1; end loop;
         operation O8 is
            FIFO_OUT_Schreiben, DW_OUT_Reset_Bit;                  -- Operation 8
         end operation O8;
      end loop;
   end;
end Systembeschreibung;
```

Bild 5.2: Beschreibung des Steuerungsablaufs der Interface Unit auf Prozeßebene in einem erweiterten Subset von VHDL

5.3. Konstruktion des Ablaufgraphen

Aus der formalen Beschreibung der Steuerungsaufgabe wird der korrespondierende NSA konstruiert (Bild 5.3). Dieser Graph beschreibt nach der Zusammenfassung von Aktionen zu Operationen den Steuerablauf und die zeitlichen Forderungen zwischen nebenläufigen Operationen.

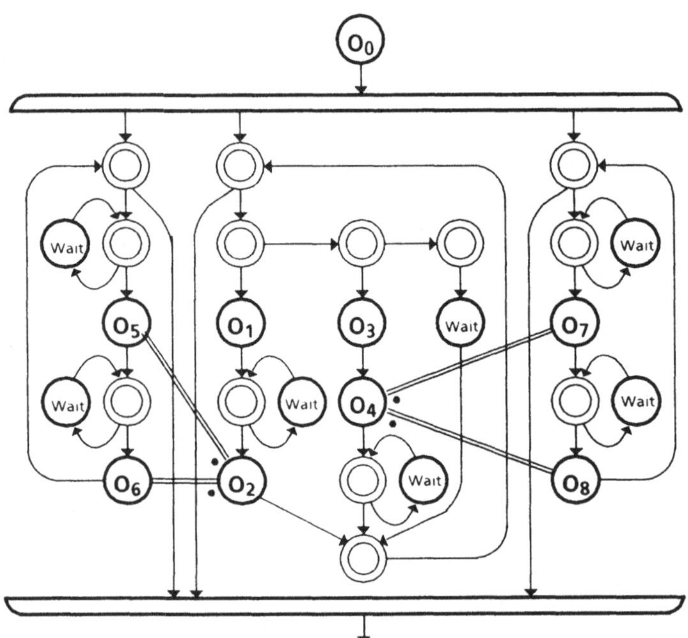

Bild 5.3: Nebenläufig strukturierter Ablaufgraph der Interface Unit zum Steuerungsablauf in Bild 5.2 (O_0 - O_8 sind Operationen)

Der NSA umfaßt die drei nebenläufigen Prozesse, die den Datentransfer zwischen dem Systemspeicher und den FIFOs (O_1-O_4), vom FIFO-IN zum Prozessor (O_5-O_6) und vom Prozessor zum FIFO-OUT (O_7-O_8) durchführen. Beim Datentransfer zwischen dem Systemspeicher und den FIFOs wird der Datentransfer vom Systemspeicher zum FIFO-IN (O_1-O_2) alternativ zum Datentransfer vom FIFO-OUT zum Systemspeicher (O_3-O_4) ausgeführt.

Im NSA sind außerdem die zeitlichen Relationen dargestellt. Es wird gefordert, daß die Schreib- und Lesezugriffe auf die FIFOs nicht gleichzeitig stattfinden dürfen, wobei beim FIFO-IN das Schreiben (O_2) gegenüber dem Lesen (O_5, O_6), beim FIFO-OUT das Lesen (O_4) gegenüber dem Schreiben (O_7, O_8) priorisiert ist.

5.4. Koordinierung der Teilprozesse und Ableitung der Steuerungsarchitektur

Aus dem NSA wird durch Partitionierung der Menge aller Operationen eine Steuerungsarchitektur abgeleitet. Dabei wird die Steuerungsaufgabe auf mehrere kooperierende Teil-

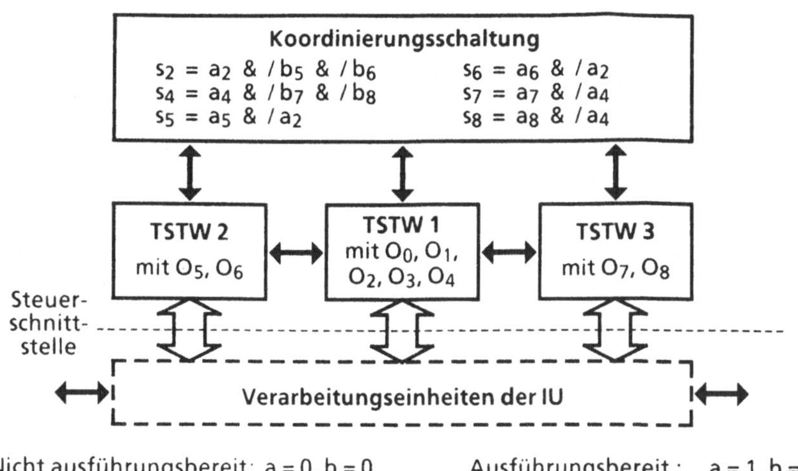

Nicht ausführungsbereit: $a = 0, b = 0$ Ausführungsbereit: $a = 1, b = 0$
Ausführung: $a = 1, b = 1$ Operation starten $s = 1$

Bild 5.4: Steuerungsarchitektur zum Steuerablauf der Interface Unit in Bild 5.3

steuerwerke (TSTW) verteilt. Die Einhaltung der zeitlichen Forderungen wird durch eine spezielle Koordinierungsschaltung sichergestellt (Bild 5.4).

Die Partitionierung kann unter verschiedenen Randbedingungen (physikalisch, strukturell) erfolgen. In unserem Beispiel wird jeder der drei nebenläufigen Prozesse durch ein eigenes Teilsteuerwerk bearbeitet. Teilsteuerwerk 1 übernimmt mit O_0 zusätzlich die Initialisierung der Verarbeitungseinheiten.

Die Koordinierung der Lese- und Schreibzugriffe auf die FIFOs wird durch eine Koordinierungsschaltung realisiert. Die beteiligten Operationen dürfen nur ausgeführt werden, wenn ihnen von der Koordinierungsschaltung das Startsignal ($s_i = 1$) gesendet wird. Dieses wird aus dem jeweiligen Ausführungszustand der zu koordinierenden Operationen abgeleitet. Eine Operation, die nicht gleichzeitig mit anderen Operationen ablaufen darf, gegenüber diesen aber priorisiert ist, darf dann gestartet werden, wenn sie selbst ausführungsbereit ist und die anderen Operationen zur Zeit nicht in Ausführung sind. Eine nicht priorisierte Operation darf dagegen nur dann ausgeführt werden, wenn sie ausführungsbereit ist, die priorisierten Operationen jedoch nicht ausführungsbereit sind. Der Ausführungszustand einer Operation wird der Koordinierungsschaltung vom jeweiligen Teilsteuerwerk mitgeteilt.

Im letzten Entwurfsschritt werden für alle Teilsteuerwerke Automatentafeln generiert und Simulationsmodelle erzeugt. Das Ergebnis kann anschließend von verfügbaren CAD-Werkzeugen für den Schaltungsentwurf weiterverwendet werden.

6. Zusammenfassung

Im vorliegenden Beitrag wird ein Entwurfsaspekt behandelt, der in gegenwärtig verfügbaren Entwurfssystemen nur unzureichend oder überhaupt nicht betrachtet wird. Die Modellierung komplexer Steuerungsabläufe und deren Realisierung durch einen Verbund kommunizierender Automaten muß bisher vom Anwender vorgenommen werden. Dieser ist auch für die Synchronisation der Teilsysteme verantwortlich. Weder für Partitionierungsfragen noch für die Entwicklung von Kommunikationsmechanismen wird gegenwärtig eine ausreichende Unterstützung angeboten. Ebenso verhält es sich mit der Funktionssicherheit der entworfenen Steuerschaltungen. Es bleibt hierbei dem Entwickler überlassen, komplexe Abläufe durch Simulation zu analysieren.

Unser Ansatz bietet die Möglichkeit, die wesentlichen Probleme beim Entwurf verteilter Steuerungen durch Rechnerunterstützung zu lösen. Der Zugang des Anwenders erfolgt über eine leicht handhabbare Spezifikationssprache, mit der er das Verhalten der Steuerung festlegt. Aufgrund einer algorithmischen Analyse der Lebendigkeitseigenschaften des Steuerungsablaufs wird die Entwurfssicherheit garantiert. Durch automatisierte Transformationsschritte erfolgt die Umsetzung der Steuerungsaufgabe von der Verhaltensbeschreibung bis zu einer konkreten Schaltungsbeschreibung auf Automatenebene. Diese stellt die Schnittstelle zum Anschluß an heute verfügbare Synthesewerkzeuge für den nachfolgenden Logikentwurf dar. Durch das hier vorgestellte Konzept wird eine Lücke im Entwurfsablauf für parallele Architekturen geschlossen.

7. Quellenangaben

/Dijk68/ Dijkstra, E.: "Cooperating Sequential Processes", F. Genuys (Editor), Progamming Languages, Academic Press, New York, 1968

/Hack72/ Hack, M.: "Analysis of Production Schemata by Petri Nets", Master's Thesis, Depart. of. Electr. Engineering, Massachusetts Institute of Technology, Cambridge, Massachusetts, 1972

/Noll86/ Nolle, M.: "Eine Beschreibungssprache zum strukturierten Entwurf von komplexen digitalen Steuerwerken mit Nachweis der Lebendigkeit", Dissertation, Institut für Technik der Informationsverarbeitung, Univ. Karlsruhe, Fortschrittberichte VDI-Verlag, Düsseldorf, 1986

/Pati71/ Patil, S.: "Limitations and Capabilities of Dijkstra's Semaphore Primitives for Coordination Among Processes"; Computation Structures Group Memo 57, Project MAC, Massachusetts Institute of Technology, Cambridge, Massachusetts, 1971

/Pete81/ Peterson, J. L.: "Petri Net Theory and the Modeling of Systems"; Prentice-Hall, London, 1981

/Ridd72/ Riddle, W.: "The Modeling and Analysis of Supervisory Systems", Ph. D. Thesis, Computer Science Department, Stanford University, California, 1972

/Thur82/ Thurn, K.: "Ein Beschreibungsverfahren zum Entwurf digitaler Steuerungen für nebenläufige Vorgänge", Dissertation, Institut für Technik der Informationsverarbeitung, Univ. Karlsruhe, 1982

/Ullr76/ Ullrich, G.: "Der Entwurf von Steuerstrukturen für parallele Abläufe mit Hilfe von Petrinetzen", Dissertation, Fakultät für Informatik, Univ. Hamburg, 1976

CASCH - ein Scheduling-Algorithmus für „High-Level"-Synthese

P. Gutberlet H. Krämer W. Rosenstiel
Forschungsbereich Automatisierung des Schaltkreisentwurfs (Prof. D. Schmid)
Forschungszentrum Informatik an der Universität Karlsruhe (FZI)
Haid-und-Neu-Str. 10-14, 7500 Karlsruhe

Ziel des neu entwickelten und hier vorgestellten Scheduling-Algorithmus ist die Optimierung des Zeitverhaltens bei der automatischen Schaltungssynthese. Der Algorithmus wird als Teil des CADDY-Synthese-Systems eingesetzt (CAddy SCHeduling). Als Basis wird ein Listen-Scheduling-Algorithmus verwendet, der durch eine heuristische Bewertungsfunktion gesteuert wird. Der Algorithmus verfolgt die Strategie, ausgehend von gegebenen Ressourcen die Gesamtverarbeitungszeit möglichst gering zu halten. Die zur Verfügung stehenden Komponenten können dabei flexibel und detailliert modelliert werden, so daß sowohl Komponententypen für mehrere verschiedenartige Operationsarten als auch verschiedene Komponententypen für die gleiche Operation spezifiziert werden können. Eine Zuordnung der Operationen auf Komponententypen wird erst während des Scheduling getroffen, so daß begrenzt vorhandene oder besonders schnelle Komponenten gezielt eingesetzt werden können.

1. Einleitung

Um die Entwicklungskosten von integrierten Schaltungen zu senken, wird in zunehmenden Maße eine Unterstützung durch mächtige Entwurfssysteme gefordert. Zur Zeit eingesetzte Entwurfssysteme, wie z.B. Standardzellensysteme oder Silicon Compiler, setzen weitgehend auf einer Schaltungsbeschreibung auf Register-Transfer- oder Gatterebene auf. Der Entwerfer muß dabei außer dem Datenpfad der Schaltung auch die Steuerung bis zu dieser Konkretisierungsstufe entwickelt haben. Dies setzt voraus, daß der Entwerfer bereits die genaue Abfolge der einzelnen Verarbeitungsschritte und damit das Zeitverhalten der gesamten Schaltung festgelegt hat.

Einen weiteren Fortschritt bedeutet es, die Schaltung auf einer abstrakteren Ebene zu spezifizieren. Ein Ansatz ist die Spezifikation der Schaltung auf der Verhaltensebene durch eine imperative Programmiersprache. In einer solchen Sprache wird die Arbeitsweise der Schaltung durch einen Algorithmus festgelegt. Die Steuerung der Schaltung ist implizit durch die Kontrollstrukturen und die Abfolge der Operationen gegeben und muß zusätzlich zum Datenpfad aus der Spezifikation generiert werden. Wesentlich für diese Generierung der Steuerung ist dabei das Festlegen der genauen zeitlichen Abfolge der einzelnen Operationen. Diese Planung der Abfolge ist ein Scheduling-Problem. Das Ergebnis des Scheduling bestimmt das Zeitverhalten der Schaltung und damit wesentlich deren Leistungsfähigkeit.

2. Das CADDY-Synthesesystem

Einen Überblick über das CADDY-Synthesesystem [CaKR84] [RoCa85] [CaRo89] [WKRK89] und über die Einbindung des Scheduling zeigt Bild 1.

Im ersten Schritt wird die Spezifikation des Verhaltens durch einen Compiler in ein Zwischenformat (Flußgraph, FG) übersetzt. Durch die Verwendung dieses Zwischenformats können verschiedene Eingabesprachen unterstützt werden.

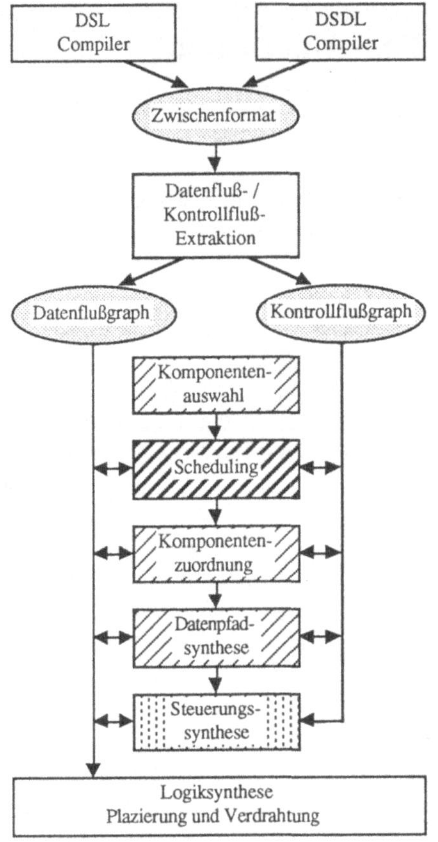

Bild 1 Das CADDY Synthesesystem

Im nächsten Schritt werden ein Datenflußgraph und ein Kontrollflußgraph aus dem Zwischenformat erzeugt, wobei einige Optimierungen, wie z.B. das Eliminieren von gemeinsamen Unterausdrücken, durchgeführt werden.

Mit diesen beiden Datenstrukturen kann dann das Scheduling durchgeführt werden. Da der Scheduling-Algorithmus die Strategie verfolgt, bei vorgegebenen Ressourcen die Verarbeitungszeit der Schaltung zu optimieren, müssen zuvor die zu verwendenden Komponententypen und die Anzahl der Komponenten jedes Typs ausgewählt werden. Ergebnis ist dann ein genauer Ablaufplan der Schaltung, wobei gleichzeitig eine Zuordnung der Operationen zu Komponententypen erfolgt.

Basierend auf den Ergebnissen des Scheduling werden danach den Operationen Komponenten zugeordnet. Zusätzlich werden den zu verarbeitenden Daten Register und den Datentransporten Busse zugeordnet, wobei gleichzeitig die Anzahl der benötigten Register und Busse optimiert wird.

Mit den Ergebnissen der letzten beiden Schritte kann dann der Datenpfad und die Steuerung synthetisiert werden. Mit der jetzt vorliegenden RT-Struktur kann die Schaltung mit Logiksynthese- und Layoutsynthese-Werkzeugen verfeinert werden.

3. Aufgabe des Scheduling

Ein eher paralleler Entwurf benötigt viele Komponenten und eine große Fläche. Versucht man, die Fläche zu verringern und Komponenten einzusparen, müssen Operationen sequentialisiert werden, was zu einer langsameren Schaltung führt. Beim Scheduling soll nun zwischen diesen gegenläufigen Zielen einer kleinen oder einer schnellen Schaltung ein möglichst vorteilhafter Kompromiß gefunden werden.

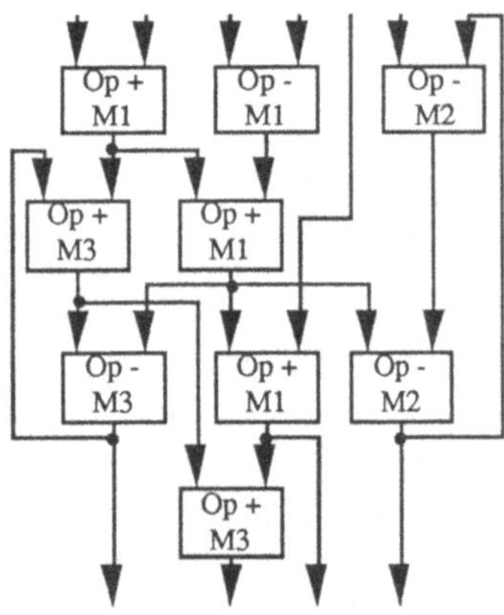

Bild 2 Datenflußgraph einer Schaltung

Bild 2 zeigt einen Datenflußgraphen, der aus Additionen und Subtraktionen und den zugehörigen Datenabhängigkeiten besteht. Die Marken M1 bis M3 drücken Abhängigkeiten im Kontrollfluß aus und werden an einer späteren Stelle erläutert. Diese Operationen müssen in der endgültigen Schaltung durch Komponenten ausgeführt werden. Unter Komponenten sind z.B. Addierer oder ALUs zu verstehen. Da nicht alle Operationen gleichzeitig ausgeführt werden müssen, benötigt nicht jede Operation eine eigene Komponente. Die Anzahl der benötigten Komponenten wird durch die maximale Anzahl gleichzeitig auszuführender Operationen bestimmt und ist damit vom Scheduling-Ergebnis abhängig.

3.1. Ressourcenvorgabe

Der vorliegende Scheduling-Algorithmus versucht bei gegebenen Typen und Anzahl von Komponenten durch möglichst gute Ausnutzung dieser Komponenten eine möglichst schnelle Schaltung zu erzeugen. Durch diese Parameter kann der Benutzer den Entwurf der Schaltung beeinflussen: Eine große Anzahl von Komponenten führt zu einer eher parallelen Architektur, während bei wenigen Komponenten eine sequentielle Schaltung entsteht.

3.2. Komponenten-Bibliothek

Um die Ressourcenvorgabe handhaben zu können, wurde eine Komponenten-Bibliothek implementiert, in der die für das Scheduling wesentlichen Eigenschaften detailliert modelliert werden können.

Dies betrifft einerseits die Spezifikation von verschieden schnellen Komponententypen für die gleiche Operationsart oder andererseits die Spezifikation von mehr oder weniger universellen Komponententypen wie z.B. ALUs, die für mehrere Operationsarten zur Verfügung stehen. Eine Komponententyp wird definiert durch die Liste der Operationsarten, die er ausführen kann, wobei für jede Operationsart getrennt die Verzögerungszeit spezifiziert werden kann.

Zusätzlich können auch Komponententypen mit einer Pipeline-Architektur spezifiziert werden. Es handelt sich hierbei um Komponenten, die durch die interne Schaltungsstruktur in der Lage sind, mehrere Operationen auf eine bestimmte Art parallel auszuführen: Während eine Operation bearbeitet wird, kann die Komponente weitere Daten einlesen und eine weitere Operation starten. Gleichzeitig ablaufende Operationen befinden sich jeweils in verschiedenen Stadien der Abarbeitung. Die Latenzzeit ist die minimale Zeit, nach der die Operation jeweils wieder gestartet werden kann.

```
*****************************
* Beispiel einer Bibliothek *
*****************************

Komponente Addierer 24 Bit (150ns)

  Operation ADD 1-24 2
    Ein 2 0
    Ein 3 0
    Ein 4 0
    Aus 1 150
    Aus 5 150

Komponente ALU +/- 32 Bit (200/220ns)

  Operation ADD 1-32 2
    Ein 2 0
    Ein 3 0
    Ein 4 0
    Aus 1 200
    Aus 5 200

  Operation SUB 1-32 2
    Ein 2 0
    Ein 3 0
    Ein 4 0
    Aus 1 220
    Aus 5 220

Komponente Multpl 32 Bit (2 Takte)

  Operation MUL 1-32 1-32
    Latenzzeit 2 * keine Pipeline,
      * da Latenzz. = Verzögerungsz.
    Ein 2 0
    Ein 3 0
    Aus 1 2

Komponente Multpl-P 32 Bit (2 Takte)

  Operation MUL 1-32 1-32
    Latenzzeit 1 * Pipeline,
      * da Latenzz. < Verzögerungsz.
    Ein 2 0
    Ein 3 0
    Aus 1 2

*****************************
```

3.3. Zuordnung zu Komponententypen

Durch die flexible Komponentenspezifikation ist es möglich, daß für eine Operationsart mehrere Komponententypen zur Verfügung stehen. Dieser Fall tritt dann ein, wenn in der Schaltung z. B. eine ALU und ein Addierer verwendet werden, die beide für eine Addition benutzt werden können.

Da es sich um verschiedene Komponententypen handelt, die verschieden verfügbar sind oder unterschiedliche Verzögerungszeiten haben können, muß die Zuordnung beim Scheduling bereits bekannt sein. Für eine genaue Planung werden die Verfügbarkeit und die Zeitbedingungen der Operationen benötigt. Diese Zuordnung hängt aber stark von den verfügbaren und benötigten Komponenten im jeweiligen Takt ab. Vor dem Scheduling sind aber solche Daten nicht verfügbar. Dieses Problem wird durch den vorliegenden Scheduling-Algorithmus gelöst, indem die Zuordnung zu Komponententypen während des Scheduling durchgeführt wird, um die gegenseitigen Abhängigkeiten berücksichtigen zu können.

Die Zuordnung zu Komponententypen muß von der Zuordnung zu einer speziellen Komponente eines Typs unterschieden werden. Sind z.B. zwei gleichartige Addierer vorhanden, muß beim Scheduling nicht bekannt sein, auf welchem speziellen Addierer eine Addition abläuft, da nur die Eigenschaften des Komponententyps benötigt werden. Dieser Freiheitsgrad kann bei einer späteren Optimierung noch ausgenutzt werden.

3.4. Operationen mit gegenseitigem Ausschluß

Eine Optimierungsmöglichkeit beim Scheduling ergibt sich aus der Ausnutzung von if-then-else oder case-Konstrukten in der Spezifikation. Hier ergibt sich, daß Operationen in verschiedenen alternativen Zweigen nicht gleichzeitig ausgeführt werden müssen. Solche Operationen können im gleichen Taktzyklus der gleichen Komponente zugewiesen werden. Es entsteht kein Konflikt, da für die Komponente aufgrund der Verzweigungsbedingung feststeht, welche Operation auszuführen ist.

Solche gegenseitige Ausschlüsse werden durch einen Markierungsalgorithmus behandelt, wobei jede Operation eine Marke erhält. Aus diesen Marken soll sich die Zugehörigkeit zu einem Alternativ-Zweig und damit die Konkurrenz um Komponenten ablesen lassen.

In Bild 2 sind dies die Marken M1, M2 und M3. Die Bedeutung der Marken wird in einer zusätzlichen Datenstruktur festgehalten, die aus Platzgründen hier nicht erklärt wird. Im Beispiel haben die Marken die folgende Semantik: Die Marken sind durch ein if-then-else-Konstrukt entstanden. Die Operationen der Marke M1 liegen im Hauptzweig und müssen immer ausgeführt werden. Die Operationen der Marke M2 und M3 liegen im then- bzw. else-Zweig und schließen sich gegenseitig aus.

3.5. Schleifen

Es handelt sich hierbei um Schleifen im Kontrollfluß, wie sie in jeder imperativen Programmiersprache zu finden sind. Da sich die Schleifen auch in der Steuerung als eine zyklische Folge von Zuständen wiederfinden, ergeben sich auch Bedingungen für das Scheduling.

Solche Schleifen werden, soweit möglich, getrennt voneinander bearbeitet. Es wird zunächst für die inneren Schleifen ein vollständiges Scheduling durchgeführt. Danach werden alle Operationen jeweils einer Schleife als Block mit einem festen Zeitverhalten zusammengefaßt. Der Scheduling-Algorithmus geht nun von diesen inneren Schleifen zu den nächst äußeren, wobei die schon fertig bearbeiteten Schleifen wie eine einzige Operation behandelt werden. Durch diese Arbeitsweise werden ineinandergeschachtelte Schleifen aufgelöst. Der Algorithmus ist beendet, wenn die ganz außen liegende Schleife bearbeitet ist.

3.6. Fließbandverarbeitung

Die Fließbandverarbeitung ist eine Optimierungsmöglichkeit, die es bei sich regelmäßig wiederholenden Schritten erlaubt, die Schaltung zu beschleunigen. Solche regelmäßigen Abläufe treten bei Schleifen im Kontrollfluß auf.

Bei der Fließbandverarbeitung kann ein neuer Schleifendurchlauf bereits beginnen, während die laufende Schleife noch abgearbeitet wird. Auf diese Weise werden verschiedene Inkarnationen der gleichen Schleife überlappt ausgeführt. Der zeitliche Abstand, in dem jeweils neue Schleifendurchläufe gestartet werden, wird Latenzzeit genannt.

Bei der Fließbandverarbeitung ist sicherzustellen, daß Daten, die in einem Schleifendurchlauf berechnet und im nächsten Schleifendurchlauf wieder benötigt werden, auch innerhalb der Latenzzeit bereitgestellt werden können. Dies hat zur Folge, daß Datenabhängigkeiten innerhalb der Schleife nicht zu große Verzögerungszeiten haben dürfen. Solche Datenabhängigkeiten sind durch Zyklen im Datenflußgraphen erkennbar. Falls solche Zyklen auftreten, müssen die Operationen in möglichst engen Zeitbereichen gehalten werden, da der maximale zeitliche Abstand, mit dem die Operationen eingeplant werden, eine untere Grenze für die Latenzzeit darstellt.

Der Datenflußgraph in Bild 2 hat eine minimale Latenzzeit von 2 Taktzyklen, da dort Zyklen in den Datenabhängigkeiten auftreten, die zwei Operationen enthalten. Dies gilt unter der Voraussetzung, daß jede Operation einen Taktzyklus benötigt.

Um die minimale Latenzzeit zu erreichen, muß zusätzlich noch sichergestellt werden, daß die Operationen, die in einem solchen Zyklus auftreten, in aufeinanderfolgenden Taktzyklen eingeplant werden. In Bild 2 bedeutet dies z.B., daß die rechte Operation in der ersten Zeile um einen Taktzyklus verzögert werden muß.

4. Der Scheduling-Algorithmus

Als Basis-Algorithmus wird ein erweiterter Listen-Scheduling-Ansatz verwendet, wie er in der folgenden Prozedur CASCH skizziert ist. Bei diesem Algorithmus werden bei den Eingängen beginnend die einzelnen Zeitschritte nacheinander bearbeitet, bis alle Operationen einem Taktzyklus zugeordnet wurden. Ein Taktzyklus wird erst dann begonnen, wenn der vorhergehende Taktzyklus vollständig abgeschlossen ist.

4.1. Verkürzung datenabhängiger Zyklen

Falls für Schleifen eine Fließbandverarbeitung angestrebt werden soll, kommt ein weiteres Kriterium für das Resultat hinzu. Es müssen Operationen innerhalb von Zyklen, die in den Datenabhängigkeiten des Datenflußgraphen auftreten, zeitlich möglichst nah aufeinander folgen, da die Längen dieser Zyklen die Latenzzeit nach unten begrenzen.

Der Algorithmus bestimmt wie oben diejenige Teilmenge der bereiten Operationen, für die die Bewertung am besten ausfällt. Zusätzlich muß jedoch die Bewertung auch eine Abschätzung der zu erwartenden Latenzzeit berechnen.

```
Prozedur CASCH (V)
V: Operationen im Datenflußgraphen
BEGIN
  akt_takt := 0
  solange V ≠ {}
    BEGIN
      Vb := Menge der Operationen aus V ohne Vorgänger in V
      generiere und bewerte alle Kombinationen (Vb)
      wähle die Kombination Vd ⊂ Vb mit der besten Bewertung
      V := V \ Vd
      Schedule(akt_takt) := Vd
      akt_takt := akt_takt + 1
    END
END
```

```
Prozedur generiere und bewerte alle Kombinationen (B)
B: bereite Operationen im aktuellen Taktzyklus
BEGIN
  solange B ≠ {}
    BEGIN
      b := elem(B)
      B := B - {b}
      K := Menge der möglichen Komponententypen für Operation b
      für alle k ∈ K
        BEGIN
          falls eine Komponente des Typs k frei ist
            BEGIN
              belege eine Komponente des Typs k
              plane Operation b im aktuellen Taktzyklus
              generiere und bewerte alle Kombinationen (B)
              führe Bewertung für die aktuellen Anordnung durch
              nimm Op. b aus aktuellem Taktzyklus
              gib eine Komponente des Typs k frei
            END
        END
    END
END
```

4.2. Komponenten mit Pipeline-Architektur

Hat eine Komponente eine Verzögerungszeit von mehr als einem Taktzyklus, und ist sie nicht mit einer internen Pipeline-Architektur ausgestattet, kann sie nicht in aufeinanderfolgenden Taktzyklen gestartet werden. Dies wird im Algorithmus berücksichtigt, indem eine Komponente bei einer Operation für mehrere Takte belegt wird. Ist eine Komponente mit einer Pipeline-Architektur ausgestattet, kann sie schneller wieder gestartet werden, als die Gesamtverzögerungszeit angibt. Dies kann dadurch berücksichtigt werden, daß die Komponente genau für so viele Taktzyklen belegt wird, wie die Latenzzeit angibt.

Die Auswahl einer Kombination von Operationen wird im Algorithmus durch eine Bewertungsfunktion gesteuert, die damit wesentlich für die Qualität der Ergebnisse verantwortlich ist. Die Bewertungsfunktion wird in Abschnitt 5 genau beschrieben.

5. Bewertung

Die Bewertung bestimmt für einen in Bearbeitung stehenden Datenflußgraphen, wie die Verzögerungszeit bei der aktuellen Anordnung der Operationen voraussichtlich ausfällt. Falls eine Fließbandverarbeitung angestrebt wird, soll auch die voraussichtlich mögliche Latenzzeit abgeschätzt werden.

Eine Bewertung, die die festzustellenden Werte genau berechnet, führt zu einem optimalen Scheduling. Da das Problem des optimalen Scheduling unter Berücksichtigung gegebener Komponenten NP-vollständig ist [GaJo79], kann nicht erwartet werden, eine effiziente Bewertung mit genauen Resultaten zu finden. Da die Bewertung aus dem Listen-Scheduling oft aufgerufen wird, ist die Effizienz eine wichtige Forderung. Man muß deshalb auf die absolute Genauigkeit verzichten und eine Heuristik verwenden, wobei das Ziel besteht, die Gesamtverzögerungszeit und die Latenzzeit möglichst schnell und möglichst gut abzuschätzen.

5.1. Arbeitsweise

Die Bewertung bearbeitet den in der aktuellen Anordnung noch nicht eingeplanten Teil des Datenflußgraphen. Das sind die Operationen, die in einem späteren als dem aktuellen Taktzyklus noch eingeplant werden müssen.

Sie arbeitet in zwei Schritten. Es wird zunächst ein Scheduling ohne Komponentenbeschränkung durchgeführt. Dieses Scheduling ist effizient durchführbar und führt zur minimalen Verzögerungszeit. Im zweiten Schritt wird versucht, die zusätzliche Verzögerung, die durch die Beschränkung der Komponenten entsteht, abzuschätzen. Diese Verzögerung entsteht aus der Konkurrenz der Operationen um Komponenten. Falls es weniger Komponenten gibt als Operationen vorhanden sind, können nicht alle Operationen so ausgeführt werden, wie es dem Scheduling ohne Komponentenbeschränkung entspricht, und es muß ggf. die Gesamtverzögerungszeit erhöht werden, um alle Operationen mit den gegebenen Komponenten ausführen zu können.

Das Gesamtergebnis der Bewertung ist dann die Summe aus der minimalen Verzögerungszeit und der Verzögerung, die aus der Komponentenbeschränkung entsteht.

5.2. Beispiel

Als Beispiel wird der Datenflußgraph aus Bild 2 betrachtet, der als zu bewertender Teil eines größeren Graphen zu betrachten ist. Es soll nun die voraussichtliche Verzögerungszeit abgeschätzt werden. Als Komponenten stehe ein Addierer und eine ALU zur Verfügung. Jede Komponente benötige für eine Operation genau einen Taktzyklus. Der Addierer kann eine Addition ausführen, während die ALU addieren und subtrahieren kann. Das bedeutet für die Operationen, daß für die Subtraktion die ALU verwendet werden muß, während für die Addition eine Auswahlmöglichkeit zwischen Addierer und ALU besteht.

5.3. Scheduling ohne Ressourcenbeschränkung

Bei diesem Scheduling gehen nur die Zeitbedingungen der Operationen, nicht jedoch die Anzahl der verfügbaren Komponenten ein. Dieses Scheduling führt daher immer zur minimalen Gesamtverzögerungszeit.

Die einfachsten Scheduling-Algorithmen sind das ASAP- (as soon as possible) und das ALAP- (as late as possible) Scheduling. Im Bild 2 sind die Operationen bereits zeilenweise so angeordnet, wie es dem Ergebnis beim ASAP-Scheduling entspricht. Die Zeilen entsprechen dabei den einzelnen Taktzyklen. Alle Operationen sind also so weit oben wie möglich angeordnet. Es werden mindestens 4 Taktzyklen benötigt, um alle Operationen auszuführen.

Beim ALAP-Scheduling wird jede Operation zum spätest möglichen Zeitpunkt angeordnet, ohne allerdings die minimale Gesamtverarbeitungszeit zu verlängern. Der Algorithmus ist dual zum ASAP-Scheduling. Für externe Netze, die nur zu Operationen außerhalb des aktuellen Datenflußgraphteils führen, wird angenommen, daß sie erst nach dem letzten Taktzyklus gültig sein müssen. Es wird dazu die Gesamtverzögerung des ASAP-Scheduling benutzt, die mit derjenigen des ALAP-Scheduling übereinstimmt.

Insgesamt erhält man so für jede Operation einen frühesten und einen spätesten Zeitpunkt, zu dem sie ausgeführt werden muß, unter der Bedingung, daß die Gesamtverzögerungszeit des ASAP-/ALAP-Schedulings eingehalten wird.

5.4. Verteilung der Operationen auf Taktzyklen

Die Verzögerung durch Komponentenbeschränkung wird durch die Konkurrenz der Operationen um Komponenten verursacht. Operationen konkurrieren um Komponenten, falls sie gleichzeitig ausgeführt werden müssen. Das Gesamtergebnis aus dem ASAP- und ALAP-Scheduling ist aber nicht ein fester Zeitpunkt, sondern ein ganzer Zeitbereich, so daß die Konkurrenz der Operationen noch nicht direkt ablesbar ist. Im gewählten Beispiel ist Bild 3 eine Darstellung der Zeitbereiche der Operationen.

Dies läßt sich ausdrücken, indem man eine statistische Betrachtung anstellt. Man nimmt an, daß eine Operation in ihrem Zeitbereich mit einer statistischen Verteilung auf die einzelnen Taktzyklen aufgeteilt ist. Es gibt jetzt nur noch Wahrscheinlichkeitswerte, mit denen eine Operation einem Taktzyklus zugeordnet wird. Aus diesen Wahrscheinlichkeiten ergibt sich eine Aussage über die Konkurrenz verschiedener Operationen. Zwei Operationen konkurrieren dann besonders stark, wenn sich ihre Zeitbereiche stark überschneiden.

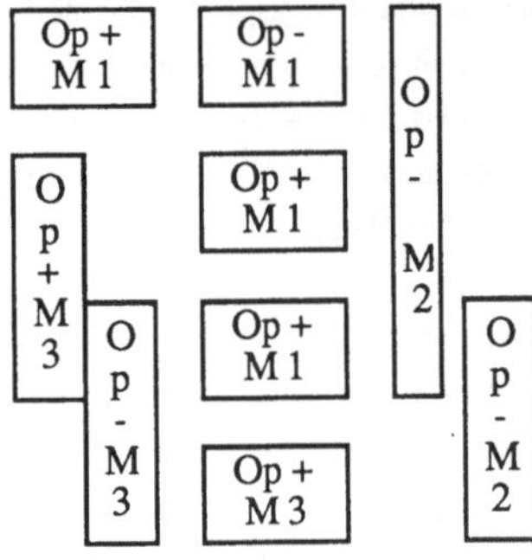

Bild 3 Zeitbereiche der Operationen

In der Darstellung der Verteilung sind die Informationen über die Datenabhängigkeiten nicht mehr direkt vorhanden. Diese sind bereits in das ASAP- und ALAP-Scheduling eingegangen und implizit in den Zeitbereichen der Operationen vorhanden. In der weiteren Verarbeitung werden die Datenabhängigkeiten nicht mehr benötigt.

5.5. Bewertungstabelle

An die Darstellung des Bildes 3 soll sich eine Berechnung der Verzögerung durch Komponentenbeschränkung anschließen. Für diese Berechnungen eignet sich eine numerische Darstellung der Verteilung der Operationen besser.

T	M1		M2		M3	
	Op+	Op-	Op+	Op-	Op+	Op-
1	1	1	0	0,33	0	0
2	1	0	0	0,33	0,5	0
3	1	0	0	0,83	0,5	0,5
4	0	0	0	0,5	1	0,5

Tabelle 1 Bewertungstabelle

Die Tabelle 1 enthält für jede Operationsart, jeden Taktzyklus und jede Alternativ-Marke einen Wahrscheinlichkeitswert für die Operationen. Es wurde dabei angenommen, daß die Operationen in ihrem Zeitbereich gleichverteilt vorliegen. Für eine einzige Operation des Typs K_0 mit der Alternativ-Marke m_0 und einem Zeitbereich von Takt t_{as} bis Takt t_{al} errechnen sich die Tabelleneinträge durch Formel (1).

$$op_{K,t,m} = \begin{cases} \dfrac{1}{t_{al} - t_{as} + 1} & \text{falls} \begin{cases} K = K_0 \wedge \\ m = m_0 \wedge \\ t_{as} \leq t \leq t_{al} \end{cases} \\ 0 & \text{sonst} \end{cases} \qquad (1)$$

$op_{K,t,m}$	Wert des Tabelleneintrags
K	Operationstyp
t	Taktzyklus
m	Alternativ - Marke

Die Tabelle für alle Operationen erhält man, wenn man die Werte für jede einzelne Operation stellenweise aufsummiert. Die genaue Bedeutung des Operationstyps K wird im nächsten Abschnitt definiert.

Aus dieser Tabelle ist nun die voraussichtliche Verzögerung durch Komponentenbeschränkung zu bestimmen. Bei der Aufstellung der Tabelle wurde die Anzahl der Komponenten noch nicht berücksichtigt. Es können also mehr Operationen vorkommen, als Komponenten vorhanden sind, so daß nicht alle Operationen in ihrem Zeitbereich durchgeführt werden können. Da für jeden Taktzyklus ein kompletter Satz an Komponenten vorliegt, kann ein solcher Mangel an Komponenten durch Einschieben weiterer Taktzyklen behoben werden. Ein Einschieben weiterer Taktzyklen entspricht einem Strecken der Tabelle in vertikaler Richtung. Die Verzögerung durch Komponentenbeschränkung ist nun gerade ein Maß für diese erforderliche Streckung, um alle Operationen durch die vorhandenen Komponenten ausführen zu können.

5.6. Charakterisierung der Operationsarten

In der Bewertungstabelle sind die Operationsarten Addition und Subtraktion aufgeführt. Bei dieser Abstraktionsstufe werden die Operationen als Einheiten betrachtet, die sich um Komponenten bewerben. Eine Operation kann daher allein durch die Komponententypen, durch die sie ausgeführt werden kann, charakterisiert werden Die bereits eingeführte Operationsart K definiert deshalb eine Teilmenge der Menge aller Komponententypen. Bei den verwendeten Komponententypen Addierer und ALU ergeben sich die Darstellungen (2).

$$Op- = op_{K_1} = op_{\{ALU\}}$$
$$Op+ = op_{K_2} = op_{\{Add,ALU\}} \qquad (2)$$

In diesem Sinne sind also alle drei Additionen äquivalent und wurden zu Recht in der Bewertungstabelle zusammengefaßt. Gäbe es z. B. nur den Komponententyp ALU, könnten auch die Addition und die Subtraktion als äquivalent angesehen werden und es existierte nur eine einzige Operationsart.

5.7. Verteilung der Operationen auf Komponenten

Die Bewertungstabelle enthält eine Verteilung der Operationen. Da aber nur die Anzahl der Komponenten beschränkt ist, wird ein Verfahren benötigt, das aus den gegebenen Operationen auf die benötigten Komponenten schließen läßt. Diese Aufgabe sei zunächst für die Operationen eines Taktzyklus und einer Alternativ-Marke beschränkt. Dabei gehen nur die Anzahl der auszuführenden Operationen für jede Operationsart, die Anzahl der verfügbaren Komponenten und die Komponentenmenge, die jede Operationsart charakterisiert, in die Berechnung ein.

Da für die Operationen bereits ein statistisches Verfahren angewendet wurde und daher nur eine Verteilung für die auszuführenden Operationen vorhanden ist, können auch die Operationen nur statistisch auf die Komponenten verteilt werden. Eine solche Verteilung kann durch eine Matrizenmultiplikation ausgedrückt werden und ist durch die Wahl der Verteilungsfaktoren in Formel (3) bestimmt.

$$\begin{pmatrix} b_{k_1} \\ b_{k_2} \\ \vdots \\ b_{k_m} \end{pmatrix} = \begin{pmatrix} v_{11} & v_{12} & \cdots & v_{1p} \\ v_{21} & v_{22} & \cdots & v_{2p} \\ \vdots & \vdots & \ddots & \vdots \\ v_{m1} & v_{m2} & \cdots & v_{mp} \end{pmatrix} \cdot \begin{pmatrix} op_{K_1} \\ op_{K_2} \\ \vdots \\ op_{K_p} \end{pmatrix} \qquad (3)$$

p	Anzahl der Operationstypen
K_j	existierende Operationstypen
op_{K_j}	Tabelleneintrag für Operationstyp K_j
m	Anzahl der Komponenten
k_i	existierende Komponenten
b_{k_i}	benötigte Anzahl an Komponente k_i
v_{ij}	Verteilungsfaktor für K_j auf k_i

Für diese Verteilungsfaktoren müssen die Bedingungen (4) gelten.

$$v_{ij} \in [0,1]$$
$$v_{ij} = 0, \text{ falls } k_i \notin K_j$$
$$\sum_{i=1}^{m} v_{ij} = 1 \qquad (4)$$

Im Rahmen dieser Bedingungen sind jetzt die Verteilungsfaktoren zu bestimmen. Es ist dabei das Ziel, einerseits sehr beschränkt vorhandene Komponenten nur für solche Operationen einzusetzen, für die keine anderen Komponenten zur Verfügung stehen, und andererseits für Operationen mit großer Auswahl an Komponenten möglichst gut verfügbare Komponenten zu benutzen. Kriterium für eine gute Verteilung ist eine möglichst gleichmäßige Auslastung aller Komponenten. Die Auslastung ist dabei durch Formel (5) definiert.

$$a_{k_i} = \frac{b_{k_i}}{r_{k_i}} \qquad (5)$$

a_{k_i}	Auslastung der Komponente k_i
b_{k_i}	benötigte Anzahl an Komponente k_i
r_{k_i}	vorhandene Ressourcen an Komponente k_i

Eine optimale Zuordnung der Operationen auf Komponenten unter diesem Kriterium erfordert eine Verteilung mit globaler Sicht. Weist man eine Operation einer Komponente zu, ist diese Komponenten nicht mehr für andere Operationen verfügbar. Diese müssen ggf. wieder auf andere Komponenten ausweichen. Die Verteilungsfaktoren beeinflussen sich also gegenseitig.

Um eine Berechnung mit globaler Sicht zu vermeiden, wird folgende Heuristik verwendet: Die Operationen werden nach der Anzahl der unterschiedlichen Komponententypen, die diese ausführen können, sortiert. Die Operationen werden nun in dieser Reihenfolge unabhängig voneinander auf Komponententypen verteilt, wobei Operationen mit weniger Möglichkeiten früher bearbeitet werden. Sei also o.b.d.A. Bedingung (6) erfüllt.

$$|K_1| \leq |K_2| \leq \cdots \leq |K_p| \qquad (6)$$

Die Verteilungsfaktoren werden jetzt spaltenweise von links nach rechts bestimmt. Auf diese Weise hofft man, daß am Anfang, wo wenig Wahlmöglichkeiten bestehen, keine großen Fehler gemacht werden, während bei den späteren Entscheidungen, wo sich die Wahlmöglichkeiten stärker auswirken können, die vorher getroffenen Entscheidungen mit berücksichtigt werden, und evtl. entstandene Fehler wieder korrigiert werden können.

Im Beispiel werden erst die Subtraktionen verteilt, da für diese nur die ALU zur Verfügung steht. Da hier keine Wahlmöglichkeit besteht, können keine Fehler entstehen. Nachdem so bereits der Komponententyp ALU teilweise belegt ist, werden die Additionen verteilt. Diese können so verteilt werden, daß sich die Auslastungen von ALU und Addierer wieder aneinander angleichen.

5.8. Verteilung einer Operation auf Komponenten

Es ist jetzt noch das Problem zu lösen, eine einzige Operation mit dem Typ K auf Komponenten zu verteilen, wobei die Komponenten schon teilweise belegt sein können. Dies entspricht dem Bestimmen einer Spalte in der Matrix der Verteilungsfaktoren. Der folgende Algorithmus löst dieses Problem für eine Operation nach dem Kriterium einer möglichst gleichmäßigen Auslastung. Als Voraussetzung seien die Komponenten nach Auslastungen sortiert. Es gelte also Bedingung (7).

$$m' = |K| \quad K = \{k_1, k_2, \ldots, k_{m'}\}$$
$$a_{k_1} \leq a_{k_2} \leq \cdots \leq a_{k_{m'}} \qquad (7)$$

Um das Prinzip der Verteilung zu verdeutlichen, wird vorübergehend ein anderes Beispiel gewählt, das für diese Darstellung besser geeignet ist. Es sei eine Operation zu verteilen, die auf den drei Komponententypen Inkrementierer, Addierer und ALU ablauffähig sei, d.h. K={Inc, Add, ALU}. Als Komponenten seien zwei Addierer und je ein Inkrementierer und eine ALU gegeben. Der Inkrementierer sei schon mit 0,5 Operationen belegt. Die beiden Addierer seien mit 1,5 Operationen belegt, so daß sich eine Auslastung von 0,75 ergibt. Die ALU schließlich ist mit 1,5 Operationen belegt; diese ist damit schon überlastet. Aus diesen Daten ergibt sich das Bild 4.

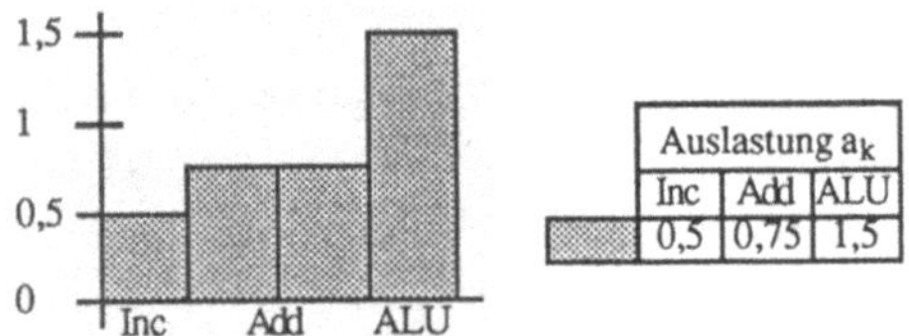

Bild 4 Komponenten mit Auslastungen

Es soll nun eine weitere Operation verteilt werden. Es muß dazu zuerst die Teilmenge der benutzten Komponententypen aus allen für diese Operation verfügbaren Komponententypen ausgewählt werden. Dann müssen die Verteilfaktoren bestimmt werden, mit der die Operation auf die benutzten Komponententypen verteilt wird.

Im Beispiel wird zunächst versucht, für die Operation nur den Inkrementierer zu benutzen, da dieser die geringste Auslastung hat. Bei der Bestimmung der Verteilfaktoren hat man dann keinen Freiheitsgrad, und man erhält Bild 5 mit den resultierenden Auslastungen.

Man erkennt, daß durch die Mitverwendung des Addierers die Auslastung der Inkrementierers auf Kosten des Addierers herabgesetzt werden kann. Benutzt man für die Operation die beiden Komponententypen, können die Verteilfaktoren so festgelegt werden, daß die beiden Komponententypen nach der Auslastung die gleiche Auslastung haben. Es. ergibt sich dann die Verteilung im Bild 6.

Die Entscheidung ist nach dem verwendeten Kriterium sinnvoll, da so die sehr große Auslastung des Inkrementierers vermieden wird. Eine weitere Mitverwendung der ALU verbessert das Ergebnis nicht weiter, da die Auslastung der ALU bereits größer als die resultierende Auslastung von Inkrementierer und Addierer ist. Das Bild 6 zeigt deshalb das optimale Ergebnis.

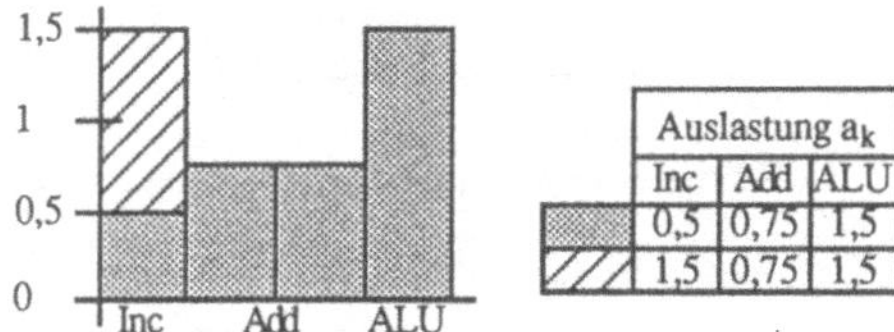

Bild 5 Verteilung Möglichkeit I

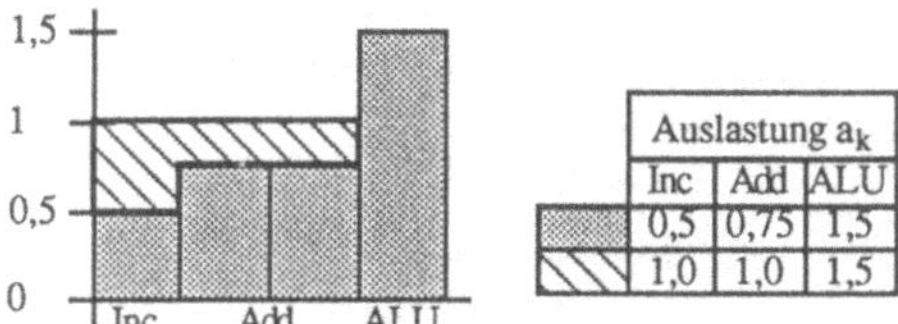

Bild 6 Verteilung Möglichkeit II

Es ergibt sich insgesamt der folgende Algorithmus: Zuerst werden alle verwendbaren Komponententypen nach Auslastung sortiert. Es wird dann für die zu verteilende Operation nur der erste Komponententyp k_1 benutzt. Die resultierende Auslastung ergibt sich nach Formel (8) mit n=1. Ist die Auslastung des zweiten Komponententyps k_2 geringer als die resultierende Auslastung, wird der zweite Komponententyp mitverwendet. Danach wird wieder die resultierende Auslastung bestimmt. Es wird nun immer ein weiterer Komponententyp hinzugenommen bis entweder alle Komponententypen verwendet werden, oder die Auslastung des nächsten Komponententyps schon größer als die bis dahin resultierende Auslastung ist. Nachdem so die zu verwendenden Komponenten bestimmt sind, erhalten sie alle den zuletzt berechneten Wert als neue Auslastung.

$$a_n = \frac{op_K + \sum_{i=1}^{n} a_{k_i} \cdot r_{k_i}}{\sum_{i=1}^{n} r_{k_i}} \quad \text{mit } n = 1,\dots,m' \tag{8}$$

a_n resultierende Auslastung bei Verwendung der Komponenten $k_1,\dots,k_n$

op_K zu verteilende Operation

5.9. Verwertung der Alternativ-Marken

Die Marken ermöglichen dem Scheduling, mehrere Operationen im gleichen Taktzyklus der gleichen Komponente zuzuweisen. Bei Operationen aus alternativen Zweigen wird das Maximum der für jeden Zweig einzeln benötigten Komponenten insgesamt benötigt.

Dies wird durch folgenden Algorithmus berücksichtigt. Beginnend beim Hauptzweig werden jeweils die Operationen einer Marke zu den Operationen in allen direkten Unterzweigen hinzugefügt. Bei ineinander geschachtelten Zweigen wird dies bis zu den inneren Zweigen durchgeführt. Im Beispiel werden also ausgehend von Tabelle 1 die Operationen in der Spalte M1 zu den beiden anderen Spalten addiert. Man erhält dann Tabelle 2.

	M 1-2		M 1-3	
T	Op+	Op-	Op+	Op-
1	1	1,33	1	1
2	1	0,33	1,5	0
3	1	0,83	1,5	0,5
4	0	0,5	1	0,5

Tabelle 2 Aufsummierung der Zweige

Für jeden Zweig und jeden Taktzylus werden jetzt die Operationen mit dem bereits vorgestellten Algorithmus auf die Komponenten verteilt. Es entsteht dann Tabelle 3, die die Auslastungen der Komponententypen enthält.

T	M 1-2		M 1-3	
	Add	ALU	Add	ALU
1	1	1,33	1	1
2	0,67	0,67	0,75	0,75
3	0,92	0,92	1	1
4	0	0,5	0,75	0,75

Tabelle 3 Umrechnung auf Komponenten

Nun wird für die alternativen Zweige eine Maximumbildung durchgeführt. Als Ergebnis dieses Schritts liegt jetzt Tabelle 4 vor. Die jetzt vorliegenden Komponentenanzahlen sind nun eine Schätzung für die insgesamt benötigten Komponenten jedes Typs, d.h. die Komponenten, die für jeden beliebig durchlaufenen Zweig maximal benötigt werden.

T	M 1-2-3	
	Add	ALU
1	1	1,33
2	0,75	0,75
3	1	1
4	0,75	0,75

Tabelle 4 Maximumbildung der Zweige

5.10. Verzögerung durch Ressourcenbeschränkung

Aus der Tabelle 4 muß jetzt die voraussichtliche Verzögerung, die sich aus einer beschränkten Komponentenanzahl ergibt, bestimmt werden. Eine Verzögerung ergibt sich durch Komponenten mit einer Auslastung größer als eins. Die Verzögerung, die eine Komponente in einem Taktzyklus verursacht, ist der Anteil der Auslastung, der über die Grenze von eins hinausreicht. Die Verzögerung ergibt sich also aus der Formel (9).

$$v_{k,t} = \max(a_{k,t} - 1, 0) \qquad (9)$$

$a_{k,t}$ Auslastung des Typs k im Takt t

$v_{k,t}$ Verzögerung durch Typ k im Takt t

Für die weitere Verarbeitung haben sich zwei Methoden ergeben. Im ersten Fall wird die Gesamtverzögerung jedes einzelnen Komponententyps als Summe der Verzögerungen in den einzelnen Taktzyklen bestimmt. Die Komponente, die die gesamte Schaltung am stärksten verzögert, bestimmt dann die Verzögerung insgesamt. Nach dieser Methode erhält man das Endresultat in Tabelle 5.

T	Add	ALU	
1	0	0,33	
2	0	0	
3	0	0	
4	0	0	max
Σ	0	0,33	0,33

Tabelle 5 Verzögerung nach Methode I

Bei der zweiten Methode wird zuerst die voraussichtliche Verzögerung jedes einzelnen Taktes bestimmt. Diese ergibt sich aus dem Komponententyp, der im Takt die stärkste Auslastung hat. Die Gesamtverzögerung ergibt sich dann aus der Summe der Verzögerungen in jedem Takt. Bei dieser Methode ergibt sich das Endresultat in Tabelle 6.

T	Add	ALU	max
1	0	0,33	0,33
2	0	0	0
3	0	0	0
4	0	0	0
		Σ	0,33

Tabelle 6 Verzögerung nach Methode II

Durch Tests wurde festgestellt, daß der Algorithmus mit der Bewertung der zweiten Methode in Beispielen vorwiegend bessere Ergebnisse liefert. In CASCH werden die beiden Ergebnisse im Verhältnis 1:2 gemittelt.

5.11. Ergebnis der Bewertung

Für das Beispiel ergibt sich nun insgesamt das folgende Endresultat: Beim ASAP- und ALAP-Scheduling ergab sich eine Gesamtzeit von 4 Taktzyklen. In den folgenden Schritten wurde versucht, die Verzögerung, die sich aus den Beschränkungen der Komponenten ergab, abzuschätzen. Als Endergebnis erhielt man hier einen Wert von 0,33 Taktzyklen, der sich als Erwartungswert interpretieren läßt. Als Endergebnis der Bewertung ergibt sich dann ein Wert von 4,33 Taktzyklen.

6. Beispiele und Ergebnisse

6.1. Wellenfilter 5. Ordnung

Dieser Filter [DeDN85] wurde als Benchmark für den "4th International High-Level-Synthesis Workshop" verwendet. Er besteht aus 26 Additionen und 8 Multiplikationen. Der Kontrollfluß besteht aus einer einzigen Endlosschleife. Im Filter sind keine sich gegenseitig ausschließenden Operationen zu berücksichtigen.

6.2. Ergebnisse

In Tabelle 7 sind einige Ergebnisse mit verschiedenen Komponentenvorgaben zusammengestellt, die mit dem hier vorgestellten Algorithmus erreicht wurden.

Die Ergebnisse der ersten Hälfte der Tabelle benutzen die integrierte Komponententypenzuordnung nicht und sind mit den zur Zeit veröffentlichten Scheduling-Algorithmen [PaPa86] [PaKn87] [PaKn89] vergleichbar.

Ressourcen						Ergebnisse	
Add	Add *	Mul	Mul - P	ALU	ALU - P	CPU (s)	Takte
1	-	2	-	-	-	1,5	28
2	-	2	-	-	-	1,4	18
3	-	2	-	-	-	1,4	18
1	-	-	1	-	-	1,5	28
2	-	-	1	-	-	1,4	19
3	-	-	1	-	-	1,3	18
-	2	2	-	-	-	1,5	16
-	2	-	1	-	-	1,4	16
0	-	-	-	2	-	2,0	23
1	-	-	-	2	-	3,1	19
2	-	-	-	2	-	3,6	18
1	-	-	-	-	1	2,5	20
2	-	-	-	-	1	2,8	18
-	2	-	-	2	-	2,5	14
-	2	-	-	-	1	2,4	14

Tabelle 7 Ergebnisse für Filter

Add : Addierer, Verzögerungszeit 1 Takt
Add * : Addierer, Verzögerungszeit 0,5 Takte
Mul : Multiplizierer, Verzögerungszeit 2 Takte
Mul - P : Multiplizierer mit interner Pipeline, wie Mul, Latenzzeit 1 Takt
ALU : ALU (Addition, Multiplikation), Verzögerungszeit für Add. 1 Takt, Multipl. 2 Takte
ALU - P : ALU mit interner Pipeline, wie ALU, Latenzzeit 1 Takt

In der zweiten Hälte der Tabelle sind Ergebnisse zusammengestellt, die eine ALU benutzen. Durch Mitverwendung des Multiplizierers für Additionen können so Addierer bei fast gleicher Leistungsfähigkeit der Schaltung eingespart werden. Vergleichbare Ergebnisse von anderen Systemen liegen nicht vor.

Alle angegebenen CPU-Zeiten beziehen sich auf einen HP/Apollo DN4500 Arbeitsplatzrechner.

7. Zusammenfassung

Es wurden die wichtigsten Grundzüge eines Scheduling-Algorithmus vorgestellt, wobei ein wesentliches Merkmal die integrierte Zuordnung zu Komponententypen während des Scheduling ist. Auf diese Weise können begrenzt verfügbare oder besonders schnelle Komponenten gezielt für Operationen verwendet werden, die das Zeitverhalten der Schaltung stark bestimmen.

Als Basis wird ein Listen-Scheduling-Algorithmus verwendet, der bei gegebenen Komponenten versucht, die Gesamtverarbeitungszeit möglichst gering zu halten. Die vorgegebenen Komponenten bestimmen dabei die Struktur der resultierenden Schaltung.

Die Rechenzeiten sind dabei so kurz, daß auch mehrere Alternativen durchgerechnet werden können. Die Untersuchung des Lösungsraums kann stark ausgeweitet werden, wenn die Bewertungsfunktion für eine erste Abschätzung auch außerhalb des eigentlichen Scheduling-Algorithmus aufgerufen werden kann. Dies kann später als Basis für eine Automatisierung der Komponentenauswahl genutzt werden.

8. Literatur

[CaKR84] R. Camposano, A. Kunzmann, W. Rosenstiel, „Automatic Data Path Synthesis from DSL Specifications", International Conference on Computer Design, ICCD 1984

[CaRo89] R. Camposano, W. Rosenstiel, „Synthesizing Circuits from Behavioral Descriptions", IEEE Transactions on CAD, Vol. 8, 2-1989

[DeDN85] P. Dewilde, E. Deprettere, R. Nouta, „Parallel and Pipelined VLSI Implementations of Signal Processing Algorithms" in S. Y. Kung, H. J. Whitehouse, T. Kailath, „VLSI and Modern Signal Processing", Prentice Hall, 1985

[GaJo79] Michael R. Garey, David S. Johnson, „Computers and Intractability", Bell Labaratories, Murray Hill, New Jersey, 1979

[PaKn87] Pierre G. Paulin, John P. Knight, „Force-Directed Scheduling in Automatic Data Path Synthesis", Proceedings of the 24th Design Automation Conference, 1987

[PaKn89] Pierre G. Paulin, John P. Knight, „Scheduling and Binding Algorithms for High-Level Synthesis", Proceedings of the 26th Design Automation Conference, (Extended Version), 1989

[PaPa86] Nohbyung Park, Alice C. Parker, „SEHWA: A Program for Synthesis of Pipelines", Proceedings of the 23rd Design Automation Conference, 1986

[RoCa85] W. Rosenstiel, R. Camposano, „Synthesizing Circuits from Behavioral Level Specifications", 7th International Symposium on Computer Hardware Description Languages and their Applications, CHDL 85, Tokio, 1985

[WKRK89] T. Wecker, R. Kumar, W. Rosenstiel, H. Krämer, M. Neher, „CALLAS - A System for Automatic Synthesis of Digitial Circuits" (in german), Informatik - Forschung und Entwicklung, 4-1989

OASE: A Knowledge Based Environment for Analog Circuit Design

Klaus Hoffmann
Michael Mertens
Klaus Milzner

Universität Dortmund
Lehrstuhl Informatik 1
Postfach 500 500
D-4600 Dortmund 50

Werner Brockherde
Gunther Hess
Roland Klinke
Florian Krohm

Fraunhofer-Institut
für Mikroelektronische
Schaltungen und Systeme
Finkenstraße 61
D-4100 Duisburg 1

ABSTRACT: A novel knowledge based environment for analog circuit design is presented. It features a hierarchical design style, multifunctionality, and fully embedded standard tools. The prototype implementation called OASE has been realized as a set of cooperating expert systems for the design and verification of analog circuits. These subsystems have been designed with a blackboard architecture and can also be used stand-alone. The overall system can act like an automatic tool as well as a user-friendly design assistant. In its current state it is able to design a variety of CMOS operational amplifier types. The implemented concepts however are applicable to any analog circuit class.

1. Introduction

Whereas the complexity of today's ICs turns from VLSI to ULSI, their lifetime on the market still decreases. For the IC designers, especially in the area of ASICs, this requires an enormous increase in design productivity (i.e. designed transistors/month). On the other hand, the amount of digital ICs with additional analog circuits is growing with the complexity of the systems. In this situation highly sophisticated CAD tools are strongly desired. Today, digital design is well supported by mature CAD systems ranging from VHDL, floor planners, and module generators to silicon compilers. In contrast, the design of the analog parts is still done manually by human experts and thus it is very time consuming and costly. This is due to the fact that analog circuits are unregularly structured, technology dependent, and design specification is partly implicit. This makes their design much more complicated than its digital counterpart. For this reason toolbuilders have not payed much attention to analog design automation in recent years. Thus, analog design will become or is already the major bottleneck in the development of application specific mixed analog/digital circuits [5].

Several approaches of new tools enhancing productivity in analog circuit design have been reported during the last 2-3 years [1,2,3,6-12,14,15]. They range from conventional algorithmic systems to knowledge based design tools, offering different capabilities and performances. They all produce a sized schematic of the synthesized circuit and most recently some of them also generate a layout [7,9,15]. Each approach, however, has its specific drawbacks. Only very few analog design systems really deal with hierarchy instead of fixed schematics, use embedded standard tools like simulators, or provide device and topology optimization capabilities as a feedback from performance analysis. A lot of work still has to be done to get analog design environments comparable to those in the digital domain.

In this paper, we will present a novel expert system approach to the design automation of analog circuits. It is oriented at human design paradigms like the application of hierarchy and design heuristics [4]. The current prototype version called OASE (Operational Amplifier and Analog circuits Synthesis Expert system) is able to design a variety of CMOS operational amplifier types. Operational amplifiers have been selected as the first target for synthesis, as they are well understood and frequently used analog building blocks. The methods used, however, are directly applicable to any level of analog circuits like filters, A/D-converters, etc. and thus form a basis for analog design automation.

The main features of OASE, not yet found in this combination before, are:

- hierarchical design style from system level to basic cells,
- rule based topology selection,
- user guide in all design steps, including specification,
- multifunctionality (synthesis, analysis, optimization),
- fully embedded conventional tools (e.g. simulators),
- transparent design decisions (explanation facility),
- redesign as a feedback from circuit analysis,
- interface to layout generator.

OASE covers the behaviour-to-structure part of a design process. Given a set of performance specifications and process parameters, a sized overall circuit netlist is produced. This is achieved by applying a uniform synthesis cycle for every level of circuit refinement. Complex circuit topologies are hierarchically broken down into less complex topologies of functional blocks until device level is reached.

The paper is organized as follows: Section 2 describes the OASE synthesis cycle which forms the basis for its hierarchical design style. Section 3 shows some details of the overall system architecture. Section 4 presents a design example and Section 5 concluding remarks.

2. The OASE Synthesis Process

In this section, we will focus on the underlying concept of the OASE synthesis process. It is inspired by the design methodology of human designers [4,6,11]. The main idea is to realize a hierarchical design style by adapting the human strategy of breaking down complex circuits into less complex subcircuit topologies. This iterative process is performed in OASE by applying a uniform synthesis cycle called *block synthesis cycle* to every level of refinement. The procedure is repeated until a complexity of functional circuit blocks is reached, which is manageable for machine based reasoning (see Fig. 1).

Input to the system are performance specifications (phase margin, slew rate, gain etc.) and the type of circuit to be synthesized. The necessary process parameters are taken from a database. Circuit refinement is based upon a library of circuit templates (see Section 4). This library contains all structural informations from high level circuit architectures down to low level cells. From this predefined set OASE automatically selects the most promising topology for a circuit block currently under construction and computes the parameter values. The result is a sized overall circuit schematic.

During the design phase the user is allowed to monitor and modify all design decisions made by the system, utilizing the system's explanation facility. For this OASE makes use of the typical capabilities of expert systems with hybrid knowledge representation, e.g. ruletracing and displaying of object characteristics. Thus the explanation of factual as well as strategic knowledge is possible.

In the following the individual subtasks contributing to the OASE synthesis cycle are described in more detail (see Fig. 2).

Plausibility Checking

All user inputs concerning the performance requirements for the current (sub-)circuit are roughly checked against possible design constraints. The design space is defined by technology limits and the expected performance limits of circuit topologies incorporated in the system. Plausibility checking comprises an individual check for range errors as well as a group check, which considers parameter interdependencies.

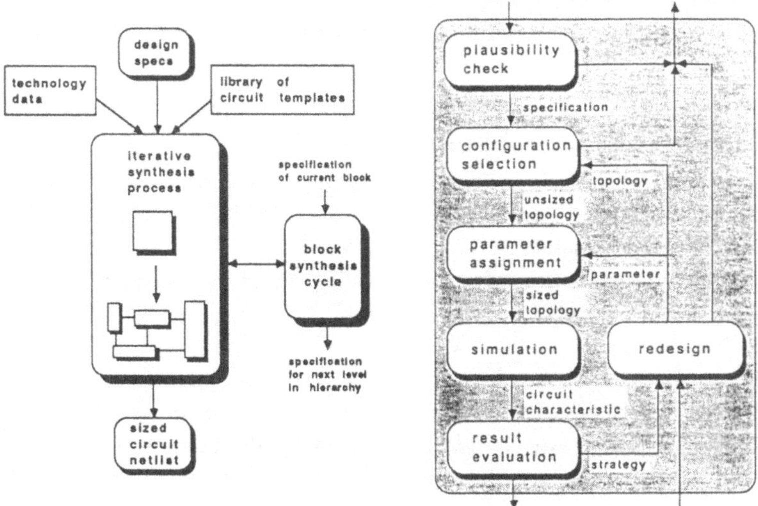

Fig. 1: The OASE synthesis process

Fig. 2: The OASE block synthesis cycle

Configuration Selection

In the library of circuit templates the system contains a predefined set of circuit topologies for different levels of abstraction. The task of the configuration selection is to determine the most promising circuit topologies with respect to the performance requirements of the current (sub-)circuit. The most simple and thus probably smallest realization is selected from this list.

This process has to be repeated to get a completely parametrized representation suitable for simulation. In terms of opamp design for example this means a 5-step procedure:

1) selection of all possible global architectures (one stage / two stage, opamp / ota, ...), called *basic configurations* in OASE,
2) selection of the most suitable basic configuration,

3) estimation of the probably best sequence of refinement for the different functional blocks (differential pair, load, ...), called *cell-types* in OASE,
4) selection of all possible topologies (cells) for each cell-type,
5) selection of the most suitable cell for each cell-type.

Parameter Assignment

The actual parameter values of the selected circuit topology are computed during parameter assignment. Initial values are obtained using simplified circuit models and serve as starting parameters for a rule-based overall adjustment.

Simulation

Having reached the design state of a completely sized (sub-)circuit topology, the performance of the circuit usually is verified by simulation. Simulation in the OASE design environment is performed by external but fully embedded (algorithmic) simulators and comprises:

- circuit specific selection of the parameters to be checked and the type and sequence of necessary simulation runs,
- circuit specific generation of simulation inputs including test functions (stimulating sources, simulation ranges etc.),
- automatic generation and control of simulation clusters (processes),
- activation of appropriate result extractors (interpretation of graphical data).

Embedding algorithmic tools like simulators into the OASE design environment unburdens the user from tedious and time consuming routine work. At the current stage of development, the device level simulator BONSIM has been integrated. It is a SPICE-like simulator, providing highly sophisticated CMOS device models and very good convergence characteristics. As a result of the expert system approach and the modular software structure (see Section 3) other simulators can easily be added.

Result Evaluation

The result evaluator checks whether the computed parameter values for the designed circuit block satisfy all performance requirements. This decision is based upon the simulation results and additional information about global design constraints like parameter ranges or min/max device sizes. If the results are satisfactory, the next level of circuit refinement is initiated. If not, the system decides, depending on the current design state and the degree of the performance deviation, whether the device sizes or the circuit topology should be modified to achieve the best results in an optimization cycle.

Redesign

Redesign is necessary if the simulation results do not meet the desired performance. It is based on heuristic knowledge and procedures. The system decides between further device sizing optimization in the case of light performance failure and more radical topology changes. In the first case, the corresponding device sizes will be further optimized based on evaluation of the performance deviation. In the second case, the circuit blocks mainly responsible for the failure must be determined and replaced by the most promising alternative configuration.

3. System Architecture and Knowledge Representation

In this section the system architecture of the expert system OASE is described. Furthermore, there are some remarks on the knowledge representation.

Currently, the OASE system consists of two *cooperating expert systems*, but can be extended to include additional expert systems, e.g. for layout generation. Cooperating expert systems means that there are common I/O facilities, common knowledge bases and that one expert system makes use of the results of another expert system. Every subsystem, however, may also be used as a stand-alone expert system.

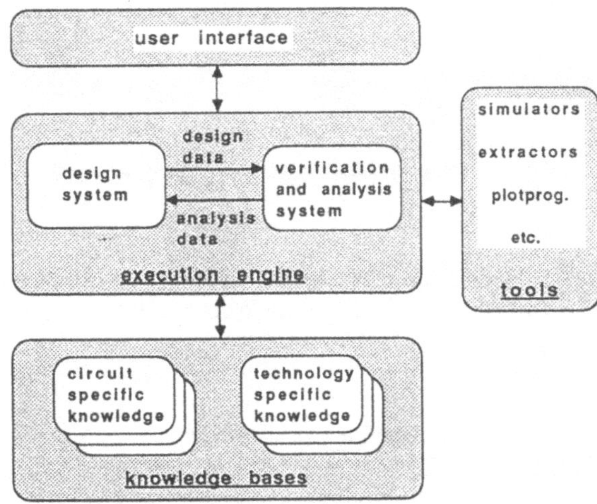

Fig. 3: The architecture of the OASE system

For each of these expert systems a blackboard approach has been chosen [13]. Advantages of this architecture are the possibilities of easy integration of conventional systems (such as simulators, extractors, etc.) as an own subexpert and of modular and incremental development. In order to alleviate rapid prototyping, the user can take over the task of a not yet implemented knowledge source.

One essential principle of a blackboard system is the existence of separate and independent *knowledge sources* each of which solves one subtask of the overall problem. In the OASE system every subtask of the block synthesis cycle is handled by a knowledge source of its own.

Communication and interaction among the knowledge sources takes place via the *blackboard.*

Common to each individual expert system is that there exists a special knowledge source, called *task manager* which coordinates the sequence of calling the other knowledge sources. The activation of the knowledge sources depends on the current design state. At any time only one knowledge source is activated.

The results of each knowledge source, reflecting the current design state, are written on the blackboard so that the moderator and any other knowledge source can make use of them. In addition also control information, such as the active knowledge source, the circuit class to synthesize, the list of parameters to simulate, the process data, the responses of the knowledge sources, etc., is managed on the blackboard.

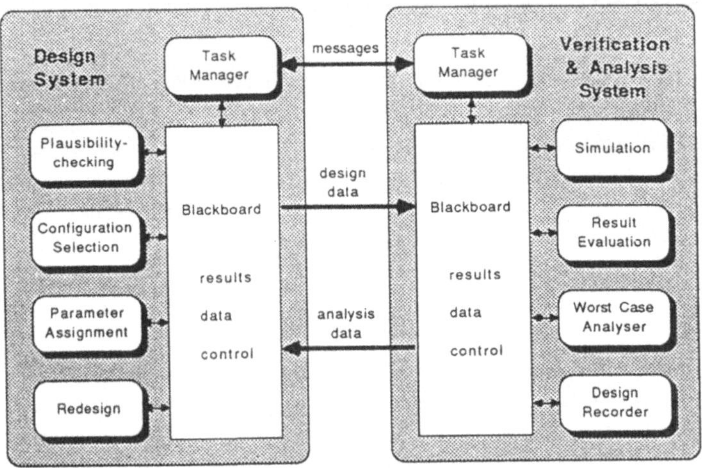

Fig. 4: The blackboard architectures

There are differences between modeling the knowledge to synthesize an operational amplifier and other analog circuit classes. Therefore, the knowledge of every knowledge source is divided into two parts:

- a global part, used for every analog circuit,

  and

- a dedicated part which depends on the circuit class to be synthesized.
  Specific knowledge exists for every analog circuit class. This knowledge is stored separately in order to be loaded into the system when required for a particular class of analog circuits.

In OASE extensive use of *hybrid knowledge representation* is made. Facts such as technology parameters of the underlying process, transistor models, basic equations and formulas in electrical engineering, etc. are represented by using frames, object oriented methods, and simple equations.
The heuristic knowledge is substantially dependent on the individual design expert who was involved during the process of knowledge acquisition. Examples for this kind of knowledge are general design strategies, preferences in the case of more than one possible solution, problem estimation, hints and tricks in extreme problem situations, etc. This heuristic design knowledge is mainly represented by rules and object oriented methods. It is continuously extended to incorporate further knowledge from different design experts.

4. Design Example: Opamp

The first circuit type which has been implemented in the OASE system is the CMOS operational amplifier. To give an impression of the heuristic design knowledge which had to be formalized, an extract of the representation of this knowledge is shown in the sequel.

By now, the OASE system knows eight different opamp classes which include e.g. two-stage opamps, OTAs, buffered opamps, fully differential OTAs, etc. These opamp classes, which were named *basic configurations,* do not have a fixed transistor schematic, but a fixed configuration of subcircuits called *cell-types*. For example, the basic configuration "single-output two-stage opamp with buffer" (see Fig. 5) comprises the cell-types: *bias circuit, differential input stage, second gain stage, frequency compensation*, and *low-impedance output buffer*. The restriction to eight basic configurations is the result of many discussions with some analog design experts [16]. The extension of this list, if desired, does not cause any problem.

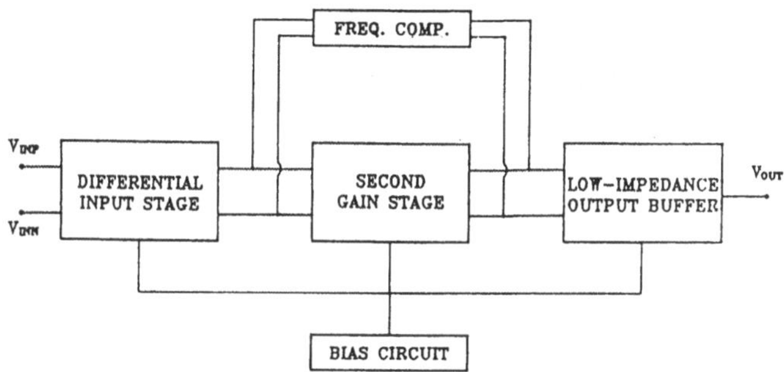

Fig. 5: Example of a basic configuration

Each basic configuration contains a different list of cell-types. On the other hand, each cell-type may have different implementations at the schematic level. These *cells* with fixed schematic are stored in a *cell knowledge base*. Each cell is represented by:

- the schematic,
- a net-list,
- a set of global parameters,
- a set of internal parameters, and
- a set of equations to calculate these parameters.

As an example, an excerpt of the represented knowledge of the cell PAIR2, which is one possible implementation of the cell-type *differential input pair*, is listed below: the net-list of PAIR2 (see Fig. 6) is shown in Table I.

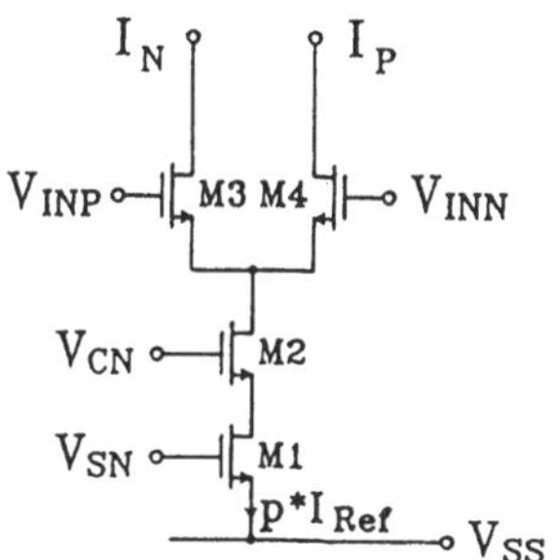

Fig. 6: Schematic of the cell PAIR2

Table I: Net-list of PAIR2

```
.SUBCIR PAIR2    1    2   3    4   6   5 101
!              VINP VINN VCN VSN IP  IN VSS

! WVSN LVSN W3P L3P P LD

M1 8 4 101 101 NMOS (P*WVSN) (LVSN) (P*WVSN*LD) (P*WVSN*LD)
M2 7 3   8 101 NMOS (P*WVCN) (LVCN) (P*WVCN*LD) (P*WVCN*LD)
M3 5 1   7 101 NMOS    (W3P)  (L3P)    (W3P*LD)    (W3P*LD)
M4 6 2   7 101 NMOS    (W3P)  (L3P)    (W3P*LD)    (W3P*LD)

.ENDS
```

The computation of the cell parameter values is done during the parameter assignment step of the OASE design cycle, and is updated, whenever an input parameter changes during the design process (e.g. in an optimization run). When the parameters of all selected cells have been assigned, the parameters of the complete opamp (or other circuit) are calculated with some basic equations too.

To illustrate the synthesis process and its results, an operational amplifier generated by OASE is compared with the design of a human expert. The target specifications of the operational amplifier are shown in Table II.

Table II: Target specifications of the opamp

Specifications	
GBW	> 20 MHz
A_{v0}	> 80 dB
S_R	> 10 V / µs
PSRR	> 80 dB
C_L	15 pF

The human designer chose a differential ended, folded cascode amplifier. On account of the high PSSR, the configuration selection of OASE selected a differential ended configuration too. The other specifications can be typically fulfilled when using an one stage OTA. The selection of the most suitable cells of the *one stage, differential ended OTA* yielded the same architecture of the opamp designed by OASE and the human designer. Fig. 7 shows the schematic of the operational amplifier.

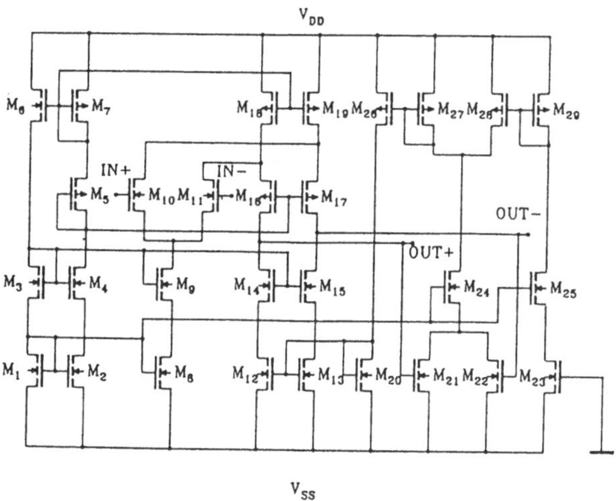

Fig. 7: Operational amplifier

As the first step, the parameter assignment sets the channel length of all transistors to 5 µm, because the specifications GBW and C_L are not difficult to be met with the selected 3 µm CMOS-process. Without a restriction of the output voltage swing and a supply voltage of 10 V, the effective gate voltages of all transistors are fixed at 500 mV. Then the current of 450 µA in the output stage is calculated using the specifications S_R and C_L.
With the same current in the input transistors and the specification GBW, the device sizes of the input transistors are calculated. At last the device sizes of the bias and the common mode feedback circuit are calculated with a standard strategy, which avoids too large current mirror sizes.

In Table III the device sizes computed by OASE are compared with the design of the human expert.
The human designer chose a smaller current in the bias circuit ($M_6 = 5/34$) than the OASE system ($M_6 = 5/5$) and a current mirror size of 40 (M_1 / M_8 bzw. M_7 / $M_{18,19}$). OASE, on the other hand, needs only a current mirror size of 6. The width of the input transistor $M_{10,11}$ is the other major difference between the both designs. The larger input transistor increases the area of the design carried out by the human designer. In Table IV, the resulting specifications of OASE are compared with the simulated and measured results of the design by the human expert.

Table III: Device sizes of the opamp

device	human	OASE	device	human	OASE
M_1	10/5	62/5	M_2	10/5	62/5
M_3	7/5	62/5	M_4	7/5	62/5
M_5	36/5	184/5	M_6	5/34	5/5
M_7	28/5	184/5	M_8	400/5	372/5
M_9	280/5	372/5	M_{10}	3200/5	1500/5
M_{11}	3200/5	1500/5	M_{12}	200/5	186/5
M_{13}	200/5	186/5	M_{14}	140/5	186/5
M_{15}	140/5	186/5	M_{16}	720/5	552/5
M_{17}	720/5	552/5	M_{18}	1120/5	1104/5
M_{19}	1120/5	1104/5	M_{20}	25/5	62/5
M_{21}	5/5	31/5	M_{22}	5/5	31/5
M_{23}	10/5	62/5	M_{24}	37/5	62/5
M_{25}	37/5	62/5	M_{26}	70/5	186/5
M_{27}	5/5	18/5	M_{28}	65/5	168/5
M_{29}	70/5	186/5			

Table IV: Specifications of the opamp

parameter	value	human designer			OASE
		measurement		simulation	
		mean	sigma		
GBW	MHz	27.8	1.7	27.7	22.0
A_{v0}	dB	68.2	0.7	86.9	84.1
S_R^+	$V/\mu s$	11.4	1.6	15.6	13.3
S_R^-	$V/\mu s$	9.2	0.9	15.6	11.0
$PSRR^+$	dB	83.5	1.4	123	109
$PSRR^-$	dB	81.9	2.5	109	99
area	mm^2	0.67	-	-	0.15

5. Conclusion

We have presented the knowledge based environment OASE for analog circuit design. It features a hierarchical design style, multifunctionality, fully embedded conventional tools, and transparent design decisions. The implementation of OASE is based on Intellicorp's *KEE™*, allowing a hybrid knowledge representation and providing a friendly user interface (see Fig. 8).

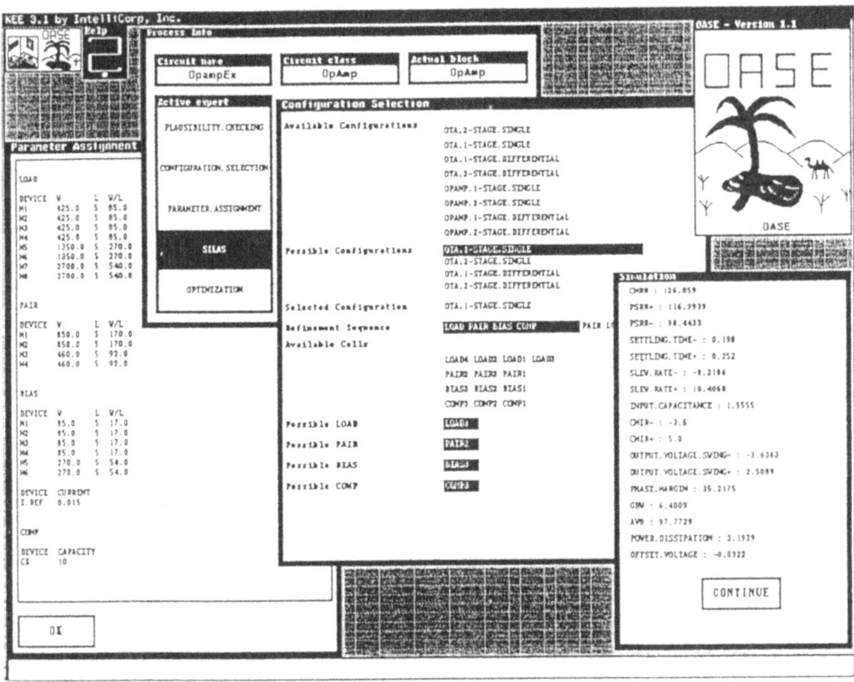

Fig. 8: A snapshot of the OASE user interface

Acknowledgements

The research project this paper is based upon is subsided by the german federal secretary of research and technology (subsidy numbers: 415-7291-NT2847 4, 415-7291-NT2848 5). The responsibility for the contents is by the authors.

References

[1] E. Berkcan, C.K. Kim, B. Currin, M. d'Abreu: From Analog Design Description To Layout: A New Approach To Analog Silicon Compilation; Proc. Custom Integrated Circuits Conference (CICC), 1989, 4.4

[2] Bing J. Sheu, Antony H. Fung, Ying-Nan Lai: A Knowledge-Base Approach to Analog IC Design; IEEE Transactions on Circuits and Systems, Vol.35, No.2, 1988

[3] Robert J. Bowman, David J. Lane: A Knowledge-Based System for Analog Integrated Circuit Design; Proc. Int. Conference on Computer Aided Design (ICCAD), 1985, pp.210-212

[4] Robert J. Bowman: Representation of Analog Circuit Design Knowledge for Machine-Based Reasoning; Proc. Int. Workshop on AI Applications to CAD Systems for Electronics, Oct. 1987, pp.51-62

[5] L. Richard Carley, Rob A. Rutenbar: How to automate analog IC designs; IEEE Spectrum, August 1988, pp.26-30

[6] L. Richard Carley: Analog Circuit Synthesis and Exploration in OASYS; Proc. International Symposium on Circuit and Systems (ISCAS), 1988,Presymposium Workshop: Expert System Tools for Analog Signal Processing Applications

[7] L.R Carley et al.: ACACIA: The CMU Analog Design System; Proc. Custom Integrated Circuits Conference (CICC), 1989, 4.3

[8] Marc G.R. Degrauwe et. al.: An Analog Design Expert System; Proc. International Solid State Circuit Conference (ISSCC), 1987

[9] Marc G.R. Degrauwe et al.: Towards an Analog System Design Environment; IEEE Journal of Solid-State Circuits, Vol. 24, No.3, June 1989, pp.659-671

[10] F.M. El-Turky, R.A. Nordin: BLADES: An Expert System For Analog Circuit Design; Proc. International Symposium on Circuit and Systems (ISCAS), 1986, pp.552-555

[11] Fatehy El-Turky, Elizabeth E. Perry: BLADES: An Artificial Intelligence Approach to Analog Circuit Design; IEEE Transactions on Computer-Aided Design, Vol. 8, No. 6, June 1989, pp.680-692

[12] R. Harjani, R.A. Rutenbar, L.R. Carley: A Prototype Framework for Knowledge-Based Analog Circuit Synthesis; Proc. 24th Design Automation Conference (DAC), 1987, pp.42-49

[13] H. Penny Nii: Blackboard Systems, Part 1: The Blackboard Model of Problem Solving and the Evolution of Blackboard Architectures; The AI Magazine, Vol. 7, No. 2, Summer 1986, pp.38-53

[14] H. Onodera, H. Kanbara, K. Tamaru: Operational Amplifier Compilation with Performance Optimization; Proc. Custom Integrated Circuits Conference (CICC), 1989, 17.4

[15] H.Y. Koh, C.H. Sequin, P.R. Gray: OPASYN: A Compiler for CMOS Operational Amplifier; IEEE Trans. CAD, Vol 9, No 2,Feb 1990, pp.113-125

[16] B.J. Hosticka: CMOS Operational Amplifier, in "Design of VLSI Circuits for Telecommunications",Editor: Y. Tsividis, P. Antognetti, Englewood Cliff N.Y., Prentice Hall 1985

[17] Klaus Milzner, Florian Krohm: A Knowledge Based Simulation Environment; Proc. Custom Integrated Circuits Conference (CICC), 1990, 10.6

[18] Klaus Milzner, Roland Klinke: Synthesis of Analog Circuits using a Blackboard Approach; Third International Conference on Industrial and Engineering Applications of Artificial Intelligence and Expert Systems, Charleston, S. C., 1990, to appear

Zum automatischen Einfügen von Testpunkten in sequentielle Schaltungen

H. Gundlach K.-D. Müller-Glaser
Institut für Rechnergestützten Schaltungsentwurf
Universität Erlangen-Nürnberg, Wetterkreuz 13, D-8520 Erlangen

Kurzfassung

Ein Algorithmus zum automatischen Einfügen von Testpunkten in sequentielle Schaltungen wird vorgestellt, der auf der Kenntnis von Rekonvergenzen und Kreisen im Schaltkreis beruht. Die Untersuchung des entsprechenden Programms (TIP - Testpoint Insertion Program) an Hand von veröffentlichten Testschaltungen zeigt, daß es einem kommerziellen Werkzeug bezüglich Rechenzeiten und Flächenbedarf überlegen ist. Es wird weiterhin demonstriert, daß gegenüber einem vollständigen Prüfpfad erhebliche Einsparungen möglich sind.
Ausblickend werden sowohl weitere Verwendungsmöglichkeiten des Wissens über Kreise und Rekonvergenzen genannt als auch Wege der zukünftigen Entwicklung für das Einfügen von Testpunkten aufgezeigt.

1 Einleitung

Schlecht testbare Schaltungen führen sowohl zu hohen Testgenerierungskosten als auch zu geringen Fehlerüberdeckungen.
Gegenwärtig sind kommerzielle Entwurfswerkzeuge für digitale sequentielle Schaltungen jedoch kaum in der Lage, automatisch wirtschaftliche Änderungen vorzuschlagen, um diese besser testbar zu machen. Der Stand der Technik stellt sich dar wie folgt:

- Design-For-Testability-Regeln (z.B. für LSSD, [Matt88]) sollen die Testbarkeit einer Schaltung schon beim Entwurf garantieren. Nachteilig ist jedoch meist der dadurch bedingte Schaltungsmehraufwand.
- Durch den Einbau von Prüfpfaden sollen die Steuer- und Beobachtbarkeit einer vorhandenen Schaltung erhöht werden, damit Testmustergeneratoren ([Man], [Schulz88]) die benötigten Testmuster erzeugen können. Doch einerseits garantiert selbst ein vollständiger Prüfpfad die Testbarkeit der Schaltung nicht, andererseits ist der zusätzliche Schaltungsaufwand relativ hoch.
- Testbarkeitsmaße geben Hinweise auf die Testbarkeit einer Schaltung. Praktische Erfahrungen mit der Nutzung der Maße zur Verbesserung der Schaltung stellen jedoch nicht zufrieden ([Savi83], [Sand89]).

Deshalb wird eine präzise Methode benötigt, die die für eine geforderte Testbarkeit unabdingbaren Veränderungen vorschlägt. Das entsprechende Programm sollte nicht interaktiv bedient werden müssen, um Kosten zu sparen.
Das Ziel des im folgenden dargestellten Verfahrens ist es, automatisch Vorschläge für den Einbau von Testpunkten zu unterbreiten. Dabei wird sowohl auf eine minimierte Anzahl an Testpunkten geachtet als auch eine Verringerung der Laufzeit eines bestehenden Testmustergenerators erzielt.
Die Ursachen schlechter Testbarkeit einer Schaltung sind deren Rekonvergenzen und Schleifen. Sie führen zu Abhängigkeiten von Signalwerten: Ein rekonvergentes Signal verzweigt sich am *Stamm* in mindestens zwei Datenpfade, genannt *Zweige*, die gemeinsam die Eingänge eines anderen Gatters - des *Ausgangs* - treiben. Bei einer Rekonvergenz sind verschiedene Eingänge des Ausgangs-Gatters vom Stamm-Gatter abhängig. Im Falle einer Rückkopplungsschleife ist ein Signal von sich selbst abhängig. Diese Eigenschaften verursachen Widersprüche bei der Testmustergenerierung und führen so zu einer verringerten Fehlerüberdeckung. Rekonvergenzen und Schleifen sind deshalb für den Test zu

beseitigen. Dies wurde schon früh erkannt, z.B. von Schläper in [Schlä76]. Die Schwierigkeit beruht darin, daß die entwickelten Algorithmen heuristisch an die Anforderungen bezüglich Laufzeit und Schaltungsmehraufwand anzupassen sind. Nachstehende Verfahren beruhen auf dieser Erkenntnis.

Totton und Shaw [Tott88] simulieren Zufalls-Testmuster und ermitteln damit Rekonvergenzen in kombinatorischen Schaltungen. Jedoch sind Zufalls-Testmuster wenig geeignet, um sequentielle Schaltungen zu testen. Deshalb wird diese Methode i.a. zu hohen Rechenzeiten führen.

Kunzmann [Kunz88] berechnet einen partiellen Prüfpfad, basierend auf dem Graphen aller Speicherelemente. Sein Ziel ist es, ein Netzwerk mit Pipeline-Struktur zu erhalten, das äquidistant ist [1]. Prinzip-bedingt eliminiert er zwar alle Schleifen, nicht jedoch alle Rekonvergenzen. Deshalb können Ursachen geringer Testbarkeit weiterhin bestehen.

Hellebrand und Wunderlich [Wund89] fügen Zellen in die Schaltung ein, um einen pseudo-erschöpfenden Test zu ermöglichen. Nachteilig an dieser Testart ist, daß er keine Fehler-Diagnose zuläßt, daß unnötige Testmuster erzeugt werden können und nicht immer alle Fehler entdeckt werden [Tsui87].

Cheng und Agrawal [Chen89] unterbrechen alle Rückkopplungsschleifen mit mehr als einem Flipflop, indem sie einen partiellen Prüfpfad auswählen. Die Auswahl eines partiellen Prüfpfades erlaubt zwar nur das Einfügen von Testpunkten an Flipflops, führt aber zu einer stark verringerten Komplexität, da der Graph der Speicherelemente und deren Verbindungen benutzt wird. Mittels ihres Testmustergenerators sind sie in der Lage nachzuweisen, daß die meisten nicht entdeckten Fehler statisch redundant sind. Sie berücksichtigen weder Rekonvergenzen, noch beachten sie die Tatsache, daß Schleifen von primären Eingängen aus kontrolliert werden können.

Der folgende Ansatz vermeidet diese Nachteile. Sein Ziel ist, mit der Kenntnis von Schleifen und Rekonvergenzen durch den Einbau von Testpunkten die Testbarkeit zu erhöhen.

Ein Testpunkt fügt einen Ein- und einen Ausgang in die Schaltung ein und erhöht so deren Steuer- und Beobachtbarkeit. Einen Testpunkt kann man durch den Einbau einer „Test-Zelle" realisieren. ([Man], siehe Bild 1-1 - ähnlich zu [Wund89]). Im normalen Betriebszustand fungiert die Test-Zelle logisch als direkte Verbindung des Datenein- und Datenausgangs. Beim Test realisiert sie einen virtuellen Ein- und Ausgang. Test-Zellen können zu einem Prüfpfad verbunden werden, der mindestens 4 Pins benötigt. In synchronen Schaltungen kann ein Flipflop entfallen.

Wird ein Testpunkt an einem Flipflop eingebaut, vereinfacht sich sein Aufbau. Bild 1-2 zeigt eine Realisierung [Chen89], die erheblich weniger zusätzliche Fläche benötigt als eine Test-Zelle.

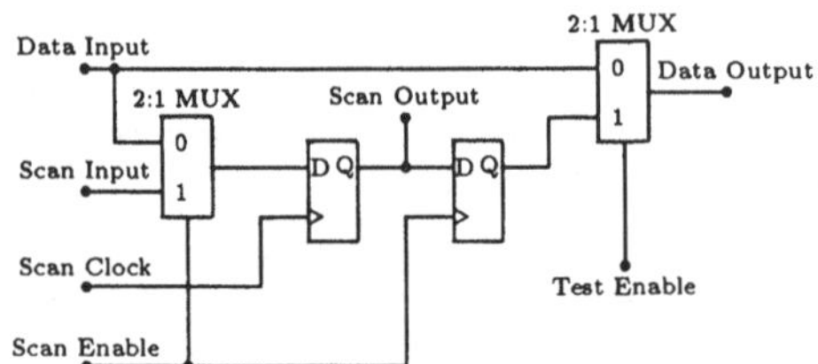

Bild 1-1: Test-Zelle

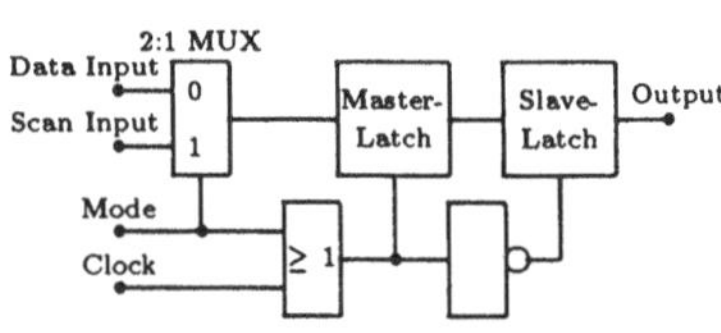

Bild 1-2: Realisierung eines Testpunktes an einem Flipflop

Kapitel 2 stellt vorbereitend die Suche nach Kreisen und Rekonvergenzen in einem die Schaltung repräsentierenden Graphen dar. Kapitel 3 zeigt wie daraus ein Vorschlag für eine minimierte Anzahl von Testpunkten entsteht. Kapitel 4 enthält Vergleiche mit einem kommerziellen Werkzeug und mit dem vollständigen Prüfpfad. Kapitel 5 gibt einen Ausblick auf zukünftige Arbeiten und Kapitel 6 bildet den Abschluß.

[1] Alle Pfade zwischen zwei Knoten in einem äquidistanten Graphen sind gleich lang.

2 Aufsuchen von Kreisen und Basisrekonvergenzen in einem modifizierten gerichteten Graphen

2.1 Der Graph

Die Schaltung wird repräsentiert durch einen komponentenorientierten gerichteten Graphen $G = (N, E)$. Die Menge aller Knoten N stellt die Ausgänge aller Komponenten der Schaltung dar. Ein Element aus der Menge aller Kanten E zeigt vom treibenden zum angesteuerten Knoten. Es trägt einen Zeiger auf den Eingang, an den das zugehörige Netz angeschlossen ist.

Primäre Eingänge werden im Gegensatz zu primären Ausgängen ebenfalls als Knoten betrachtet. Letztere entfallen, da sie direkt von anderen Knoten abhängen.

Netze mit mehreren treibenden Ausgängen sind nicht erlaubt. Wired-AND und Wired-OR müssen entsprechend transformiert werden. Netze mit mehreren angesteuerten Eingängen werden in mehrere Kanten transformiert.

Alle Knoten von Invertern und Treibern werden entfernt. Statt dessen werden die Knoten vor und hinter dem Inverter bzw. Treiber durch eine Kante mit einem entsprechenden Attribut verbunden. Bild 2-1 illustriert die Transformation der Netzliste (a) in den zugehörigen Graph (b), der vereinfacht werden kann zu (c).

Rückgekoppelten Schleifen der Schaltung entsprechen im Graphen Kreise. Kreise und Rekonvergenzen werden im weiteren, bezogen auf die Testbarkeit, als *kritische Pfade* bezeichnet.

Gegenwärtig muß eine zu bearbeitende Schaltung nachstehende Bedingungen einhalten:

- Hierarchische Schaltungsbeschreibungen müssen flach auf Gatter-Ebene expandiert werden.
- Asynchrone Schaltungen können nicht bearbeitet werden, hingegen Schaltungen mit mehreren Takten.
- Bidirektionale Leitungen (Busse) müssen mittels Multiplexer in funktional äquivalente unidirektionale Leitungen umgesetzt werden.

Das Einfügen eines Testpunktes *an einem Knoten* bedeutet, daß der dem Knoten entsprechende Gatterausgang den Eingang des Testpunktes ansteuert. Der Ausgang des Testpunktes treibt im Testzustand das normalerweise an den Knoten angeschlossene Netz. Falls ein Testpunkt an einem Knoten innerhalb eines Kreises oder einer Rekonvergenz eingesetzt wird, so bricht er diese im Testmodus auf.

Steuert ein Knoten einen anderen über mehrere Kanten an, so kann die dadurch gebildete Rekonvergenz nicht auf diese Art unterbrochen werden. Dies ist jedoch möglich, falls der Testpunkt direkt vor einem der Eingänge eingesetzt wird, der einer Ecke entspricht. Das sogenannte Einfügen von Testpunkten *in Kanten* ist nur in nicht minimierten Schaltungen notwendig. Bild 2-2 enthält entsprechende Beispiele.

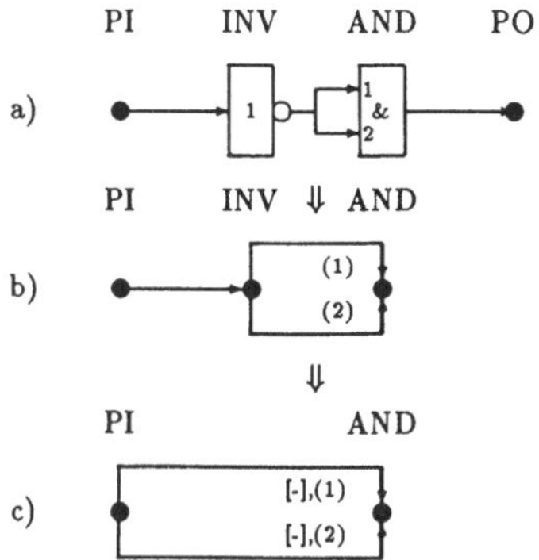

Bild 2-1: Transformation der Netzliste in den modifizierten gerichteten Graphen

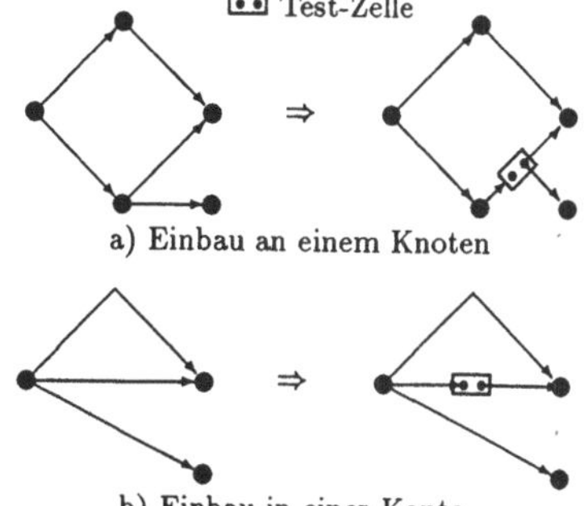

Bild 2-2: Einbau von Testpunkten

2.2 Suche nach Kreisen und Basisrekonvergenzen

Sei $G = (N, E)$ ein gerichteter Graph. An jedem Knoten eines primären Eingangs wird die Prozedur (basierend auf [Aho83]) aus Bild 2-3 gestartet mit den folgenden Eigenschaften:

- Für jedes Paar von Kreisen, die sich in genau einer Rekonvergenz unterscheiden, sind zwei Fälle möglich in Abhängigkeit vom Suchverhalten des Algorithmus aus Bild 2-3:

  1. Falls der Suchalgorithmus zuerst auf einen Knoten trifft, der beiden Kreisen gemeinsam ist und der nicht der Ausgang der Rekonvergenz ist, findet er diesen Kreis und die gemeinsame Rekonvergenz.

     Definition 1 *Die gefundenen kritischen Pfade heißen* Basis-Kreis *und* Basis-Rekonvergenz.

  2. Falls der Algorithmus zuerst auf einen anderen Knoten der beiden Kreise trifft, findet er beide Kreise, nicht aber die gemeinsame Rekonvergenz. Sie lassen sich jedoch auf einen Kreis und die Basis-Rekonvergenz reduzieren. Damit ist wieder ein *Basis-Kreis* und eine *Basis-Rekonvergenz* gefunden worden.

  Es ergibt sich, daß aus jedem *Basis-Kreis* eine Gruppe von Kreisen konstruiert werden kann (s. Kapitel 2.3) und daß jeder Kreis in exakt einer von diesen Gruppen enthalten ist.

  Alle möglichen Rekonvergenzen können aus den *Basis-Rekonvergenzen* konstruiert werden, da alle Informationen über divergierende und rekonvergierende Datenpfade in der Menge aller Basis-Rekonvergenzen enthalten sind.

```
Rücksetzen_aller_erreichbaren_Knoten
   (Primär_Eingang)
Prüf_Knoten(Primär_Eingang,1)
mit Prüf_Knoten(Knoten, Nummer):
Knoten->Nummer = Nummer
Nummer = Nummer + 1
für jeden Knoten2, der vom aktuellen Knoten
   erreichbar ist, tue
      wenn (Knoten2->Nummer = 0) dann
            Nummer = Prüf_Knoten(Knoten2,
              Nummer)
      sonst
            wenn (Knoten2->schon_geprüft)
                  Rekonvergenz gefunden!
            sonst
                  Kreis gefunden!
Knoten->schon_geprüft = WAHR
return (Nummer)
```

Bild 2-3: Algorithmus zur Graphenkontrolle

- Die Rechenzeit des Algorithmus wächst mit $O((|N| + |E|) \cdot \text{Anzahl der Eingänge})$.
- Alle Kanten innerhalb eines Kreises oder einer Rekonvergenz sind mindestens in einem Basis-Kreis oder einer Basis-Rekonvergenz.

2.3 Konstruieren aller Kreise

Gegeben sei ein Menge von *Basis-Kreisen* und eine Menge der *Basis-Rekonvergenzen* R_b. Dann kann die zu dem Basis-Kreis zugehörige Gruppe der Kreise konstruiert werden wie nachfolgend beschrieben:

I Suche alle *Basis-Rekonvergenzen*, deren Stamm und Ausgang auf dem *Basis-Kreis* liegen. Dieser Schritt hat die Komplexität $O(|R_b|)$.

II Bilde alle möglichen Kreise, die aus den in Schritt I gefundenen Pfaden gebildet werden können. Gegenwärtig werden die Kreise ausgelassen, die sich vom *Basis-Kreis* in mehr als einer *Basis-Rekonvergenz* unterscheiden.

III Markiere den Basis-Kreis und die Basis-Rekonvergenzen als verwendet.

IV Wiederhole die Konstruktion, wobei der neue Kreis als Basis-Kreis angesehen wird.

Dieser Algorithmus wird für jeden Basis-Kreis aufgerufen, nachdem alle Rekonvergenzen wieder als unbenutzt gekennzeichnet wurden.
Da die Untersuchung eines Kreises die Komplexität $O(|R_b|)$ besitzt und alle Kreise kontrolliert werden, hat dieser Algorithmus zur Kreissuche die Komplexität [2] $O(|R_b| \cdot |C|)$. Diese ist Topologie-abhängig. Ein Vorteil des hier vorgestellten Algorithmus ist die Einführung von Pseudokreisen: Die Schritte II, III und IV können ersetzt werden durch den folgenden Schritt II'.

II' Bilde alle möglichen *Pseudo-Kreise*, die aus den kritischen Pfaden von Schritt I konstruiert werden können. Ein *Pseudo-Kreis* ist der Teil eines Kreises, den er mit einem anderen gemeinsam besitzt. Das bedeutet, daß er nicht Teil der Rekonvergenz ist, um die sich diese beiden Kreise unterscheiden.

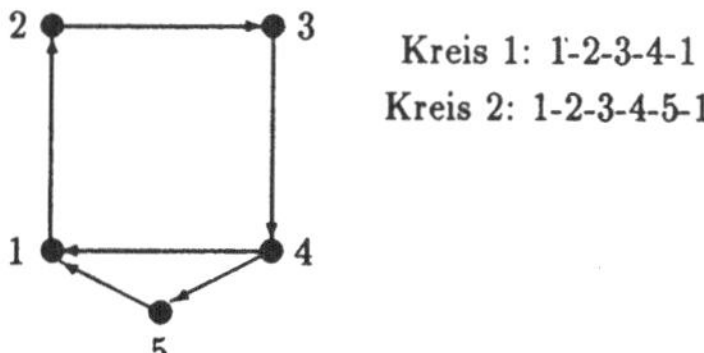

Bild 2-4: Beispiel für einen Pseudo-Kreis

In Bild 2-4 ist der Pfad 1-2-3-4 der *Pseudo-Kreis*, der beiden Kreisen gemeinsam ist.

Ein *Pseudo-Kreis* ist vielen Kreisen gemeinsam, die aus den nach Schritt III und IV gewonnenen Kreisen neu gebildet werden würden. Obwohl diese Kreise nicht berechnet werden, werden sie sicher unterbrochen, wenn der Pseudokreis aufgebrochen wird. Falls es nötig, ist die Anzahl der betrachteten Kreise einzuschränken, erhöht die Einführung von *Pseudo-Kreisen* die Genauigkeit.
Aus den gefundenen Rekonvergenzen könnten alle Rekonvergenzen konstruiert werden. Da aber die Gesamtzahl der Rekonvergenzen exponentiell mit der Anzahl aller Basis-Rekonvergenzen wachsen kann [Kunz88] und meist viel mehr Basis-Rekonvergenzen als Kreise existieren, würde dieser Schritt zu großen Datenmengen führen. Deshalb wurde die Berechnung aller Rekonvergenzen bisher unterlassen.

3 Suche nach einem optimalen Testpunkt-Satz

Alle erzeugten Basisrekonvergenzen und Kreise werden als kritische Pfade betrachtet.
In diese sind Testpunkte einzufügen, um sie für Testzwecke zu unterbrechen. Dafür muß eine minimal mächtige Menge an Knoten oder Kanten bestimmt werden, die alle kritischen Pfade unterbrechen.
Dieses Problem ist NP-vollständig [Gare79]. Es wurde gelöst mit folgender Strategie:

- Auswahl der Stelle, die die meisten kritischen Pfade unterbricht.
- Alle unterbrochenen Pfade werden als unkritisch vermerkt.

[2] $|C|$ = Anzahl aller Kreise

- Diese Schritte werden wiederholt, bis alle kritischen Pfade unterbrochen sind.

Um die Anzahl der vorgeschlagenen Testpunkte zu verringern, werden dabei die folgenden Heuristiken angewendet.

3.1 Eliminierung unkritischer Pfade

Nicht notwendigerweise alle Rekonvergenzen und Kreise mindern die Testbarkeit. Um die nicht wirklich kritischen Pfade zu erkennen, verfährt man wie folgt.
Zunächst seien die Definitionen für eine *general free line* und einen *erzwingbaren Wert* gegeben:

Definition 2 *Ein Signal ist eine* free line *[Fuji85], wenn keiner seiner Vorfahren ein Fan-Out-Stamm ist.*

Hierauf basiert die folgende Definition:

Definition 3 *Ein Signal ist eine* general free line, *falls alle Kanten der Pfade von primären Eingängen zu dem Signal weder Teil eines Kreises noch einer Rekonvergenz sind.*

Da alle Kanten, die in einem Kreis oder in einer Rekonvergenz enthalten sind, entweder in einem *Basis-Kreis* oder in einer *Basis-Rekonvergenz* enthalten sind, vereinfacht sich die Definition zu der folgenden:

Definition 4 *Ein Signal ist eine* general free line, *falls alle Kanten der Pfade von primären Eingängen zu dem Signal weder Teil eines* Basis-Kreises *noch einer* Basis-Rekonvergenz *sind.*

Die Eigenschaft, ob eine Leitung eine *general free line* ist, läßt sich also leicht nach dem Algorithmus aus Kapitel 2.2 berechnen. *General free lines* können von der automatischen Testmustergenerierung (ATPG) sicher auf jeden logischen Wert gesetzt werden. Werte, die in Abhängigkeit von *general free lines* sicher ohne Backtracing erzielt werden können, heißen *erzwingbare Werte*. Sie werden benutzt, um die Effekte der primären Eingänge und der general free lines auf einfache Art abzuschätzen.

Definition 5 *Ein Signal kann auf zwei Arten auf einen Wert* gezwungen *werden:*

1. Es speise eine general free line ein Gatter. Dann sind alle Werte, die unabhängig von anderen Eingangsbelegungen aus einem bestimmten Wert der general free line folgen, *erzwingbare Werte*. Wenn zum Beispiel ein Eingang eines ODER-Gatters eine general free line ist und diese auf 1 gesetzt wird, so wird der Ausgang ebenfalls auf 1 gezwungen (Bild 3-1).

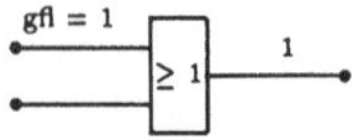

Bild 3-1: general free line

2. Ein erzwungener Wert kann mit anderen general free lines kombiniert werden, so lange jede nur einmal verwendet wird. Falls eine notwendige Eingangs-Bedingung erfüllt ist, kann der resultierende Ausgangswert ebenfalls als erzwingbarer Wert betrachtet werden (als Beispiel siehe Bild 3-2).

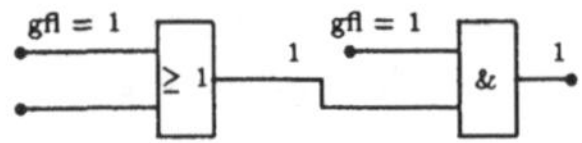

Bild 3-2: Kombination erzwungener Werte

Beide general free lines können unabhängig zu 1 gesetzt werden. Der so erzwungene Wert 1 am Ausgang des ODER-Gatters kann mit dem Wert 1 auf der general free line, die das UND-Gatter treibt, kombiniert werden und resultiert in einer erzwungenen 1 am Ausgang des UND-Gatters.

Erzwingbare Werte lassen sich benutzen, um die Anzahl der kritischen Pfade zu reduzieren:

- Kreise, die man von einem Primär-Eingang aus an mindestens einer Stelle auf 0 und 1 zwingen kann, sind nicht kritisch. Ebenfalls unkritisch sind Kreise mit einer geraden Zahl von Invertierungen, die sich auf zwei Knoten zu ungleichen (gleichen) Werten zwingen lassen, wenn eine gerade (ungerade) Anzahl von Invertern zwischen den zwei Knoten liegt. Alle zyklischen Effekte lassen sich sicher von primären Eingängen aus unterdrücken.
- Alle die Zweige einer Rekonvergenz sind unkritisch, die entweder einen Knoten enthalten, der sich auf 0 und 1 zwingen läßt oder die sich in den „sensibilisierenden" Zustand schalten lassen. Der „sensibilisierende" Zustand eines Eingangs eines Gatters bewirkt, daß mittels Änderung anderer Eingänge der Gatterausgang umgeschaltet werden kann. Beispielsweise ist es für ein UND-Gatter die 1 an allen Eingängen.

  In der Rekonvergenz aus Bild 3-3 z.B. sind beide Pfade unabhängig voneinander sensibilisierend schaltbar. Deshalb ist diese Rekonvergenz unkritisch.

  Die Zweige müssen in ihren sensibilisierenden Zustand ohne Benutzung des Stammes der Rekonvergenz geschaltet werden. Gegenwärtig sind die Auswirkungen des Stammes nicht eliminiert.

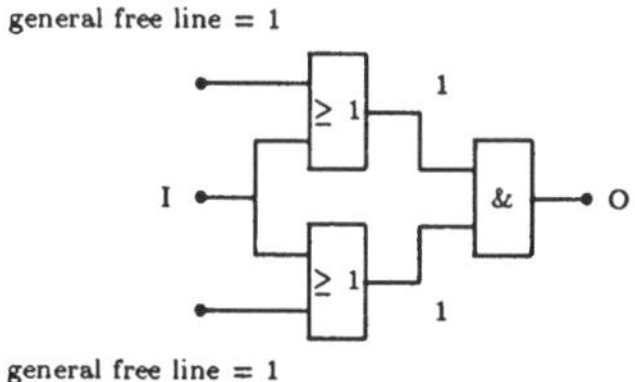

Bild 3-3: unkritische Rekonvergenz

3.2 Maskierende Rekonvergenzen

Definition 6 *Führt das Sensibilisieren mehr als eines Pfades einer Rekonvergenz zur Maskierung des Ausgangswertes, so sei die Rekonvergenz als* maskierend *bezeichnet.*

Z.B. nimmt der Ausgang O der Rekonvergenz in Bild 3-4 den Wert 0 unabhängig vom Wert des Signals I an, wenn beide Pfade von Signal I zum Ausgang O sensibilisiert sind. Um einen Wert von I nach O zu propagieren, darf somit nur <u>genau</u> ein Pfad sensibilisiert sein. Im Gegensatz dazu reicht es aus, <u>mindestens</u> einen Pfad der Rekonvergenz aus Bild 3-3 zu sensibilisieren. Deshalb ist die Rekonvergenz aus Bild 3-4 für die Testmustergenerierung kritischer als diejenige aus Bild 3-3.
Heuristisch werden alle sicher nicht maskierenden Rekonvergenzen als unkritisch bezeichnet.

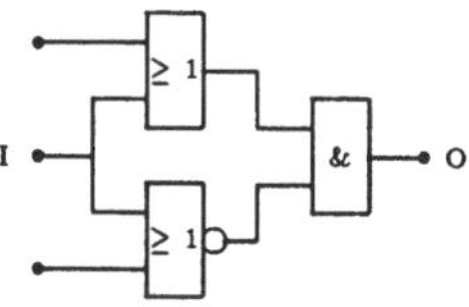

Bild 3-4: maskierende Rekonvergenz

3.3 Ordnen von Knoten

Der Algorithmus wählt jeweils den Knoten aus, der die meisten Pfade aufbricht. Knoten, die die gleiche Anzahl kritischer Pfade brechen, können geordnet werden nach folgenden Kriterien:

- Fan-In
- Fan-Out
- Anzahl der ungebrochenen, als unkritisch eingestuften *kritischen Pfade*

Zusätzlich kann der Testpunkt-Einbau an Flipflops durch eine Gewichtung der Anzahl der kritischen Pfade bevorzugt werden, da dort Testpunkte auf einer kleineren Fläche realisierbar sind. Alternativ kann der ausschließliche Einbau an Flipflops gefordert werden.

3.4 Schwellwert

Die Anzahl der eingefügten Testpunkte kann auch sinnvoll verringert werden, indem ein Schwellwert eingeführt wird. Nur die Testpunkte werden realisiert, die mehr kritische Pfade brechen als der Schwellwert es vorgibt.

4 Realisierung und Ergebnisse

Der Algorithmus wurde als C-Programm, genannt TIP (Testpoint Insertion Program), realisiert und an sequentiellen Prüfdatensätzen [Brgl89] getestet mit folgender Strategie:

- Nur die ersten zehn Prozent der bestimmten Testpunkte werden tatsächlich eingebaut. Dadurch werden bei weiteren Programmläufen auch vorher nicht entdeckte Pfade gefunden.
- Im ersten Lauf werden aus Zeitgründen nur Kreise betrachtet, jedoch werden im Gegensatz zu den anschließenden Läufen alle Knoten realisiert.
- Erzwungene Werte dienen dem Minimieren der Testpunkte-Anzahl.
- Gleichwertige Knoten werden nach der Anzahl der ungebrochenen, als unkritisch eingestuften *kritischen Pfade* und nach ihrem Fan-Out geordnet.

4.1 Vergleich mit einem kommerziellen Werkzeug

TIP wurde verglichen mit einem kommerziell erhältlichen Werkzeug [Man] [3], das Testmuster für sequentielle Schaltungen generieren kann und <u>danach</u> Vorschläge für den Einbau von Testpunkten ausgibt.
Tabelle 4-1 enthält:

- die Fehlerüberdeckung des kommerziellen Werkzeugs im ersten Lauf (Komm.: 1st run FC),
- die Anzahl der danach von demselben Werkzeug vorgeschlagenen Testpunkte (Komm.: #) und
- die sich nach einem zweiten Lauf des kommerziellen Werkzeugs ergebende Fehlerüberdeckung (Komm.: 2nd run FC).

TIP hingegen basiert nicht auf ATPG. Es schlägt vor, wo Testpunkte in die Schaltung eingebaut werden sollten. Erst nach deren Einbau erzeugte das kommerzielle Produkt die Testmuster. Falls das kommerzielle Werkzeug dabei weitere Testpunkte vorschlug, wurden diese ebenfalls eingefügt und erneut mit dem kommerziellen Produkt Testmuster generiert.

[3] Dieses Werkzeug ist zur Zeit der mächtigste kommerziell erhältliche Testmustergenerator in Bezug auf seine Fähigkeit, alle Arten von sequentiellen Schaltungen bearbeiten zu können (auch asynchrone und bidirektionale).

Tabelle 4-1 enthält ebenfalls:

- die Anzahl der von TIP vorgeschlagenen Testpunkte (TIP: # TIP),
- die mit diesen Testpunkten vom kommerziellen Werkzeug erreichte Fehlerüberdeckung (TIP: 1st run FC),
- die Anzahl der vom kommerziellen Werkzeug zusätzlich vorgeschlagenen Testpunkte (TIP: #) und
- die in einem zweiten Lauf erreichte Fehlerüberdeckung (TIP: 2nd run FC).

benchmark	*komm. Werkzeug*			*TIP*			
	1st run FC	#	2nd run FC	# TIP	1st run FC	#	2nd run FC
s713	84.20 %	0	-	46	99.73 %	0	-
s820	20.55 %	160	100 %	16	100 %	-	-
s832	31.32 %	174	100 %	9	99.31 %	5	99.91 %
s838	35.16 %	146	100 %	33	100 %	-	-
s953	6.93 %	0	-	44	100 %	-	-
s1196	99.75 %	27	99.97 %	27	99.91 %	7	99.97 %
s1238	96.94 %	65	99.91 %	53	99.94 %	4	99.97 %
s1423	36.51 %	376	99.75 %	117	99.90 %	0	-
s1488	27.74 %	263	100 %	37	100 %	-	-
s1494	28.81 %	266	99.98 %	28	99.93 %	0	-
s5378	45.16 %	308	95.67 %	244	99.87 %	0	-

Tabelle 4-1: Ergebnisse: Anzahl der Test-Zellen und Fehlerüberdeckung

Tabelle 4-2 gibt die zugehörigen Laufzeiten wieder, die auf Standard-Workstations erzielt wurden (SUN3, APOLLO 4000). Diese Tabelle enthält zusätzlich das Verhältnis der Gesamt-CPU-Zeit des kommerziellen Werkzeugs bezogen auf den Fall, daß TIP verwendet wurde.

nodes selected by:	*komm. Werkzeug*			*TIP*				CPU-time
runtime of	1st run	2nd run	overall	TIP	*INTELLIGEN*		overall	ratio
in sec.					1st run	2nd run		tool : tip
s713	1016	-	1016	22	376	-	398	2.55
s820	4727	293	5020	12	336	-	348	14.42
s832	4183	309	4412	10	369	349	728	6.06
s838	23025	808	23833	30	745	-	775	30.75
s953	152	-	152	71	557	-	628	0.24
s1196	752	675	1427	36	565	575	1176	1.21
s1238	1021	632	1653	96	745	649	1490	1.11
s1423	50329	3018	53347	52	1808	-	1860	28.68
s1488	11463	697	12160	51	697	-	748	16.25
s1494	10900	740	11640	91	692	-	783	14.86
s5378	163534	14487	178021	614	20283	-	20697	8.60

Tabelle 4-2: Ergebnisse: Laufzeit

Im Falle der Schaltung s1196 wurde TIP vorzeitig unterbrochen, als es dieselbe Anzahl an Testpunkten erreichte wie das kommerzielle Werkzeug. Eine höhere Fehlerüberdeckung, die auf Kosten von mehr Testpunkten erzielt würde, wäre wenig aussagekräftig.
Als Erkenntnisse lassen sich festhalten:

- Das Einfügen der Testpunkte aufgrund globaler Betrachtung von Rekonvergenzen und Kreisen ist besser als die Vorschläge des kommerziellen Werkzeugs, die auf der Testmustergenerierung basieren. Entweder wurden viel weniger Testpunkte benötigt oder eine höhere Fehlerüberdeckung wurde erreicht [4].

- Man erhält die Vorschläge zum Einbau von Testpunkten schneller von TIP als vom kommerziellen Werkzeug. Deshalb kann TIP als Entwurfswerkzeug dienen: Der Enwickler erhält in kurzer Zeit genaue Informationen, wo seine Schaltung zu ändern ist.
- TIP benötigt so wenig Zeit, daß das kommerzielle Werkzeug noch ein zweitesmal gestartet werden kann, um die Fehlerüberdeckung weiter zu erhöhen. Selbst dann ist die Gesamtlaufzeit geringer als ohne Verwendung von TIP. [5]

4.2 Vergleich mit dem vollständigen Prüfpfad

Die Anzahl der Testpunkte, die Tabelle 4-1 wiedergibt, ist höher als die Zahl aller Flipflops in den Schaltungen, wie es Tabelle 4-3 ausweist. Um den zusätzlichen Flächenaufwand zu reduzieren, wurde ein partieller Prüfpfad bestimmt, indem TIP auf die Auswahl von Testpunkten an Flipflops begrenzt wurde. Weiterhin wurden alle Rekonvergenzen als unkritisch betrachtet.

Tabelle 4-3 enthält die Anzahl aller Testpunkte und die damit erzielte Fehlerüberdeckung für den Fall des vollständigen Prüfpfades und der von TIP vorgeschlagenen Knoten. Sie zeigt eine signifikante Reduzierung der Anzahl der in

benchmark:	*full Scan-Path*		*TIP*	
	# FF	FC	# FF	FC
s713	19	95.86 %	11	95.83 %
s820	5	100 %	5	100 %
s832	5	95.17 %	5	95.17 %
s838	32	100 %	32	100 %
s953	29	100 %	6	100 %
s1196	18	99.75 %	0	99.75 %
s1238	18	97.25 %	0	96.94 %
s1423	74	98.86 %	65	98.29 %
s1488	6	100 %	6	100 %
s1494	6	95.96 %	6	95.96 %
s5378	179	93.11 %	31	90.59 %

Tabelle 4-3: Ergebnisse: Auswahl eines unvollständigen Prüfpfades

den partiellen Prüfpfad aufgenommenen Flipflops.

Nachteilig wirkt sich dabei jedoch die gegenüber Tabelle 4-1 reduzierte Fehlerüberdeckung aus. Wie [Chen89] zeigt, wäre ein mächtigerer Testmustergenerator als der verwendete wahrscheinlich in der Lage nachzuweisen, daß die meisten der Fehler statisch redundant sind. Die dargestellte Methode ermöglicht es, entsprechend der Bedeutung von dynamisch nicht redundanten Fehlen den sich ergebenden Fehlerüberhang zu kontrollieren, indem die Auswahl der Testpunkte daran angepaßt wird.

Als Beispiel dafür dient die Schaltung s5378: Wurden auch maskierende Rekonvergenzen als kritisch gewichtet, so schlug TIP 46 Flipflops für den partiellen Prüfpfad vor, womit eine Fehlerüberdeckung von 92.4 % erzielt wurde. Wurden jedoch nur Kreise als kritisch erachtet, die an keinem Knoten auf 1 oder 0 gezwungen werden konnten, so forderte TIP 27 Knoten, die zu einer Fehlerüberdeckung von 89.92 % führten.

Während der Messungen wurden einige bemerkenswerte Erfahrungen gesammelt:

- Die Schaltungen s1196 und s1238 enthalten gemäß der Art ihrer Erzeugung keine Kreise [Brgl89]. Deshalb sind laut Tabelle 4-3 keine Testpunkte zum Aufbrechen von Kreisen einzufügen.

[4] Bei beiden Werkzeugen kann man auf Kosten der Fehlerüberdeckung auf die Realsisierung von Testpunkten an weniger wichtigen Knoten verzichten.

[5] Dies gilt, wenn man vom Schaltkreis s953 absieht, der jedoch vom kommerziellen Werkzeug ohne Hilfe kaum bearbeitet wurde.

- Die Schaltungen s713 und s5378 beinhalten
  Rekonvergenzen, die keine Knoten in ihren Pfaden enthalten. Damit kann die Fehlerüberdeckung dieser Schaltungen selbst bei vollständigem Prüfpfad nicht 100 % erreichen.
- Der Schaltkreis s9234 enthält nicht steuerbare und nicht kontrollierbare Knoten. Dies ließ sich leicht feststellen, da nach Ablauf des Algorithmus aus Bild 2-3 jeder von den Eingängen erreichbare Knoten bearbeitet ist. Durch Umkehrung des Algorithmus ließen sich die nicht beobachtbaren Knoten finden.

5 Ausblick

Das Wissen über Kreise und Rekonvergenzen erlaubt weitere Anwendungen:

- Ausgänge von Rekonvergenzen und Knoten innerhalb von Kreisen können in einem "Worst-Case"-Szenario als nicht steuerbar eingestuft werden. Dies gilt tatsächlich für maskierende Rekonvergenzen, die keinen Knoten in ihren Zweigen haben.
- Rekonvergenzen sind Voraussetzung für Hazards. Deshalb kann sich die Suche nach Hazards auf Basis-Rekonvergenzen stützen.

Obwohl die Ergebnisse des vorgestellten Algorithmus zufriedenstellen, sind folgende Verbesserungen denkbar:

- Kreise in den Wirkungskegeln verschiedener Eingänge können getrennt betrachtet werden, um Testpunkte zu bestimmen. Damit ließen sich Speicherplatz und Laufzeit reduzieren.

  Außerdem kann die Berechnung der kritischen Pfade in Abhängigkeit vom belegten Speicherplatz unterbrochen werden. Anschließend dient eine Bestimmung von Testpunkten auf der Grundlage der bisher bestimmten kritischen Pfade zu deren Reduzierung.
- Entsprechend einer Strategie können Rekonvergenzen aus Basis-Rekonvergenzen gebildet werden.
- Mehr unkritische Rekonvergenzen lassen sich entdecken, indem deren Zweige untersucht werden.
- Bei Erreichen einer gegebenen Grenze des zusätzlichen Flächenaufwandes sollte das Programm automatisch abbrechen.
- Zeitkritische Pfade können bei der Auswahl der Testpunkte ausgeschlossen werden.

Um auch in größten Schaltungen Testpunkte zumindest für einen unvollständigen Prüfpfad schnell einfügen zu können, wird demnächst entsprechend [Chen89] die Kreissuche auf dem Graphen der Speicherelemente eingeführt. Dabei verliert man allerdings die Fähigkeit, unkritische Pfade zu eliminieren. Testpunkte werden dann günstiger nur an Hand von Kreisen ermittelt. Heuristisch kann dies allein auf der Grundlage von Kreisen mit einer geraden Anzahl von Invertierungen geschehen. Um diese Suche zu unterstützen sind Untersuchungen denkbar bezüglich der sequentiellen Tiefe [Chen89], der Äquidistanz [Kunz88] oder der Gewichtung von Kanten, entsprechend der Zahl der Pfade zwischen den Speicherelementen.
Ein Vergleich des Algorithmus zur Kreissuche nach Kapitel 2.3 mit dem aus [John75] ist geplant. Dieser Algorithmus findet alle Kreise nach einer Zeit der Komplexität $O((|N| + |E|)(|C| + 1))$.
Größere qualitative Verbesserungen bezüglich der Auswahl von Testpunkten sind jedoch durch die folgenden Maßnahmen zu erwarten. Dabei kann die durch obige Verfahren bestimmte Menge an Testpunkten als Ausgangslösung dienen.

1. Durch das Einbinden des Testmustergenerators in den Auswahlprozeß ist eine Präzisierung der Testpunkte-Auswahl denkbar: Eine modifizierte Schaltung entsteht durch Einfügen von Ein- und/oder Ausgängen an den Knoten, die zur Auswahl zur Verfügung stehen. Für die veränderte Schaltung werden Testmuster generiert. Derjenige Testpunkt wird bevorzugt, der dabei am häufigsten verwendet wurde.

Werden nicht alle Flipflops in Ein- und Ausgänge umgewandelt, so ist eine sequentielle Testmustergenerierung nötig (im Gegensatz zu [Agra88]). Der ausschließliche Einbau von Ausgängen an Flipflops in die modifizierte Schaltung bietet dabei den Vorteil, daß die dafür generierten Testmuster zumindest teilweise in der Original-Schaltung weiter verwendet werden können [6] .

2. Vorhandene Testmuster überdecken meist einen Teil der zu betrachtenden Fehler. Dies läßt sich berücksichtigen, um die Anzahl der vorgeschlagenen Testpunkte weiter zu verringern. Einerseits ist es möglich, in der ATPG für die modifizierte Schaltung die bereits überdeckten Fehler nicht mehr zu betrachten [Chen89].

   Andererseits sind Untersuchungen denkbar, die anhand der Topologie der Schaltung und der Lage der überdeckten Fehler vorgehen. Vorstellbar ist eine Gewichtung des Abstands möglicher Testpunkte vom Fehlerort oder von einem Pfad des Fehlers zu einem Ausgang.

   Auch eine Berücksichtigung der Schaltrate der Flipflops zur Unterstützung der Auswahl eines partiellen Prüfpfades ist denkbar.

6 Zusammenfassung

Eine neues Werkzeug - TIP - wurde erläutert, das hilft, die Testbarkeit von sequentiellen Schaltungen zu erhöhen. Es schlägt automatisch vor, wo in der Schaltung Testpunkte eingebaut werden sollen. Zu diesem Zweck werden zunächst Basis-Kreise und Basis-Rekonvergenzen bestimmt. Von ihnen werden alle Kreise abgeleitet, die in vertretbarer Zeit zu finden sind. Die somit bestimmten kritischen Pfade werden mit Testpunkten unterbrochen. Deren Lagen werden bestimmt, indem iterativ der Testpunkt ausgewählt wird, der die meisten kritischen Pfade bricht. Verschiedene Heuristiken wurden dargestellt, mit denen sich die Anzahl der vorgeschlagenen Knoten senken läßt.
Das Programm wurde an sequentiellen Prüfschaltungen getestet und mit einem kommerziellen Werkzeug und mit dem vollständigen Prüfpfad verglichen.
Ausblickend wurden Wege für weitere Entwicklungen der Testpunkt-Bestimmung aufgezeigt.

Das vorgestellte Programm TIP gibt präzise Informationen, wo eine Schaltung modifiziert werden muß, um eine hohe Fehlerüberdeckung bei optimiertem Mehraufwand zu erhalten.

7 Literaturverzeichnis

[Aho83] Aho, A.V.: *Data structures and algorithms.*. Addison-Wesley series in computer science and information processing, London, 1983.

[Agra88] Agrawal, V.D.; Cheng, K.-T.; Johnson, D.D. und Tonysheng L.: *Designing Circuits with Partial Scan.* IEEE Design & Test of Computers, S. 8 - 15, April 1988.

[Brgl89] Brglez, F.; Bryan, D. and Kozminski, K.: *Combinational Profiles of Sequential Benchmark Circuits.* Proc. IEEE ISCAS, 1989.

[Chen89] Cheng, K.-T. und Agrawal, V.D.: *An Economical Scan Design for Sequential Logic Test Generation.* FTCS, S. 28 - 35, 1989.

[Fuji85] Fujiwara, H.: *Logic Testing and Design for Testability.* Computer Science Series, The MIT Press, Cambridge, Massachusetts, 1985.

[Gare79] Garey, M.R.; Johnson, D.S.: *Computers and Intractability: A Guide to the Theory of NP-completeness.* W.H. Freemann & Company, San Francisco 1979.

[John75] Johnson, D.B.: *Finding all the elementary circuits of a directed graph.* SIAM J. Comput., Vol. 4, No. 1, S. 77 - 84, March 1975.

[Kunz88] Kunzmann, A.: *Produktionstest synchroner Schaltwerke auf der Basis von Pipelinestrukturen.* Proc. 18. GI-Jahrestagung, Springer, Berlin, S. 92 - 105, 1988.

[6] tAusgänge können sich in ihrer Wirkung nicht beeinflussen, wohl aber Eingänge.

[Man] HHB: *Intelligen documentation package.* Mahwah, New Jersey, 1989.

[Matt88] Matthäus, C.: *EXTEST: Ein regelbasiertes System zur Unterstützung des Entwurfs gut testbarer, digitaler, hochintegrierter Schaltungen.* Ges. für Mathematik und Datenverarbeitung mbH, Sankt Augustin, 1988.

[Sand89] Sandmeier, C.: *Zur Verbesserung der Testbarkeit digitaler Schaltungen.* Diploma thesis at "Lehrstuhl für rechnergestütztes Entwerfen", Universität München, 1989.

[Savi83] Savir, J.: *Good Controllability and Observability Do Not Guarantee Good Testability.* IEEE Trans. on Computers, Vol. C-32,No. 12, S. 1198-1200, Dec. 1983.

[Schlä76] Schläper, J.: *Fehlerlokalisierung in Digitalschaltungen mit Hilfe des Äquivalenzklassenverfahrens.* Dissertation an der Fakultät der Elektrotechnik der Rheinisch-Westfälische Technische Hochschule, Aachen 1976.

[Schulz88] Schulz, M.H.: *Testmustergenerierung und Fehlersimulation in digitalen Schaltungen mit hoher Komplexität,* Informatik-Fachberichte 173. Springer Verlag, Heidelberg, 1988.

[Tott88] Totton, K. and Shan, S.: *Self-test: the solution to the VLSI test problem ?.* IEE Proceedings, Vol 135, Pt. E, Nr 4, S. 190 - 195, July 1988.

[Tsui87] Tsui, F. F.: *LSI/VLSI Testability Design.* MCGraw-Hill Book Company, New York, 1987.

[Wund89] Wunderlich, H.-J. and Hellebrand, S.: *The Pseudo-Exhaustive Test of Sequential Circuits.* ITC, S. 19 - 27, 1989.

8 Danksagung

Diese Arbeit wurde von der SIEMENS AG, München, ermöglicht. In diesem Zusammenhang bedanken wir uns bei den Herren Dr. Hörbst, Severloh, Glunz, Dr. Mahrhöfer und Johanson. Der Testmustergenerator wurde freundlicherweise von der Firma HHB zur Verfügung gestellt. Weiterhin möchten wir uns bei Frau Auth, TU München, für ihre hilfreichen Anmerkungen bedanken.

Testbarkeitsanalyse beim hierarchischen top-down Entwurf

E. J. Lehner H. Hofestädt
SIEMENS AG, Zentralabteilung Forschung und Entwicklung
Otto-Hahn-Ring 6, 8000 München 83

Kurzfassung

Die meisten der bekannten Testbarkeitsmaße basieren auf Voraussetzungen, die nur eine Anwendung auf Gatterebene zulassen. Sie sind damit erst dann einsetzbar, wenn der Entwurf einer Schaltung praktisch abgeschlossen ist. Werden Testbarkeitsmängel einer Schaltung erst zu diesem Zeitpunkt erkannt, so führt dies zu aufwendigen und kostenintensiven Redesigns. Um diese Probleme zu vermeiden, wird hier ein Testbarkeitsmaß vorgestellt, das prinzipiell auf allen Ebenen eines hierarchischen Schaltungsentwurfs eingesetzt werden kann. Die Voraussetzung ist ein hierarchischer top-down Entwurf und eine Modellierung der Schaltung durch Netzwerke von endlichen Automaten. Die Berechnung des Maßes erfolgt unabhängig von speziellen Ein- und Ausgabealphabeten der Automaten und der durch sie realisierten Modulfunktionen. Eine binäre Codierung der einzelnen Signale ist nicht erforderlich. Damit ist eine Testbarkeitsbewertung bereits auf hohen Abstraktionsebenen möglich.

1. Einleitung

Das Hauptproblem bei der Testmustergenerierung für hochintegrierte Schaltungen besteht darin, die eingebetteten Teilschaltungen (Module) geeignet anzusteuern und zu beobachten. Der Aufwand für die Testmustergenerierung wird von den Eigenschaften der einzelnen Module und ihrer Verbindungsstruktur in der Schaltung bestimmt. Ziel unseres Ansatzes zur Testbarkeitsanalyse ist es nun, diesen Aufwand in einem möglichst frühen Stadium des Schaltungsentwurfs abzuschätzen.

In der Literatur sind bereits eine Reihe von Testbarkeitsmaßen bekannt. Üblicherweise schätzen diese Maße die Steuerbarkeit und die Beobachtbarkeit von einzelnen Verbindungsleitungen ab. Die verbreitetsten Maße sind lediglich auf der Logikebene anwendbar (CAMELOT, TMEAS, SCOAP, COMET; [1] [2] [3]). Es ist bekannt, daß diese Steuerbarkeits- und Beobachtbarkeitsmaße die tatsächliche Testbarkeit der untersuchten Schaltung nur unzureichend widerspiegeln [4]. Testprobleme, die durch rekonvergente Fanoutknoten entstehen, werden nicht korrekt aufgezeigt. In vielen Fällen gilt nicht, daß aus guten Steuerbarkeits- und Beobachtbarkeitswerten auch auf gute Testbarkeit geschlossen werden kann. Dies kann zu Fehlentscheidungen bei der Einplanung von Testhilfen führen.

Mit unserem Ansatz versuchen wir, die Auswirkungen von Rekonvergenzen und Rückkopplungen in Schaltungen auf den Test zu erfassen. Ausgangspunkt für die Berechnung der Werte sind abstrakte funktionale Beschreibungen der Module. Damit werden im Gegensatz zu den traditionellen Maßen Testbarkeitsuntersuchungen parallel zu einem top-down Entwurf, auch auf hohen Abstraktionsebenen, unterstützt.

Wir kommen nun kurz auf die Art der Schaltungsmodellierung zu sprechen, die unserem Ansatz zugrundeliegt. Einzelheiten finden sich in [5]. *Module* bilden die Basis unserer Modellierung. Die für uns relevanten Eigenschaften eines Moduls sind seine Funktion und die daraus abgeleiteten Testbarkeitsparameter. Da wir als zugrundeliegendes Konzept die Automatentheorie verwenden, wird die Modulfunktion in Form von Zustandsüberführungsfunktion und Ausgabefunktion eines endlichen Automaten spezifiziert. Bidirektionale Ports werden dabei durch zwei gerichtete Ports modelliert.

Aus Modulen kann man nun komplexere Einheiten, die *Modulnetze*, zusammensetzen. Die Verbindungen zwischen Modulen sind gerichtet und führen immer von einem Ausgangsport zu genau einem Eingangsport. Jedes Ausgangsport besitzt höchstens eine Verbindung; d.h. Verzweigungen (fanouts) werden explizit durch ein Modul repräsentiert. Implizite Verzweigungen können zu Problemen sowohl bei der Berechnung der Testbarkeitsmaße wie auch bei der Testmustergenerierung führen.

Die Modellierung ist insofern hierarchisch als jedes Modul eines Modulnetzes wiederum durch ein Modulnetz beschrieben werden kann. Eine solche Verfeinerung bezeichnen wir als die *Substruktur* des Moduls. Die Modellierung ist also auf die Vorgehensweise beim top-down Entwurf zugeschnitten. Sie kann schritthaltend mit dem Entwurf erfolgen.

Auf dieser Modellierung basiert unser Ansatz für die Testbarkeitsanalyse. In einem ersten Schritt werden jedem Modul *lokale Testbarkeitsparameter* zugeordnet. Dabei wird das Modul isoliert, also losgelöst von seiner Schaltungsumgebung, betrachtet. Diese Testbarkeitswerte bestehen aus Maßzahlen für die Steuerbarkeit der Modulausgänge bzw. für die Pfadsensibilitäten von Moduleingängen zu Modulausgängen. Diese Werte entsprechen dem controllability transfer factor (CTF) sowie dem observability transfer factor (OTF) der klassischen Testbarkeitsmaße.

Basierend auf den lokalen Parametern kann nun die Testbarkeit der Module ermittelt werden, die in eine Schaltung eingebettet sind. Diese *Testbarkeit für Module im Netz* besteht aus zwei unabhängigen Kenngrößen, dem *Steueraufwand* und dem *Beobachtungsaufwand*. Diese beiden Maßzahlen hängen sowohl von den Testbarkeitsparametern für isolierte Module als auch von der Verbindungsstruktur des umgebenden Modulnetzwerkes ab. Der Steuer- und Beobachtungsaufwand von zwei gleichen Modulen, die an verschiedenen Stellen einer Schaltung eingebunden sind, werden daher in der Regel auch verschieden sein. Diese Werte entsprechen der Steuerbarkeit (controllability, CY) bzw. der Beobachtbarkeit (observability, OY) der klassischen Testbarkeitsmaße. Sie unterscheiden sich jedoch von diesen qualitativ dadurch, daß sie allgemeiner definiert sind und deshalb schritthaltend mit dem hierarchischen top-down Entwurf angewendet werden können.

2. Lokale Testbarkeitsparameter für isolierte Module

Bei der nachfolgenden detaillierten Beschreibung stellen wir zunächst die Definitionen für den einfachsten Anwendungsfall, den der kombinatorischen Module mit je einem Ein- und Ausgangsport vor. Diese Definitionen werden dann schrittweise auf beliebige kombinatorische und anschließend auf beliebige sequentielle Module erweitert.

2.1. Lokale Steuerbarkeit isolierter kombinatorischer Module

Ein kombinatorisches Modul repräsentieren wir durch eine Funktion $\lambda : A \rightarrow B$, die wir Ausgabefunktion (oder Modulfunktion) nennen. Dabei heißt A das Eingabealphabet und B das Ausgabealphabet.

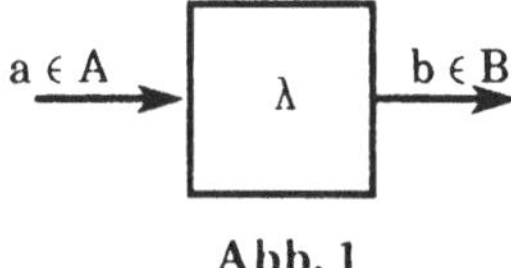

Abb. 1

Module sind dann zur Einstellung optimal geeignet, wenn sämtliche Werte des Bildbereiches B tatsächlich eingestellt werden können. Bei kombinatorischen Modulen würde diese Bedingung erfüllt sein, wenn die Modulfunktion λ surjektiv ist. Zur Bewertung der Steuerbarkeit wäre damit ein Maß, das den „Grad der Surjektivität" einer Modulfunktion angibt, gut geeignet. Ein solches Maß liefert die folgende Definition.

Def. 1: Die Gesamtsteuerbarkeit eines kombinatorischen Moduls lautet:

$$St := \frac{|im(\lambda)| - 1}{|B| - 1}$$

Dabei ist im(λ) das Bild der Funktion λ. Die Steuerbarkeit hängt also davon ab, wie groß das Bild der Funktion verglichen mit dem Bildbereich B ist. Die Subtraktion der 1 im Zähler gewährleistet, daß die Steuerbarkeit eines Moduls mit konstanter Modulfunktion (Die Mächtigkeit von im(λ) ist also 1) gleich 0 ist. Würde man diese Normierung nicht machen, so wäre die Steuerbarkeit der konstanten Funktion abhängig von der Größe des Bildbereiches, was natürlich unerwünscht ist. Als Ausgleich zu dieser Normierung im Zähler muß auch im Nenner eine 1 abgezogen werden, damit die Steuerbarkeit von kombinatorischen, surjektiven Modulen 1 ist. Insgesamt haben wir also die folgende Normierung : $0 \leq St \leq 1$.

Wir erweitern im folgenden die Definition der Steuerbarkeit auf kombinatorische Module mit mehreren Ein- und Ausgangsports. Ein solches Modul wird durch eine Ausgabefunktion der Form $\lambda: A_1 \times A_2 \times ... \times A_m \rightarrow B_1 \times B_2 \times ... \times B_n$ beschrieben. Da jedes Ein- und Ausgangsport ein eigenes Alphabet besitzt, können die Alphabete für die gesamte Eingabe- bzw. Ausgabeschnittstelle als Kreuzprodukt der einzelnen Portalphabete dargestellt werden.

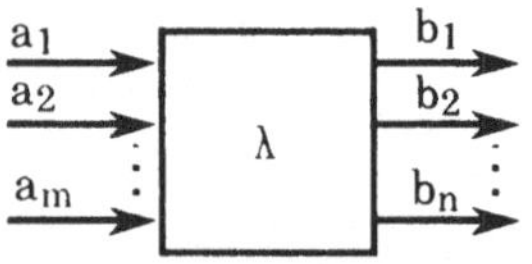

Abb. 2

Bei der Behandlung von Rekonvergenzen im Modulnetz hat sich herausgestellt, daß es sinnvoll ist, die Gesamtsteuerbarkeit eines Moduls von der seiner Ausgangsports zu unterscheiden. Dies führt zum Begriff der Portsteuerbarkeit.

Def. 2: Die Portsteuerbarkeit des Ausgangsports b_i eines kombinatorischen Moduls lautet:

$$St(b_i) := \frac{|im(\lambda_i)| - 1}{|B_i| - 1}$$

Dabei bezeichnet $\lambda_i: A_1 \times A_2 \times ... \times A_m \rightarrow B_i$ die Projektion der Funktion λ auf die i-te Komponente von B.

Als Beispiel betrachten wir den Halbaddierer (HA), mit der Modulfunktion:

$\lambda : \{0, 1\}^2 \rightarrow \{0, 1\}^2$
$\lambda(a,b) := (s,c) := (a \oplus b, a \wedge b)$.
Dabei bezeichnet s das Summenbit und c das Übertragsbit.

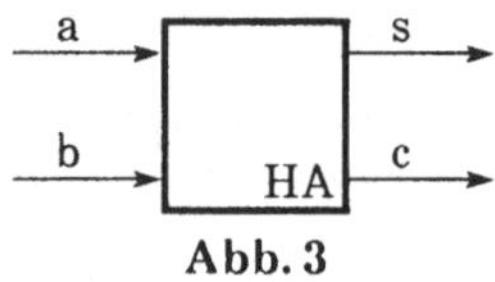

Abb. 3

Das Bild der Modulfunktion des Halbaddierers ist gleich {(0,0), (1,0), (0,1)}. Die Mächtigkeit des Bildes ist damit gleich drei. Da die Mächtigkeit von S×C gleich vier ist, gilt nach Def. 1 für die Gesamtsteuerbarkeit des Halbaddierers:

$$St = \frac{|im(\lambda)| - 1}{|S \times C| - 1} = \frac{3-1}{4-1} = \frac{2}{3}$$

Die Gesamtschnittstelle, aufgefaßt als ein einziges Port, ist also nur eingeschränkt steuerbar. Anders verhalten sich die einzelnen Ports. Projiziert man die Modulfunktion auf den

Summen- oder Übertragsausgang (s bzw. c), so ist die Mächtigkeit des Bildes dieser projizierten Funktionen jeweils gleich zwei. Damit ist jedes Port für sich voll steuerbar. Nach Def. 2 gilt deshalb:

$$St(s) = \frac{|im(\lambda_S)| - 1}{|S| - 1} = \frac{2-1}{2-1} = 1 \qquad St(c) = \frac{|im(\lambda_C)| - 1}{|C| - 1} = \frac{2-1}{2-1} = 1$$

2.2. Lokale Steuerbarkeit von sequentiellen Modulen

Sequentielle Module im Einstellungspfad erschweren die Testmustergenerierung erheblich [6]. Für die Erzeugung einer gewünschten Ausgabe eines Moduls muß an seine Eingangsports zunächst eine geeignete Synchronisationsfolge angelegt werden, die den Automaten in einen Zustand überführt, von dem aus die gewünschte Ausgabe erzeugt werden kann. Bei der Serienschaltung von sequentiellen Modulen genügt es also für die Steuerung der nachfolgenden Module nicht mehr, daß alle Werte des Ausgabealphabetes tatsächlich erreicht werden. Vielmehr ist es für die Einstellung wichtig, daß möglichst viele von den insgesamt möglichen Folgen auch tatsächlich erzeugt werden können. Die Steuerbarkeit eines Moduls ist daher im allgemeinen Fall keine Konstante mehr, sondern eine Funktion in der Folgenlänge k. Bei sequentiellen Modulen muß bei der Berechnung der Steuerbarkeit außer der Surjektivität noch der Aufwand für die Synchronisation der Automaten [9] berücksichtigt werden. In der Regel genügt beim Test eine partielle Synchronisation, wenn der Automat aus unabhängigen Zustandsvariablen (Registern) aufgebaut ist. Wir berücksichtigen den Synchronisationsaufwand, indem wir die mittlere Länge aller für den Test relevanten Synchronisationsfolgen mit einbeziehen. Zur formalen Beschreibung eines Automaten verwenden wir die folgende Notation [7], [8].

Ein *endlicher Automat* ist ein Tupel (A,B,Q,δ,λ) mit
$\delta : Q \times A \rightarrow Q$ (Zustandsüberführungsfunktion) und
$\lambda : Q \times A \rightarrow B$ (Ausgabefunktion)
Mit dem Automaten wird eine endliche Zeitskala $T = \mathbb{N}_0$ assoziiert. Befindet sich der Automat zum Zeitpunkt t im Zustand q und liegt als Eingabe a an, so ergibt sich als Ausgabe zum Zeitpunkt t $\lambda(q,a)$ und als Folgezustand $\delta(q,a)$ zum Zeitpunkt t+1.

Mit ${}^k\lambda$: $Q \times A^k \rightarrow B^k$ bezeichnen wir die kanonische Erweiterung von λ auf Eingabewörter der Länge k, die auch *Wortfunktion* genannt wird [7].
${}^k(\lambda_i)$: $Q \times A^k \rightarrow (B_i)^k$ repräsentiert die Wortfunktion, eingeschränkt auf das Ausgangsport b_i.

Def. 3: Die Portsteuerbarkeit des Ausgangsports b_i eines sequentiellen Moduls für Ausgabewörter der Länge k lautet:

$$St^k(b_i) := \frac{1}{s+1} \cdot \frac{|im({}^k(\lambda_i))| - 1}{|(B_i)^k| - 1}$$

Dabei bezeichnet s die mittlere Länge aller Synchronisationsfolgen, die für das Testen relevant sind. Für Folgenlänge k = 1 und rein kombinatorische Module (s = 0) ergibt sich die Definition Def. 2 als Spezialfall dieser Definition.

Def. 4: Die Gesamtsteuerbarkeit eines sequentiellen Moduls ergibt sich aus Definition Def.3, indem man diese auf λ anstatt auf die Projektion λ_i anwendet.

Ein Beispiel für die Berechnung der Pfadsensibilität findet sich in Abschnitt 5.

2.3. Lokale Pfadsensibilität isolierter kombinatorischer Module

Bei der Beobachtung einer Fehlerwirkung ist es am günstigsten, wenn bei dem ausgewählten Beobachtungspfad durch ein Modul sämtliche möglichen Eingangsbelegungen zu verschiedenen Belegungen des Ausgangsports führen. Bei kombinatorischen Modulen wird diese Eigenschaft erreicht, wenn die Modulfunktion injektiv ist. Der Grad der Injektivität, den wir Pfadsensibilität nennen wollen, kann nun wie folgt definiert werden.

Wir betrachten dazu wieder das einfachste Beispiel, ein kombinatorisches Modul mit einem Eingangs- und einem Ausgangsport (Abb. 1). Durch dieses Modul existiert nur ein Pfad vom Eingangsport a zu dem Ausgangsport b. Seine Pfadsensibilität wird nun wie folgt definiert:

Def. 5: Die Pfadsensibilität eines kombinatorischen Moduls lautet:

$$\mathrm{PathSe}_{a,b} := \frac{|\mathrm{im}(\lambda)| - 1}{|A| - 1}$$

Ist die Modulfunktion injektiv, so hat die Pfadsensibilität den idealen Wert PathSe = 1. Bei konstanter Modulfunktion ist die Pfadsensibilität PathSe = 0. Allgemein gilt die Normierung $0 \leq \mathrm{PathSe}_{a,b} \leq 1$.
Wir erweitern im folgenden die Definition der Pfadsensibilität auf kombinatorische Module mit mehreren Ein- und Ausgangsports.

Zur Berechnung der Pfadsensibilität von Eingang a_j zu Ausgang b_i schränken wir zunächst die Modulfunktion $\lambda : A \rightarrow B$ auf den Eingang a_j ein. Damit erhalten wir eine Funktion von A_j nach B. Anschließend projizieren wir diese Funktion auf den Ausgang b_i und erhalten damit eine Funktion von A_j nach B_i. Von dieser Funktion kann die Pfadsensibilität nach unserer Ausgangsdefinition (Def. 5) berechnet werden. Da jede Belegung der Restschnittstelle eine eigene eingeschränkte Funktion spezifiziert, müssen die einzelnen Pfadsensibilitäten dieser eingeschränkten Funktionen zu einer einzelnen Pfadsensibilität kompaktiert werden. Wir verwenden an dieser Stelle das arithmetische Mittel. Mögliche Erweiterungen, die man zur Steuerung von Testmustergeneratoren verwenden kann, werden im Ausblick aufgezeigt.

Def. 6: Die Pfadsensibilität eines kombinatorischen Moduls von einem Eingangsport a_j zu einem Ausgangsport b_i ($\mathrm{PathSe}_{j,i}$) ist definiert als das arithmetische Mittel des folgenden Ausdrucks, gebildet über alle Belegungen der Restschnittstelle $(a_1, \ldots, a_{j-1}, a_{j+1}, \ldots, a_m)$:

$$\frac{|\mathrm{im}((\lambda(a_1, \ldots, a_{j-1}, \bullet, a_{j+1}, \ldots, a_m))_i)| - 1}{|A_j| - 1}$$

Als Beispiel betrachten wir wieder den Halbaddierer. Zur Berechnung der Pfadsensibilität vom Eingang a zum Ausgang s wird zuerst die Modulfunktion des Halbaddierers auf den Eingang a eingeschränkt. Über den Wert an Port b muß gemittelt werden. Zur Berechnung der Pfadsensibilität des Pfades von a nach s projiziert man nun die beiden eingeschränkten Funktionen (b=0,1) auf den Ausgang s und betrachtet die Mächtigkeit der Bilder dieser Funktionen. Diese Mächtigkeit ist in den beiden Fällen gleich zwei. Nach Def. 6 erhalten wir dann:

$$\mathrm{PathSe}_{a,s}{}^{(0)} = \frac{|\mathrm{im}(\lambda(\bullet, 0)_s)| - 1}{|A_1| - 1} = \frac{2-1}{2-1} = 1$$

$$\mathrm{PathSe}_{a,s}{}^{(1)} = \frac{|\mathrm{im}(\lambda(\bullet, 1)_s)| - 1}{|A_1| - 1} = \frac{2-1}{2-1} = 1$$

Die endgültige Pfadsensibilität lautet damit $\mathrm{PathSe}_{a,s} = 1$.

2.4. Lokale Pfadsensibilität isolierter sequentieller Module

Analog zu den Steuerbarkeiten für sequentielle Module erweitern wir die Definition der Pfadsensibilitäten auf Folgen beliebiger Länge. Der Anfangszustand des betrachteten Automaten kommt in der Definition nicht vor, hat aber bei kleinen Folgenlängen einen großen Einfluß auf die Bilder der Ausgabefunktion. Die Berücksichtigung hängt im wesentlichen von der verfolgten Strategie bei der Testmustergenerierung ab.

Geht man von einem zufälligen Anfangszustand der Module aus, so fällt kein Aufwand für die Synchronisation von Zuständen an, die Propagationseigenschaften des Moduls werden aber in der Regel nicht optimal sein. Der Mittelwert der Mächtigkeiten der Bilder über alle möglichen Startzustände dürfte hier eine brauchbare Abschätzung sein. Eine weitere Möglichkeit ist, alle Module im Beobachtungspfad vor jedem einzelnen Testexperiment in solche Zustände überzuführen, die eine einfache Beobachtung ermöglichen. Bei dieser Vorgangsweise entsteht zwar zusätzlicher Synchronisationsaufwand bei der Zustandsüberführung in einen geeigneten Anfangszustand, dafür können aber beim Bild der Ausgabefunktion optimale Voraussetzungen angenommen werden. Wir verfolgen hier die zweite Alternative.

Die Pfadsensibilität der eingeschränkten Modulfunktion besteht wieder aus zwei Komponenten. Der zweite Faktor besitzt die gleiche Struktur wie die Pfadsensibilität für kombinatorische Module. Statt der einfachen Modulfunktion wird allerdings die Wortfunktion der Länge k von sequentiellen Modulen betrachtet. Wegen der vorausgesetzten Synchronisation verwenden wir immer die maximalen Bilder der betrachteten projizierten Funktionen. Der erste Faktor berücksichtigt den Aufwand für die Diagnose des Endzustands des Automaten, der die Modulfunktion realisiert. Bei i_{min} ist sowohl der (minimale) Aufwand für die Synchronisation zum Erreichen des optimalen Anfangszustandes für die Beobachtung als auch der Aufwand für die Diagnose des Endzustands des Automaten zu berücksichtigen.

Def. 7: Die Pfadsensibilität eines sequentiellen Moduls von Eingangsport a_j zu Ausgangsport b_i ($PathSe^k_{a_j,b_i}$) ist definiert als das arithmetische Mittel des folgenden Ausdrucks, gebildet über alle Belegungen der Restschnittstelle $(a_1, ..., a_{j-1}, a_{j+1}, ..., a_m)$:

$$\frac{1}{i_{min} + 1} \cdot \frac{|im((^k\lambda(a_1, ..., a_{j-1}, \bullet, a_{j+1}, ..., a_m))_i)| - 1}{|A^k| - 1}$$

i_{min} ... Länge der kürzesten Identifikationsfolge des Pfades von a_j nach b_i (bestehend aus Synchronisations- und Diagnosefolge; [9])

Ein Beispiel für die Berechnung der Pfadsensibilität findet sich in Abschnitt 5.

3. Testbarkeitsmaße für Module im Netz

Bei der Definition des Steuerbarkeits- und Beobachtbarkeitsaufwandes für Module, die in eine Schaltungsumgebung eingebettet sind, gehen wir wieder in zwei Schritten vor. Zuerst wird der einfache Fall der Definition vorgestellt, der nur auf Modulnetze ohne Rekonvergenzen und Rückkopplungen angewendet werden kann. Nach einer kurzen Betrachtung der Problematik von Rekonvergenzen und Rückkopplungen wird die Definition auf beliebige Netzstrukturen erweitert.

3.1. Der Steueraufwand in Netzen mit Baumstruktur

Die Steueraufwände werden induktiv berechnet. Nach der Initialisierung der Werte an den primären Eingangsports werden die weiteren Steueraufwände schrittweise im Schaltungsgraphen weiterpropagiert:

Def. 8: Für primäre Eingangsports a_i des Netzes setzen wir für den Steueraufwand: $Sa(a_i) := 0$

Sind die Steueraufwände an allen Eingangsports a_j eines Moduls bekannt, so werden die Steueraufwände für seine Ausgangsports b_i wie folgt berechnet:

$$Sa(b_i) := \frac{1}{Se(b_i) \cdot St(b_i)} - 1$$

$$Se(b_i) := \frac{1}{|Ic|} \sum_{a_j \in Ic} \frac{1}{Sa(a_j) + 1} \qquad Ic(b_i) := \{ a_j \mid FunDep(a_j, b_i) \}$$

Se bezeichnet die mittlere Steuerbarkeit der Moduleingänge. Die Mittelung erfolgt über die Steuerbarkeiten der einzelnen Eingangsports. Diese ist für das Port a_j durch den Ausdruck $1/(Sa(a_j)+1)$ gegeben. Alle Steuerbarkeiten liegen somit im reellen Intervall [0,1]. Die Mittelung wird beschränkt auf diejenigen Eingangsports a_j, von denen der Ausgangsport b_i funktional abhängt. Ein Ausgangsport b_i ist von einem Eingangsport a_j desselben Moduls funktional abhängig, wenn es bei dem Modul einen internen Zustand und eine Belegung der Resteingabeschnittstelle gibt, sodaß zwei verschiedene Eingangsbelegungen an a_j verschiedene Ausgaben an b_i hervorrufen. Eine solche funktionale Abhänigkeit beschreiben wir durch ein Prädikat FunDep(a_j, b_i). Diese Beschränkung ist vor allem bei komplexen Modulen auf hohen Abstraktionsebenen wichtig, damit der Mittelwert nicht durch Eingangsports verfälscht wird, die keinerlei funktionalen Einfluß auf das betrachtete Ausgangsport haben.

3.2. Die Erweiterung auf rekonvergente und rückgekoppelte Netze

Treten in einem Modulnetz Rekonvergenzen oder Rückkopplungen auf, so gibt es Module, deren Eingänge nicht mehr unabhängig voneinander eingestellt werden können. Der Grund liegt darin, daß in diesem Fall mehrere Eingänge eines Moduls von den gleichen primären Eingängen des Netzes funktional abhängen. In der Regel führt diese Abhängigkeit der Werte zu einer reduzierten Steuerbarkeit der Moduleingänge, die auch bei den Testbarkeitsmaßen berücksichtigt werden muß. Aus Effizienzgründen durchlaufen wir bei der Berechnung der Steuerbarkeits- und Beobachtbarkeitsmaße den Schaltungsgraphen nur einmal. Daher propagieren wir vektorwertige Steueraufwände $\underline{Sa}(b_i)$ anstelle der skalaren Größe $Sa(b_i)$. An den einzelnen Modulen ist damit genügend Information verfügbar, um die Berechnung des Steueraufwandes in beiden Fällen zu ermöglichen. Die erste Komponente des Vektors $\underline{Sa}(b_i)$, Sa_1, enthält den Steueraufwand nach der bereits vorgestellten Definition (Def. 8). Die zweite Komponente, Sa_2, stellt eine pessimistische Schätzung des Steueraufwandes im rekonvergenten Fall dar. Hierfür verwenden wir die Gesamtsteuerbarkeiten St. Bei der Berechnung der mittleren Steuerbarkeiten der Eingangsports muß man nun bei jedem Steueraufwand $Sa(a_j)$ entscheiden, ob der Eingangsport a_j auf einem rekonvergenten Pfad liegt. Ist dies der Fall, so setzt man die (pessimistische) zweite Komponente ein. Anderenfalls kann man die (bessere) erste Komponente verwenden.

Rückkopplungen und Rekonvergenzen beschreiben wir in einer einheitlichen Form durch funktionale Abhängigkeiten. Dazu erweitern wir unser Prädikat FunDep(a_i, a_j), das bisher nur lokal definiert war, auf funktionale Abhängigkeiten für beliebige Ports im Netzwerk.

Def. 9: Der Steueraufwand für beliebige Netzstrukturen:

$$\underline{Sa}(b_i) := (Sa_1, Sa_2) = \left(\frac{1}{Se(b_i)\cdot St(b_i)} - 1 , \quad \frac{1}{Se(b_i)\cdot St} - 1 \right)$$

$$Se(b_i) := \frac{1}{|Ic|} \sum_{a_j \in Ic} \frac{1}{Sa^*(a_j)+1} \qquad\qquad Ic(b_i) := \{ a_j \mid FunDep(a_j, b_i) \}$$

$$Sa^*(a_j) := \begin{cases} Sa_1(a_j), \text{ wenn gilt: } & (\forall k \neq j) : \neg FunDep(a_j, a_k) \\ Sa_2(a_j), \text{ wenn gilt: } & (\exists k \neq j) : FunDep(a_j, a_k) \end{cases}$$

3.3. Der Beobachtungsaufwand eines Modulausgangsports im Netz

Def. 10: Für primäre Ausgangsports b_i setzen wir als Beobachtungsaufwand:

$$Ba(b_i) := 0$$

Sind die Kosten an allen Ausgangsports b_i eines Moduls bekannt, so werden die Kosten an den Eingangsports wie folgt berechnet:

$$Ba(a_j) := \min_i \left(Ba(b_i) + \Delta g(a_j, b_i)\right)$$

Der Kostenzuwachs $\Delta g(a_j, b_i)$, den ein Modul zum Gesamtaufwand eines Beobachtungspfades beiträgt, hängt im wesentlichen von zwei Faktoren ab. Zum einen wirkt sich der Grad der Injektivität der Modulfunktion, den wir als Pfadsensibilität bezeichnet haben, auf die Kosten aus. Zusätzlich muß für die Module im Beobachtungspfad gewährleistet sein, daß die Pfade auch wirklich sensibel geschaltet sind. Diese Eigenschaft erreicht man durch geeignetes Ansteuern von jenen Moduleingängen, die nicht auf dem Beobachtungspfad liegen (Restschnittstelle). Dieser Aufwand ist ebenfalls beim Kostenzuwachs zu berücksichtigen.

Def. 11: Der Kostenzuwachs von einem Modulausgangs- zu einem Moduleingangsport:

$$\Delta g(a_j, b_i) := \left(\frac{1}{Sr} - 1\right)\left(\frac{1}{PathSe(a_j, b_i)} - 1\right)$$

$$Sr := \frac{1}{|Ic|} \sum_{\substack{a_k \in Ic \\ a_k \neq a_j}} \frac{1}{Sa(a_k) + 1}$$

Der Kostenzuwachs wird also Null, wenn einer der beiden Faktoren Null wird. Im Fall der Pfadsensibilität ist dies durchaus gerechtfertigt, da bei injektiver Modulfunktion die Belegung der Restschnittstelle für die Beobachtung eines Fehlers nicht relevant ist. Wird allerdings der Faktor, der die Steuerbarkeit der Restschnittstelle berücksichtigt, Null, so würde eine eventuell schlechte Pfadsensibilität unberücksichtigt bleiben. Das kann man in der Praxis verhindern, indem man bei diesem Faktor statt der Eins eine Konstante abzieht, die etwas kleiner als eins ist.

4. Die Berechnung der Steuer- und Beobachtungsaufwände

Die Steueraufwände im Netz können mit den induktiven Definitionen (Def. 8 bzw. Def. 9) problemlos berechnet werden. Zweckmäßigerweise initialisiert man zuerst die Steueraufwände der primären Eingangsports. Anschließend berechnen wir die Steueraufwände der Ausgangsports für die Module, wo auch die Steueraufwände an allen Moduleingängen bekannt sind. Diese Vorgangsweise ist für rückkopplungsfreie Schaltungen immer zielführend. Treten Rückkopplungen auf, so führt dies zu zyklischen Abhängigkeiten bei den Steueraufwänden. Aus diesem Grund ist eine direkte Berechnung der Werte nicht mehr möglich. Die Abhängigkeiten können aber in Form eines eindeutig bestimmten linearen Gleichungssystems beschrieben werden. Da das automatisierte Aufstellen des Gleichungssystems nur schwer möglich ist, lösen wir das Problem mit einem Iterationsverfahren auf dem Schaltungsgraphen, das schnell gegen die gesuchten Werte konvergiert. Das Verfahren arbeitet folgendermaßen:

Solange es Knoten gibt, wo alle Steueraufwände an den Eingängen bekannt sind, werden die Werte nach Def. 9 weiterpropagiert. Gibt es nur noch Module, wo die Steueraufwände an einem oder mehreren Eingängen unbekannt sind, so ist man auf einen Zyklus gestoßen. Man nimmt bei einem dieser Module an allen unbestimmten Eingängen einen Startwert für den Steueraufwand von $Sa := 0$ an. Iteriert wird in dem Zyklus solange, bis die Differenz zweier aufeinanderfolgender Werte in einem Intervall vorgegebener Größe liegt. Der Konvergenzbeweis für das Verfahren wird in [10] gegeben.

Prinzipiell könnte die Berechnung der Beobachtungsaufwände analog zur Berechnung der Steueraufwände erfolgen. Die Beobachtungsaufwände müßten dazu systematisch von den primären Ausgangsports aus in Richtung der primären Eingänge weiterpropagiert werden. Bei den betrachteten Schaltungsbeispielen erwies sich jedoch eine andere Vorgangsweise als effizienter. Bei der Berechnung des Beobachtungsaufwandes wird das Minimum über alle möglichen Pfade vom betrachteten Port zu den primären Ausgangsports gesucht. Dabei kann man etwas Rechenzeit einsparen, wenn man nur die erfolgversprechendsten Pfade untersucht. Für diese Aufgabe gibt es in der KI Standardsuchalgorithmen wie den A*-Algorithmus [11]. Eine Heuristikfunktion schätzt bei jedem Pfad den Aufwand ab, der bis zum Erreichen des Zielzustandes erwartet wird. Der Algorithmus verfolgt immer jenen Weg, bei dem der erwartete Gesamtaufwand (bisherige Kosten des Teilpfades plus Wert der Heuristikfunktion) minimal ist. Der Suchbereich innerhalb des Schaltungsgraphen kann damit sehr gut mit der Heuristik gesteuert werden. Die einfachste Heuristikfunktion ist die Länge des Weges mit Kantengewicht eins. Wichtet man die Kanten mit einem Wert in der Größenordnung der Kostenzuwächse Δg, so erhält man eine etwas bessere Heuristik, mit der etwa 10 % Rechenzeit eingespart wird.

5. Anwendung

Als einfaches Anwendungsbeispiel für das vorgestellte Testbarkeitsanalyseverfahren wurde ein einfacher Computer (simple instruction computer, sic) ausgewählt, von dem ein hierarchischer Entwurf vorlag. Der Entwurf wurde aus einer funktionalen Spezifikation, die in [12] enthalten ist, abgeleitet.

Der Prozessorkern besitzt einen reduzierten Instruktionssatz und eine Load/Store-Architektur. Die Ein-/Ausgabe erfolgt über memory mapped I/O. Das letzte Wort im Adreßraum des Computers ist also kein normales Speicherwort, sondern ein Ein-/Ausgabeport, über das der Computer mit seiner Umwelt kommunizieren kann. Dieses Port ist auch der einzige Steuer- und Beobachtungspunkt zum Testen des Computers, wenn keine weiteren Testhilfen vorgesehen werden (Abb. 4). Wir betrachten zwei verschiedene Entwurfsalternativen, die sich durch unterschiedliche Wahl von Steuer- und Beobachtungspunkten stark in ihrer Testbarkeit unterscheiden.

Die Berechnung der lokalen Testbarkeitsparameter wird hier nur beispielhaft für die ALU durchgeführt. Eine vollständige Übersicht über die Werte findet sich in [10]. Wir stellen zuerst die Berechnung der Werte bei Folgenlänge $k=1$ vor und verallgemeinern diese anschließend auf beliebige Folgenlängen. Die Automatendarstellung der ALU, die wegen der Eingangslatches sequentielles Verhalten aufweist, lautet:

$$A = A_1 \times A_2 \times C \qquad \text{mit } A_1 = A_2 = \{-2^{n-1},\ldots,2^{n-1}-1\},\ n=16$$
$$\text{und } C = \{\text{add, sub, incr, ident, Awrite, Bwrite, ABwrite, NoOp}\}$$

$$B = \{-2^{n-1},\ldots,2^{n-1}-1\}$$

$$Q = Q_1 \times Q_2 \qquad \text{mit } Q_1 = Q_2 = \{-2^{n-1},\ldots,2^{n-1}-1\}$$

$$\delta(a_1,a_2,c,q_1,q_2) := \begin{cases} (a_1,q_2) & \text{wenn } c = \text{Awrite} \\ (q_1,a_2) & \text{wenn } c = \text{Bwrite} \\ (a_1,a_2) & \text{wenn } c = \text{ABwrite} \\ (q_1,q_2) & \text{in allen anderen Fällen} \end{cases}$$

$$\lambda(a_1,a_2,c,q_1,q_2) := \begin{cases} q_2 & \text{wenn } c = \text{ident} \\ q_2+1 & \text{wenn } c = \text{incr} \\ q_1 - q_2 & \text{wenn } c = \text{sub} \\ q_1+q_2 & \text{wenn } c = \text{add} \\ \text{hochohmig} & \text{in allen anderen Fällen} \end{cases}$$

Aus der Zustandsüberführungsfunktion δ wird ersichtlich, daß die ALU in einem Taktschritt in jeden beliebigen Zustand überführt werden kann. Damit ist die mittlere Länge der Synchronisationsfolgen $s = 1$. Da in der Ausgabefunktion nur surjektive Abbildungen (Addition, Subtraktion und Identität) verwendet werden, ist $\text{im}(\lambda) = B$. Nach Definition Def. 3 ergibt sich nun die Portsteuerbarkeit des Ausgangs der ALU, die gleich der Gesamtsteuerbarkeit der ALU (Def. 4) ist:

$$St(b) = \frac{1}{1+1}\,\frac{2^{16}-1}{2^{16}-1} = \frac{1}{2}$$

Als nächstes untersuchen wir die Pfadsensibilität von Eingang a_1 zum Ausgang. Die Länge der Diagnosefolge ist $i_{min}=1$, da die Ergebnisse nach einem Taktschritt am Ausgang anliegen. Eine Synchronisation auf einen geeigneten Anfangszustand ist nicht nötig, da alle Zustände gleichwertig sind. Aus der Ausgabefunktion λ kann entnommen werden, daß die auf Eingang a_1 eingeschränkte Modulfunktion entweder injektiv (c = add, sub) oder konstant (Bei den anderen 6 Belegungen des Steuereingangs c) ist. Der Eingang a_2 hat keinerlei Einfluß auf das Bild der Funktion. Daher genügt es, beim Mittelwert über die Belegung der Restschnittstelle (Def. 7) nur die 8 Eingangsbelegungen des Steuereingangs c zu berücksichtigen:

$$\mathrm{PathSe}_{a1,b} = \frac{1}{8}\left(\frac{1}{1+1}\,\frac{2^{16}\text{-}1}{2^{16}\text{-}1}\,2 + \frac{1}{1+1}\,\frac{1\text{-}1}{2^{16}\text{-}1}\,6 \right) = \frac{1}{8}$$

Analog dazu wird die Pfadsensibilität von Eingang a_2 zum Ausgang b berechnet. Hier gibt es vier Belegungen des Steuereingangs, bei denen die eingeschränkte Modulfunktion injektiv ist. Daher ergibt sich eine Pfadsensibilität von 1/4.

Als letztes betrachten wir die Pfadsensibilität vom Steuereingang c zum Ausgang. Wir synchronisieren gemäß Abschnitt 2.4 den Zustand so, daß $q_1 \neq 0$ und $q_1 \neq 1$ ist. Damit ergibt sich das maximale Bild der Modulfunktion, da ident und incr nun von den Rechenoperationen unterscheidbar sind. Die Folgenlänge i_{min} ist daher wieder 1, da die Synchronisation einen Taktschritt benötigt und das Ergebnis direkt und ohne takten beobachtet werden kann. Die Belegung der Restschnittstelle (Eingang a_1 und a_2) hat keinen direkten Einfluß auf den Ausgang. Daher entfällt bei der Berechnung der Pfadsensibilität die Mittelwertbildung:

$$\mathrm{PathSe}_{c,b} = \frac{1}{1+1}\,\frac{4}{8} = \frac{1}{4}$$

Nun untersuchen wir noch die lokalen Testbarkeitsparameter für Folgenlängen größer eins. In diesem Fall muß nach jedem Ausgabetakt die Zustandsvariable umgeladen werden, da sich sonst eine konstante Ausgabefolge ergeben würde. Aus der Zustandsüberführungsfunktion ist ersichtlich, daß beim Umladen der Ausgang hochohmig ist. Die Mächtigkeit des Bildes ist daher nur $(2^{16})^{k/2}$ bei einem Bildbereich von $(2^{16})^k$. Da der Aufwand für die Synchronisation gleichbleibt, sinkt die Steuerbarkeit des Ausgangs exponentiell mit steigender Folgenlänge. Dieser exponentielle Abfall gilt auch für die Pfadsensibilitäten.
Die lokalen Testbarkeitsparameter der anderen Module liegen bei Folgenlänge $k=1$ im Bereich 1 ... 10^{-6} und fallen ebenfalls exponentiell mit steigender Folgenlänge. Die schlechtesten Werte ergeben sich beim Steuerwerk.

Als nächstes untersuchen wir die Testbarkeit des gesamten Computers. Alle vorgestellten Auswertungen beziehen sich auf Folgenlänge 1. Bei größeren Folgenlängen verschlechtern sich die Testbarkeitswerte exponentiell, die qualitativen Aussagen bleiben aber gleich. Wir betrachten die Testbarkeitswerte von zwei verschiedenen Entwurfsalternativen, die sich in der Testbarkeit stark voneinander unterscheiden. Zunächst untersuchen wir den Prozessor ohne zusätzliche Testhilfen. Der Prozessor muß daher mit normalen Lade- und Speicheroperationen auf das Ein-/Ausgabeport zugreifen. Die Steuer- und Beobachtungsaufwände können aus Tab. 1 (Sic1) entnommen werden. Die hohen Werte ergeben sich aus den schlechten lokalen Testbarkeitsparametern der sequentiellen Module und aus den Zyklen in der Schaltung. Bei der zweiten Variante (Sic2) wurde die Logik im Bereich der Ein-/Ausgabeports so erweitert, daß der ABus direkt über das Ausgangsport beobachtet und der BBus direkt vom Eingangsport angesteuert werden kann. Der BBus kann über das Instruktionsregister beobachtet werden. Die beiden zusätzlichen Beobachtungspunkte wurden mit Fanoutknoten, von denen ein Ausgang primärer Ausgang des Netzes ist, modelliert. Die Testhilfe zur Einstellung des BBus wurde mit einem Multiplexer in der Verbindung zwischen Memory und BBus realisiert. Wie man aus den Auswertungen (Tab. 1, Sic2) ersehen kann, ist diese Schaltung besser testbar als die erste Version. An den Beobachtungsaufwänden kann man erkennen, daß das Steuerwerk mit den Testhilfen im Datenpfad weiterhin nur schwer beobachtet werden kann und damit am schlechtesten testbar ist. Im Gegensatz dazu sind die Module im Datenpfad wesentlich besser steuerbar und beobachtbar. Die schlechten Steuerbarkeiten der Steuerwerksausgänge wirken sich aber auch in diesem Teil des Prozessors negativ aus.

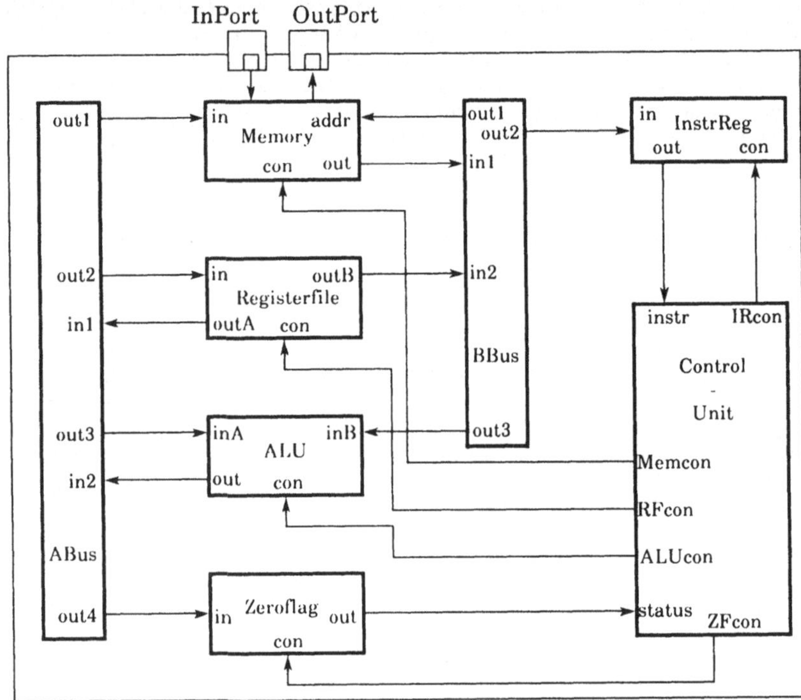

Abb. 4: Der Sic1, ein einfacher Computer

Modul	Port	Sic1	Sic2
Memory	PortIn	0	0
	in	2000	350
	addr	15	2
	con	2500	435
Registerfile	in	2000	350
	con	2500	435
ALU	inA	2000	350
	inB	15	2
	con	2500	435
Zeroflag	in	2000	350
	con	2500	435
InstrReg	in	15	2
	con	2500	435
ControlUnit	instr	65	10
	status	10^6	$2 \cdot 10^5$
ABus	in1	1000	180
	in2	$2 \cdot 10^6$	$3 \cdot 10^5$
BBus	in1	7	0.4
	in2	1000	180

Steueraufwände

Modul	Port	Sic1	Sic2
Memory	out	10^8	10^7
	PortOut	0	0
Registerfile	outA	10^{11}	$2 \cdot 10^{10}$
	outB	$7 \cdot 10^7$	$3 \cdot 10^4$
ALU	out	$7 \cdot 10^7$	10^7
Zeroflag	out	7500	6000
InstrReg	out	$5 \cdot 10^8$	$8 \cdot 10^7$
ControlUnit	Memcon	6000	6000
	RFcon	$9 \cdot 10^7$	$4 \cdot 10^6$
	ALUcon	$5 \cdot 10^{11}$	$9 \cdot 10^{10}$
	ZFcon	$7 \cdot 10^{22}$	10^{22}
	IRcon	$5 \cdot 10^8$	$8 \cdot 10^7$
ABus	out1	8000	0
	out2	10^8	10^7
	out3	$7 \cdot 10^7$	10^7
	out4	$8 \cdot 10^{10}$	10^{10}
BBus	out1	10^8	10^7
	out2	$5 \cdot 10^8$	0
	out3	$7 \cdot 10^7$	10^7

Beobachtungsaufwände

Tab. 1: Ergebnisse der Testbarkeitsanalyse für Sic1 und Sic2

6. Ausblick

In dem vorliegenden Bericht wurde ein Verfahren zur Testbarkeitsanalyse vorgestellt, das bereits während der Architekturphase eines Entwurfs auf hohen Modellierungsebenen eingesetzt werden kann. Einzige Voraussetzung an den Entwurfsstil des Entwicklers sind der vollsynchrone Entwurf und eine top-down Vorgangsweise. Der Algorithmus, der als Prototyp in LISP implementiert wurde, liefert außer der Testbarkeitsbewertung auch Vorschläge für mögliche Beobachtungspfade, mit denen ein Testmustergenerator gesteuert werden kann. Ein weiteres Anwendungsgebiet, wo man Testbarkeitsmaße vorteilhaft anwenden kann, ist die Teststrategieplanung. Hier wird der Entwickler bei der Aufgabe, Testkonzepte für einen Schaltungsentwurf auszuwählen, unterstützt.

Folgende Erweiterungen bei der bestehenden Implementierung sind denkbar und wünschenswert. Für die Berechnung der lokalen Testbarkeitsparameter sollte eine geeignete Rechnerunterstützung zur Verfügung gestellt werden. Denkbar wären hier statistische Schätzmethoden, mit denen die lokalen Testbarkeitsparameter durch Auswerten einer Stichprobe ermittelt werden.

Die Pfadsensibilität für die Module könnte ebenso wie bei den Steueraufwänden auf einen Vektor der Länge zwei erweitert werden, bestehend aus der bereits in Definition Def. 6 bzw. Def. 7 vorgestellten (mittleren) Pfadsensibilität und der maximalen Pfadsensibilität bei allen Belegungen der Restschnittstelle. Speichert man zusätzlich die Sensibilisierungsbedingungen ab, die zu diesen optimalen Eigenschaften führen, so können diese Informationen vom Testmustergenerator bei der Auswahl und Sensibilisierung von geeigneten Beobachtungspfaden genutzt werden.

Auch der Hierarchieebenenwechsel, wo die aktuellen Testbarkeitswerte an einer Modulgrenze auf die Ports der zugehörigen Substruktur übertragen werden, muß besser unterstützt werden. Zum Beispiel wird derzeit die Möglichkeit, daß Leitungsbündel oder Busse beim Ebenenwechsel auf Einzelleitungen aufgespalten werden können, nicht unterstützt. Bleibt das Abstraktionsniveau an den Ein- und Ausgangsports beim Ebenenwechsel gleich, so können die Testbarkeitswerte jetzt schon problemlos auf die Substruktur übertragen werden. Diese Werte berücksichtigen die Eigenschaften der Schaltungsumgebung, in die das Modul eingebettet ist, sowohl bei der Berechnung der Testbarkeitswerte als auch bei der Suche der Beobachtungspfade in der aktuellen Substruktur. Die vollständigen Beobachtungspfade ergeben sich, wenn der Pfad in der umschließenden Substruktur weiterverfolgt wird.

Literatur

[1] Bennetts R. G.:
Design of Testable Logic Circuits
Addison-Wesley Publishing Company, Finland 1984

[2] Stephenson J. E., Grason J.:
A Testability Measure For Register Transfer Level Digital Circuits
Sixth International Fault Tolerant Computing Symposium 1976, Digest of Papers

[3] Goldstein L. H.:
Controllability/observability analysis for digital circuits
IEEE Trans. Circuits and Systems, CAS-26, No.9, pp. 685-693

[4] Savir J.:
Good controllability and observability do not guarantee good testability
IEEE Trans. Comput. (USA); Dec. 1983, pp. 1198-1200

[5] Feiten W., Hofestädt H.:
Embedding Test Pattern Generation into Design
Proceedings EUROCAST'89, pp. 381 - 398

[6] Hofestädt H., Gerner M.:
Qualitative Testability Analysis And Hierarchical Test Pattern Generation - A New Approach To Design For Testability ?
Proceedings IEEE International Test Conference (ITC) 1987, pp. 538 - 546

[7] Pichler F.:
Mathematische Systemtheorie
De Gruyter & Co, Berlin 1975

[8] Hartmanis J., Stearns R. E.:
Algebraic Structure Theory of Sequential Machines
Prentice-Hall, INC. Englewood Cliffs, N.J., 1966

[9] Booth T. L.:
Sequential Machines and Automata Theory
John Wiley and Sons, New York 1968

[10] Lehner E. J.:
Testbarkeitsanalyse in hierarchischen Modulnetzwerken
Diplomarbeit, Institut für Systemwissenschaften, Universität Linz, 1990

[11] Nilsson N.J. :
Principles of Artificial Intelligence
Morgan Kaufmann Publishers, Inc., Palo Alto 1986

[12] Hafner K.-H.:
VLSI - Architektur sequentieller Prozesse
Vorlesungsskriptum der Universität München, 1987

[13] Agrawal V. D., Mercer M.R.:
Testability measures - what do they tell us ?
IEEE International Test Conference (ITC) 1982, Digest Of Papers, pp. 391 - 396

[14] Kovijanic P. G.:
Testability Analysis
IEEE Test Conference 1979, Cherry Hill, New Jersey 1979

EIN NEUES, EFFIZIENTES VERFAHREN ZUM TESTPUNKTEINBAU IN KOMBINATORISCHEN SCHALTUNGEN

Bernhard H. Seiß

Lehrstuhl für
Rechnergestütztes Entwerfen
Technische Universität München
Postfach 202420, 8000 München 2

Michael H. Schulz

Siemens AG
Abteilung DI AP 223
Postfach 83 09 51
8000 München 83

Abstract

Ein schnelles Verfahren zur Einbauplatzbestimmung von Testpunkten in kombinatorischen Schaltungen wird vorgestellt, mit dessen Hilfe die Zufallsmustertestbarkeit erheblich verbessert wird. Die vorgeschlagene Methode basiert auf einem Testbarkeitsmaß und erzielt bereits mit dem Einbau von wenigen Testpunkten eine wesentliche Verkürzung der Testlängen für eine gegebene Fehlerüberdeckung bzw. eine wesentliche Steigerung der Fehlerüberdeckung bei gegebener Testlänge.

1 Einleitung

In den letzten Jahren ist das Testproblem, bedingt durch die steigenden Schaltungskomplexitäten, stark in den Vordergrund gerückt. Eine Methode, Schaltungen zu testen, die in den letzten Jahren große Akzeptanz gefunden hat, ist der sogenannte Built-In Self-Test (BIST). Dabei werden z.B. von einem Zufallsmustergenerator auf dem Chip Muster erzeugt. Allerdings gibt es Schaltungen, an die große Musterzahlen angelegt werden müssen, um eine hohe Fehlerüberdeckung zu erzielen. Dies hat bei Schaltungen, bei denen die Muster über einen Scan-Path angelegt werden, eine hohe Zahl von notwendigen Taktzyklen zur Folge. Damit steigt auch die Zeit, die für den Test notwendig ist, und somit die Testkosten.
Eine Methode, die notwendigen Testlängen zu verkürzen, bzw. bei gegebener Testlänge die Fehlerüberdeckung zu erhöhen, besteht darin, mit gewichteten Zufallsmustern zu arbeiten. Damit können die Testlängen um einen Faktor von bis zu 100 verkürzt werden [15].
Eine andere vielversprechende Möglichkeit besteht darin, eine Schaltung bereits während des Designprozesses durch den Einbau von Testpunkten besser zufallstestbar zu machen. Darüber hinaus ist auch die Kombination von gewichteten Zufallsmustern mit dem Einbau von Testpunkten möglich.
Auf dem Gebiet des Testpunkteinbaus gab es in den letzten Jahren nur einige wenige Arbeiten. Dabei ist grundsätzlich zwischen Verfahren zu unterscheiden, die die deterministische Testmustergenerierung unterstützen, solchen, die den pseudo-erschöpfenden Test ermöglichen, und solchen, die eine Verbesserung der Zufallsmustertestbarkeit zum Ziel haben. Die ersteren Verfahren liefern Vorschläge für den Einbau von Testpunkten, so daß die deterministische Testmustergenerierung erleichtert wird [12, 13, 16]. Mit diesen Ansätzen läßt sich die Fehlerüberdeckung, die ein automatischer Testmustergenerator liefert, erheblich steigern. Ein Verfahren nach [19] dagegen hat zum Ziel, die Schaltung durch den Einbau von wenigen Segmentierungszellen pseudo-erschöpfend testbar zu machen. Die Verfahren, die auf eine Verbesserung der Zufallsmustertestbarkeit abzielen, lassen sich wiederum in zwei Gruppen einteilen. Die Verfahren der ersten Gruppe beruhen auf einer Fehlersimulation mit Zufallsmustern. Die Ergebnisse dieser Simulation werden in [9] genutzt, um die Struktur der Schaltung im Hinblick auf Rekonvergenzmaschen zu untersuchen. In [14] werden die Simulationsergebnisse benutzt, um festzustellen, inwieweit sich die Fehlereffekte in der Schaltung fortpflanzen,

bzw. um die Gatter zu finden, welche die Fehlereffektausbreitung stoppen. Beiden Verfahren ist ein hoher Rechenzeitaufwand zu eigen, da zahlreiche Simulationen mit typischerweise hohen Musterzahlen durchzuführen sind. Zudem geht der Ansatz nach [14] davon aus, daß der Testsatz für die Fehlersimulation bereits bekannt ist, was jedoch in der Praxis nicht immer der Fall ist.
Außerdem liefert dieses Verfahren zwar vollständig zufallsmustertestbare Schaltungen, benötigt dazu jedoch sehr viele Testpunkte und geht zusätzlich aus von einer -vor dem Testpunkteinbau ablaufenden- Logikminimierung der Schaltung. Eine andere Vorgehensweise beim Testpunkteinbau beruht auf der Verwendung von Testbarkeitsmaßen [10, 17]. Der vorgestellte Ansatz basiert ebenfalls auf einem Testbarkeitsmaß, verwendet dieses jedoch nicht unmittelbar als Kriterium für die Einbauplatzbestimmung, sondern leitet daraus Gradienten ab, die eine globalere Aussage darüber ermöglichen, wie sich der Einbau eines Testpunktes auf die Zufallmustertestbarkeit der Schaltung auswirkt. Das hier vorgestellte Verfahren hat das Ziel, dem Schaltungsentwickler ein schnelles Hilfsmittel in die Hand zu geben, das in kurzer Zeit Vorschläge liefert für Testpunkte, welche die Zufallsmustertestbarkeit erheblich verbessern. Es basiert allein auf der Kenntnis der Schaltungsstruktur und kommt ohne die Kenntnis des Testmustersatzes aus. Der vorgestellte Ansatz kann auch als schnelle Vorstufe für ein exakteres, aber wesentlich langsameres Verfahren nach [14] verwendet werden, in der Absicht, den gesamten Testpunkteinbauprozess zu beschleunigen.

2 Schaltungsstruktur

Eine kombinatorische Schaltung läßt sich durch einen gerichteten Graphen $G = (V, E)$ darstellen. Der Knotenvektor V enthält die Menge der Signale (hat ein Signal einen Fanout größer als eins, dann sind sowohl der Fanoutstamm als auch die Fanoutzweige Elemente von V). V_I sei im folgenden der Eingangssignalvektor, V_O der Ausgangssignalvektor. Für den Kantenvektor E gilt: Eine gerichtete Kante (x,y) ist genau dann ein Element von E, wenn x Eingangssignal eines Gatters ist und y Ausgangssignal desselben Gatters oder wenn x ein Fanoutstamm ist und y ein zu x gehöriger Fanoutzweig. Mit pre(x) bzw. anc(x) sei im folgenden die Menge der Vorgänger bzw. Vorfahren von x in G bezeichnet, mit suc(x) bzw. des(x) die Menge der Nachfolger bzw. der Nachfahren von x in G.

3 Grundlagen des Testpunkteinbaus

Man unterscheidet beim Testpunkteinbau zwischen sogenannten Einstellbarkeitspunkten und Beobachtbarkeitspunkten. Ein Beobachtbarkeitspunkt ist ein zusätzlicher Primärausgang, bzw. eine Verbindung zu einem zusätzlichen Element des Scan-Path. Er dient dazu, ein Signal in der Schaltung besser beobachten zu können. Ein Einstellbarkeitspunkt wird als Gatter realisiert, das in die Schaltung eingebaut wird, und dessen einer Eingang als Primäreingang aus der Schaltung herausgeführt wird (Bild 1).

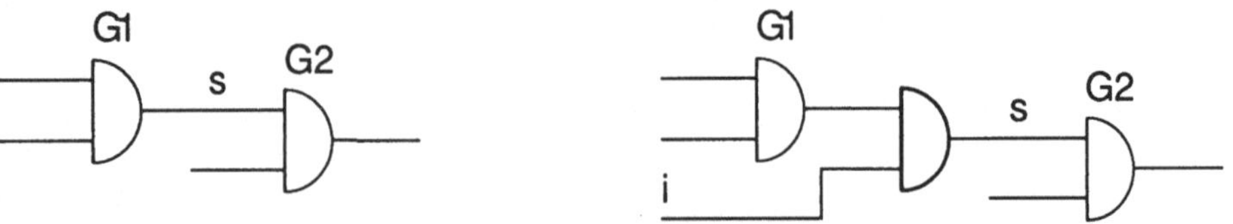

Bild 1. Schaltungsausschnitt vor und nach dem Einbau eines Einstellbarkeitspunktes am Signal s

Im normalen Betriebsmodus der Schaltung wird an den Eingang i der nicht kontrollierende Wert angelegt, was zur Folge hat, daß das zusätzliche Gatter die Funktion der Schaltung nicht beeinflußt. Im Testmodus jedoch fungiert i als zusätzlicher Primäreingang, an den zufällige Bitmuster angelegt werden. Damit wird es möglich, die Leitung s besser zu kontrollieren.

Ziel des Testpunkteinbaus ist es, die optimalen Einbauplätze sowohl für Beobachtbarkeits- als auch für Einstellbarkeitspunkte zu finden, so daß sich mit einer möglichst geringen Anzahl von Testpunkten die Testbarkeit der Schaltung wesentlich verbessert.
Der vorgestellte Ansatz beruht auf dem Testbarkeitsmaß COP [4, 5, 6], das für jedes Signal s der Schaltung ein statistisches Maß für die Eins-Einstellbarkeit C_s und die Beobachtbarkeit O_s liefert. Die Werte von C_s und O_s entsprechen Wahrscheinlichkeiten und bewegen sich im Bereich zwischen 0 und 1. Im folgenden wird unter Einstellbarkeit immer die statistische Eins-Einstellbarkeit verstanden.
Die Berechnung für die Einstellbarkeiten und Beobachtbarkeiten über ein Gatter hinweg sei hier beispielhaft für ein AND-Gatter nach Bild 2 angegeben:

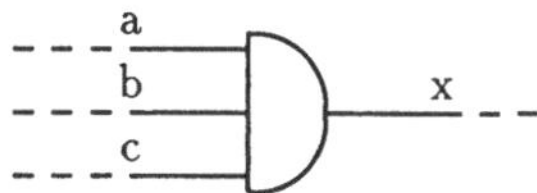

Bild 2. Berechnung der Testbarkeitsmaße für ein AND-Gatter

Es gilt z.B für die Einstellbarkeit des Ausgangssignales x: $C_x = C_a C_b C_c$ und für die Beobachtbarkeit des Eingangssignales a: $O_a = O_x C_b C_c$. Dieses Maß liefert einen guten Anhaltspunkt dafür, inwieweit ein Signal einstellbar bzw. beobachtbar ist, also auch, ob ein Signal besonders schlecht einstellbar bzw. beobachtbar ist. Es ist aber zur Einbauplatzbestimmung nur bedingt tauglich. So kann ein Testpunkt, der die Einstellbarkeit an einem bisher schlecht einstellbaren Signal verbessert, an anderer Stelle in der Schaltung die Einstellbarkeiten verschiedener Signale verschlechtern und damit zu einer insgesamt schlechteren Testbarkeit der Schaltung führen. Das Problem beruht darauf, daß die Werte C_s und O_s nur lokale Bedeutung haben, also Aussagen über die Einstellbarkeit bzw. Beobachtbarkeit des Signales s zulassen. Sie sagen nichts darüber aus, wie diese Werte am Signal s die Werte an einem anderen Signal beeinflussen. Um ein globaleres Maß zu erhalten, d.h. ein Maß dafür, welchen Einfluß die Änderung der Einstellbarkeit bzw. Beobachtbarkeit an einem Signal auf die Einstellbarkeiten bzw. Beobachtbarkeiten anderer Signale hat, empfiehlt sich eine andere Vorgehensweise. Es wird eine Kostenfunktion K eingeführt, die ein Maß ist für die Zufallsmustertestbarkeit. Zusätzlich werden für jedes Signal s zwei Gradienten D_{C_s} und D_{O_s} eingeführt, die angeben, wie sich die Kostenfunktion K der Gesamtschaltung ändert, wenn sich die Einstellbarkeit bzw. Beobachtbarkeit am Signal s ändert.
Eine naheliegende Kostenfunktion ist nach [15]

$$K = \sum_{i=1}^{F} \frac{1}{p_i}, \tag{1}$$

wobei F die Zahl der Fehler in der Schaltung ist, und p_i die Entdeckungswahrscheinlichkeit des Fehlers am Signal i. p_i ist gegeben durch

$$p_{i/1} = (1 - C_i)O_i \text{ bzw. } p_{i/0} = C_i O_i \tag{2}$$

für den Ständig-auf-1- bzw. Ständig-auf-0-Fehler. Es gilt nun, die Menge der Gradienten $D = \{D_C, D_O\} = \{\frac{\partial K}{\partial C_1}, ..., \frac{\partial K}{\partial C_Z}, \frac{\partial K}{\partial O_1}, ..., \frac{\partial K}{\partial O_Z}\}$ für eine Schaltung mit Z Signalen zu berechnen. Um bei der Berechnung dieses Gradientenvektors ohne die explizite Kenntnis der Funktion $K = f(C_1, ..., C_Z, O_1, ..., O_Z)$ auszukommen und ohne die Funktion K der Reihe nach nach jeder Variablen zu differenzieren, wird eine Vorgehensweise gewählt, bei der die Gradienten für jedes Signal schrittweise durch die Anwendung einer Kettenregel unmittelbar aus der Schaltungsstruktur und den anliegenden Einstellbarkeiten und Beobachtbarkeiten abgeleitet werden [15]. Die Herleitung der dazu notwendigen Formeln kann im Zusammenhang mit dem Testpunkteinbau völlig neu interpretiert werden. Ein Beobachtbarkeitspunkt an einem Signal s verbessert außer der Beobachtbarkeit des Signals s nur die Beobachtbarkeit von Signalen $j \in anc(s)$. Er beeinflußt in keiner Weise irgendwelche Einstellbarkeiten. Der Einflußbereich eines Beobachtbarkeitspunktes ist in Bild 3 anschaulich dargestellt.

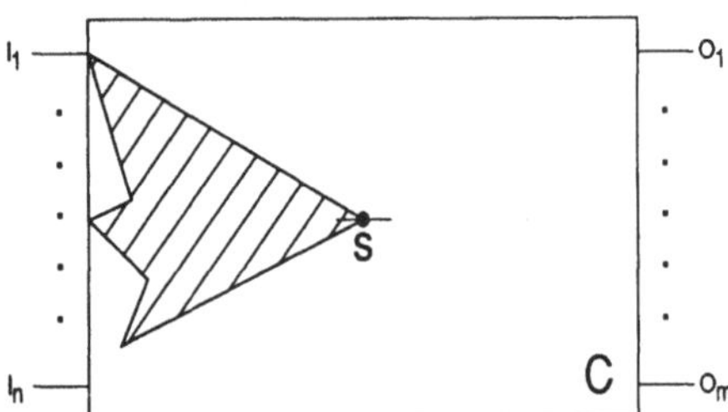

Bild 3. Einflußbereich eines Beobachtbarkeitspunktes am Signal s

Ein Spezialfall tritt auf, wenn der Beobachtbarkeitspunkt an einem Primäreingang s eingebaut wird. Dann wird nur die Beobachtbarkeit des Signales s selbst beeinflußt. Die Änderung der Kostenfunktion abhängig von der Änderung der Beobachtbarkeit am Signal s kann dann ausgedrückt werden durch

$$\frac{\partial K}{\partial O_s} = \frac{\partial(1/p_{s/0})}{\partial O_s} sa0 + \frac{\partial(1/p_{s/1})}{\partial O_s} sa1, \tag{3}$$

wobei die Ausdrücke sa0 bzw. sa1 den Wert 1 haben, wenn am Signal s die Fehler s-sa0 bzw. s-sa1 modelliert sind, ansonsten haben sa0 bzw. sa1 den Wert 0. Wird der Beobachtbarkeitspunkt nicht an einem Primäreingang eingebaut, so sind außer den Termen, die den Einfluß der Beobachtbarkeitsänderung am Signal s selbst auf die Kostenfunktion angeben, noch Terme nötig, die den Einfluß der Beobachtbarkeitsänderungen an den Signalen $i \in pre(s)$ auf die Kostenfunktion der Schaltung berücksichtigen. Es ergibt sich

$$\frac{\partial K}{\partial O_s} = \frac{\partial(1/p_{s/0})}{\partial O_s} sa0 + \frac{\partial(1/p_{s/1})}{\partial O_s} sa1 + \sum_{i \in pre(s)} \frac{\partial K}{\partial O_i}\frac{\partial O_i}{\partial O_s}. \tag{4}$$

Die Ausdrücke $\frac{\partial O_i}{\partial O_s}$ berücksichtigen jeweils den Einfluß der Beobachtbarkeitsänderung am Signal s auf die Beobachtbarkeit seiner Vorgänger, die Ausdrücke $\frac{\partial K}{\partial O_i}$ berücksichtigen den Einfluß der Beobachtbarkeitsänderung an diesen Vorgängern auf die Kostenfunktion. Jeder der Summenterme beschreibt damit den Einfluß der Beobachtbarkeitsänderung an einem Vorgängersignal von s -bedingt durch die Beobachtbarkeitsänderung an s- auf die Kostenfunktion. Die Ausdrücke für $\frac{\partial O_i}{\partial O_s}$ ergeben sich aus der Gatterfunktion. Es gilt z.B. für ein AND-Gatter nach Bild 2: $\frac{\partial O_a}{\partial O_x} = C_b C_c$.
Besitzt ein Signal einen Fanout größer als eins, so wird zunächst gemäß Gleichung (3) bzw. (4) der Gradient für den Fanoutstamm berechnet. Danach werden die Gradienten der Fanoutzweige gemäß Gleichung (4) ausgewertet, wobei s dem Fanoutzweig entspricht und i den Fanoutstamm bezeichnet. Die Summation ist daher nur über den einzigen unmittelbaren Vorgänger des Fanoutzweiges s, also den Fanoutstamm i, durchzuführen.
Komplizierter sind die Verhältnisse beim Einbau eines Einstellbarkeitspunktes. Der Einbau eines Einstellbarkeitspunktes an einem Signal s beeinflußt die Einstellbarkeiten an den Nachfolgesignalen von s. Diese Änderungen der Einstellbarkeiten an den Nachfolgesignalen bewirken aber eine Änderung der Beobachtbarkeiten an den Vorgängersignalen der Nachfolger von s. Dies ist in Bild 4 dargestellt.

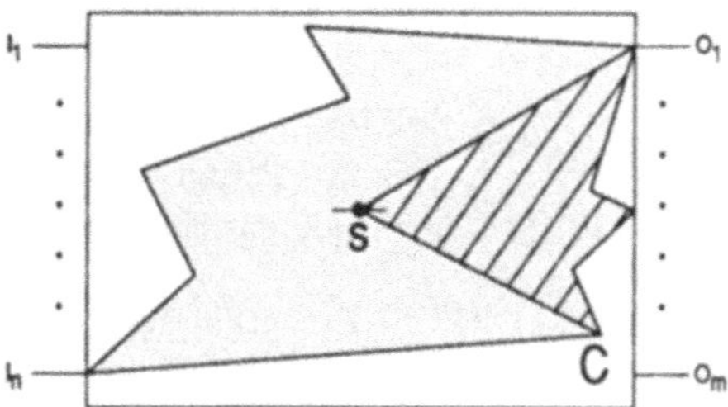

Bild 4. Einflußbereich eines Einstellbarkeitspunktes am Signal s

Das schraffierte Gebiet entspricht dem Bereich, in dem sich, bedingt durch eine Einstellbarkeitsänderung an s, die Einstellbarkeiten von anderen Signalen ändern. Der schattierte Bereich gibt das Gebiet an, in dem sich die Beobachtbarkeiten der Signale ändern.
Ein Spezialfall ist hier ein Einbau eines Einstellbarkeitspunktes an einem Primärausgang. In diesem Fall wird nur die Einstellbarkeit an s beeinflußt. Die Beeinflussung der Beobachtbarkeiten der Vorgängersignale von s fällt in diesem Fall weg, da die Beobachtbarkeit von s gleich 1 ist, unabhängig davon, ob ein Testpunkt eingebaut wird oder nicht. Der Einfluß der Einstellbarkeitsänderung an s auf die Kostenfunktion läßt sich daher wie folgt angeben:

$$\frac{\partial K}{\partial C_s} = \frac{\partial(1/p_{s/0})}{\partial C_s}\mathrm{sa0} + \frac{\partial(1/p_{s/1})}{\partial C_s}\mathrm{sa1}. \tag{5}$$

Im allgemeinen Fall (Einbau eines Einstellbarkeitspunktes an einem internen Schaltungssignal) lautet der Ausdruck für $\frac{\partial K}{\partial C_s}$:

$$\frac{\partial K}{\partial C_s} = \frac{\partial(1/p_{s/0})}{\partial C_s}\mathrm{sa0} + \frac{\partial(1/p_{s/1})}{\partial C_s}\mathrm{sa1} + \sum_{i\in \mathrm{suc}(s)} \frac{\partial K}{\partial C_i}\frac{\partial C_i}{\partial C_s} + \sum_{j\in \mathrm{pre}(g)\setminus\{s\}} \frac{\partial K}{\partial O_j}\frac{\partial O_j}{\partial C_s}. \tag{6}$$

Dabei gilt $g \in \mathrm{suc}(s)$. Die beiden ersten Terme spiegeln dabei den Einfluß der Einstellbarkeitsänderung am Signal s selbst auf die Kostenfunktion wieder. Die erste Summe berücksichtigt den Einfluß, den die Einstellbarkeitsänderung an s über die Einstellbarkeitsveränderung an den Nachfolgesignalen $i \in \mathrm{suc}(s)$ auf die Kostenfunktion hat. $\frac{\partial C_i}{\partial C_s}$ entspricht der Auswirkung, die eine Änderung der Einstellbarkeit am Eingang s eines Gatters auf die Einstellbarkeit am Ausgangssignal i hat (So gilt z.B. wieder für ein AND-Gatter nach Bild 2: $\frac{\partial C_x}{\partial C_a} = C_b C_c$), $\frac{\partial K}{\partial C_i}$ entspricht dann der Wirkung, die eine Einstellbarkeitsänderung an i auf die Kostenfunktion hat.
Die zweite Summe schließlich berücksichtigt den Einfluß, den ein Einstellbarkeitspunkt an s, bzw. die damit verbundene Einstellbarkeitsänderung an diesem Signal über die Beobachtbarkeitsänderung an den anderen Eingängen des Gatters auf die Kostenfunktion hat. $\frac{\partial O_j}{\partial C_s}$ gibt an, wie sich die Beobachtbarkeit an dem Eingang j des Gatters ändert, an dessen Eingang s sich die Einstellbarkeit ändert. Für ein AND-Gatter nach Bild 2 gilt: $\frac{\partial O_a}{\partial C_b} = O_x C_c$.
$\frac{\partial K}{\partial O_j}$ gibt an, wie sich eine Beobachtbarkeitsänderung an j auf die Kostenfunktion auswirkt.
An einem Signal mit einem Fanout größer eins werden zunächst gemäß Gleichung (5) bzw. (6) die Gradienten der Fanoutzweige berechnet, danach gemäß Gleichung (6) der Gradient des Fanoutstammes. Dabei repräsentiert s den Fanoutstamm, während die Nachfolger i den Fanoutzweigen entsprechen. Die zweite Summe entfällt, weil ein Fanout nur einen Eingang (s) hat. Der Berechnungsablauf für die Gradienten einer Schaltung mit M logischen Schaltungsebenen ergibt sich gemäß Bild 5.

Das Ergebnis dieser Berechnung ist der gesamte Gradientenvektor, aus dem sich für jedes Signal ablesen läßt, wie sich die Kostenfunktion mit dem Einbau eines Beobachtbarkeits- bzw. Einstellbarkeitspunktes ändert.

```
Berechne_Gradienten
{
    für alle Signale s ∈ V_I
             Berechne ∂K/∂O_s nach (3) für Signale mit einem Fanout gleich eins und für
             Fanoutstämme.
             Berechne ∂K/∂O_s nach (4) für die Fanoutzweige.
    L = 2
    solange L kleiner M + 1
             für alle Signale s der logischen Schaltungsebene L
                      Berechne ∂K/∂O_s nach (4) für Signale mit einem Fanout gleich eins
                      und für Fanoutstämme.
                      Berechne ∂K/∂O_s nach (4) für die Fanoutzweige.
             L = L + 1

    für alle Signale s ∈ V_O
             Berechne ∂K/∂C_s nach (5) für Signale mit einem Fanout gleich eins und für
             Fanoutzweige.
             Berechne ∂K/∂C_s nach (6) für die Fanoutstämme.
    L = M - 1
    solange L größer 0
             für alle Signale i der logischen Schaltungsebene L
                      Berechne ∂K/∂C_s nach (6) für Signale mit einem Fanout gleich eins
                      und für Fanoutzweige.
                      Berechne ∂K/∂C_s nach (6) für die Fanoutstämme.
             L = L - 1
}
```

Bild 5. Algorithmus zum Berechnen der Gradienten

4 Testpunkteinbau

Nachdem der Gradientenvektor vorliegt, kann mit dem Testpunkteinbau begonnen werden.
Der Einbau eines Beobachtbarkeitspunktes an einem Signal s erhöht immer die Beobachtbarkeit am Signal s auf 1. Die Beobachtbarkeitsänderung an s wird auch die Beobachtbarkeiten der Vorgängersignale von s erhöhen. Damit sinkt in jedem Fall die Kostenfunktion. Dies spiegelt sich in der Tatsache wieder, daß die entsprechenden Elemente des Gradientenvektors alle negativ sind, d.h. $\frac{\partial K}{\partial O_1}, \ldots, \frac{\partial K}{\partial O_z} < 0$. Beim Einbau eines Einstellbarkeitspunktes gilt dies nicht. Ein Einstellbarkeitspunkt gemäß Bild 1 bestehend aus einem AND-Gatter an einem Signal s mit z.B. $C_s = 0.7$ und $\frac{\partial K}{\partial C_s} < 0$ würde die Kostenfunktion verschlechtern, da es die Einstellbarkeit senkt. Eine Verringerung der Einstellbarkeit bedeutet aber in Verbindung mit einem negativen Gradienten einen Anstieg der Kostenfunktion. Hier muß je nach Vorzeichen des Gradienten und der Einstellbarkeit am betreffenden Signal ein anderes Gatter als Einstellbarkeitspunkt gewählt werden. Daher werden im vorliegenden Ansatz AND-, OR- und XOR-Gatter für den Einbau von Einstellbarkeitspunkten verwendet. Beim Einbau von Einstellbarkeitspunkten sind grundsätzlich zwei Fälle zu unterscheiden:
1. $\frac{\partial K}{\partial C_s} < 0$: in diesem Fall muß die Einstellbarkeit vergrößert werden.
2. $\frac{\partial K}{\partial C_s} > 0$: in diesem Fall muß die Einstellbarkeit verkleinert werden.
Die Einstellbarkeit an einem Signal kann durch den Einbau eines AND-Gatters verkleinert, durch den

```
Testpunkteinbau
{
    Solange K > K_Wunsch und Anzahl_Testpunkte < Maximalzahl_Testpunkte:
        Berechung aller Einstellbarkeiten und Beobachtbarkeiten.
        Ermittlung aller Gradienten D1 = {Di ∈ DC| | Di |>| 0.1 * DCmax |}.
        Ermittlung aller Gradienten D2 = {Di ∈ DO| | Di |>| 0.1 * DOmax |}.
        Nr = 1.

        für alle i mit Di ∈ D1.
            Simulation eines Einstellbarkeitspunkteinbaus am Signal i.
            Berechnung der Kostenfunktion K.
            Kosten[Nr] = K.
            Nr = Nr + 1.

        für alle i mit Di ∈ D2.
            Simulation eines Beobachtbarkeitspunkteinbaus am Signal i.
            Berechnung der Kostenfunktion K.
            Kosten[Nr] = K.
            Nr = Nr + 1.

        Wähle j so, daß gilt:      ∀              Kosten[i] > Kosten[j].
                             0 < i < Nr, i ≠ j

        wenn    Dj ∈ D1
            dann Wähle_Gatter ( j ).
            sonst Einbau ( Beobachtbarkeitspunkt ).
}
```

Bild 6. Algorithmus zum Testpunkteinbau

Einbau eines OR-Gatters vergrößert werden. Ein AND-Gatter mit Ausgang k, von dem ein Eingang i ein Primäreingang ist, für den $C_i = 0.5$ gilt, transformiert die Einstellbarkeit des zweiten Eingangs j auf die Einstellbarkeit des Ausgangssignales k gemäß $C_k = C_iC_j = 0.5C_j$. An einem Signal als Testpunkt gemäß Bild 1 eingebaut, senkt ein AND-Gatter den Wert der Einstellbarkeit gegenüber dem ursprünglichen Wert auf die Hälfte. Für ein OR-Gatter gilt: $C_k = C_i + C_j - C_iC_j = 0.5 + 0.5C_j$. Die Einstellbarkeit am Ausgangssignal k des OR-Gatters ist also immer größer der Einstellbarkeit am Eingangssignal j, wenn gilt $C_i = 0.5$. Es ist jedoch zu beachten, daß die Elemente des Gradientenvektors nur gelten für eine hinreichend kleine Umgebung um den Nominalpunkt, also die gegebenen Einstellbarkeiten und Beobachtbarkeiten. Durch den Einbau eines AND-, bzw. OR-Gatters an einem Signal s werden aber die Einstellbarkeiten teilweise drastisch geändert. Eine etwas feinere Abstufung der Änderung läßt sich mit der zusätzlichen Verwendung eines XOR-Gatters erreichen (Für ein XOR-Gatter als Einstellbarkeitspunkt gilt $C_k = C_i + C_j - 2C_iC_j = 0.5$ für $C_i = 0.5$). Der vollständige Algorithmus zur Entscheidungsfindung, welcher Gattertyp für den Einbau eines Einstellbarkeitspunktes am Signal j verwendet werden soll, ist in Bild 7 angegeben.

Beim Einbau eines Einstellbarkeitspunktes ist noch einmal zu unterscheiden zwischen dem Einbau an einem Fanoutzweig und dem an einem Fanoutstamm. Das Beispiel in Bild 8 macht den Sinn dieses Vorgehens deutlich. Der Einbau am Fanoutstamm a würde die Kostenfunktion kaum verbessern, da sich die dadurch bedingten Einstellbarkeitsänderungen an den Zweigen b und c entgegengesetzt auf die Kostenfunktion auswirken würden. Deshalb wird hier der Einstellbarkeitspunkt am Zweig b eingebaut, der die Einstellbarkeit an b verkleinert, was auf die Kostenfunktion einen günstigen Einfluß hat, ohne jedoch die Einstellbarkeit an c auch zu verkleinern, was einen ungünstigen Einfluß auf die Kostenfunktion hätte. Der Einbau von Testpunkten geschieht nun nach dem in Bild 6

Wähle_Gatter (j)
{

wenn $\frac{\partial K}{\partial C_j} < 0.0$ und $C_j < 0.5$
dann Einbau (XOR).

wenn $\frac{\partial K}{\partial C_j} < 0.0$ und $C_j >= 0.5$
dann Einbau (OR).

wenn $\frac{\partial K}{\partial C_j} > 0.0$ und $C_j > 0.5$
dann Einbau (XOR).

wenn $\frac{\partial K}{\partial C_j} > 0.0$ und $C_j <= 0.5$
dann Einbau (AND).

}

Bild 7. Auswahl des Gattertyps für den Einbau als Einstellbarkeitspunkt

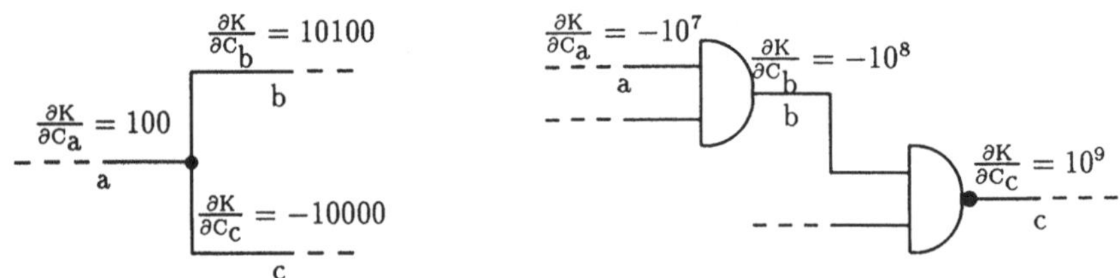

Bild 8. Signal mit Fanout

Bild 9. Fanoutfreie Zone

vorgestellten Prinzip.
Das Programm kann interaktiv betrieben werden, d.h. der Benutzer kann den Einbau stoppen, bevor das Endekriterium erfüllt ist, wenn sich aber z.B. bei jedem neuen Einbau die Kostenfunktion nur noch sehr wenig verbessert.
Wie sich in der Praxis zeigt, treten einige der größten Gradienten oft innerhalb von ein- und derselben fanoutfreien Zone auf. Dieser Umstand läßt sich vorteilhaft zur Beschleunigung des Testpunkteinbaus ausnützen. Einen typischen Fall zeigt Bild 9. Hier würde das Programm einen Einstellbarkeitspunkt an c einbauen, der die Einstellbarkeit verkleinert, danach unter Umständen einen an b, der C_b vergrößert und einen an a, der C_a vergrößert. Es ist jedoch in diesem Fall vollkommen ausreichend, einen Einstellbarkeitspunkt am Signal a vorzusehen, der C_a vergrößert, denn eine Erhöhung der Einstellbarkeit am Eingang des AND-Gatters vergrößert auch die Einstellbarkeit am Ausgang, also C_b. Ebenso wird über das NAND-Gatter die Einstellbarkeit an c verkleinert. Dieses Vorgehen spart Rechenzeit, weil nur das Signal a berücksichtigt werden muß, anstelle von a, b und c. Zusätzlich verringert dieses Vorgehen die Zahl der notwendigen Testpunkte.

5 Ergebnisse

Das vorgestellte Verfahren wurde an mehreren kombinatorischen Schaltungen ausgetestet, die schwer zufallsmustertestbar sind. Dies sind zum einen zwei kombinatorische Benchmarkschaltungen [7], zum anderen die kombinatorischen Teile von sequentiellen Benchmarkschaltungen [8], die durch den Einbau eines kompletten Scan-Path entstehen. Tabelle 1 zeigt die Ergebnisse. Die zweite bzw.

Schaltung	Kostenfunktion vor Testpunkteinbau	Kostenfunktion nach Testpunkteinbau	Zahl der Testpunkte	CPU-Zeiten [sec.] Micro-VAX II
c2670	$5.15 \cdot 10^{7}$	$4.81 \cdot 10^{5}$	10	125
c7552	$5.43 \cdot 10^{13}$	$4.23 \cdot 10^{7}$	16	640
s713	$3.87 \cdot 10^{6}$	$1.12 \cdot 10^{4}$	10	44
s838	$2.52 \cdot 10^{11}$	$8.51 \cdot 10^{6}$	8	38
s1238	$8.66 \cdot 10^{7}$	$7.33 \cdot 10^{5}$	8	51
s9234	$4.58 \cdot 10^{10}$	$7.27 \cdot 10^{7}$	36	3476
s15850	$3.21 \cdot 10^{15}$	$8.34 \cdot 10^{8}$	30	3092
s35932	$1.57 \cdot 10^{6}$	$1.12 \cdot 10^{6}$	8	1408

Tabelle 1. Zahl der eingebauten Testpunkte und deren Einfluß auf die Kostenfunktion

dritte Spalte gibt die Kostenfunktion für die Schaltung vor bzw. nach dem Testpunkteinbau an, die vierte Spalte enthält die Zahl der eingebauten Testpunkte. Die Zahl der eingebauten Beobachtbarkeitspunkte ist in der Regel niedriger als die Zahl der Verbindungen zu zusätzlichen Elementen des Scan-Path, bzw. die Zahl der zusätzlichen Primärausgänge, wenn man mehrere Leitungen, die als Beobachtbarkeitspunkte dienen, mittels „test-point condensation" nach [11] zusammenfaßt. Die letzte Spalte zeigt die CPU-Zeiten, die für die Einbauplatzbestimmung und den Einbau der Testpunkte in die Schaltung notwendig sind. Selbst für große Schaltungen, wie die s35932 mit mehr als 16000 Gattern ist der Rechenzeitbedarf gering. Die Zahl der als Testpunkte zusätzlich benötigten Gatter und Signale ist -bezogen auf die Gesamtzahl der Gatter und Signale- äußerst gering. Wie aus der Tabelle zu ersehen ist, führt der Einbau von wenigen Testpunkten selbst bei großen Schaltungen zu einer drastischen Verbesserung der Kostenfunktion. Da die Kostenfunktion jedoch nur eine Abschätzung ist für die Testbarkeit der Schaltung, wurde für alle bearbeiteten Schaltungen zur Verifikation eine Fehlersimulation mit einem schnellen Fehlersimulator [1, 2, 3] durchgeführt, einmal für die Schaltung ohne Testpunkte und einmal für die Schaltung mit den in Tabelle 1 angegebenen Testpunkten. Tabelle 2 zeigt in Spalte zwei die Ergebnisse der Simulation von 20000 Zufallsmustern für die Schaltungen ohne Testpunkte. In Spalte drei sind die Ergebnisse der Simulation von 20000 Mustern für die Schaltungen mit den Testpunkten nach Tabelle 1 angegeben. Die Zahlen in Klammern sind bezogen auf die Fehlerzahl der ursprünglichen Schaltung, während die Zahlen vor den Klammern alle Fehler, also auch die durch den Testpunkteinbau neu hinzugekommenen, berücksichtigen. In Spalte vier ist zum Vergleich die Fehlerüberdeckung für die Schaltungen ohne Testpunkte bei einer Simulation von 100000 Mustern angegeben. Tabelle 2 zeigt, daß die Verbesserung der Kostenfunktion tatsächlich einhergeht mit einer Verbesserung der Zufallsmustertestbarkeit. Die Schaltung s35932 stellt insofern eine Ausnahme dar, als sich bei Ihr die Kostenfunktion nur wenig ändert, die Fehlerüberdeckung jedoch drastisch ansteigt. Bei dieser Schaltung wird zwar in einem kleinen Bereich, der für die schlechte Testbarkeit verantwortlich ist, die Kostenfunktion erheblich reduziert, die Kostenfunktion der gesamten Schaltung ändert sich dadurch aber nur wenig.

Die eingebauten Testpunkte führen in allen Fällen zu einer deutlichen Zunahme der erzielten Fehlerüberdeckungen bei konstanter Zahl von angelegten Mustern. Die Korrelation, die zwischen Abnahme der Kostenfunktion und Zunahme der Fehlerüberdeckung besteht, läßt sich am Beispiel der Schaltung s641 eindrucksvoll zeigen. Tabelle 3 zeigt für diese Schaltung für bestimmte Testpunkte die Kostenfunktion und die Fehlerüberdeckung, die sich bei der Simulation mit 2000 Testmustern

Schaltung	Fehlerüberdeckung vor Testpunkteinbau 20000 Muster	Fehlerüberdeckung nach Testpunkteinbau 20000 Muster	Fehlerüberdeckung vor Testpunkteinbau 100000 Muster
c2670	83.78	96.77 (96.72)	88.23
c7552	94.44	98.78 (98.78)	95.84
s713	92.08	94.84 (94.66)	94.77
s838	87.51	97.84 (97.90)	88.53
s1238	94.32	97.62 (97.56)	94.75
s9234	85.71	91.46 (91.37)	89.65
s15850	92.44	94.66 (94.66)	93.58
s35932	89.64	100.00 (100.00)*	89.74

*: Die Fehlerüberdeckung von 100.00 % wurde bereits nach 608 Mustern erreicht

Tabelle 2. Verbesserung der Fehlerüberdeckung durch den Einbau von Testpunkten bei gegebener Testlänge

Testpunkt	Kostenfunktion	Fehlerüberdeckung
–	$1.03 \cdot 10^7$	96.56
T1	$2.27 \cdot 10^6$	97.45
T2	$4.38 \cdot 10^5$	98.11
T3	$4.13 \cdot 10^4$	99.79
T4	$1.81 \cdot 10^4$	100.00

Tabelle 3. Kostenfunktion und Fehlerüberdeckung

ergibt. Tabelle 4 zeigt, daß ebenfalls eine Korrelation besteht zwischen der Höhe der Kostenfunktion und der Testlänge, die erforderlich ist, um eine bestimmte Fehlerüberdeckung zu erreichen. Für die Schaltung s641 sind angegeben die Kostenfunktion -abhängig vom eingebauten Testpunkt- und die Testlänge, die notwendig ist, um eine -willkürlich gewählte- Fehlerüberdeckung von 98.11 % zu erzielen.

Testpunkt	Kostenfunktion	Testlänge
–	$1.03 \cdot 10^7$	10000
T1	$2.27 \cdot 10^6$	5000
T2	$4.38 \cdot 10^5$	2000
T3	$4.13 \cdot 10^4$	640

Tabelle 4. Kostenfunktion und Testlänge

6 Weitere Arbeiten

Der vorgestellte Ansatz zeichnet sich, wie im vorhergehenden Kapitel gezeigt wurde, durch einen geringen Rechenzeitbedarf aus. Es sind jedoch noch eine Reihe von zusätzlichen Beschleunigungsmöglichkeiten denkbar.

Die erste Möglichkeit besteht darin, die Testbarkeitsmaße, die nach jedem Testpunkteinbauprozess neu berechnet werden müssen, selektiv zu berechnen. Die Testbarkeitsmaße müssen in diesem Fall nach dem Einbau eines Testpunktes nicht für die gesamte Schaltung neu berechnet werden, sondern nur soweit als sich an den betreffenden Signalen Änderungen der Testbarkeitsmaße gegenüber

dem Zustand vor dem Einbau ergeben. Da der Wirkungsbereich eines Testpunktes auf Teile der Schaltung beschränkt ist (Bild 3, Bild 4), könnte hier deutlich Rechenzeit gespart werden. Dies gilt besonders, da bei der Auswertung der Testbarkeitsmaße viele Gleitkomma-Operationen mit doppelter Genauigkeit durchgeführt werden müssen, die viel Rechenzeit kosten.
Ein weiterer Ansatz zur Beschleunigung und zur Genauigkeitssteigerung des Verfahrens besteht darin, eine hierarchische Vorgehensweise zu wählen. Dabei würde die Schaltungsbeschreibung, die bei der Komplexität der heutigen Schaltungen in der Regel hierarchisch ist, nicht vollends, d.h. bis auf Gatterebene ausgeflacht, sondern nur bis auf die Ebene der komplexen Primitive. Dies können z.B. Makrozellen sein, die von der Bibliothek zur Verfügung gestellt werden, wie etwa Halb- und Volladdierer oder Multiplexer. Die Beibehaltung dieser Hierarchie ist schon deshalb wünschenswert, weil in vorgefertigte Makrozellen in der Regel kein Testpunkt eingebaut werden darf. Beim völligen Ausflachen der Schaltung geht aber die Information, welche Gatter im Inneren einer Makrozelle liegen, verloren. Diese inneren Gatter und Signale müßten speziell als für den Testpunkteinbau nicht zulässig markiert werden, was Speicherplatz kostet, während im Gegenteil die hierarchische Beschreibung Speicherplatz spart [18]. Zusätzlich könnte ein auf die vorgestellte Methode aufsetzendes Verfahren zur Einbauplatzbestimmung, das auf der Fehlersimulation der Schaltung beruht, durch einen hierarchischen Fehlersimulator beschleunigt werden. Um den vorgestellten Ansatz an eine hierarchische Schaltungsbeschreibung anpassen zu können, müßte das bestehende Testbarkeitsmaß COP, das bisher nur Einfachgatter behandeln kann, erweitert werden auf z.B. Addierer, Multiplexer, usw. Durch diese Verwendung der komplexen Primitive läßt sich die Zahl der notwendigen Gatterauswertungen erheblich reduzieren, was genau wie bei der Fehlersimulation zu einer wesentlichen Beschleunigung führen dürfte [18]. Ein weiterer Vorteil eines hierarchischen COP besteht in der höheren Genauigkeit. Das Testbarkeitsmaß COP geht von der Annahme aus, daß alle Einstellbarkeiten und Beobachtbarkeiten statistisch voneinander unabhängig sind. Dies stimmt nicht im Falle rekonvergenten Fanouts. So wäre im Falle der Betrachtung des Volladdierers nach Bild 10 die exakte Einstellbarkeit des Summenausgangs $C_s = 0.5$, während COP $C_s = 0.57$ liefert.

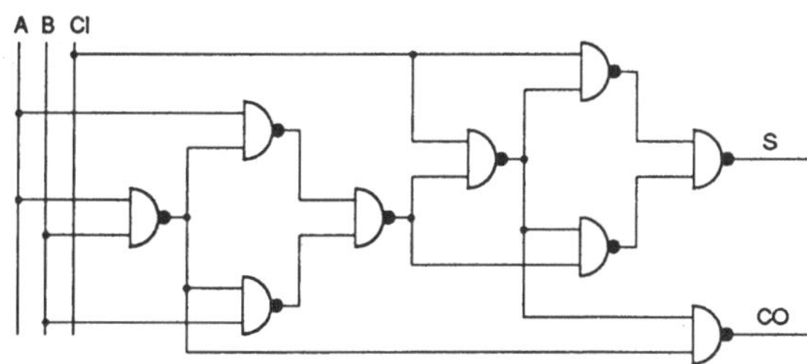

Bild 10. Volladdierer

Durch die Kenntnis der Funktion des Volladdierers auf einer höheren Hierarchieebene könnte die Einstellbarkeit exakt berechnet werden. Dadurch ließe sich die Genauigkeit von COP wesentlich steigern. Da sich der Testpunkteinbau an COP orientiert, steht zu erwarten, daß mit einer Genauigkeitssteigerung des Testbarkeitsmaßes eine weitere Verbesserung der Einbauergebnisse einhergehen wird.

7 Zusammenfassung

Das beschriebene Verfahren ist eine schnelle Methode, um durch den Einbau von wenigen Testpunkten die erzielbare Fehlerüberdeckung im Test mit Zufallsmustern erheblich zu steigern. Das Verfahren kommt ohne die Verwendung eines Testmustergenerators bzw. Fehlersimulators aus. Es basiert lediglich auf der Auswertung eines Testbarkeitsmaßes, so daß es lineare Komplexität bezüglich der Schaltungsgröße aufweist. Das läßt den vorgestellten Ansatz insbesondere bei sehr großen Schaltungen interessant erscheinen.

Die Autoren möchten sich an dieser Stelle bei Herrn Prof. Dr.-Ing. K. J. Antreich für die zahlreichen Diskussionen und wertvollen Anregungen bedanken.

Literatur

[1] Antreich, K. J. und M. H. Schulz, „Fast Fault Simulation in Combinational Circuits", *IEEE Int. Conf. on Computer Aided Design, ICCAD-86,* Nov. 1986, Seite 330-333.

[2] Antreich, K. J. und M. H. Schulz, „Accelerated Fault Simulation and Fault Grading in Combinational Circuits", *IEEE Trans. on Computer Aided Design,* Sept. 1987, Seite 704-712.

[3] Antreich, K. J. und M. H. Schulz, „Fast Fault Simulation for Scan-Based VLSI-Logic", *Proc. of the European Conf. on Circuit Theory and Design 1987,* Sept. 1987, Seite 101-106.

[4] Brglez, F., „On Testability Analysis of Combinational Networks", *Proc. 1984 IEEE Int. Symp. on Circuits and Systems,* Mai 1984, Seite 221-225.

[5] Brglez, F., P. Pownall und R. Hum, „Applications of Testability Analysis: From ATPG to Critical Delay Path Tracing", *Proc. IEEE International Test Conference,* Oktober 1984, Seite 705-712.

[6] Brglez, F., P. Pownall und R. Hum, „Accelerated ATPG and Fault Grading Via Testability Analysis", *Proc. 1985 IEEE International Symposium on Circuits and Systems,* Juni 1985, Seite 695-698.

[7] Brglez, F. und H. Fujiwara, „A Neutral Netlist of 10 Combinational Benchmark Circuits and a Target Translator in Fortran", *Proc. IEEE Int. Symp. on Circuits and Systems; Special Session on ATPG and Fault Simulation,* Juni 1985.

[8] Brglez, F., D. Bryan und K. Kozminski, „Combinational Profiles of Sequential Benchmark Circuits", *Proc. IEEE International Symposium on Circuits and Systems,* Mai 1989, Seite 1929-1934.

[9] Briers, A. J. und K. A. E. Totton, „Random Pattern Testability by Fast Fault Simulation", *International Test Conference ITC86,* 1986, Seite 274-281.

[10] Chen, T. und M. A. Breuer, „Automatic Design for Testability Via Testability Measures", *IEEE Transactions on Computer-Aided Design CAD-4,* Jan. 1985, Seite 3-11.

[11] Fox, J. R. „„Test-Point Condensation in the Diagnosis of Digital Circuits", *Proc. IEE, Vol. 124,* Februar 1977, Seite 89-94.

[12] Gundlach, H., „On Automatic Testpoint Insertion in Sequential Circuits", Zur Veröffentlichung eingereicht.

[13] HHB, „Intelligen Documentation Package", Mahwah, New Jersey, 1989.

[14] Iyengar, V. S. und D. Brand, „Synthesis of Pseudo-Random Pattern Testable Designs", *International Test Conference ITC89,* 1989, Seite 501-508.

[15] Lisanke, R., Franc Brglez, Aart J. Degeus und David Gregory, „Testability-Driven Random Test-Pattern Generation", *IEEE Transactions on Computer-Aided Design,* Nov. 1987, Seite 1082-1087.

[16] Sandmeier, C., „Zur Verbesserung der Testbarkeit digitaler Schaltungen", *Diplomarbeit am Lehrstuhl für Rechnergestütztes Entwerfen,* Technische Universität München, 1989.

[17] Savaria, Y., B. Lague und B. Kaminska, „A Pragmatic Approach to the Design of Self-Testing Circuits", *International Test Conference ITC89,* 1989, Seite 745-754.

[18] Schulz, M. H., B. H. Seiß und F. Brglez, „Hierarchical Fault Simulation in Combinational Circuits", *1st European Test Conference,* April 1989, Seite 33-40.

[19] Wunderlich, H.-J. und S. Hellebrand, „The Pseudo-Exhaustive Test of Sequential Circuits", *International Test Conference ITC89,* 1989, Seite 19-27.

KOSIM - ein Mixed-Mode, Multi-Level-Simulator

P.Schwarz C.Clauß U.Donath J.Haufe G.Kurth P.Trappe

Akademie der Wissenschaften der DDR
Zentralinstitut für Kybernetik und Informationsprozesse
8027 Dresden, Haeckelstraße 20

1. Einleitung

Simulationsprogramme sind wichtige Hilfsmittel für die Verifikation bei Schaltkreis- und Systementwurf. Unter Multi-Level-Simulation versteht man die Simulation von Systemen, deren Teilsysteme auf unterschiedlichen Beschreibungsniveaus modelliert und zusammen simuliert werden /A-D-78/, /New-79/, /Rey-80/, /APD-81/, /DGW-82/, /BHL-83/, /DSS-84/, /Sch-85/, /DAC-87/, /DST-87/, /Ram-87/. Im Bild 1 sind die mit KOSIM gleichzeitig simulierbaren Modellierungsebenen dargestellt.

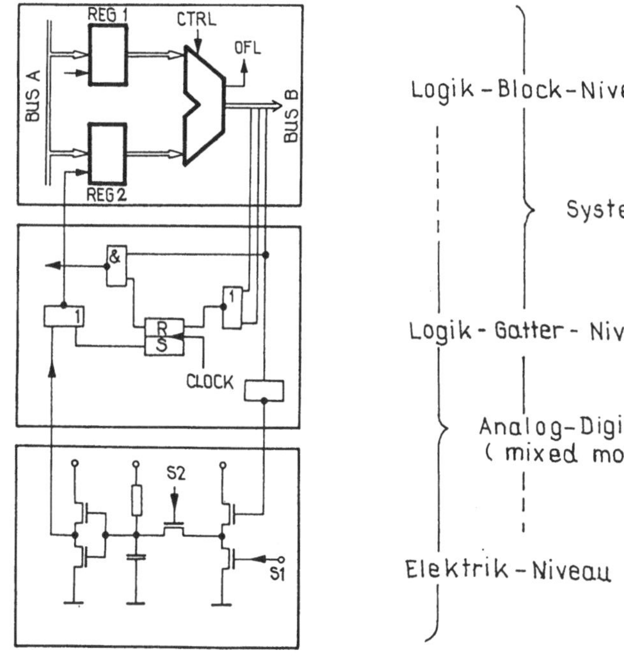

Bild 1: Modellierungsebenen

Typische Anwendungen der Multi-Level-Simulation sind:

- im Top-down-Entwurf entstehende Schaltkreisbeschreibungen, deren Teile auf un-

terschiedlichen Niveaus vorliegen (z.B. Blockschaltbild, Gatterplan, Transistorschaltung)
- analog-digital arbeitende Schaltkreise
- sehr große Schaltkreise, bei denen sich Teile durch stark vereinfachte Modelle beschreiben lassen (ALU, PLA, RAM usw.)
- gemeinsame Simulation des Schaltkreises und seiner "Umgebung", also der Leiterplatte oder des Gerätes. Dabei wird man die Umgebung meist auf einem hohen, relativ abstrakten Niveau beschreiben.

2. Modellierungsansatz

Das zu simulierende System wird als N e t z aus Elementen und Verbindungen beschrieben. Für jedes "Element" existiert entweder eine Verhaltensbeschreibung oder eine Strukturbeschreibung (Unternetzwerk). Dadurch entstehen hierarchische Netze. Die Netzbeschreibung kann mit Hilfe der Netzbeschreibungssprache NBS84 /Iss-85/oder (dann aber nur in nichthierarchischer Form) mit Hilfe der KOSIM-Eingabesprache erfolgen.

Die Verhaltensbeschreibungen geben die Transformation der Eingangssignale in die Ausgangssignale an, also die Signalverknüpfung im Innern der Elemente. Verhaltensbeschreibungen können in mehreren Formen vorliegen:
- built-in-Modelle (Transistormodelle, Grundgatter auf dem Logik-Niveau,...)
- Tabellen (z.B. für kombinatorische oder sequentielle Automaten)
- prozedurale Beschreibungen (für neue Transistormodelle, für das Verhalten von Teilsystemen auf der Systemebene,...) in Form von FORTRAN-, PASCAL- oder C-Programmen.
- Register-Transfer-Beschreibungen in der RT-Sprache DDL

Die Verbindungen sind Träger der Signale und können ebenfalls Signalverknüpfungen ausführen (z.B. wired-or auf dem Logik-Gatter-Niveau). Den Signalen sind unterschiedliche Datentypen zugeordnet:
- real-Zahlen für Spannungen und Ströme auf dem Elektrik-Niveau
- Bit-Signale auf dem Logik-Gatter-Niveau und dem RT-Niveau
- Marken für die Modellierung von PETRI-Netzen
- Bitketten auf dem Logik-Block-Niveau und dem RT-Niveau

Die Bitketten auf dem Logik-Block-Niveau können ganz unterschiedliche Bedeutung haben: integer-Zahlen, real-Zahlen, Zeichenketten,.. Sie werden auch als Logik-Wort-Signale bezeichnet.

Gerade durch diese unterschiedlichen Datentypen ergibt sich eine große Vielfalt von Modellierungs- und Simulationsmöglichkeiten, die vor allem für die Systemsimulation wesentlich ist.

3. Programmaufbau

Im Bild 2 ist die Programmstruktur angegeben. Hierarchische Netzbeschreibungen werden mit Hilfe des vom Karl-Weierstraß-Institut für Mathematik der AdW entwickelten NBS84-Systems in eine nichthierarchische (aufgelöste) Schaltung überführt.

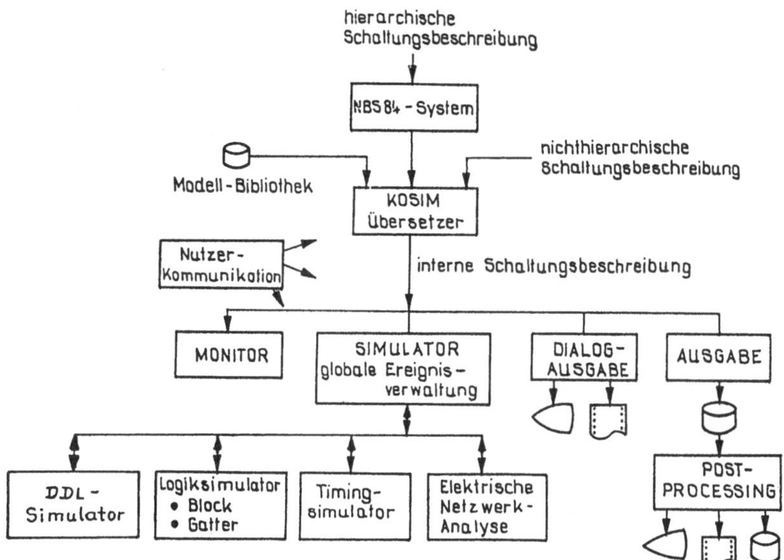

Bild 2: Programmübersicht

Sämtliche Simulationsalgorithmen arbeiten in einem festen Zeitraster (typischer Zeitschritt: h=1 ns). Zwischen den Elementen und Verbindungen werden nur an diesen Zeitpunkten Signale ausgetauscht - lediglich die Blöcke, die mit der elektrischen Netzwerkanalyse simuliert werden, haben ein internes, feineres Zeitraster und eine dazugehörige Schrittweitensteuerung. Aber auch die NWA-Blöcke tauschen nur an den Rasterzeitpunkten Signale (Klemmen-Ströme und -Spannungen) aus. Dadurch wird die Synchronisation der verschiedenen Simulationsalgorithmen vereinfacht.

Die Simulationsalgorithmen arbeiten ereignisorientiert. Ein "Ereignis" ist eine Signaländerung auf einer Verbindung oder auch im Inneren eines Elementes. Die Ereignisse - also die künftigen Signaländerungen - werden in einer Warteschlange registriert. Der Rahmen-Simulator wertet diese Warteschlange aus und ordnet den abzuarbeitenden Ereignissen die Teil-Simulatoren zu.

Die Programmteile für die Nutzerkommunikation steuern den Rechnungsablauf im Dialog oder in der Stapelverarbeitung. Ausgewählte Simulationsergebnisse werden in die Dialog-Ausgabe gegeben; es ist aber auch möglich, sämtliche Simulationsergebnisse in ein Ergebnisfile zur späteren Auswertung abzulegen (post processing).

4. Algorithmen

4.1. Blockorientierte Netzwerkanalyse

Die elektrische Schaltung, die mit der NWA simuliert werden soll, wird vom Anwender in Blöcke zerlegt (Bild 3). Die Blöcke (Teilnetzwerke, TNW), die möglichst gut entkoppelt sein sollten, werden einzeln über einen globalen Zeitschritt hinweg simuliert. Dabei werden TNW, in deren Innerem und an deren Randknoten keine Signaländerungen vorliegen, nicht simuliert (Latenzprinzip). Für jedes TNW wird mit Hilfe der modifizierten Knotenspannungsanalyse ein nichtlineares DG-System aufgestellt und mit der Trapezregel gelöst /C-S-89/.

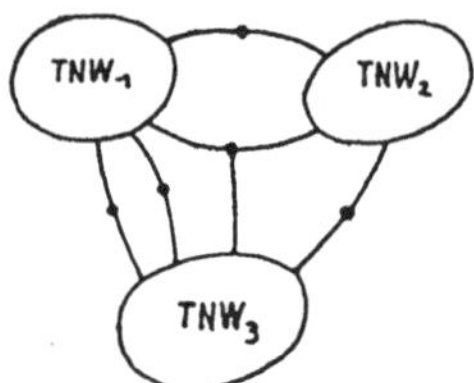

Bild 3: Zerlegung des NW in TNW

Der Einfachheit halber wird vorausgesetzt, daß für jedes TNW eine "Admittanzdarstellung" existiert, d.h. die Klemmenströme i können aus den Klemmenspannungen u berechnet werden. Für das System im Bild 3 sind dann die Gleichungssysteme der TNW zu lösen:

$$\begin{aligned} f_1(x_1,\dot{x}_1,u,\dot{u},t) &= 0 \,, \quad & i_1 &= g_1(x_1,\dot{x}_1,u,\dot{u},t) \\ f_2(x_2,\dot{x}_2,u,\dot{u},t) &= 0 \,, \quad & i_2 &= g_2(x_2,\dot{x}_2,u,\dot{u},t) \\ f_3(x_3,\dot{x}_3,u,\dot{u},t) &= 0 \,, \quad & i_3 &= g_3(x_3,\dot{x}_3,u,\dot{u},t) \end{aligned} \tag{1}$$

sowie für die Zusammenschaltung der drei TNW im Hauptnetzwerk (HNW):

$$i_1 + i_2 + i_3 = 0 \tag{2}$$

Dabei sind x_1, x_2, x_3 die Vektoren der inneren Variablen der TNW, i_1, i_2 und i_3 die Vektoren der Klemmenströme und u der Vektor der Spannungen der Koppelknoten zwischen den TNW.

"Lösung der NWA-Aufgabe" in einem Zeitintervall $[t_{n-1},t_n]$ bedeutet jetzt, u(t) so zu bestimmen, daß mittels (1) die inneren Variablen $x_1(t)$, $x_2(t)$, $x_3(t)$ berechnet werden können und nach Bestimmung der Klemmenströme i_1, i_2 und i_3 das Gleichungssystem (2) erfüllt ist.
Das NW wird zunächst an zwei Zeitpunkten t_{n-1}, t_n ($h=t_n-t_{n-1}$) betrachtet.

Voraussetzung 1: h sei so klein, daß der Zeitverlauf u(t) hinreichend genau als lineare Funktion beschrieben werden kann.

Alle TNW werden im Intervall $[t_{n-1}, t_n]$ mit einem Verfahren der NWA /C-L-75/ berechnet, wobei Verfahren, interne Schrittweite usw. jedem TNW individuell angepaßt werden können.

Voraussetzung 2: h sei so klein und die Klemmenstromverläufe $i_K(t)$ so "glatt", daß (2) nur an den Endpunkten des Intervalles $[t_{n-1}, t_n]$ überprüft werden muß.

Da die Lösung zum Zeitpunkt t_{n-1} schon bekannt ist, muß (2) nur noch für $t=t_n$ erfüllt werden. Die Klemmenströme $i_K(t_n)=i$ hängen von den Klemmenspannungen $u(t_n)=u_n$ ab, so daß das nichtlineare Gls. (3) zu lösen ist:

$$i_1(u_n) + i_2(u_n) + i_3(u_n) = 0 \quad \text{,kurz} \quad i(u_n) = 0 \tag{3}$$

Das kann iterativ mit dem Newtonverfahren erfolgen:

1. Wähle Startlösung u^0 , j=0 (j - Iterationszähler)
2. Berechne $i_1(u^j)$, $i_2(u^j)$ und $i_3(u^j)$ (durch NWA der TNW !)
   Falls: $\| i_1(u^j) + i_2(u^j) + i_3(u^j) \| < \varepsilon$ ENDE
3. Berechne u^{j+1} aus

$$\left(\left.\frac{di_1}{du}\right|_{u^j} + \left.\frac{di_2}{du}\right|_{u^j} + \left.\frac{di_3}{du}\right|_{u^j} \right) \cdot \left(u^{j+1} - u^j\right) = -i(u^j) \tag{4}$$

   j = j+1, gehe zu 2 .

Das Verfahren arbeitet erst bei großen Schaltungen mit vielen Blöcken effektiv, vor allem bei Latenzausnutzung. Am Beispiel einer Kette von m Addern (jeder Adder enthält 25 Transistoren, je 5 Adder wurden zu einem TNW zusammengefaßt) wurden die im Bild 4 dargestellten Ergebnisse erzielt. Man erkennt die starke Abhängigkeit von den Eingangssignalen, also damit von der Latenz in der Schaltung. Die CPU-Zeiten beziehen sich auf eine 1-MIPS-Maschine (z.B. VAX11/780).

1) Z = 0000...00
   Y = 0000...01
   (fast alles latent)

2) Z = 1010...10
   Y = 0101...01
   (alles aktiv)

3) Z = 1111...11
   Y = 0000...01
   (max. Aktivität)

4) Schaltung ohne Dekomposition

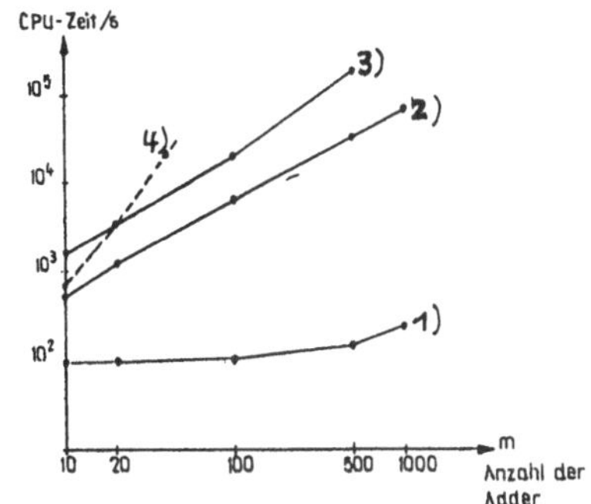

Bild 4: Rechenzeiten der Adderkette

4.2. Timing-Simulation

Die Timing-Simulation ist ein iteratives Verfahren der Netzwerkanalyse, bei dem durch
- Lösen der Differentialgleichungen für einzelne Knoten (oder Gruppen von Knoten),
- wenige (u.U. nur eine) Iterationen über alle Knotengleichungen an einem Zeitpunkt,
- dabei Ausnutzen der Latenz einzelner Knoten

Rechenzeit gespart werden kann /SKN-83/,/N-S-84/.

Das Netzwerk wird durch lineare Kapazitäten nach Masse (an jedem Knoten!) und nichtlineare Elemente (Transitoren, Widerstände) modelliert. Kapazitäten zwischen Knoten ("floating-C") werden zunächst nicht betrachtet.

Mit u = Spannung am Knoten k, C = Knotenkapazität,

U = Vektor aller Knotenspannungen

s = Summe der Ströme in den resistiven Zweigen am Knoten k

ist

$$C\dot{u} = s(U).$$

Nach Diskretisierung am Zeitpunkt t_n (Schrittweite h) und Anwendung der EULER-Rückwärts-Regel für die Integration wird

$$u_n = u_{n-1} + \frac{h}{C} s(U_n). \tag{5}$$

Der Vektor U_n wird zerlegt in die Knotenspannung u_n des Knotens k und den Vektor der restlichen Knotenspannungen V_n. Die Anwendung des NEWTON-Verfahrens auf die nichtlineare Gleichung (5) liefert für u_n eine Folge von Werten (i = 1,2,...)

$$u_n^i = u_{n-1} - \frac{u_n^{i-1} - u_{n-1} - \frac{h}{C} \cdot s\left(u_n^{i-1}, V_n\right)}{1 - \frac{h}{C} \cdot \frac{\partial s\left(u_n^{i-1}, V_n\right)}{\partial u_n^{i-1}}} = u_n^{i-1} + \Delta u_n^i \tag{6}$$

Die Lösung des DG-Systems erfolgt durch GAUSS-SEIDEL-Iteration über die Einzelgleichungen. Der Vektor V_n der restlichen Knotenspannungen enthält Komponenten, die zum Zeitpunkt t_n bereits berechnet worden sind oder aus den Werten an den zurückliegenden Zeitpunkten t_{n-1}, t_{n-2}, ... extrapoliert werden müssen. Das Iterationsschema läßt sich zusammenfassen zu:

GAUSS-SEIDEL-START:
j = 1 ;
Bereitstellen von U_n^{j-1} (aus U_{n-1}, U_{n-2}, ...).

GAUSS-SEIDEL: (Iteration über Gesamt-Netzwerk)
Ermitteln des ersten zu berechnenden Knoten k.

NEWTON-START:
i = 1 ; für Knoten k:
Bereitstellen von V_n und u_n^{i-1} aus U_n^{j-1}

(bzw. U_n^j ,soweit schon berechnet).

NEWTON: (Iteration für einzelnen Knoten)

$u_n^i = u_n^{i-1} + \Delta u_n^i$ gemäß Gl. (6)

NEWTON-TEST:
Wenn ($|\Delta u_n^i| < \varepsilon_1$) oder ($i \geq$ IMAX)

dann: u_n^i in U_n^j eintragen;

gehe zu NÄCHSTER-KNOTEN;
sonst: i = i+1 ; gehe zu NEWTON.

NÄCHSTER-KNOTEN:
Wenn Knoten k nicht latent, dann:
Eintragen von k in die Warteschlange für t_n und t_{n+1};
Eintragen der Nachfolger-Knoten von k in die Warteschlange für t_n
Auswahl des nächsten Knoten k für t_n ;
wenn alle Knoten abgearbeitet
dann: gehe zu GAUSS-SEIDEL-TEST;
sonst: gehe zu NEWTON-START.

GAUSS-SEIDEL-TEST:

Wenn ($\|U_n^j - U_n^{j-1}\| < \varepsilon_2$) oder ($j \geq$ JMAX)

dann: $U_n = U_n^j$; STOPP

sonst: j = j+1 ; gehe zu GAUSS-SEIDEL.

Durch hinreichend kleine Schrittweite h und niedrige Werte ε_1, ε_2 lassen sich sowohl der numerische Fehler klein halten als auch die Konvergenz des iterativen Verfahrens sichern.

Für kapazitiv gekoppelte Knoten ist die iterative Berechnung nicht effektiv, daher wird für diese Knoten jeweils ein (kleines) Gleichungsssytem aufgestellt und gelöst. Daher gehört es zur Modellbildung für eine gegebene Schaltung, daß nur die "wesentlichen" Koppelkapazitäten als floating-C in die Berechnung einbezogen werden.

Schaltungen bis zu einigen tausend Transistoren lassen sich noch im Dialogbetrieb simulieren. Der Timing-Simulator von KOSIM ist aber auch schon für Schaltungen mit ca. 35000 Transistoren benutzt worden. Bei modernen Schaltkreistechnologien (Strukturgrößen < 2 µm) ist das globale Zeitraster 1 ns zu grob. Ausreichend gute Ergebnisse wurden mit einem Raster von 0.1 ns auch bei 1 µm-Technologien erzielt.

4.3. Logikgattersimulation

Die Logiknetzwerke bestehen i.a. aus kombinatorischen und sequentiellen Elementen (kombinatorische Gatter, Flipflops bis hin zu ROM, RAM, PLA, Ein- und Ausgangsstufen, Signalquellen (einschließlich eines "Patterngenerators" mit automatischem Soll-Ist-Vergleich)). Die Signale werden als Tupel in der Form Signal = (Zustand, Wert) modelliert. "Wert" (0, 1, X) ist die logische Information auf der Verbindung. "Zustand" (LOW_IMPEDANCE, HIGH_IMPEDANCE, UNKNOWN) charakterisiert das elektrische Widerstandsniveau bzw. die Signalstärke am Elementeausgang. Die Trennung von "Wert" und "Zustand" ermöglicht eine 3-wertige Logik für Gatter und FlipFlops. Bei den Verknüpfungsoperationen dieser Elemente wird "Zustand" ignoriert. Für Verbindungen, die mehrere Tristate-Elemente als Quellen besitzen, ist "Zustand" entscheidend: LOW_IMPEDANCE-Signale überschreiben HIGH_IMPEDANCE-Signale. Den Elementeausgängen sind i.a. unterschiedliche Verzögerungszeiten T01 (rise delay), T10 (fall delay) zugeordnet.

Die korrekte Folge der Signalverarbeitung wird durch den Simulator in zwei Schritten organisiert /DST-86/:

1. Berechnung der Signale auf den Verbindungen, die zum Ereigniszeitpunkt T in der Warteschlange registiert sind.
2. Berechnung der Ausgangssignale und internen Zustandsgrößen der Elemente in Abhängigkeit von den Eingangssignalen und Planen aller Signaländerungen in der Warteschlange zu T+T01 bzw. T+T10.

Es werden nur Elemente aktiviert, wenn Signaländerungen an ihren Eingängen vorliegen.

Die Built-in-Modelle des Simulators können leicht ergänzt werden, da die Elementefunktionen durch getrennte Funktions- und Verzögerungsoperatoren realisiert werden. Der Funktionsoperator führt die logischen Verknüpfungen aus und ordnet den Ausgangssignalen die Verzögerungszeiten zu. Der Verzögerungsoperator übernimmt die Verwaltung der Signalwechsel in der Warteschlange und filtert Spikes. Als Spike wird ein Impulse betrachtet, dessen Dauer geringer als die Verzögerungszeit für eine Signaländerung ist (inertial delay). Für neue Elementemodelle sind in der Regel nur die Funktionsoperatoren zu programmieren.

Der Algorithmus der dynamischen Logiksimulation wurde vom Gatter- auf das Schalterniveau erweitert. Das resultierte aus der Forderung, Transistorschaltungen zum Laden von Bussen, Multiplexer, Schiebeketten u.dgl. logisch zu modellieren. Gatter-Ersatzschaltungen sind für diese Schaltungen zu kompliziert und erschweren die Interpretation der Simulationsergebnisse.

Ausgangspunkt ist die Erweiterung der Signaldarstellung bzgl. der Signalzustände. Die Transistoren werden als Schalter /Bry-87/ mit definiertem Widerstandsniveau R = 0,

1, 2, ..., n < Z behandelt. R = Z repräsentiert das Widerstandsniveau "hochohmig". Die Vorgabe eines Widerstandsniveaus ist auch für Ausgänge von Gattern und Tristate-Elementen in dem angegebenen Bereich möglich.

Damit werden die Signalzustände erweitert auf:

```
Zustand ∈ {0, 1, 2, ..., n,          leitend
           V0, V1, V2, ..., Vn,      unbestimmt
           Z = HIGH_IMPEDANCE }      hochohmig .
```

Den Verbindungen wird eine Verknüpfungsoperation für alle eingespeisten Signale zugeordnet. Dabei überschreiben RESISTIVE-Signale mit kleinem R-Wert HIGH-IMPEDANCE-Signale und RESISTIVE-Signale mit größerem R-Wert. Im Fall gleichgewichtiger Signale erfolgt ihre logische Verknüpfung. Diese kann in der Schaltungsbeschreibung gewählt werden (z.B. wired-AND oder wired-OR).

Die Transistoren werden als uni- oder bidirektionale Elemente modelliert. Unidirektionale Transistoren übertragen die Signale von Source nach Drain, wobei der R-Wert des Transistors zu dem Widerstandsniveau des Source-Signals addiert wird. Bidirektionale Transistoren vergleichen die Widerstandsniveaus der beiden benachbarten Anschlüsse und übertragen das Signal mit dem geringerem Widerstandsniveau. Dabei wird zum Widerstandsniveau des Signals der R-Wert des Transistors addiert /Don-89/.

Für die Verbindungen können weiterhin Kapazitätsniveaus und Verfallszeiten (decay times) spezifiziert werden. Diese werden in die Berechnung einbezogen, wenn die Verbindungen den Zustand HIGH-IMPEDANCE einnehmen.

4.4. Logikblocksimulation

Die Elemente des Netzwerkes sind komplexe Funktionseinheiten wie ALU, ROM, RAM oder PLA. Die Verbindungen zwischen den Elementen sind Leitungsbündel, die als Einheit behandelt werden. Sie haben eine Datenbreite von n Bit. Die Signale werden als Tupel modelliert (siehe 4.3) mit Signal = (Zustand, Wert),

Wert $\in \{0, 1\}^n$, Bitkette der Länge n

Zustand ∈ { LOW_IMPEDANCE & DEFINED,
HIGH_IMPEDANCE & DEFINED,
LOW_IMPEDANCE & UNDEFINED,
HIGH_IMPEDANCE & UNDEFINED } .

"Wert" ist eine Bitkette der Länge n, die als INTEGER- oder REAL-Zahl oder als CHARACTER-Kette interpretiert werden kann. So wird "Wert" direkt als Operand in logischen oder arithmetischen Ausdrücken der Elementeprozeduren verwendet. "Zustand" charakterisiert das elektrische Widerstandsniveau der Signalquelle und wird zur Realisierung von BUS-Operationen benötigt. Außerdem enthält "Zustand" die Aussage, ob ein definiertes Signal vorliegt.

Der Elementevorrat umfaßt übliche Gatter, Multiplexer, Register, Tristate-Buffer, ADD, SUB, SHIFT, ROTATE, Signalquellen, Bit-Wort- und Wort-Bit-Konverter.

Wie auf dem Gatterniveau werden die Elementemodelle aus einem Funktionsoperator und nachgeordneten Verzögerungsoperatoren gebildet. Der Vorrat der Elementemodelle kann durch den Nutzer in einfacher Weise ergänzt werden, indem der Funktionsoperator als Verhaltensprozedur definiert und in den Simulator eingebunden wird. Auf dem Blockniveau wird in den meisten Fällen auf eine detaillierte Zeitbetrachtung verzichtet, d.h., die Ausgangssignale erhalten die Verzögerungszeit Null. Es ist aber auch möglich, den Elementeausgängen unterschiedliche Verzögerungszeiten zuzuordnen.
In den Verhaltensprozeduren werden sowohl die Wert- als auch Zustandskomponenten der Signale ausgewertet bzw. definiert.

4.5. Automaten und PETRI-Netze

Logikgatter- und Logikblockbeschreibungen sind nicht die einzigen Hilfsmittel für das Logik- und Systemniveau. Neben Register-Transfer-Beschreibungen haben sich auch Automaten und zeitbewertete PETRI-Netze vor allem zur Beschreibung von Steuerabläufen bewährt.

Zur Beschreibung von Automaten werden auf dem Logikgatterniveau Automatentabellen (Überführungstabellen, Ablauftabellen) verwendet. In Verbindung mit Speichern (z.B. D-Flip-Flops) können sie zur Modellierung kombinatorischer und sequentieller Automaten benutzt werden. Durch die konkrete Auswahl der Speicher kann eine Anpassung an die tatsächliche Automatenrealisierung vorgenommen werden.

Die PETRI-Netz-Modelle bestehen aus Plätzen mit der Kapazität 1 und Transitionen, denen eine Schaltzeit DELAY zugeordnet ist. Die Transitionen können nur schalten (feuern), wenn ihre Eingangsplätze markiert und ihre Ausgangsplätze leer sind. Der Markentransport wird nach Ablauf der Schaltzeit ausgelöst. Für den Fall, daß die Transition inzwischen ihre Konzession verliert, entfällt der Markentransport. Die Transitionen können einen zusätzlichen Test-Eingang besitzen, dessen Zustand (markiert oder nicht markiert) in der Schaltbedingung bewertet wird, über den aber keine Marken transportiert werden /ZKI-89/.

In Verbindung mit dem Logiksimulator können die Plätze als Eingänge von Logikelementen genutzt werden. Die Markierungen 0 oder 1 der Plätze werden dabei als Sigale (0, LOW-IMPEDANCE) oder (1, LOW-IMPEDANCE) gewertet. Im PETRI-Netz können Verbindungen der Logikgatterschaltung als Test-Eingang genutzt werden. Die Signalwerte X werden dabei als nicht markiert interpretiert; die Zustandskomponenten der Signale werden ignoriert. Dadurch kann z.B. ein Steuerteil (als PETRI-Netz modelliert) mit einem Datenteil (als Logik-Schaltung modelliert) zusammen simuliert werden.

4.6 DDL-Beschreibung

Das Innere eines Blockes kann auch mit der Register-Transfer-Sprache DDL (Digital Design Language) /D-D-68/,/Bre-75/,/MKZ-89/ beschrieben werden. Ziel einer Register-Transfer-Sprache ist die Beschreibung des synchronen und asynchronen Datentransfers zwischen Hardware-Einrichtungen (kurz Einrichtungen). Zur Steuerung des Datentransfers können in DDL parallel arbeitende Automaten verwendet werden. Für den Datenaustausch stehen die für Register-Transfer-Sprachen typischen Operatoren zur Verfügung (Bild 5). Die Datenwortbreite ist beliebig. Zur Einbettung eines DDL-Simulators in eine Multi-Level-Umgebung wurde DDL u.a. um folgende Konstruktionen erweitert:

- Beschreibung des Blockinterfaces
- Einführung des Signalwertes "hochohmig"

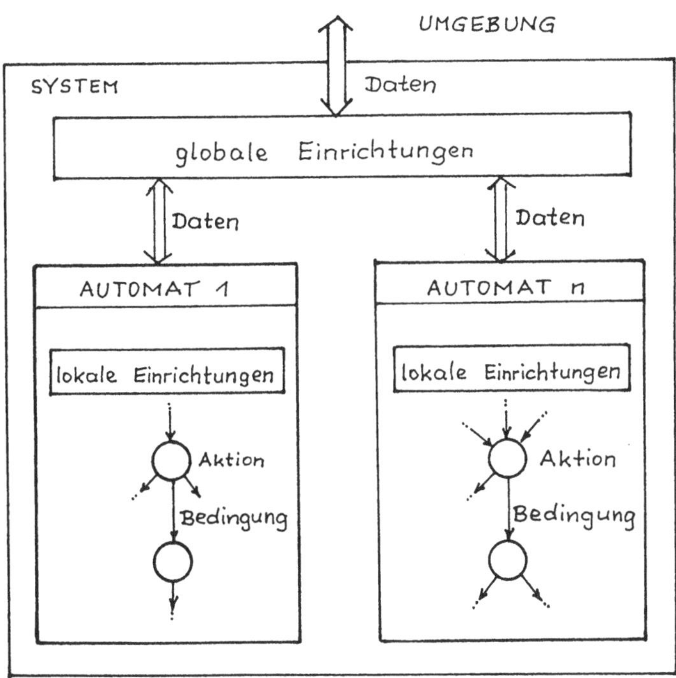

Bild 6: DDL-Modell

Zusammengefaßt stehen folgende DDL-Sprachelemente zur Verfügung:

- Hardware-Einrichtungen
  * Leitungsbündel, Busse
  * synchrone und asynchrone Register
  * Verzögerungselemente
  * built-in Blöcke
- Steuerteil
  * synchrone und asynchrone Automaten
- Datentypen
  * Bitketten beliebiger Länge, mehrdimensional
  * vierwertige Signaldarstellung (1,0,?,Z (hochohmig))
- Datenverknüpfungs- und Steueroperatoren
  * logische, arithmetische, relationale Operatoren
  * synchrone und asynchrone Transfers
  * IF-THEN-ELSE, CASE, Laufanweisungen
  * Verschiebe- und Verkettungsoperatoren

5. Anwendungen des Programms

KOSIM konnte erfolgreich beim Entwurf verschiedener Schaltkreise eingesetzt werden. Dazu gehören Vertreter aller üblichen Klassen von Schaltkreisen:

- Prozessoren, die im freien Entwurf (full-custom design) entstehen /O-W-88/,
- Standardzellen-Schaltkreise: KOSIM wird im Standardzellensystem U1500 / U1600 des Zentrum (ZMD) für die Logik-Gatter-Simulation eingesetzt,
- Gate-Array-Schaltkreise /ESS-88/
- Speicherschaltkreise (statische und dynamische RAM).

Dabei wird KOSIM sowohl als "Ein-Ebenen-Simulator" (z.B. für die dynamische Logiksimulation auf Gatterniveau im U 1500 - System oder als Timingsimulator beim Speicherentwurf) als auch als Multi-Level-Simulator (z.B. mit Logik-Block- und Logik-Gatter-Simulation) benutzt. Die Analog-Digital-Simulation (auch als Hybrid- oder mixed-mode-Simulation bezeichnet) wurde bisher selten angewendet, da die meisten mit KOSIM simulierten Schaltkreise rein digital arbeiten. Ein Modellierungsbeispiel ist in /K-T-87/ angegeben.

Ein Haupthindernis für die praktische Anwendung der Multi-Level-Simulation ist gegenwärtig die nicht ausreichende Unterstützung durch geeignete Modellbibliotheken. In der Zukunft wird sich das aber wohl ändern: in /Goe-88/ wird für den Beginn der neunziger Jahre international bei Kundenwunsch-Schaltkreisen (ASICs) ein Anteil von 50% für digitalanalog arbeitende Schaltkreise prognostiziert und daraus die Notwendigkeit von mixed-mode-Simulationen abgeleitet.

Ein Multi-Level-Simulator, in dem vom Nutzer formulierte Verhaltensbeschreibungen ("Nutzerprozeduren") eingebracht werden können, bietet im Vergleich zu anderen Simulatoren zusätzliche Anwendungsmöglichkeiten:

a) Auswertung und Vergleich von Simulationsergebnissen:

Der Nutzer kann sich eigene Elemente definieren, die als "Beobachtungselemente" in die Schaltung eingeführt werden. Diese Elemente kontrollieren die Simulationsergebnisse nach seinen speziellen Wünschen bereits während der Simulation (z.B. Busüberwachung, Vergleich von Ergebnissen unterschiedlich genau modellierter Teilsysteme).

b) Kopplung mit anderen Simulationsprogrammen:

Verschiedene selbständige Simulatoren können nach geringfügiger Anpassung mit KOSIM gekoppelt werden. Sie müssen als "Nutzerprozedur" in KOSIM eingebunden werden. Derartige Simulatoren waren:

- ein DDL-Simulator /GHR-89/, der unter Verwendung eines DDL-Translators /Bre-75/ einen in PASCAL programmierten Simulationsalgorithmus benutzt.
- ein ISPS-Simulator /Cre-88/, der in MODULA-2 programmiert ist und die Simulationsmöglichkeit auf dem Befehlssatzniveau bietet, also die Architektursimulation unterstützt.
- ein Simulator für eine PASCAL-ähnliche Systembeschreibungssprache PASHDL /M-L-89/.

In der Multi-Level-Umgebung wurde sowohl die Logikgatter- als auch die Timing-Simulation angewendet.

KOSIM kann auf 32-Bit-Rechnern der VAX11-Familie unter dem Betriebssystem VMS implementiert werden. Die Schaltungsgröße ist nur durch den virtuellen Speicher des Rechners (und die Rechenzeit) begrenzt, Testrechnungen an Schaltungen mit über 100 000 Elementen wurden ausgeführt. Da ein "Element" auf den oberen Modellierungsebenen z.B. ein ROM oder ein Funktionsblock ALU sein kann, der eine Schaltung mit vielen tausend Transistoren nachbildet, ist mit KOSIM die Simulation von LSI- und VLSI-Schaltkreisen möglich.

Literatur

/A-D-78/ Arnout, G.; DeMan, H.: The use of threshold functions and boolean-controlled network elements for macromodelling of LSI circuits. IEEE J. Solid-State Circuits SC-13(1978)3, 326-332

/APD-81/ Antognetti, P.; Pederson, D.O.; DeMan, H.: Computer Design Aids for VLSI Circuits. Sijthoff & Nordhoff, Alphen 1981

/BHL-83/ Borrione, D.; Humbert, M.; Le Faou, C.: Hierarchical mixed-mode simulation mechanisms in the CASCADE project. In: F. Anceau, E.J. Aas (Hrg.) VLSI'83; North-Holland 1983

/Bre-75/ Breuer, M.A. (Hrg.): Digital System Design Automation: Languages, Simulation & Data Bases.Computer Science Press,1975

/Bry-87/ Bryant, R.E.: A survey of switch-level algorithms. IEEE Design & Test, August 1987, 26-40

/Cre-88/ Crenze, U.: Einige Aspekte der Implementierung und Anwendung der Hardwarebeschreibungssprache ISPS. 16. ZKI-Arbeitstagung, Dresden 1988, 75-79

/C-S-89/ Clauß, C.; Schwarz, P.: Ein Verfahren zur blockorientierten Analyse nichtlinearer Netzwerke. 3. Tagung Schaltkreisentwurf, Dresden 1989, 153-157

/D-D-68/ Duley, J.R.; Dietmeyer, D.L.: A digital system design language (DDL). IEEE Trans. Computer C-17(1968)9, 850-861

/DAC-87/ DACAPO III System, User Manual. Dosis GmbH, Dortmund 1987

/DGW-82/ Daseking, H.W.; Gardner, R.I.; Weil, P.B.: VISTA: a VLSI CAD system. IEEE Trans. CAD-1(1982)1, 36-52

/Don-89/ Donath, U.: Behandlung von MOS-Schaltungen in der dynamischen Logiksimulation. 3. Tagung Schaltkreisentwurf, Dresden 1989, 201-205

/DSS-84/ Doshi, M.H.; Sullivan, R.B.; Schuler, D.M.: THEMIS logic simulator - a mixed mode, multi-level, hierarchical, interactive digital circuit simulator. Proc. 21. Design Autom. Conf. 1984, 24-31

/DST-86/ Donath, U.; Schwarz, P.; Trappe, P.: Dynamische Logiksimulation auf Bit- und Wort-Niveau. 1. Tagung Schaltkreisentwurf, TU Dresden 1986, 218-228

/DST-87/ Donath, U.; Schwarz, P.; Trappe, P.; Clauss, C.; Kurth, G.: A multi-level simulator for integrated circuit design. Proc. ECCTD'87, Paris 1987, 465-470

/ESS-88/ Engelmann, F.E.; Schäffer, D.; Sühnel, C.: Gate-Array-Schaltkreise für den Satellitenrundfunk. 16. ZKI-Arbeitstagung, Dresden 1988, 58-62

/Goe-88/ Goering, R.: A full range of solutions emerge to handle mixed-mode simulation. Computer Design (1988)3, 57-65

/GHR-89/ Garte, D.; Haufe, J.; Rülke, S.: HBD - Ein Programmsystem zur Simulation von Struktur und Funktion komplexer digitaler Systeme. 3. Tagung Schaltkreisentwurf, Dresden 1989, 122-127

/Hor-85/ Horneber, E.-H.: Simulation elektrischer Schaltungen auf dem Rechner. Springer, Berlin 1985

/Iss-85/ Issel, W. u.a.: NBS-84: A structural description language for VLSI design. Proc ECCTD'85, Prag 1985, 62-65

/K-T-87/ Kurth, G.; Trappe, P.: Ein Programmsystem zur multi-level-Simulation integrierter Schaltkreise. 32. Intern. Wiss. Koll. TH Ilmenau 1987, Sektion B2, 207-210

/MKZ-89/ Müller, D.; Knoth, U.; Zimmermannn, C.: Aspekte des funktionellen und strukturellen Gate-Array-Entwurfs auf PC-Technik. 3. Tagung Schaltkreisentwurf, Dresden 1989, 23-27

/M-L-89/ Müller, J.; Lattermann, J.: PASHDL - Eine Moeglichkeit zur funktionellen Hardware-Beschreibung. Wiss. Z. TU Dresden (1989), Heft 1

/New-79/ Newton, A.R.: Techniques for the simulation of large-scale integrated circuits. IEEE-Trans. CAS-26(1979)9,741-749

/N-S-84/ Newton, A.R.; Sangiovanni-Vincentelli, A.L.: Relaxation-based electrical simulation. IEEE Trans.CAD-3(1984)4,308-330

/O-W-88/ Oberst,E.; Wächter,F.: Erarbeitung des funktionellen Verständnisses eines Schaltkreises durch Modellierung und Simulation. 16. ZKI-Arbeitstagung, Dresden 1988, 67-70

/Ram-87/ Rammig, F.J.: Multilevel simulation techniques. Proc. COMPEURO'87

/Rey-80/ Reynaert, Ph.; De Man, H. et al.: DIANA: a mixed-mode simulator with a hardware description language for hierarchical design of VLSI. Proc. ICCC 1980, 356-360

/Sch-85/ Schwarz,P.: KOSIM - A program for the mixed-level simulation of digital integrated circuits. Proc. ECCTD'85, Prag 1985

/SKN-83/ Saleh, R.A.; Kleckner, J.E.; Newton, A.R.: Iterated timing analysis. Proc. ICCAD, Sept. 1983, 139-140

/ZKI-89/ Donath, U.: Simulation zeitbewerteter Petri-Netze mit dem Multi-Level-Simulator KOSIM. ZKI-Forschungsbericht, 1989

ATTACC - an Automated Tool for Timing Analysis and Cell Characterization

T. Schwederski **T. Büchner** **W. Haas***
Institute for Microelectronics Stuttgart
Allmandring 30a
7000 Stuttgart 80

M. Zahn
Fachhochschule Ravensburg-Weingarten
7987 Weingarten
Postfach 1261

Abstract

Some of the most time consuming tasks in generating and maintaining ASIC cell libraries are cell simulation, characterization, documentation and data transfer to functional simulator models. An automated software tool for these tasks is presented here. The ATTACC program system is interfaced to the CAD tool set used at the IMS for library generation. It uses SPICE simulations to determine delay parameters, load dependencies, and timing constraints of ASIC cells. Data sheets are produced automatically, and the timing parameters are automatically included in HILO simulator models. The tool has been used in the characterization and documentation of two CMOS cell libraries and has been employed for making design tradeoffs during cell design. It has significantly eased the task of managing the design and maintenance of the IMS cell libraries.

1. Introduction

Some of the most time consuming tasks in generating and maintaining ASIC cell libraries are the characterization, documentation, and simulator adaptation. For a proper characterization, a library cell must be simulated under a variety of conditions to determine delay times, timing constraints, and load behavior for best, typical, and worst case conditions for all relevant propagation delay paths. 12 simulations will be necessary for each delay path if four loads are considered. For an 8-input NAND, for example, this corresponds to 96 different simulation runs. The results of these simulations have to be examined, and parameters must be extracted. For example, if SPICE simulations are used, parameters such as rise and fall times as well as delay times must be determined from node voltage traces.

After all necessary simulations have been run and parameters have been extracted, the results must be transferred to a data sheet. This process, if done manually, is time consuming and error prone. Finally, the data frequently have to be included in functional simulator models, such as required for the HILO simulator [Gen88] used at the IMS.

To reduce manpower requirements for maintaining cell libraries and improving the quality

This work has been supported in part by the EUREKA program PROMETHEUS, subprogram PROCHIP, as part of the project 23132 "Parallel Architectures for Computer Vision".

*W. Haas is currently with Cadence GmbH, München.

of characterization and documentation, a software tool has been programmed which interfaces to the VLSI Technology CAD software [VLS88a] and automates cell characterization, documentation, and simulator adaptation. It has been used to characterize and maintain two static CMOS cell libraries, and is also used to trade off implementation alternatives during cell design. To automate the characterization process as much as possible, naming conventions for node and cell names have been defined and are enforced for IMS cell libraries.

2. Program Structure

The ATTACC tool consists of a number of individual programs ranging in function from simulator control to document generation. A number of files is used for data input and characterization control. The overall tool structure is shown in Figure 1. In the standard application of cell characterization, a standard CAD tool is used to extract the circuit from the layout data base; at the IMS, the extraction tool available in the VLSI Technology tool set [VLSI88a] is used. A SPICE input file describing the circuit is the result of this extraction. One important feature which is used by the ATTACC system is the inclusion of a node name table in the SPICE source code. The extractor enters the node names used in the layout in the table so that all named nodes can be matched to the SPICE node numbers. A filter program SPICEFILT adapts the file for use by the following programs. Some undesired control statements are eliminated, and the capacitances of the input nodes are extracted from the spice source code and written to a capacitance file.

When the tool is to be used for trading off different design alternatives, two approaches to generate the required SPICE input file exist. A transistor level schematic can be converted to SPICE syntax by a VLSI conversion tool, or a hand coded SPICE file can be used.

The characterization itself is performed by the CHARAC program, which uses repeated SPICE simulations. A SPICE 2.6 version available in the VLSI Technology tools is used [VLS88b]. The CHARAC program is controlled by a specification control file, which is entered either manually, leaving the designer with the most freedom on which timing characteristics to produce, or which is generated by automatic Control Generators. As the result of CHARAC, a characterization output file in ASCII format is generated that contains the desired timing parameters. The AUTODOC program evaluates this output and several other files (such as the layout data base) to produce a data sheet in LATEX [Knu86] format. At the IMS, the System HILO simulator is used for logic, timing, and fault simulation. Generic HILO models have been written for all IMS library cells, and actual timing and capacitance data are entered into these models by the SIMADAPT program. As a result of this process, a cell is fully characterized, documented, and a simulator model is completed without manual intervention.

3. Characterization control

The characterization is controlled by a specification control file. In this file, the delay paths which are to be characterized are identified, and for each delay path the stimulus, the nodes that drive load capacitors, and parameter manipulation operations are specified. Consider the stimulus specification. Three types of stimulus are sufficient to characterize most static CMOS cells:

Constant value.... Nodes are either set to logic 1 ("1") or logic 0 ("0")
Pulse .... A single pulse to logic 1 ("U") or 0 ("D") is placed on the node
Clock .... A sequence of three clock pulses is placed on the node. A "C" causes three positive, a "c" three negative clock pulses. The first pulse is used for initialization, and the other two for generating a rising and a falling edge at the output.

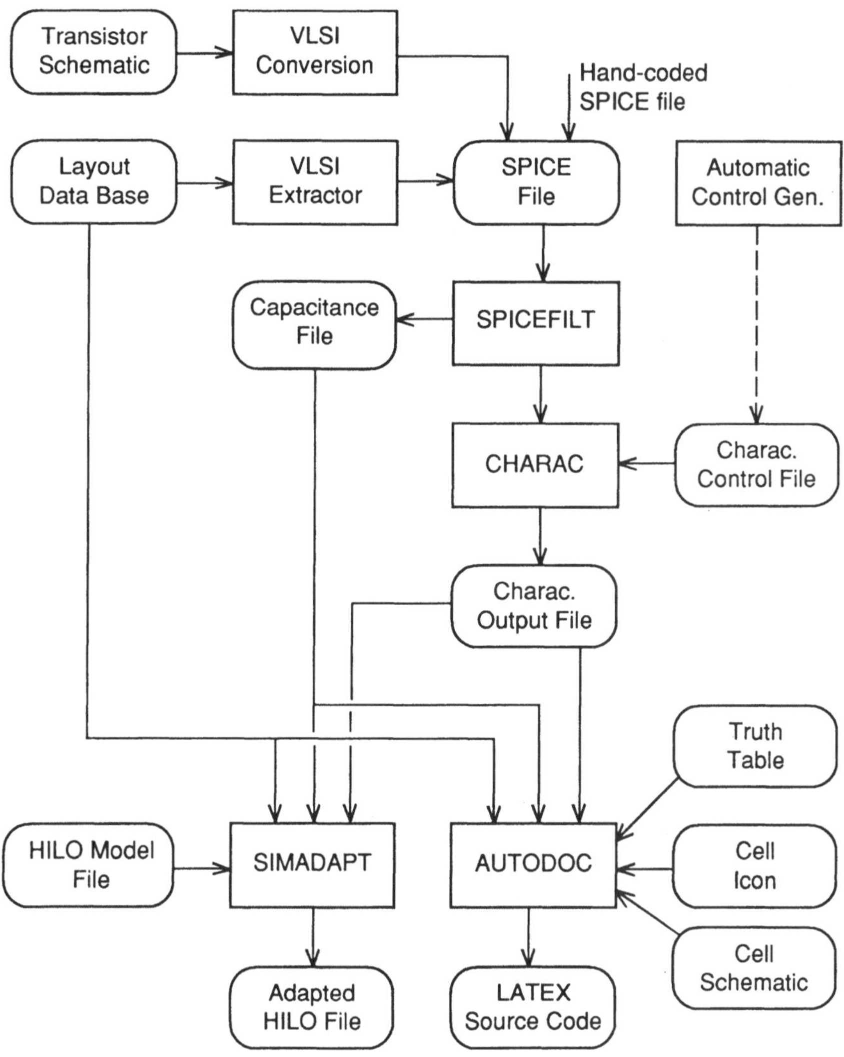

Figure 1: Overall program and file structure of the ATTACC tool

These stimuli can be easily modified (e.g., different rise and fall time of pulse and clock signal), and different stimuli can easily be added to the tool. Thus, characterization of cells with different requirements for stimulation, such as dynamic CMOS cells, are possible with little effort.

As an example of how these stimuli can be utilized, consider the characterization of a delay and a timing constraint parameter of a positve edge-triggered Master-Slave D-type flip-flop with reset. To characterize the clock-to-Q delay, the Q output must change its state as a result of transitions on the clock input. The reset input must be held inactive.

The following specification causes the necessary actions:

```
# C to Q
Q C Q:K C:C D:U R:0
%
```

In the first line, the '#' character indicates the start of a new specification and is followed by the specification name which reflects the delay path. The second line contains the stimulus specification. Multiple stimulus specifications, one to a line, are possible. The results of all these specifications are combined in a single parameter, as is frequently done when characterizing multiple-input gates.

The stimulus specification starts with the output reference node name Q, followed by the input reference node name C. Delays are measured between these two nodes. Q:K specifies that a load capacitor is to be connected to the Q node. Therefore, the load characteristic of this specification will depend exclusively on the load of the Q output. In flip-flop designs without output buffer, the delay to one output may depend on the load of both the Q and QN outputs. If required, such characteristics can be determined by using one specification with Q:K and another one with QN:K. Multiple nodes can be loaded as well.

The three following statements "C:C D:U R:0" indicate that a positive clock pulse is to be placed on the C input, and that a single pulse stimulates the D input. The reset input is held inactive at 0. Figure 2 shows the resulting timing diagram. The first clock pulse is used for initialization only. For this reason, the analysis of the output traces starts only after this clock pulse has expired, as indicated by the dashed line in Figure 2. The '%' symbol concludes the specification.

Most delay calculations can be specified as discussed. Some parameters, such as delays with a single edge only (e.g., reset to Q) and the characterization of timing constraints require a more powerful syntax. As an example, consider the specification of the D-input setup time constraint characterization of a flip-flop.

The D-input setup time is met if the input of the master feedback loop has stabilized when the master switches from sample to hold. This switching occurs only after the clock transition has traversed the clock buffer. As discussed in [YiC89], the setup time is therefore given by

$$T_{SETUP} = T_{D \rightarrow MASTER\_FEEDBACK\_INPUT} - T_{CLOCK \rightarrow CLOCKBUFOUT}$$

and two simulations are required; their results must be subtracted. No load dependencies need

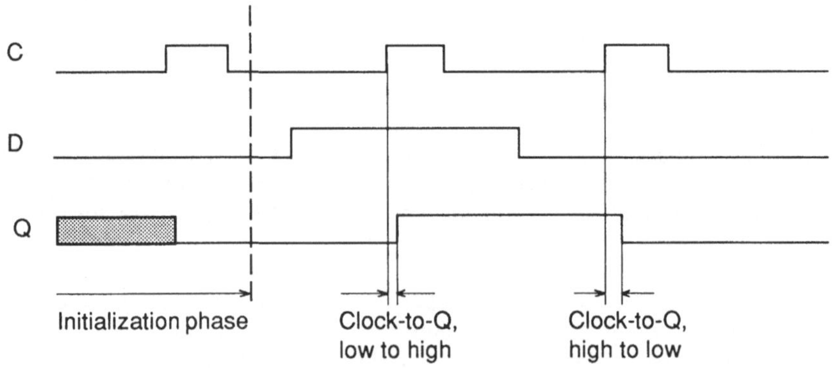

C

D

Q

Initialization phase

Clock-to-Q,
low to high

Clock-to-Q,
high to low

Figure 2: Timing diagram of Clock-to-Q simulation. Timing right of the dashed line is used for initialization and is therefore ignored.

to be considered. The specification below will cause the appropriate actions. The master feedback input node is named TMFE, and that of the clock buffer output is designated TC2:

```
? D-Setup
S B R
TMFE D C:0 D:U R:0
TC2 C C:U D:0 R:0
%
```

The '?' character indicates the start of a timing constraint specification, and is followed by its name. In the second line, the 'S' indicates that two simulations are required, and that the delay calculated from the second is to be subtracted from the first. The 'S' is followed by the specification of the edge(s) to be used for the analysis. 'B' indicates that the delay of both the rising and the falling edge are to be used. In the example, the D-input setup time must be met for both 0 and 1 logical values at the D input, and therefore the maximum delay from both edges is calculated. Only the active edge of the clock, the rising edge in this example, is relevant for the clock delay simulation; this is specified by the 'R'. The next two lines specify the stimulus; they use the same syntax as discussed for delay characterization. A complete specification file for the flip-flop is given in Figure 3; standard internal node names are used. The timing constraint section is bracketed by a '@' and a '%' symbol.

4. Simulation and data analysis

The delay specification discussed in the above section results in a total of 12 SPICE simulations. Four loads are placed on the Q output (0fF, 120fF, 500fF, and 1pF) so that the load dependence can be calculated. In CMOS, the delay depends linearly on the load capacitance. To check for inconsistencies, the load characteristic is determined through regression analysis, and the regression coefficient is calculated. This is done for the delay as well as rise and fall times.

```
@ Timing violations
?D_Setup
S B R
TMFE D D:U C:0 R:0
TC2 C D:0 C:U R:0
?D_Hold
1 R
TC2 C D:0 C:U R:0
?Clk_ph
1 B
TSFE TSE D:D C:1 R:0 TSE:U
?Clk_pl
1 B
TMFE D D:U C:0 R:0
?Clr_rel
1 F
TMFE R D:1 C:0 R:D
?Clr_hold
1 F
TSE C D:1 C:U R:1
?Clr_ph
M R R
TSE R D:1 C:c R:U
TS1 R D:1 C:C R:U
% End of timing violation section
# C to Q
Q C Q:K C:c D:U R:0
%
# C to QN
QN C QN:K C:c D:U R:0
%
& R to QN/Q
2 R F
QN R QN:K C:c D:1 R:U
Q R Q:K C:c D:1 R:U
%
```

Figure 3: Complete specification for automatic characterization of a D-type flipflop with reset

The D-input setup timing constraint analysis requires a total of six simulations because no load dependencies need to be considered, but two paths must be examined for best, typical, and worst case behavior.

The SPICE simulations produce a trace file of two node voltages. These traces are examined by the TREX tool, which locates corresponding transitions on the output and input nodes. From the traces, it extracts the 50%-to-50% delay between edges, and the 10%-to-90% rise and fall times. These values are extracted from each simulation, and are then processed by the EVAL tool. EVAL determines the delay and load dependency parameters as specified in the characterization control file. After all simulations are completed, an ASCII file summarizing the simulation results is produced. An example output file which contains all timing parameters of the flip-flop example is depicted in Figure 4.

	Timing Violation Characteristics		
	MIN [ns]	TYP [ns]	MAX [ns]
D_Setup	1.22	1.88	3.39
D_Hold	2.23	3.36	5.62
Clk_ph	2.45	3.78	6.57
Clk_pl	2.06	3.13	5.37
Clr_rel	1.01	1.31	1.71
Clr_hold	2.78	4.29	7.45
Clr_ph	2.77	4.35	7.56

	C to Q							
	Rise time		Delay L->H		Fall time		Delay H->L	
	T_bez	m	T_bez	m	T_bez	m	T_bez	m
FAST	1.14	3.95	4.01	1.72	0.89	2.85	3.27	1.58
TYP	1.74	6.28	6.44	2.78	1.30	4.19	5.05	2.29
SLOW	2.91	10.81	11.40	4.96	2.05	6.35	8.73	3.49

	C to QN							
	Rise time		Delay L->H		Fall time		Delay H->L	
	T_bez	m	T_bez	m	T_bez	m	T_bez	m
FAST	1.17	4.01	2.84	1.76	1.27	2.89	3.54	1.86
TYP	1.80	6.33	4.40	2.87	1.93	4.16	5.60	2.78
SLOW	3.01	10.76	7.59	5.07	3.02	6.62	9.81	4.52

	R to QN/Q							
	Rise time		Delay L->H		Fall time		Delay H->L	
	T_bez	m	T_bez	m	T_bez	m	T_bez	m
FAST	1.17	3.95	1.26	1.74	0.86	2.90	1.69	1.58
TYP	1.69	6.40	1.88	2.87	1.27	4.19	2.54	2.27
SLOW	2.85	10.95	3.06	5.12	2.03	6.25	4.19	3.52

```
Layout Data Base:
iflrlp_zap.spi 12-Jan-1990 13:28:50

Transistor model:
 Gate Forest, SPICE level 3, version 4.2, 01-Feb-1989, HR/HW
```

Figure 4: Characterization output file for D-flip-flop with reset

5. Simulator model adaptation

Many functional simulators such as System HILO use generic cell models which require inclusion of delay parameters. The SIMADAPT program reads the generic HILO models and substitutes place holders by delay and load capacitance parameters extracted from the CHARAC output file. Clearly, the characterizations performed must correlate to the parameters used in the model. Input capacitance place holders are substituted as well. Figure 5 shows a model file for the D-flip-flop from the above example. The model is based on HILO ASIC library flip-flop models. On the left, the file with place holders is shown, on the right the output from the SIMADAPT program is listed.

6. Automatic documentation

The output from the CHARAC program is used by the AUTODOC documentation program. Here, a data sheet is generated by using a number of files produced automatically, e.g., the capacitance file which contains the input node capacitances and by using some files generated

```
ALIAS iflrlp IS dff_25
(
** Propagation
clk_q_th     = <T@C_to_Q#LH>,
m1           = <M@C_to_Q#LH>,
clk_q_tl     = <T@C_to_Q#HL>,
m2           = <M@C_to_Q#HL>,
clk_nq_th    = <T@C_to_QN#LH>,
m9           = <M@C_to_QN#LH>,
clk_nq_tl    = <T@C_to_QN#HL>,
m10          = <M@C_to_QN#HL>,
clr_q_tl     = <T@R_to_QN/Q#HL>,
m5           = <M@R_to_QN/Q#HL>,
clr_nq_th    = <T@R_to_QN/Q#LH>,
m12          = <M@R_to_QN/Q#LH>,
** Capacitance values at inputs
C1           = <C@C> ,
C2           = <C@R> ,
C3           = <C@D> ,
** Timing violation values
clr_ph       = <V@CLR_PH>,
d_setup      = <V@D_SETUP>,
d_hold       = <V@D_HOLD>,
clr_rel      = <V@CLR_REL>,
clr_hold     = <V@CLR_HOLD>,
clk_ph       = <V@CLK_PH>,
clk_pl       = <V@CLK_PL>
) ENDCIRCUIT
```

```
ALIAS iflrlp IS dff_25
(
** Propagation
clk_q_th     =  380: 610:1080,
m1           =  171: 278: 495,
clk_q_tl     =  308: 477: 831,
m2           =  158: 229: 348,
clk_nq_th    =  262: 405: 698,
m9           =  176: 287: 506,
clk_nq_tl    =  331: 526: 926,
m10          =  185: 278: 452,
clr_q_tl     =  150: 226: 376,
m5           =  158: 227: 352,
clr_nq_th    =  105: 153: 244,
m12          =  173: 287: 512,
** Capacitance values at inputs
C1           =   89 ,
C2           =  199 ,
C3           =  151 ,
** Timing violation values
clr_ph       =  277: 435: 756,
d_setup      =  121: 188: 339,
d_hold       =  222: 336: 562,
clr_rel      =  101: 131: 170,
clr_hold     =  278: 429: 745,
clk_ph       =  244: 378: 657,
clk_pl       =  206: 313: 537
) ENDCIRCUIT

******************************************
** Parameters automatically substituted
on
**  Tue Mar  6 15:51:50 MEZ 1990
** Based auf extracted Spice File
**  iflrlp_zap.spi dated 12-Jan-1990
13:28:50
******************************************
```

Figure 5: HILO model file of a D-flip-flop with reset before and after parameter substitution

manually, e.g., a cell icon and a truth table file. In addition, the design data base is used to extraxt informatuon such as the cell dimensions, designer, and last modification date, etc. AUTODOC generates a LATEX source file which is then run from a laser printer. An example printout of a 4-input NAND data sheet is shown in Figure 6. In addition to this overview data sheet, AUTODOC produces a control sheet which is used to document cell modifications, a page with the detailed timing data provided by the CHARAC output, a page with the transistor level schematics, and a sheet containing the HILO cell model.

7. Automatic simulator control

For some types of cells, the characterization process has been automated even further, eliminating the need of manual generation of a characterization control file. For simple gates such as NANDS, for example, the stimulus generation is simple because it depends only on the number of inputs. A preprocessor has been programmed which generates specification files for such cells.

While specifications for gate characterization are easy to produce, flip-flop characterization control files are much more difficult, especially if timing constraints such as setup and hold times are to be determined. Errors are easily introduced; for example, incorrect node names or incorrect transitions might be specified. While many of these errors will result in incorrect simulations that can be recognized due to SPICE aborts or invalid results, some errors will result in reasonable data that cannot be identified as erroneous by value alone. To eliminate this error source, a preprocessor for flip-flops is being developed which automates the characterization process. It will use knowledge about the internal structure of CMOS flip-flops in conjunction with connector and internal node names to derive the necessary control files. For this approach, a set of naming conventions for node names has been defined which is mandatory for all IMS cell designs.

8. Experimental results

The ATTACC system has been used successfully during the design and documentation phase of two static CMOS cell libraries for the IMS Gate Forest, a second generation sea-of-gates technology [BeH88, RoL89]. Characterizations were performed as overnight batch jobs on Apollo DN4500 workstations, so that total time effort per library of less than a week was required, including the generation of control files. During the design of a cell library, the SPICE model parameters were updated to reflect the newest process measurements of the IMS fabrication line. Instead of requiring extensive rework to reflect these changes in the cell documentation, reruns of the batch jobs were sufficient. Another significant advantage is the possibility of easily adapting the characterization towards different characterization conditions. For example, the IMS cells are currently characterized for a best case of 0°C, 5.5V Vdd and fast process parameters, a typical case of 23°C, 5V Vdd, and typical process parameters, and a worst case of 85°C, 4.5V Vdd and slow process parameters. A modification to other parameters is possible by simple changes in a control file. Thus, customization of the cell parameters to other (customer) requirements is a matter of batch jobs with negligible manpower effort.

Zellgruppe	Funktion	Zellname
GATTER	NAND mit 4 Eingängen, Standard-Fanout	INAN4P

Wahrheitstabelle

E1	E2	E3	E4	A1
0	x	x	x	1
x	0	x	x	1
x	x	0	x	1
x	x	x	0	1
1	1	1	1	0

Schaltzeichen

INAN4P

E1, E2, E3, E4 — & — A1

Zeitverhalten ($C_L = 120fF$)		Rise time $t_f[ns]$	Rise time $m[ns/pF]$	Delay L→H $t_f[ns]$	Delay L→H $m[ns/pF]$	Fall time $t_f[ns]$	Fall time $m[ns/pF]$	Delay H→L $t_f[ns]$	Delay H→L $m[ns/pF]$
	fast	1.0	4.1	1.4	1.7	1.0	2.8	2.0	1.7
E1 ... E4 → A1	*typ.*	1.6	6.7	2.3	2.8	1.5	4.3	3.1	2.5
	slow	2.8	11.2	4.2	5.1	2.5	6.7	5.4	4.0

Verzögerungszeit: $t_{E,x} = t_{f,x} + m_x * (C_L - 120fF)$ *mit* $x =$ *Rise time, DelayL → H, Fall time, DelayH → L*

Eingangskapazitäten C_{in}[fF]	E1 = 84	E2 = 89	E3 = 83	E4 = 85

Zellenabmessungen	Breite = 153.0μm	Höhe = 76.0μm

Version: 1.0	Designer: TB	Datum: 19.10.1989

Figure 6: Automatically generated overview data sheet of 4-input NAND

9. Summary

An automated tool for the characterization and maintenance of cell libraries has been presented. The tool uses control files and the CAD data base to produce high quality documentation and simulator model adaptation. Two libraries were characterized with the tool, with minimum manpower effort. Currently, extensions to automate the generation of control files, especially for flip-flops, are being developed.

Acknowledgement

The authors would like to thank F.Blum and G.Roos for their support and valuable discussions.

References

[BeH88] M. Beunder, B. Höfflinger, J. Kernhof, "New directions in semicustom arrays", *IEEE Journal of Solid State Circuits,* Vol. 23, No. 3, 1988, pp. 728-735.

[Gen89] Genrad Ltd, *HILO Reference Manual*, 1988.

[Knu86] D. E. Knuth, *The TEXbook*, Addison Wesley, Reading, MA, 1986.

[RoL89] G. Roos, J. Leenstra, T. Schwederski, L. Spaanenburg, B. Höfflinger, "On structured Gate Forest VLSI design", Microprocessing and Microprogramming, Vol. 27, 1989, pp. 785-792.

[VLS88a] VLSI Technology Inc., *VLSI Tool Reference Manual*, 1988.

[VLS88b] VLSI Technology, *VTISpice Manual*, 1988.

[YiC89] P. Yin, T. Chan, "VLSI circuit design" in *VLSI Handbook*, J. Di Giacomo, Ed., McGraw-Hill, New York, NY, 1989, pp. 7.1-7.30.

Parallele Simulatoren für VLSI – Stand und Zukunftslinien des DISIM-Systems

E. Aposporidis W. Jud F. Lohnert
Daimler-Benz AG, Forschungsinstitut Berlin
Alt-Moabit 91 b, D-1000 Berlin 21

Übersicht

Es wird ein Überblick über das Simulationssystem DISIM für digitale Schaltkreise gegeben. DISIM enthält zum einen sequentielle Kerne für die Logiksimulation, die Fehlersimulation und die Testpatterngenerierung, zum anderen zwei neue parallele Kerne, den 'Parallel Multi-Level Simulator' (PMLS) und den 'Parallel Fault Simulator' (PFS). PMLS dient zur Logiksimulation von VLSI-Schaltungen; er kombiniert Multi-Level Simulation und Parallelverarbeitung auf "general purpose" Parallelrechnern. PFS ist ein paralleler Fehlersimulator für VLSI-Schaltungen; er teilt automatisch große Fehlersimulationsaufgaben in Teilfehlersimulationen auf und verteilt diese auf mehrere Rechner eines Rechnernetzes. Beide Kerne ermöglichen eine drastische Reduzierung der Simulationszeiten komplexer Schaltungen. Sie sind die Schwerpunkte dieses Beitrages.

1. Einleitung

Die Simulation ist heute ein Schlüsselelement in der Schaltkreisentwicklung, und zwar nahezu gleichbedeutend für alle Komplexitätsstufen. Sie hat durch die modernen vereinfachten Implementierungstechniken wie Gate Arrays und zellengestützter Entwurf noch an Bedeutung gewonnen. Entscheidend ist die Zeit bis zur Erstellung eines qualitativ hochwertigen Schaltungsentwurfs; die nachfolgenden Realisierungsschritte werden immer mehr automatisiert. Ziel der Simulation ist es, daß der in die Produktion gehende Schaltungsentwurf alle gestellten Anforderungen von Anfang an voll erfüllt.

Es werden zwei Arten der Simulation, für zwei Phasen der Schaltkreis-Erstellung, eingesetzt:

- die Logiksimulation für die Entwurfsphase – sie dient der Kontrolle des Entwurfs auf logische und zeitliche Fehler und
- die Fehlersimulation für die Fertigungsphase – sie dient zur Kontrolle vorgegebener Testfolgen auf ihre Güte bezüglich der Aufdeckung von Hardware-Fehlern (-Ausfällen) im fertigen Entwurf (Testability Analysis) bzw. im gefertigten Schaltkreis (Test).

Ein weiterer sehr wichtiger Schritt im Entwurfsprozeß ist die Erstellung der Testfolgen selbst; hierzu werden in der Regel automatische oder halbautomatischeTestpattern-Generatoren eingesetzt.

Wegen der mit wachsender Schaltkreiskomplexität enorm steigenden Simulationszeiten (in grober Näherung: für die Logiksimulation quadratisch, für die Fehlersimulation und die automatische Testpattern-Generierung kubisch mit der Elementzahl) entwickelt sich die Simulation jedoch tendenziell immer mehr zu einem Engpaß im Entwurf hochkomplexer Schaltkreise.

Das Simulationssytem DISIM wurde für die Logik- und die Fehlersimulation digitaler Schaltungen, insbesondere asynchroner Schaltwerke, entwickelt. Ein wichtiger Schwerpunkt der Anwendung ist der Bereich der gemischten synchronen/asynchronen Schaltwerke, wozu auch die meisten kundenspezifischen Schaltungen gehören.

DISIM enthält einerseits sequentielle Kerne für die Logik- und die Fehlersimulation sowie die Testpattern-Generierung, andererseits parallele Kerne, die eine drastische Reduzierung der Simulationszeiten hochkomplexer Schaltungen ermöglichen.

Es wird eine kurze Übersicht des DISIM-Systems und eine detailliertere Beschreibung der neuen parallelen Kerne gegeben.

2. Übersicht über das Simulationssystem DISIM

Die Komponenten des Systems DISIM [Jud87,DISIM] können in drei Teile eingeteilt werden (Bild 1):

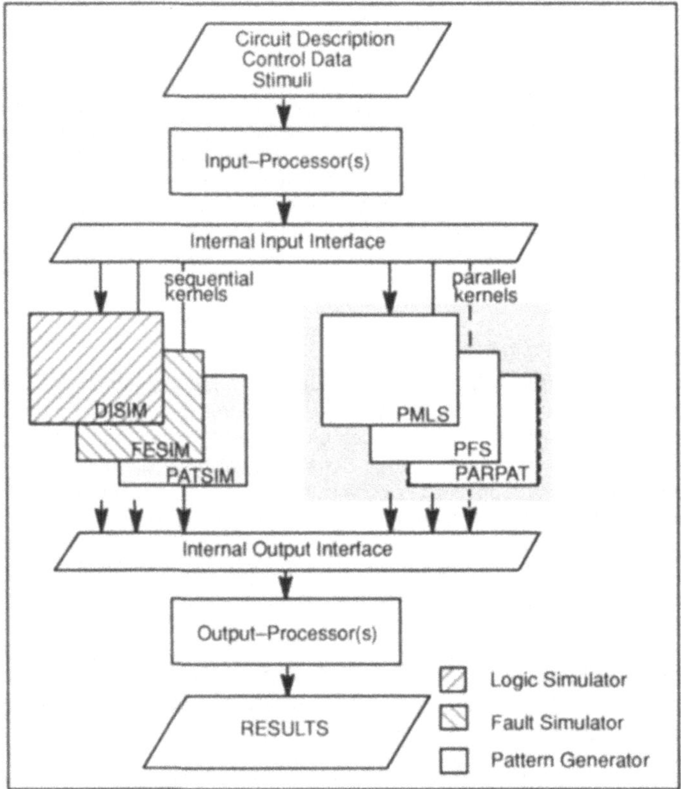

Bild 1: Komponenten des Simulationssystems DISIM

Im *Eingabeteil* wird die Schaltung mit Hilfe der DISIM Hardware-Beschreibungssprache eingegeben, über einen *Input-Processor* aufbereitet (gegebenenfalls unter Einbeziehung von Bibliothekselementen) und auf die interne Eingabeschnittstelle abgelegt.

Der *Simulationsteil* enthält zum einen sequentielle Simulationskerne für die Logiksimulation (DISIM), die Fehlersimulation (FESIM) und die Testpatterngenerierung (PATSIM), zum anderen neue parallele Kerne für die Logiksimulation (PMLS) und die Fehlersimulation (PFS); ein weiterer paralleler Kern für die automatische Testpatterngenerierung (PARPAT) ist in Planung.

Der *Ausgabeteil* enthält den *Output-Processor*, der die Ergebnisse in der gewünschten Form darstellt (alphanumerisch, graphisch, interaktive Ausgabe bzw. Ergebnis-Analyse).

Im folgenden wird auf die sequentiellen Kerne nur kurz eingegangen; schwerpunktmäßig werden die parallelen Kerne PMLS und PFS behandelt.

3. Sequentielle Simulationskerne

DISIM hat sequentielle Simulationskerne für die Logik- und die Fehlersimulation, ferner einen Kern zur Testpatterngenerierung. Alle Kerne unterstützen die *funktionale* und die *Gatter Ebene* sowie eine einfache *Switch Ebene.*

In der funktionalen Ebene stehen systemeigene Funktionselemente zur Verfügung, zudem kann der Benutzer durch MACRO-Vereinbarungen, Funktionstabellen-Vereinbarungen und Unterprogramme eigene Elemente definieren. Diese können in leicht handhabbaren Bibliotheken gehalten werden.

Als Simulationskonzept wird *ereignisgesteuerte Simulation* mit *Pfad-Selektierung* benutzt.

Für die Modellierung der Signale und des Verzögerungsverhaltens der Elemente gibt es zwei Versionen:

In der Grundversion wird eine *4-wertige Logik (0, 1, X = unbestimmt,* und *Z = hochohmig)* benutzt. Das Verzögerungsverhalten eines Elementes wird durch *individuelle mittlere Laufzeiten* für die zwei Flanken nachgebildet.

Für die Logiksimulation besonders zeitkritischer Schaltungen gibt es zudem eine erweiterte Version mit besonders genauen Modellen: Es wird eine *7-wertige Logik (0, 1, X = statisch unbestimmt, U = dynamisch unbestimmt, R = Aufwärtsflanke, F = Abwärtsflanke* und *Z = hochohmig)* benutzt; das Verzögerungsverhalten eines Elementes wird sehr genau durch *individuelle Laufzeitbereiche* für die Aufwärts- und die Abwärtsflanke nachgebildet.

Für die Fehlersimulation wird eine Kombination des *deduktiven* [Arms72] mit dem *concurrent* Verfahren [Ulri74] angewandt. Es können *"stuck-at"* Fehler an allen Elementanschlüssen simuliert werden. Vor Beginn der Simulation werden Gruppen von nichtunterscheidbaren Fehlern gebildet *(fault collapsing).* Erkannte Fehler werden aus der weiteren Behandlung ausgeschlossen *(fault dropping).* Fehler, die sehr viele Elementbearbeitungen hervorrufen (z.B. durch Aktivierung von Oszillationen), werden erkannt und können ebenfalls aus der weiteren Behandlung ausgeschlossen werden. Eine für die Behandlung sehr großer Fehlermengen wichtige Simulatoreigenschaft ist die automatische Aufteilung einer Fehlermenge in Teilfehlermengen, die dann hintereinander simuliert werden. Es gibt zwei Varianten dieser Teilung: die statische Aufteilung (vor Beginn der Simulation), sowie die dynamische Aufteilung (während der Simulation, z.B. bei Speicherüberlauf).

Der Testpatterngenerator PATSIM generiert Testpattern interaktiv oder automatisch. Die Grundlage der interaktiven Bearbeitung bildet ein schnelles Patternbewertungsverfahren für stochastisch erzeugte oder vom Benutzer vorgegebene Pattern. Die automatische Testpatterngenerierung (ATPG) benutzt einen modifizierten D-Algorithmus [Micz86] (erweitert auf 9 Werte und auf funktionale Elemente). Der Algorithmus kann auch *"scan path"* berücksichtigen. Das Verfahren eignet sich für kombinatorische und für sequentielle Schaltungen, auch solche mit großer sequentieller Tiefe.

4. Parallele Simulationskerne

Das System DISIM enthält zwei neue parallele Kerne als Prototypen:

– den *'Parallel Multi-Level Simulator'* (PMLS) für die Logiksimulation,

– den *'Parallel Fault Simulator'* (PFS) für die Fehlersimulation.

Sie wurden im Rahmen des ESPRIT 415 Projektes 'Parallel Architectures and Languages for Advanced Information Processing' [Trel90, deBa89], in Zusammenarbeit mit dem Institut für Technische Informatik der Technischen Universität Berlin, entwickelt und prototypisch implementiert. Daneben wurde im Projekt auch die Parallelisierung der "Automatischen Testpatterngenerierung" untersucht [Singh89].

Im folgenden wird zunächst eine kurze Übersicht der Möglichkeiten zur Parallelarbeit in der Simulation digitaler Schaltungen gegeben; anschließend werden die parallelen Kerne beschrieben.

4.1 Parallelität in der Simulation digitaler Schaltungen

Das Grundprinzip für die Parallelverarbeitung ist die Partitionierung der Aufgabe unter Berücksichtigung der zwei "Dimensionen" *Schaltungsstruktur* und *Zeit,* sowie die parallele Bearbeitung der Teilaufgaben. Es ergeben sich drei fundamentale "Granularitäts-Ebenen" zur Organisation von Parallelarbeit (Tabelle 1).

Granularitäts-Ebene	Granularitäts-Grad	Mechanismen
Variante	grob	Partitionierung eines Satzes von Fehlern, Stimuli, Schaltungsvarianten
Schaltung	mittel	Schaltungspartitionierung, asynchrone Bearbeitung
Algorithmus	fein	Algorithmuspartitionierung, Pipeline

Tabelle 1: Fundamentale "Granularitäts-Ebenen" zur Organisation von Parallelarbeit in der Simulation digitaler Schaltungen

Auf der *Varianten-Ebene* gibt es eine sehr wichtige und relativ einfach realisierbare Möglichkeit der Parallelisierung bei allen Arten der Varianten-Simulation:

- den *Struktur-Varianten*, wie bei der Fehlersimulation und bei der Simulation von Entwurfs-Varianten,
- den *Stimuli-Varianten*, d.h. verschiedene Patternfolgen (wie z.B. bei der Simulation verschiedener Instruktionsfolgen eines Rechners).

Basis der *Varianten-Simulation* ist, daß die Varianten unabhängig voneinander sind und daher parallel simuliert werden können. Die parallele Simulation von Varianten führt zu Prozessen grober Granularität. Sie kann daher auch auf verteilten Systemen mit "langsamer" Kommunikation, z.B. auf lokalen Rechnernetzen, implementiert werden.

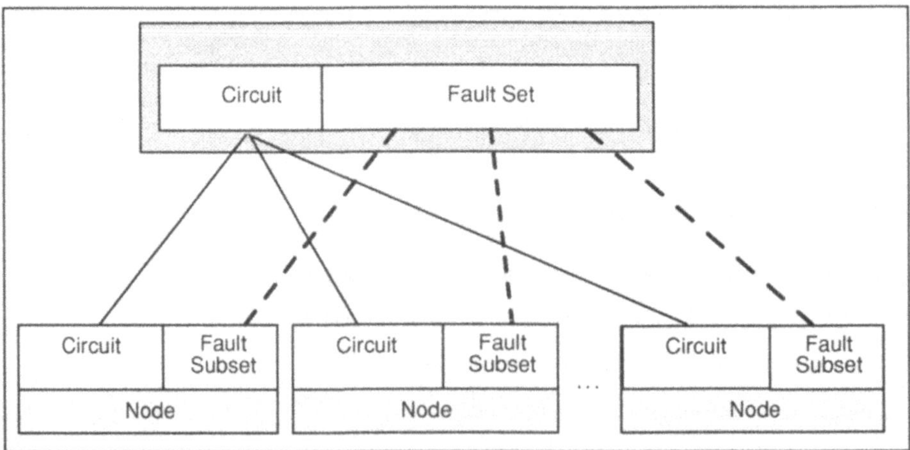

Bild 2: Prinzip der parallelen Variantensimulation am Beispiel der Fehlersimulation

Bild 2 zeigt das Prinzip der parallelen Variantensimulation am Beispiel der Fehlersimulation: Eine Fehlersimulationsaufgabe, bestehend aus einem Schaltungsmodell und einer Menge zu simulierender Fehler, wird derart in Teilaufgaben geteilt, daß jede Teilaufgabe das vollständige Schaltungsmodell und eine Teilfehlermenge enthält. Die Teilaufgaben können dann verschiedenen Rechnern zugewiesen und parallel bearbeitet werden. Der im folgenden Abschnitt 4.3 beschriebene 'Parallel Fault Simulator' (PFS) operiert auf dieser Granularitäts-Ebene.

Auf der *Schaltungsebene*, d.h. der Ebene der individuellen Schaltungssimulation, ist die Basis der Parallelarbeit die Aufteilung des Schaltkreises in Teilschaltkreise (Schaltungspartitionierung). Moderne Entwurfstechniken (top town Entwurf) führen automatisch zu einer hierarchischen Aufteilung der Schaltung in funktionale Einheiten. Funktionale Einheiten können zu Teilschaltungen zusammengefaßt und in *Subsimulatoren* simuliert werden (Bild 3).

Die *Subsimulatoren* laufen parallel. Sie müssen hierbei miteinander kommunizieren, um Signaländerungen (Ereignisse) an den Ausgängen eines Subsimulators den betroffenen anderen Subsimulatoren mitzuteilen. Dies führt zum Konzept der *verteilten diskreten Ereignissimulation* [Misr86], welches einen Synchronisationsmechanismus zwischen den Subsimulatoren erfordert. Die zwei Grundmethoden der Synchronisation sind:

- die *konservative Strategie* "Synchronisation durch Warten" (*Link Time Verfahren* [Peac79]), d.h., jeder Subsimulator wartet, bis sicher ist, daß kein Ereignis mit einem Zeitstempel kleiner als seine lokale Simulationszeit *(LVT = Local Virtual Time)* von außen ankommen kann,

- die *optimistische Strategie* "Synchronisation durch Rollback" (*Time Warp Verfahren* [Jeff85, Jeff85a]), d.h., ein (jeder) Subsimulator simuliert laufend, und rollt zurück, wenn ein Ereignis von außen ankommt, dessen Zeitstempel kleiner als seine lokale Simulationszeit ist.

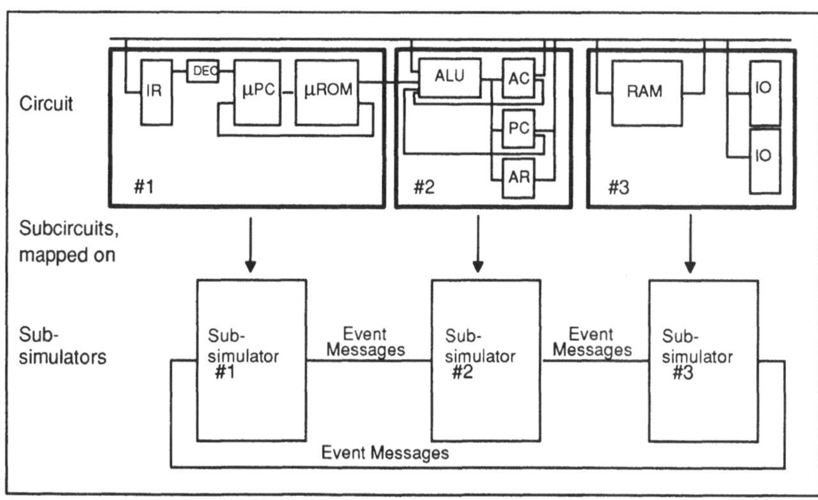

Bild 3: Prinzip der parallelen Simulation auf der Schaltungsebene

Schaltungspartitionierung führt zu Prozessen mittlerer Granularität, die auf heutigen "general purpose" Parallelrechnern, wie DOOM [Anno90], iPSC/2, Transputernetze, und ähnliche, effizient laufen können. Der im folgenden Abschnitt 4.2 beschriebene 'Parallel Multi-Level Simulator' (PMLS) operiert nach diesem Prinzip.

Auf der *Algorithmus-Ebene* wird der Simulationsalgorithmus in einer (oder mehreren) Pipelines von Teilalgorithmen aufgeteilt. Dies führt zu Prozessen feiner Granularität, die spezielle Hardware erfordern. Sie ist die Hauptebene der heute existierenden "Hardware-Beschleuniger" [Blan84].

4.2 Parallel Multi-Level Simulator (PMLS)

PMLS ist ein Simulationskern für die Logiksimulation von VLSI-Schaltungen. Er kombiniert Multi-Level Simulation und Parallelverarbeitung auf "general pupose" Parallelrechnern zur Erzielung maximaler Leistung.

PMLS unterstützt die vier Abstraktions-Ebenen des *logischen Entwurfs: Register-Transfer, funktionale, Gatter* und *Switch Ebene.* Erweiterungsmöglichkeiten um die Programmebene wie auch die elektrische Ebene wurden im Simulatorentwurf berücksichtigt. Die Modellierung der Signale erfolgt durch *4-wertige Logik (0, 1, X = unbestimmt, und Z = hochohmig)* und eine *quasi-kontinuierliche Signalstärke* für die *Switch Ebene.*

Der Simulator benutzt **ein** Simulationskonzept für **alle** Abstraktions-Ebenen (*Breitband-Konzept* [Ramm86, Ramm89]), nämlich *verteilte ereignisgesteuerte Simulation.*

Parallelverarbeitung erfolgt auf der *Schaltungsebene*, d.h., die Schaltung wird in Teilschaltungen aufgeteilt, die in *Subsimulatoren* auf verschiedenen Knoten des Rechners parallel simuliert werden (Bild 3). Jede Teilschaltung kann mehrere Abstraktionsebenen enthalten. Die *Subsimulatoren* simulieren asynchron mit ihrer eigenen *lokalen Zeit*, kommunizieren durch den Austausch von *Ereignisnachrichten* und synchronisieren sich durch ein modifiziertes *Time Warp Verfahren* (optimistische Synchronisations-Strategie [Jeff85]). Die Ereignisfortpflanzung erfolgt mit *Pfad-Selektierung* sowohl innerhalb der Teilschaltungen, als auch zwischen den Teilschaltungen. Dieses Konzept liefert bereits bei einer Teilschaltungsgröße von etwa 100 Elementen ausreichende Granularität für eine signifikante Beschleunigung auf "general purpose" Parallelrechnern.

Die erste Implementierung von PMLS erfolgte in der Sprache POOL (Parallel Object-Oriented Language) auf der DOOM-Maschine (Decentralized Object-Oriented Machine) [Bron87, Anno90].

Zielmaschine und Implementierungssprache

DOOM ist eine parallele Maschine mit einer Vielzahl von Knoten. Jeder dieser Knoten enthält einen Daten-Prozessor, einen lokalen Speicher und einen Kommunikationsprozessor (Bild 4).

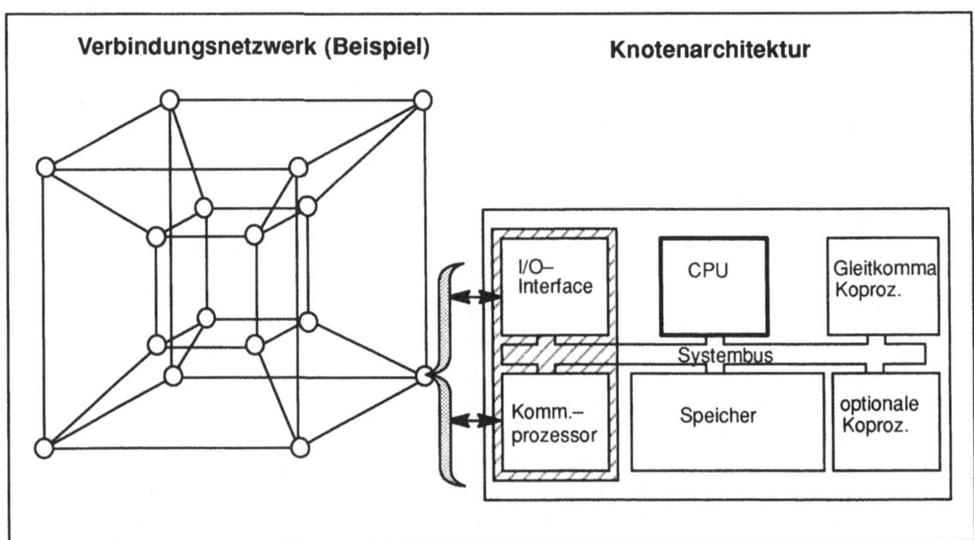

Bild 4: Prinzipielle Architektur von DOOM

Die Kommunikation zwischen den Knoten erfolgt durch den Austausch von Daten-Paketen. Der Kommunikationsprozessor kann verschiedene Netzwerktopologien unterstützen (z.B. Hypercube, Gitter), durch Anwendung einer "adaptiven Laufweg-Ermittlung". Jeder Knoten hat eine Kopie des Betriebssystem-Kerns. Dieser Kern führt lokale Verwaltung der Betriebsmittel aus (z.B. Scheduling, Speicher-Verwaltung) und kooperiert mit anderen Kernen für globale Aufgaben (z.B. "load balancing", "distributed garbage collection").

Der DOOM Prototyp enthält 100 Knoten mit jeweils einer 68020 CPU,12 Mbyte Speicher, und eine Board-level-Implementierung des Kommunikationsprozessors. Eine VLSI-Implementierung des Kommunikationsprozessors ist für Ende 1990 geplant.

POOL ist eine parallele objekt-orientierte Sprache, speziell entworfen für die zuverlässige Programmierung großer Anwendungen auf hochparallelen Maschinen. Sie benutzt die bekannten Konzepte der objekt-orientierten Programmierung [Stefi86]. Ein POOL-Programm besteht aus einer großen Zahl dynamischer *Objekte*, die durch den *Austausch von Nachrichten* miteinander kommunizieren. *Objekte* sind *Instanzen* von *Klassen*. Im Gegensatz zu den meisten objekt-orientierten Programmiersprachen sind in POOL die Objekte *aktiv*, d.h., sie sind *Prozesse*. POOL erlaubt *synchrone Kommunikation* (ähnlich dem ADA Rendezvous) und *asynchrone Kommunikation* (no-wait-send) zwischen den Objekten. POOL läuft auf DOOM, sowie auf UNIX Maschinen (z.B. SUN, VAX) mit dem POOL Interpreter und dem DOOM Simulator.

Struktur von PMLS

Bild 5 zeigt die globale Struktur von PMLS auf der Prozeßebene. Prozesse werden durch Kasten, Nachrichten durch Pfeile dargestellt. Es gibt auf dieser Ebene vier Prozeßtypen:

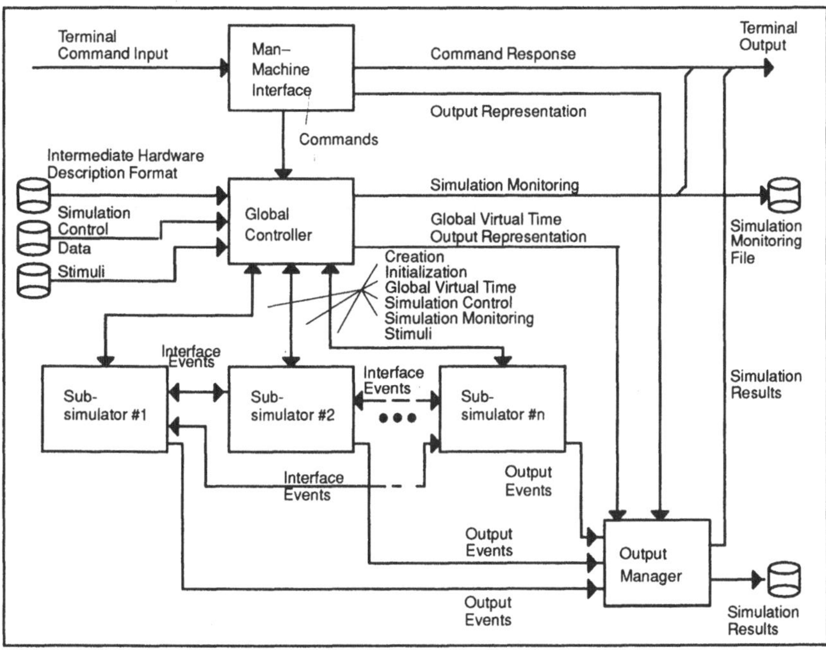

Bild 5 : Globale Struktur auf der Prozeßebene

Das *Man-Machine Interface* erhält Kommandos vom Benutzer-Terminal und sendet diese an den *Global Controller* und (oder) den *Output Manager*.

Der *Global Controller* liest die partitionierte Schaltungsbeschreibung ein, erzeugt und initialisiert die *Subsimulatoren* auf den Knoten, bestimmt die *Global Virtual Time (GVT)*, führt *Simulation-Monitoring* (Bestimmung statistischer Daten) durch und terminiert die Simulation, wenn *GVT* den Simulations-Endzeitpunkt erreicht hat.

Die *Subsimulatoren* simulieren ihre individuellen Teilschaltungen (asynchron zueinander), senden *Interface Event Messages* zu anderen *Subsimulatoren* und *Output Event Messages* zum *Output Manager.*

Der *Output-Manager* sammelt die *Output Event Messages* und gibt alle Daten mit einem Zeitstempel größer als *GVT* aus (diese Daten können nicht mehr durch *Rollback* rückgängig gemacht werden).

Auf die Struktur eines Subsimulators wird hier nicht weiter eingegangen; es wird auf [Apos89, Lohn90] verwiesen.

Synchronisationsmechanismus

Für die Synchronisation der *Subsimulatoren* gibt es zwei grundsätzliche Methoden, die *konservative Strategie* "Synchronisation durch Warten" und die *optimistische Strategie* "Synchronisation durch Rollback" (*Time Warp Verfahren*, siehe Abschnitt 4.1). Theoretische Betrachtungen und Messungen in [Sama85, Berr86] sowie im Rahmen des Projektes [Hopp88] haben ergeben, daß mit der *Synchronisation durch Rollback* eine höhere Beschleunigung erreicht wird, besonders bei stark sequentiellen Schaltungen. Durch Anwendung von *Lazy Cancellation* (siehe unten) wird die Effizienz dieses Verfahrens erhöht.

In PMLS erfolgt die Synchronisation der Subsimulatoren durch ein modifiziertes *Time Warp Verfahren:* Die *Subsimulatoren* laufen asynchron mit ihrer eigenen lokalen Zeit (*Local Virtual Time LVT*). Kommt von einem anderen Subsimulator ein Ereignis mit einem Zeitstempel kleiner als die LVT, dann *rollt* der Subsimulator *zurück* zu dem Zeitpunkt dieses Ereignisses und simuliert von diesem Zeitpunkt wieder weiter. Das *Rollback* erfordert das Speichern der *History.* Das Rollback eines Subsimulators kann Rollbacks anderer Subsimulatoren zur Folge haben, falls zu diesen Subsimulatoren gesendete Ereignisse rückgängig gemacht werden müssen (durch Senden von *Antimessages*).

Unsere Implementierung enthält zwei Verbesserungen gegenüber dem ursprünglichen Vorschlag von Jefferson [Jeff85]:

- Es wird nicht der jeweilige Gesamtzustand gespeichert, sondern nur die Zustandsänderungen (*History Events*). Dadurch wird deutlich weniger Speicher benötigt.
- Die im Rollback-Zeitraum zu anderen Subsimulatoren gesendeten Ereignisse werden im Original-Verfahren sofort storniert (*Agressive Cancellation*), und lösen dadurch neue Rollbacks in anderen Subsimulatoren aus. Bei unserer Implementierung wird die Stornierung dieser Ereignisse solange ausgesetzt, bis es – nach der erneuten Simulation – feststeht, daß diese tatsächlich nicht vorkommen (*Lazy Cancellation*). Dadurch kann die Zahl der sekundären Rollbacks deutlich reduziert werden.

Vergleich mit anderen Simulatoren

Für den Test und die Evaluierung von PMLS wurde eine Reihe von Messungen mit dem POOL Interpreter/ DOOM Simulator und auf dem DOOM Prototyp durchgeführt, basierend auf einem Standard Benchmark für Logiksimulatoren [Gree87].

Diese Messungen ergaben eine Effizienz der Parallelarbeit von 60% für Schaltungen ausreichender Größe (einige hundert Elemente je Knoten). Die Effizienz ist definiert als die Beschleunigung bezogen auf die Zahl der eingesetzten Knoten; die Beschleunigung bezieht sich auf den rein sequentiellen Lauf auf einem Knoten, d.h. ohne den Mehraufwand der parallelen Version.

Die Beschleunigung durch Multi-Level Simulation (gegenüber der klassischen Simulation auf Gatter Ebene) hängt stark von den Anteilen der verschiedenen Abstraktionsebenen im Schaltungsmodell und von der Komplexität der Elemente (z.B. Registerlänge). Sie liegt grob im Bereich 2 bis 20.

Ein Problem bei diesen Messungen war die nicht optimierte Implementierung von POOL auf der DOOM Maschine; dadurch war die Geschwindigkeit der sequentiellen Simulation auf einem DOOM-Knoten niedrig, verglichen mit Implementierungen in konventionellen Sprachen mit optimierenden Compilern. Es konnten daher zunächst keine realistischen absoluten Zeiten, sondern nur relative Leistungsdaten gemessen werden. Absolute Zeitmessungen werden nach Abschluß der laufenden Implementierungen von PMLS auf iPSC/2 und auf einem Transputernetz (siehe Abschnitt 5) erfolgen.

Die absolute Leistung von PMLS wurde zunächst geschätzt, unter Annahme einer optimierten Sprach-Implementierung: Bei einer Leistung von rund 10.000 Element-Evaluationen/s auf einem DOOM-Knoten (gemessene Leistung der CPU 68020 bei einem sequentiellen Simulator in C), einer Effizienz der Parallelarbeit von 60% und einem zusätzlichen Leistungsgewinn um den Faktor 10 durch Multi-Level Simulation, ergibt sich für die 100-Knoten DOOM eine Leistung von etwa 6.000.000 GES (GES = Gate-äquivalent Evaluations/s); das liegt im Bereich der hochspezialisierten Beschleuniger (z.B. einstufige Zycad LE). Legt man für die Abschätzung einen iPSC/860 mit 128 Knoten zugrunde (CPU i80860, geschätzte Leistung eines Knotens etwa 250.000 Element-Evaluationen/s), dann folgt eine Leistung von über 150.000.000 GES. Dies liegt im Bereich der derzeit schnellsten kommerziellen Beschleuniger (Zycad LE und SDE).

PMLS hat gegenüber den Hardware-Beschleunigern folgende Vorteile:

- genaue Modelle und hohe Flexibiität (kann leicht erweitert oder modifiziert werden, durch entsprechende Änderung der Software). Realitätsnahe Berücksichtigung des Zeitverhaltens durch individuelle Laufzeiten für jedes Element auf allen Abstraktions-Ebenen, sehr genaue Ermittlung des Zeitverhaltens auf der Switch Ebene (unter Berücksichtigung von Ladungsverteilungen),
- voll skalierbar und sehr flexibel, um künftige kosteneffektive Technologien (WSI, ULSI) und Architekturentwicklungen bei den "general purpose" Parallelrechnern voll auszunutzen,
- kosteneffektive, wartungsfreundliche Software durch objekt-orientierte Programmierung; leichte Implementierung innovativer Techniken, wie *dynamisches Ändern von Parametern* (z.B. Laufzeitwerte, Stimuli), *dynamisches Erzeugen und Integrieren von Elementen* (Objekten) in die Schaltung (z.B. für die Ausführung von *inkrementellen Änderungen*) sowie *dynamische Änderung der Abstraktionsebene* von Schaltungsteilen (*Zooming*) [Ghos87].

Wir sehen PMLS als einen großen Schritt in der Entwicklung einer neuen Generation sehr leistungsfähiger Simulationswerkzeuge, die auf künftigen "general purpose" Parallelrechnern laufen. Er ist nach unserem Wissen die erste Implementierung eines Multi-Level Simulators auf derartigen Rechnern.

4.3 Parallel Fault Simulator (PFS)

PFS ist ein paralleler Fehlersimulator für VLSI-Schaltungen. Seine Besonderheit ist das automatische Aufteilen großer Fehlersimulationsaufgaben auf mehrere Rechner eines Rechnernetzes (oder Knoten eines Parallelrechners) zwecks Beschleunigung der Simulation. Das verwendete Prinzip ist die Aufteilung der zu simulierenden Fehlermenge in Teilfehlermengen, die dann unabhängig voneinander (parallel) simuliert werden, wie im Abschnitt 4.1, Bild 2, gezeigt.

Implementierung

Voraussetzung für die Realisierung des im Abschnitt 4.1 beschriebenen Verfahrens ist ein Netzwerk von Rechnern, das die Grundfunktionen *remote file transfer, remote file access* und *remote execution* unterstützt. Übliche Netze dieser Art sind lokale Netze (LAN) von z.B. Workstations oder "general purpose" Parallelrechner wie DOOM, Transputernetze, Intel iPSC und ähnliche.

Die erste Implementierung des Parallelen Fehlersimulators erfolgte auf einem Cluster von VAX-Rechnern. Diese laufen unter dem Betriebssystem VMS (Version 4.0 und höher) und kommunizieren über DECnet.

Die Teilung der Fehlermenge erfolgt statisch, vor Beginn der Simulation, durch fortgesetzte Halbierung. Bei einer n-stufigen Halbierung entstehen 2**n Teilfehlermengen. Den Teilfehlermengen wird jeweils ein *Splitcode* zugeordnet, durch den sie eindeutig identifiziert werden können. Dem Simulationskern wird über eine *Auftragsdatei* ein *Splitcode* mitgeteilt. Der Simulator nimmt dann aus der vorgegebenen Fehlermenge die entsprechende Teilfehlermenge auf und führt die Simulation mit dieser Teilfehlermenge durch.

Hauptkomponente des PFS ist ein Kontrollprozess (*Controller*). Der Controller berechnet eine Zahl von Teilfehlermengen (größer als die Zahl der zu benutzenden Rechner) und stellt die entsprechenden Splitcodes auf. Er baut dann die Verbindungen zu den zu benutzenden Rechnern (*Server*) auf und ordnet jedem Server über eine Auftragsdatei eine Teilfehlersimulation (*Task*) zu.

Für die Durchführung der Teilfehlersimulationen auf den einzelnen Rechnern wird der sequentielle Simulationskern FESIM benutzt.

Die laufenden Tasks melden dem Controller den Simulationsfortschritt über eine *Botschaftsdatei*. Terminiert auf einem Rechner ein Simulationsprozeß, dann prüft der Controller, ob weitere Splitcodes zu bearbeiten sind, und ordnet gegebenenfalls eine neue Task dem Server zu.

Wenn alle Tasks abgearbeitet sind, sammelt der Controller die Ergebnisse und führt sie zusammen.

Evaluierung des parallelen Fehlersimulators

Zur Beurteilung der Leistung von PFS wurde eine Reihe von Messungen mit mehreren Schaltungen unterschiedlicher Komplexität auf verschiedenen Rechnerkonfigurationen gemacht. Hierzu wurde ein Rechnernetz mit bis zu 10 VAXen benutzt. Größere Netze wurden simuliert, indem jedem vorhandenen Rechner mehrere Tasks (hintereinander) zugewiesen (bis zu 64 Tasks insgesamt) und die Ergebnisse auf ein entsprechend größeres Netz umgerechnet wurden.

Die Messungen zeigen (erwartungsgemäß), daß die Beschleunigung mit der Komplexität der Fehlersimulationsaufgaben zunimmt, d.h., die Leistung von PFS steigt mit der Größe der Simulationsaufgabe. Bei der Testschaltung mit der höchsten Komplexität (4-bit Mikroprozessor, sequentielle Fehlersimulationszeit von etwa 114 h auf einer VAXstation 2000) wurden folgende Beschleunigungen bzw. Effizienz in Abhängigkeit von der Zahl der Rechner ermittelt:

Zahl der Rechner/Tasks	16	32	64
Beschleunigung	14	20	29
Effizienz [%]	88	63	45

Die ermittelte Beschleunigung gilt für die Durchführung der Fehlersimulation als "Single User" auf einem Netz mit nur einem Prozessortyp; es wird ferner vorausgesetzt, daß so viele Prozessoren wie Tasks zur Verfügung stehen.

Die Abnahme der Effizienz mit der Zahl der Rechner liegt hauptsächlich an der ungleichmäßigen Belastung der Rechner, d.h., die Teilfehlersimulationen benötigen unterschiedliche Simulationszeiten (bedingt durch das unterschiedliche Aktivitätsverhalten der Fehler). Die Beschleunigung wird somit durch die langsamste Task bestimmt. Dieser Effekt macht sich bei einer feineren Aufteilung der Fehlermenge stärker bemerkbar.

Eine deutliche Verbesserung der Lastverteilung auf die Prozessoren kann durch die Kombination der statischen Teilung zu Beginn der Simulation mit einer dynamischen Teilung während der Simulation erreicht werden. Die dynamische Teilung wird wirksam, wenn ein Prozessor frei wird und keine neuen Teilfehlersimulationen mehr zu vergeben sind. In diesem Fall hält der Controller denjenigen Prozessor, der voraussichtlich noch am längsten zu simulieren hat, an, teilt seine Task in zwei *Subtasks* auf und ordnet ihm eine Subtask zu; die zweite Subtask wird dem freien Prozessor zugewiesen. Dies wird solange fortgesetzt, bis alle Teilfehlersimulationen beendet sind. Dieses Verfahren ergibt für die oben genannte Testschaltung auf einem Netz mit 64 Rechnern nach einer Abschätzung eine Beschleunigung von 59, was eine Effizienz von über 90% bedeutet. Das Verfahren ermöglicht somit eine fast lineare Beschleunigung, vorausgesetzt das Verhältnis der Zeiten "Fehlersimulation zu Logiksimulation" ist erheblich größer (Faktor 20 und mehr) als die Rechnerzahl.

4.4 Parallelisierung der Testpatterngenerierung

Im Rahmen des Projektes wurden auch Möglichkeiten zur Beschleunigung der "Automatischen Testpatterngenerierung" (ATPG) durch Parallelverarbeitung untersucht [Singh89].

Automatische Testpatterngenerierungssysteme enthalten in der Regel zwei getrennte Hauptaktivitäten:

- *Die Pattern Generierung*; hierbei wird – durch Anwendung komplexer Algorithmen – versucht, Testpattern zu finden, die ein oder mehrere vorgegebene Fehler aufdecken.
  Da diese Algorithmen Näherungsverfahren wiedergeben, müssen die gefundenen Testpattern überprüft werden.

- *Die Pattern Evaluierung*; hierbei wird die Qualität der gefundenen Testpattern bezüglich Fehleraufdeckung (diejenigen Fehler, für die sie erstellt wurden, und andere Fehler) geprüft.

Das Ergebnis der Untersuchung ist, daß beide Aktivitäten ein hohes Potential an inhärenter Parallelität besitzen, und zwar auf allen drei "Granularitätsebenen", der Varianten-, der Schaltungs- und der Algorithmus-Ebene. Für die Parallelarbeit auf einem LAN oder einem "general purpose" Parallelrechner ist zunächst die Varianten-Ebene die geeignetste, da hier eine relativ einfach realisierbare Möglichkeit der Parallelverarbeitung, ähnlich wie bei der Fehlersimulation, vorliegt.

Der Entwurf eines parallelen Testpatterngenerators ist im Institut für Technische Informatik der Technischen Universität Berlin im Gang.

5. Zusammenfassung und Ausblick

Das Simulationssystem DISIM dient der Simulation komplexer Schaltwerke. Es enthält zum einen sequentielle Kerne für die Logiksimulation und die Fehlersimulation sowie die Testpattern-Generierung, zum anderen zwei neue parallele Kerne für die Logiksimulation (Parallel Multi-Level Simulator, kurz PMLS) und die Fehlersimulation (Parallel Fault Simulator, kurz PFS).

PMLS wurde für "general purpose" Parallelrechner (wie DOOM, iPSC, Transputernetz, ...) entworfen und integriert die zwei Beschleunigungsansätze *Multi-Level Simulation* und *Parallelverarbeitung.* Er kombiniert die Vorteile leistungsfähiger Simulatoren für sequentielle "general purpose" Rechner (Flexibilität, Portabilität, genaue Algorithmen, mehrere Simulationsebenen) mit der hohen Simulationsgeschwindigkeit der Hardware-Beschleuniger. Die Vorteile der objekt-orientierten Programmierung (reduzierte Software-Produktionskosten, verbesserte Wartbarkeit, Robustheit) [Stefi86] werden ebenfalls voll ausgenutzt.

Die erste Implementierung von PMLS erfolgte in der neuen Sprache POOL (Parallel Object-Oriented Language) und auf der neuen Maschine DOOM (Decentralized Object-Oriented Machine). PMLS ist nach unserem Wissen die erste Implementierung eines Multi-Level Simulators auf einem "general purpose" Parallelrechner.

PFS ist ein paralleler Fehlersimulator für VLSI-Schaltungen. Seine Besonderheit ist das automatische Aufteilen großer Fehlersimulationsaufgaben auf mehrere Rechner eines Rechnernetzes (oder Knoten eines Parallelrechners) zwecks Beschleunigung der Simulation. Hierbei wird die zu simulierende Fehlermenge in Teilfehlermengen aufgeteilt, die dann unabhängig voneinander (parallel) simuliert werden.

Die erste Implementierung von PFS erfolgte auf einem Cluster von VAX-Rechnern. Diese laufen unter dem Betriebssystem VMS (Version 4.0 und höher) und kommunizieren über DECnet. Messungen zeigen, daß die Effizienz von PFS mit der Größe der Simulationsaufgabe zunimmt. Bei Kombination der (zur Zeit implementierten) statischen Teilung zur Beginn der Simulation mit einer dynamischen Teilung während der Simulation, kann eine fast lineare Beschleunigung erreicht werden – vorausgesetzt, das Verhältnis der CPU-Zeiten "Fehlersimulation zu Logiksimulation" ist erheblich größer als die Rechnerzahl (Faktor 20 und mehr).

Eine weitere Arbeit in diesem Umfeld war die Untersuchung der Parallelisierungsmöglichkeiten der automatischen Testpatterngenerierung (ATPG) [Sing89]. Das Ergebnis ist, daß ATPG auf allen drei "Granularitäts-Ebenen" (der Varianten-, der Schaltungs- und der Algorithmus-Ebene, siehe Abschnitt 4.1) ein hohes Potential an inhärenter Parallelilität besitzt, und daher für die Parallelverarbeitung sich sehr eignet.

Ziel unserer Arbeiten zur "Parallel-Simulation" ist der Entwurf einer neuen Generation sehr leistungsfähiger Simulationswerkzeuge, die auf künftigen "general purpose" Parallelrechnern laufen. PMLS und PFS sind erste große Schritte in dieser Richtung.

PMLS ist ein Forschungsprototyp (die Programmiersprache POOL wie auch die parallele Maschine DOOM sind ebenfalls noch Forschungsprototypen). Der nächste Schritt ist die Implementierung auf kommerziellen "general purpose" Parallelrechnern: PMLS wird auf einem iPSC/2 implementiert. Eine weitere Implementierung auf einem Transputernetz ist im Institut für Technische Informatik der Technischen Universität Berlin (ITI) im Gang.

PFS läuft zur Zeit auf einem kommerziellen lokalen Netz, als "Vorprodukt". Es ist geplant, PFS auf anderen Betriebssystemen (zunächst UNIX) und auf heterogenen Netzen (z.B. gemischt VMS und UNIX) zu implementieren, ferner eine zusätzliche "dynamischen Teilung der Teilfehlermengen" einzubauen, um die Effizienz von PFS zu verbessern (siehe Abschnitt 4.3). Im ITI sind die Implementierung von PFS auf einem Transputernetz und der Entwurf eines parallelen Testpatterngenerators geplant.

Referenzen

[Anno90] Annot,J.K., den Haan,P.A.M.: POOL and DOOM: the Object Oriented Approach; in: Parallel Computers, Object-Oriented, Functional, Logic; Edited by P.C. Treleaven, Wiley 1990, pp. 47–79

[Apos89] Aposporidis,E., Hoppe,F., Lohnert, F., Mehring,P., Post, H.U.: PMLS – A Parallel Multi–Level VLSI Simulator, EUROMICRO 89, Cologne, September 1989, pp. 571–577

[Arms72] Armstrong, D.B.: A Deductive Method of Simulating Faults in Logic Circuits; IEEE Transactions on Computers, Vol. C-21, No. 5, (May) 1972, pp. 464–471

[Blan84] Blank,T.: A Survey of Hardware Accelerators Used in Computer-Aided Design; IEEE Design & Test, August 1984, pp. 21–39

[Berr86] Berry,O.: A Testbed for the Time Warp Distributed Simulation Mechanism; Trans. of the Society for Comp. Simulation, 1986, pp. 135–157

[Bron87] Bronnenberg,W., Nijman,L., Odijk,E., Twist,R.: DOOM: A Decentralized Object-Oriented Machine; IEEE Micro, October 1987, pp. 52–69

[deBa89] Languages for Parallel Architectures: Design, Semantics, Implementation Models; Edited by J. de Bakker, Wiley 1989

[DISIM] DISIM User Manual, Order No. DSM-0001-87 (1987); Herausgeber DOSIS GmbH

[Gree87] Greer,D.L.: The Quick Simulator Benchmark; VLSI Systems Design, Nov. 1987, pp. 40–57

[Ghos87] Ghosh,J.: Dynamic Multi-Level Simulation of Digital Hardware Designs; Simulation, 1987, pp. 247–252

[Hopp88] Hoppe,F.: Accelerated Logic Simulation using Parallel Processing; COMPEURO '88, Brussels, pp. 156–163

[Hwan87] Hwang,S.Y., Blank,T., Choi,K.: "Incremental Funktional Simulation of Digital Circuits", Proc. IEEE Int. Conf. Computer-Aided Design, Nov. 1987, pp. 392–395

[Jeff85] Jefferson,D., Sowizral,H.: Fast Concurrent Simulation using the Time Warp Mechanism; SCS Multiconference, San Diego, Jan. 85, Part: Distributed Simulation, pp. 63–69

[Jeff85a] Jefferson,D.: Virtual Time; ACM Transactions on Programming Languages and Systems, July 1985, pp. 404–424

[Jud87] Jud,W.: Simulation Digitaler Systeme – Das DISIM-3 System; ASIM-Mitteilungen aus den Arbeitskreisen, Heft Nr. 5, 1987, pp. 1–4

[Lohn90] Lohnert,H., Hoppe,F.: An Object-Oriented Multi-Level VLSI Simulator using POOL; in: Parallel Computers, Object-Oriented, Functional, Logic; Edited by P.C. Treleaven, Wiley 1990, pp. 81–100

[Micz86] Miczo,A.: Digital Logic Testing and Simulation; Harper & Row, Publishers, New York, 1986

[Misr86] Misra,J.: Distributed Discrete-Event Simulation, Computing Surveys, March 1986, pp. 39–65

[Peac79] Peacock,J.K., Wong,J.W., Manning,E.G. : Distributed Simulation using a Network of Processors; Computer Networks 3, Feb. 1979, pp. 44–56

[Ramm86] Rammig,F.,J.: Mixed Level Modelling and Simulation of VLSI Systems; Logic Design and Simulation, North Holland, 1986, pp. 95–134

[Ramm89] Rammig,F.,J.: Systematischer Entwurf digitaler Systeme; B. G. Teubner Verlag, Stuttgart, 1989

[Sing89] Singh, H., Parallel Pattern Generation System – possibilities of exploiting parallelism; interner AEG Bericht, September 1989

[Sama85] Samadi,B.: Distributed Simulation: Performance and Analysis; PhD Thesis, UCLA, 1985

[Stefi86] Stefik,M.: Object-Oriented Programming: Themes and Variations; AI Magazine, Vol. 6, No. 4, January 1986, pp. 40–62

[Trel90] Parallel Computers, Object-Oriented, Functional, Logic; Edited by P.C. Treleaven, Wiley 1990

[Ulri74] Ulrich,E., Baker,T.: Concurrent Simulation of Nearly Identical Digital Networks; Computer (April) 1984, pp. 39–44

Das Simulatorkopplungsprojekt

Bechtold, M. (1) *Leyendecker, Th.* (1) *Niemeyer, M.* (2) *Oczko, A.* (2) *Oczko, C.* (2)
(1) Technische Informatik, J.W.-Goethe Universität Frankfurt
(2) CADLAB, Paderborn

Abstract

Im Rahmen des vom Bundesminister für Forschung und Technologie geförderten Projekts 'Simulatorkopplung' wird durch Verbindung existierender Simulatoren ein Gesamtwerkzeug für vielfältige Anwendungen konzipiert und realisiert. Insbesondere die Simulation großer und heterogener Schaltungen wird unterstützt. Der Simulatorverbund deckt alle Beschreibungsebenen für die Spezifikation mikroelektronischer Systeme ab und unterstützt durch seine Flexibilität verschiedene Entwurfstechniken. Die verfügbare Rechnerleistung wird durch Parallelisierung der Simulation bestmöglich genutzt.

Einleitung

Dieser Beitrag stellt das vom Bundesminister für Forschung und Technologie geförderte Projekt 'Simulatorkopplung' vor. Als Partner auf der Industrieseite nehmen Nixdorf (CADLAB), Siemens, Daimler-Benz/Telefunken electronic, Bosch und DOSIS teil. Auf der Universitätsseite sind Paderborn (CADLAB), Frankfurt und Dortmund vertreten. Die inhaltliche Arbeit hat im Januar 1989 begonnen. Das Projekt hat eine Laufzeit von drei Jahren.

Ziel des Simulatorkopplungsprojekts ist es, einen Simulatorverbund zu erstellen, der die Simulation komplexer heterogener Systeme auf unterschiedlichen Rechnerkonfigurationen ermöglicht. Dabei werden für die Simulation von Subsystemen bereits existierende Simulatoren eingesetzt, die für diese Subsysteme jeweils am besten geeignet sind.

Die technologische Entwicklung motiviert die Entwicklung eines solchen Werkzeugs in zweifacher Hinsicht: die *Komplexität* der in Zukunft zu entwickelnden Systeme hinsichtlich Größe und Heterogenität erfordert ein Simulationswerkzeug, das bestmögliche Anpassung bei der Modellierung und Parallelisierung der Simulation erlaubt. Auf der anderen Seite steht immer mehr *Rechnerleistung* für die Simulation selbst zur Verfügung, die durch Paralleleinsatz genutzt werden kann. Außerdem ermöglicht es die große Rechnerleistung erst, immer größere Systeme im Zusammenhang zu simulieren, statt sich auf die Simulation von Teilsystemen zu beschränken.

Es gibt heute eine ganze Reihe von Simulatoren, die teils für bestimmte Abstraktionsebenen der Schaltungsbeschreibung teils für bestimmte Schaltungstechnologien entwickelt und auf ihre Anwendung hin optimiert wurden. Der Simulatorverbund soll dem zukünftigen Anwender eine größtmögliche Bandbreite bieten. Diese wird am effizientesten durch die Kopplung spezialisierter Simulatoren zu einem Gesamtwerkzeug erreicht. Ein solches - mit diesem Projekt beabsichtigtes - Werkzeug unterstützt nicht zuletzt auch die Integration bereits existierender Subsysteme zu einem Gesamtsystem und ist offen für weitere Simulatoren.

Dieser Beitrag gibt im folgenden einen Überblick über die bislang im Simulatorkopplungsprojekt erstellten Konzepte für einen Simulatorverbund.

1 Einsatz des Simulatorverbundes

Der Simulatorverbund ist gedacht insbesondere für die Simulation von

- großen Systemen, deren Simulation möglicherweise parallel ablaufen soll
- heterogenen Systemen, deren Teilsysteme unterschiedliche Technologien (z.B. VLSI und Analog-Technik) und damit Modellierungsstile aufweisen (*mixed mode*-Simulation)

Der Simulatorverbund unterstützt verschiedene Entwicklungsmethodiken [RAM89],

- indem einzelne Schaltungsteile eines Systems unabhängig voneinander mit dem jeweils am meisten geeigneten Einzelsimulator entwickelt werden können, um anschließend als Gesamtsystem simuliert zu werden (*bottom up* -Entwurf, *modularer* Entwurf)

- indem die Integration existierender Schaltungen zu Systemen durch Simulation unterstützt werden kann
- indem auf hoher Abstraktionsebene spezifizierte und simulierte (Teil-) Schaltungen im Laufe des Entwicklungsprozesses durch detailliertere Implementationen verfeinert werden können (*top down* - Entwurf), deren Simulation der Verbund in einfacher Weise ermöglicht
- indem bereits auf niedriger Abstraktionsebene durch Simulation überprüfte Teilschaltungen durch abstraktere Modelle bei der Systemsimulation leicht ersetzt werden können (*mixed level* -Simulation)

Hinsichtlich der für die Simulation verfügbaren Hardware werden sowohl Einzelrechner als auch hauptsächlich Mehr-Rechner-Systeme unterstützt.

2 Simulatoren und ihre Rolle

Die Konzeption des Simulatorverbundes zielt auf möglichst weitgehende Offenheit, insbesondere auch, was die Integration zusätzlicher Simulatoren angeht.
Im Rahmen des Simulatorkopplungsprojekts werden fünf Simulatoren von den Projektteilnehmern in den Verbund eingebracht, die die Bandbreite zwischen Analog- und Systemsimulation weitgehend abdecken (siehe Abb. 1).

Simulator	Haupt-Einsatzfeld	Projekt-Partner
DACAPO	System-Simulation	DOSIS
COSI	Simulation getakteter Systeme	Siemens
DISIM	Gatter-Simulation	Telefunken electronic
HADIS	Analog-digital-Simulation	Uni Frankfurt
BONSIM	Analog-Simulation	Bosch

Abbildung 1: In das Simulatorkopplungsprojekt eingebrachte Simulatoren

Diese Simulatoren werden für den Einsatz an die Schnittstellen innerhalb des Verbundes angepaßt. Es können prinzipiell beliebige Kombinationen der angepaßten Simulatoren eingesetzt werden, wobei auch mehrere 'Instanzen' des gleichen Simulator(typ)s erlaubt sind.

3 Benutzersicht des Simulatorverbundes

3.1 Benutzerführung

Der Verbund wird eine einheitliche graphische objektorientierte *Benutzeroberfläche* aufweisen, die sich auf die Verbunddaten und -funktionen erstreckt. Verbundfunktionen betreffen die Modelldaten des simulatorübergreifenden Gesamtmodells, die Übersetzung der simulatorlokalen Modelle, die Simulationsdurchführung und die Ergebnisdarstellung. Die Benutzeroberfläche bietet eine einheitliche Fehlerbehandlung und verwaltet die simulatorübergreifenden Daten. Lediglich die Eingabe der simulatorspezifischen Teilmodelle und die Verwaltung der entsprechenden lokalen Daten wird vom Verbund wenig unterstützt. Die Simulation und Auswertung verlangt hingegen keine simulatorspezifischen Kenntnisse vom Benutzer mehr.

3.2 Ablauf der Verbundsimulation

Im Folgenden wird der Ablauf einer Verbundsimulation aus Benutzersicht geschildert (siehe Abb. 2). Die Einzelkomponenten werden im Folgenden Kapitel näher erläutert.
Das Simulatorkopplungsprojekt hat nicht die Schaffung einer neuen Hardware-Beschreibungssprache zum Ziel. Die eigentliche (funktionale usw.) Modellierung eines Teilsystems ('Moduls') erfolgt in der Beschreibungssprache eines der eingebundenen Simulatoren. Die Verschaltung der simulatorspezifischen Module zum Gesamtmodell wird im *Verbundsimulationsmodell* beschrieben, welches das Gesamtsystem repräsentiert. Dieses Modell wird in VHDL/S – einer Spezialisierung von VHDL [I3E87] (vgl. Kapitel 5) – (oder in EDIF bei Anschluß eines Schematik-Editors) spezifiziert.
Die Simulations-Testmuster ('Stimuli') können sowohl simulatorspezifisch als auch verbundweit einheitlich

spezifiziert werden. Im ersten Fall werden sie vom Verbund lediglich an den Simulator beim Simulationsaufruf übergeben. Diese Stimulierung ist für Modul-interne Signale gedacht. Die Stimulierung von Verbundsignalen erfolgt über die Komponente *Stimulator*.
Der Benutzer hat weiterhin die Möglichkeit, den Simulationsablauf in einem vorab formulierten 'Experiment' zu planen, in dem z.B. der Simulationsverlauf in Abhängigkeit von Simulationsergebnissen gesteuert wird. Dazu dient der *Experimentator* .
Zur Aufbereitung der Modelldaten, des Experiments und der Stimuli ruft der Benutzer die Verbundkomponenten *Konfigurator* und *Kommunikator* auf, die das Verbundsimulationsmodell auf syntaktische und semantische Korrektheit und Konsistenz hinsichtlich der referenzierten simulatorspezifischen Modelldaten überprüfen. Nach erfolgreicher Prüfung werden die Modelldaten in eine (VHDL)-Modell-Datenbasis übernommen, auf die im weiteren die Verbundkomponenten über eine prozedurale Schnittstelle zugreifen können.
Die Verbundsimulation startet der Benutzer durch den Aufruf des *Synchronisators*. Dabei bestimmt er die Kopplung der Simulatoren. Der Aufruf der einzelnen Simulatoren erfolgt, für den Anwender unsichtbar, durch den Synchronisator. Dem Benutzer stehen Kommandos zur interaktiven Steuerung der Simulation zur Verfügung. Der Datenaustausch zwischen den Simulatoren übernimmt die Datenaustausch-Software (vgl. Kapitel 6). Die Simulationsergebnisse werden für die Module lokal durch die Simulatoren abgelegt, während die Verbundsignale durch einen *Ergebnisschreiber* gesichert werden.
Die Simulationsergebnisse kann sich der Benutzer mit dem *Ergebnisprozessor* ansehen, der eine konsistente Darstellung der lokalen wie globalen Signale in einem einheitlichen Format bietet. Er greift dabei zum Lesen der Ergebnisse auf die entsprechende Simulatorfunktionalität zurück.

4 Komponenten der Zentral-SW

Im Folgenden werden die wesentlichen Komponenten (Abb. 2) der Verbund-Software skizziert, die im Rahmen des Simulatorkopplungsprojekts erstellt werden.

4.1 Benutzeroberfläche

Die Komponente *Benutzeroberfläche* bietet u.a. folgende Funktionalität:

- objektorientierte graphische Benutzerinteraktion auf Basis von OSF-Motif [OSF89]
- Erstellung von Protokoll- und Skriptdateien
- Fehlerbehandlungs-Routinen
- Verwaltung der Modell- und Simulationsdaten auf Verbundebene nach einem Datenbank-ähnlichen Ansatz (über eine Schnittstelle, die die Integration in eine Datenbank ermöglicht).

Diese Dienste werden zum Teil von den übrigen Komponenten benutzt.

4.2 Konfigurator

Die Analyse der Verbundmodelldaten übernimmt der *Konfigurator*. Dazu gehört die syntaktische und semantische Prüfung der VHDL/S -Schaltungsbeschreibung (vgl. Kapitel 5). Die Analyse führt zum Aufbau einer modellspezifischen Datenstruktur in einer VHDL-Modelldatenbasis. Auf diese Daten kann im Folgenden durch eine prozedurale Schnittstelle zugegriffen werden. Die Struktur des hier abgelegten Modells bestimmt ganz wesentlich die Software-Struktur zur Laufzeit des Verbundes. Der Konfigurator ist somit für die Verarbeitung der durch die Verbundmodellbeschreibung gegebenen *statischen* Konfigurationsdaten zuständig.

4.3 Kommunikator

Im Wechselspiel mit dem Konfigurator sorgt der *Kommunikator* für die Generierung der aus den Modelldaten ableitbaren *dynamischen* Daten. Dazu gehören z.B. Tabellen für die Kommunikation zwischen den

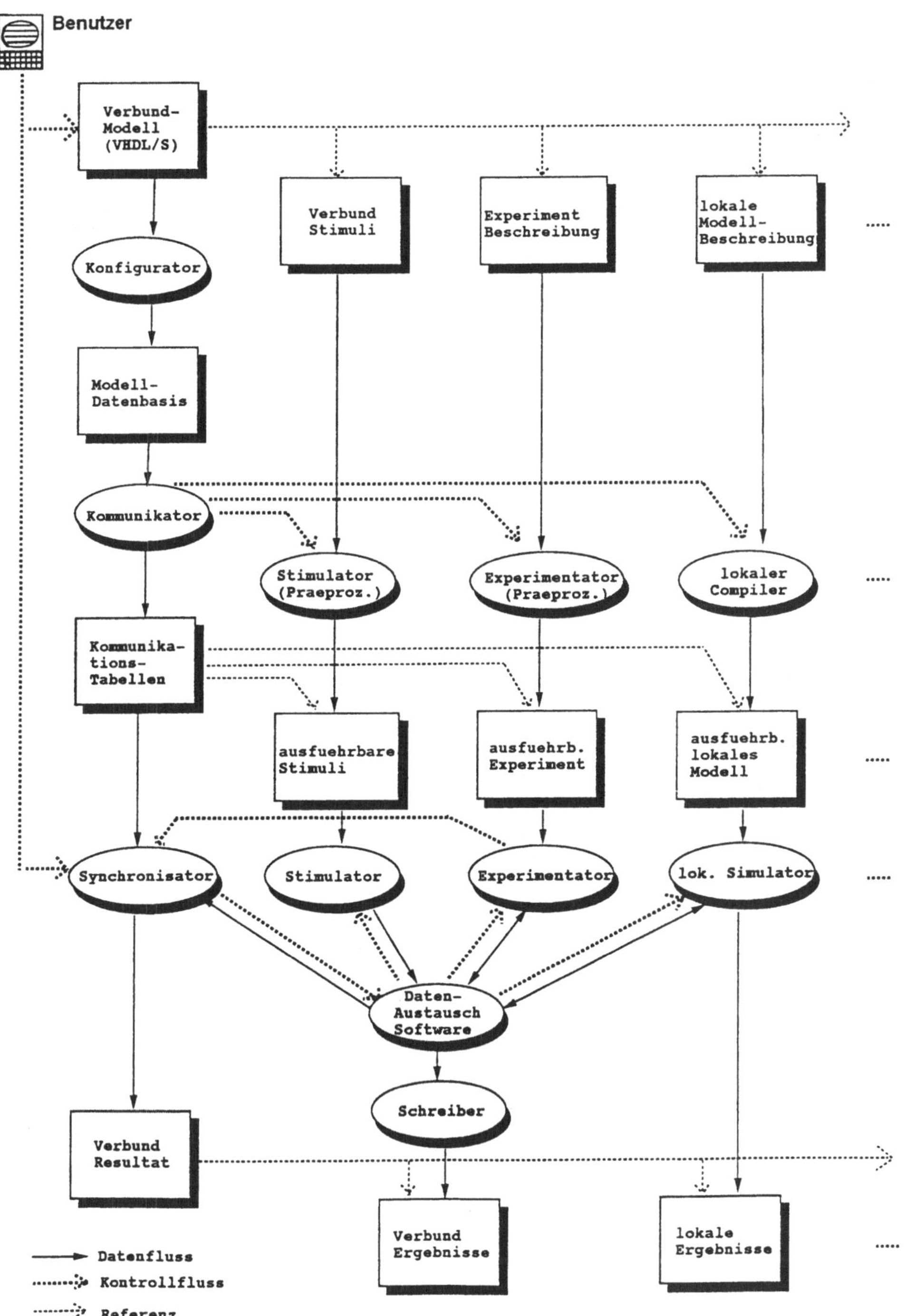

Abbildung 2: Datenfluß im Simulator-Verbund

Prozessen und Komponenten der Verbundsoftware zur Laufzeit. Außerdem überprüft der Kommunikator die Konsistenz zwischen dem Verbundmodell und den lokalen Modelldaten und stößt die Simulatoren bzw. Compiler zur Aufbereitung der lokalen Modelldaten an. Danach kann die Simulation beginnen.

4.4 Stimulator

Die Verbundstimuli liegen als (Stimuli-) Modul im Sinne des Verbundstrukturmodells in DACAPO-Beschreibungsprache mit Erweiterungen für Analogstimuli vor. Der *Stimulator* besteht aus einem Präprozessor, der die Analogstimuli abtrennt und an den Analogsimulator übergibt, und einer 'Instanz' von DACAPO für den verbleibenden DACAPO-Modul für die digitalen Stimuli. Während der Simulation übernimmt eine 'Instanz' von DACAPO die Einspeisung der Stimuli in den Verbund über 'Pseudo-Signale', die den Stimulimodul mit den übrigen Modulen verbinden.

4.5 Experimentator

Der *Experimentator* beeinflußt die Simulationsdurchführung, indem er zur Laufzeit 'Benutzerkommandos' an den Synchronisator absetzt. Er tut dies nach Maßgabe eines Experiments, das als DACAPO-Modell formuliert ist. Dieses Experiment stellt ein (im Gegensatz zum Stimulimodell für den Benutzer unsichtbaren) Modul im Sinne des Verbundsimulationsmodells dar. Über 'Pseudo-Signale' ist das Experimentator-Modul mit den Modulen verbunden, deren Zustände im Experiment eine Rolle spielen. Die zeitliche Steuerung des Experiments übernimmt eine DACAPO-'Instanz', die wie die übrigen Simulatoren vom Synchronisator gesteuert wird.

4.6 Synchronisator

Der *Synchronisator* steuert den eigentlichen Simulationsablauf. Dem Datenfluß innerhalb des zu simulierenden Verbundmodells entspricht zur Laufzeit der Signalwertaustausch zwischen den Simulatoren. Das Konzept sieht vor, daß der Anwender die Kopplung konfigurieren kann (s. Kap. 7).

4.7 Datenaustausch-Software

Die *Datenaustausch-Software* (vergl. Kapitel 6) stellt die Schnittstelle zwischen den Einzelsimulatoren untereinander und gegenüber der Steuerungssoftware dar. Ihr obliegt zum einen die Weitergabe von Steuerungs- und Abfrage-'Kommandos' an die Simulatorsysteme (einschließlich der Compiler und Ergebnisleser) und ggf. der Abfrageergebnisse. Abfragefunktionen für den aktuellen Simulationszustand und Typinformationen von Schnittstellensignalen und Ergebnissen stehen zur Verfügung. Zum anderen übernimmt die Datenaustausch-Software den Versand der bei der Simulation generierten Signalwerte zwischen den Simulatoren entsprechend der Verschaltung der Module in der Modellbeschreibung. Dabei muß in der Regel auch eine Transformation der Signale vom Zustandsraum des Sende- zu dem des Empfangssimulators vorgenommen werden. Des weiteren werden in diesem Zusammenhang eventuell auftretende Signalkonflikte aufgelöst.

4.8 Ergebnis-Leser und Schreiber

Die modulinternen Signalwerte werden von dem zugehörigen Simulatorsystem abgespeichert und gelesen. Für die Verbundsignale gibt es einen eigenen *Ergebnisleser-, -schreiber* sowie *Symboltabellenprozessor*. Beim Lesen werden die Signalwerte über die gleichen Kanäle wie bei der Simulation verschickt. Das Lesen der Ergebnisse ist softwaretechnisch nur ein Sonderfall einer Verbundsimulation.

4.9 Ergebnisprozessor

Zur Auswertung der Simulationsergebnisse dient ein graphischer *Ergebnisprozessor*. Lokale und Verbundergebnisse analoger und digitaler Art können zusammen in einem Diagramm dargestellt werden. Mit Hilfe des Experimentators können auch Signalverknüpfungen gebildet werden.

5 Das Verbundsimulationsmodell

In der Phase der Simulationsvorbereitung beschreibt der Benutzer die Zusammensetzung der zu simulierenden Schaltung aus verschiedenen Hardwarebauteilen, deren Funktionalität als lokales Modell in der Beschreibungssprache eines der im Verbund integrierten Simulatoren implementiert ist. Dieses Modell wird auch als das *Verbundsimulationsmodell* bezeichnet.
Die Unterstützung der textuellen Erstellung einer solchen Beschreibung sowie ihre Analyse und Aufbereitung für Abfragen der übrigen Verbundsoftware ist die Aufgabe der Verbundkomponente Konfigurator. Im Folgenden werden die Konzepte der Verbundsimulationsmodellbeschreibung und ihre Bearbeitung durch den Konfigurator behandelt.

5.1 Problemstellung

Ein Verbundsimulationsmodell ist im weitesten Sinne eine konventionelle, rein strukturelle Beschreibung eines Hardwaresystems, wie sie z.B. auch bei der Beschreibung von Schaltwerken verwendet wird; allerdings werden im vorliegenden Fall die Gatter durch beliebig komplexere Bausteine ersetzt. Im Simulatorkopplungsverbund sind die Bauteile jedoch nicht innerhalb des gleichen Simulationssystems wie die *top-level*-Struktur (das Verbundsimulationsmodell) implementiert, sondern es handelt sich um heterogene Modelle, die in den verschiedenen Sprachen der involvierten Simulationssysteme beschrieben sind. Das Verbundsimulationsmodell muß deshalb, zusätzlich zur Strukturbeschreibung, alle zur Synchronisation der involvierten Simulatoren notwendigen Modelldaten enthalten. Unter Berücksichtigung der über die Beschreibung der Struktur hinausgehenden Anforderungen sind folgende Teilprobleme durch das Verbundsimulationsmodell zu lösen:

- Beschreibung der Struktur der zu simulierenden Schaltung:
  Die verschiedenen Komponenten (ihre Schnittstellen) und ihre Verbindungen werden spezifiziert.
- Behandlung der Heterogenität der verschiedenen Simulationssyteme:
  Die spezifischen Eigenschaften einzelner Simulationssysteme sowie Aspekte der digital-analogen Kopplung werden in die Modellbeschreibung einbezogen. Dadurch wird eine Verifikation der statischen Kommunikationsstrukturen schon vor der Simulation ermöglicht.
- Systemkonfiguration:
  Die Komponenten der Strukturbeschreibung werden an lokale Simulationsmodelle gebunden und die Simulationsprozesse auf verschiedene Rechnerknoten verteilt[COU88].

5.2 Konzepte der Simulationsmodellbeschreibungssprache

Um eine optimale Flexibilität und Effizienz der Gesamtbeschreibung zu gewährleisten, ist die Modelleingabesprache so konzipiert, daß ein Teilproblem möglichst auf einen Abschnitt der Beschreibung (Modul) konzentriert wird. Aus diesem Grund wird z.B. die Struktur des Systems und seine Konfigurierung (Bindung der Platzhalter an spezifische lokale modelle) in zwei separat übersetzbaren Modulen beschrieben.

5.2.1 Festlegen der Struktur der Schaltung

Im *Strukturmodul* des Verbundsimulationsmodelles werden die verschiedenen Schaltungselemente und ihre Verbindungen spezifiziert. Außerdem wird, obwohl thematisch auch zur Heterogenität der verschiedenen Simulationssysteme gehörig, der Aspekt der digital-analogen respektive analog-analogen Kopplung behandelt. Dieses Vorgehensweise ist deshalb gerechtfertigt, weil eine digital-analoge Kopplung ein Merkmal der Schaltung und nicht eine spezifische Eigenart eines speziellen Simulationssystems ist.
Im einzelnen werden folgende Eigenschaften des Verbundsimulationsmodelles im Strukturmodul definiert:

- die Schnittstellen der involvierten Teilmodelle:
  Es werden ausschließlich Schnittstellen (Platzhalter) ohne Bindung an Funktionalität (lokale Simulationsmodelle) modelliert. Spezifiziert werden die Anschlüsse einer Komponente (Bezeichner, Typ und ihre Ausrichtung).

- Verbindung der Teilmodelle:
  Die Verbindung der einzelnen Komponenten wird beschrieben. Hierbei werden vom Benutzer auch potentielle Buskonflikte angezeigt, Schnittstellenmodelle für die digital-analoge Kopplung eingebunden (vgl. Kapitel 6) und Typanpassungen vorgenommen.

Die Eingabesprache des Verbundes erlaubt dem Benutzer nur die Verwendung von simulatorunabhängigen, bereits vordefinierten Standardtypen. Dies ist sinnvoll, da benutzerdefinierte Typen in verschiedenen Hardwarebeschreibungssprachen unterschiedliche Semantik haben können, z.B. ist eine Struktur (*record*) in DACAPO III ein Bitbündel mit einer überlagerten Struktur und in VHDL eine Struktur im Sinne imperativer Programmiersprachen [DOS89] [I3E87]. Die Bedeutung auf Verbundebene ist für den Benutzer nicht intuitiv erfaßbar.

5.2.2 Behandlung der Heterogenität der verschiedenen Modelle

Um Laufzeittests zu reduzieren und damit die Effizienz der Simulation zu steigern, erfolgt die Behandlung der Heterogenität der lokalen Simulationsmodelle zur Übersetzungs- und nicht zur Simulationszeit.
Ein lokales Simulationssystem beschreibt die Verbundschnittstelle seines Modelles, indem es dafür eine homogene Schnittstellenbeschreibung (funktional) zur Verfügung stellt. Aus dieser Beschreibung wird von der Verbundsoftware (Kommunikator) ein Repräsentant in der Modelleingabesprache erzeugt. Eine solcher Repräsentant wird *Bindungsmodul* genannt. Er ist die Hülle eines spezifischen Modelles, spezifiziert in der Modelleingabesprache, die in die Schaltung während der Systemkonfigurierung eingebunden wird. Damit wird sämtliche Information zu einem lokalen Modell auf eine Stelle der Modellbeschreibung konzentriert und eine wohldefinierte, homogene Schnittstelle zwischen den lokalen Simulationssytemen und dem Konfigurator definiert.
Ein Bindungsmodul enthält folgende Informationen:

- Referenz auf das lokale Modell und Simulator:
  Daraus ist eine Anzahl von Zusatzinformationen ableitbar, z.B. Restriktionen des Simulators.
- Schnittstelle des lokalen Modelles in der Modelleingabesprache:
  Für jeden lokalen Modellanschluß wird sein Name, Typ und seine Ausrichtung in der Modelleingabesprache definiert. Aus dem Prototyp ist der Simulationsmodus (analog, digital, hybrid) des lokalen Modelles erkennbar.
- Zusatzinformationen:
  z.B. Dokumentation des Bauteiles

Das vorgestellte Konzept minimiert den Kommunikationsaufwand zwischen dem Konfigurator und den lokalen Simulationssystemen, da ein Bindungsmodul nur einmal für das spezifische Modell generiert wird. Potentielle Fehlerquellen werden aufgrund der automatischen Konstruktion der Bindungsmodule eliminiert. Außerdem wird der Benutzer weitestgehend von den simulatorspezifischen Besonderheiten abgeschirmt, was insbesondere bei den Systemen eine Rolle spielt, mit denen er wenig vertraut ist.

5.2.3 Systemkonfigurierung

Nachdem die Beschreibung der Struktur im Strukturmodul und die Abschirmung der Heterogenität der lokalen Modelle im Bindungsmodul erläutert wurden, fehlt noch das Bindeglied beider Komponenten; das *Konfigurationsmodul*. Dort werden die Komponenten der Schaltung an die Bindungsmodule gebunden und damit das komplette Verbundsimulationsmodell definiert. Diese Trennung ist die Konsequenz des Konzeptes der Lokalisierung der Teilprobleme. Während im Strukturmodul das System ohne Berücksichtigung der spezifischen Simulationsteilmodelle spezifiziert wird und mit dem Bindungsmodul die heterogenen Schnittstellen der simulatorspezifischen Modelle vereinheitlicht werden, wird hier das dritte Teilproblem, das Bindeglied der ersten beiden Komponenten, behandelt.
Eine natürliche Folge dieser Separation ist die Unterstützung einer Versionshaltung. Verschiedene Versionen werden durch Variation der simulatorspezifischen Beschreibung und der Schnittstellenmodelle erstellt. Damit ist es sinnvoll, neben der Bindung der Komponenten verschiedene andere Parameter der Verbundsimulation, so z.B. die Zuordnung Simulatorprozeß/Rechnerknoten, an dieser Stelle zu setzen.

Außerdem muß die Modelleingabesprache bei der Systemkonfigurierung simulatorspezifische Restriktionen soweit wie möglich vom Benutzer abschirmen. So wird zum Beispiel zur Verdeckung von Restriktionen des Gattersimulators DISIM (keine Behandlung von Bitbündel) der Anschluß eines Bitbündels automatisch in diverse Einzelanschlüsse (vergl. Anhang) umgeformt.

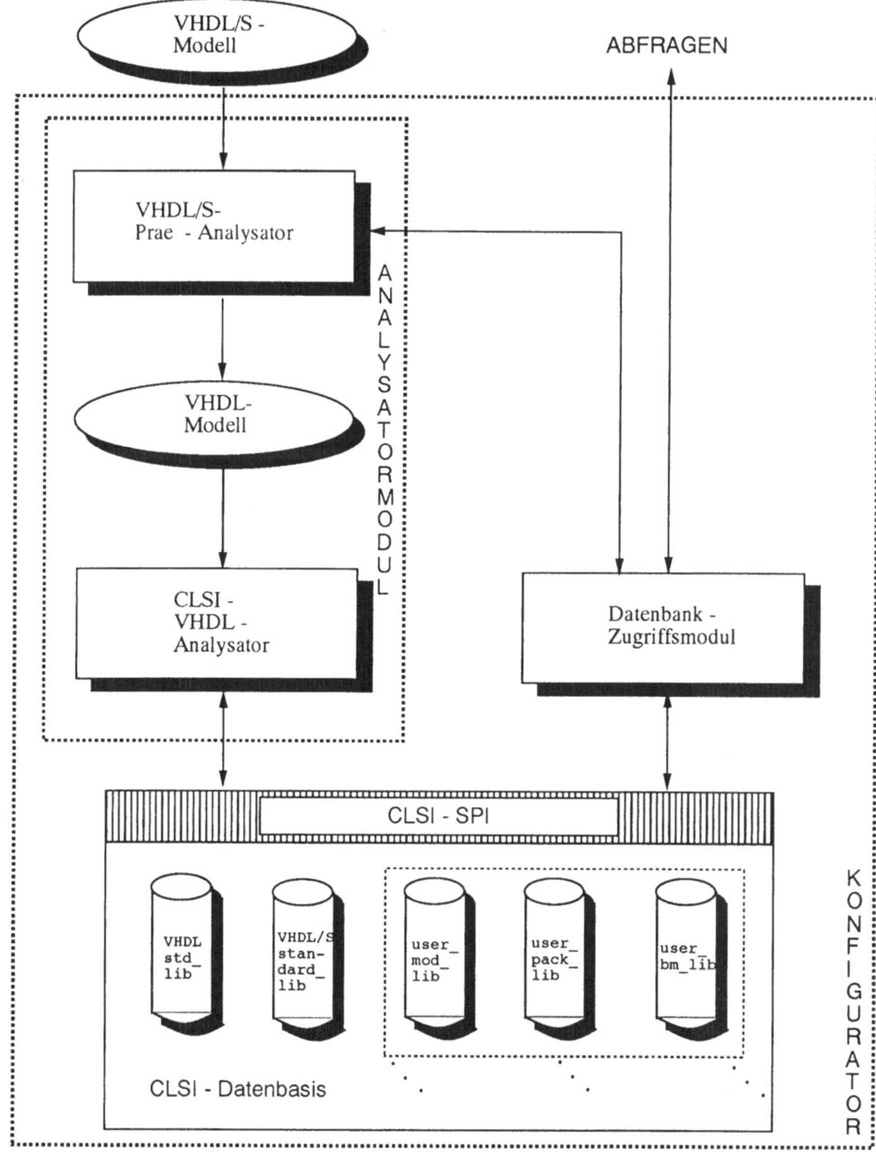

Abbildung 3: Aufbau des Konfigurators

5.3 Die Simulationskonfigurierungssprache VHDL/S

Als Verbundsimulationskonfigurierungssprache wurde VHDL/S gewählt. VHDL/S ist eine Teilmenge der Breitbandhardwarebeschreibungssprache VHDL [I3E87] [RAM89], die auf ihre strukturellen Beschreibungsmittel eingeschränkt wurde. Darüber hinaus beinhaltet VHDL/S Generatoren, die verbundspezifische Anfor-

derungen wie systemunterstützte Typkonvertierungen und automatische Portanbindungen in VHDL-Terme umsetzen.
VHDL/S ist die natürliche Wahl als Eingabesprache des Verbundes, denn:

- VHDL ist hervorragend zur Strukturbeschreibung geeignet:
  Wie verschiedene Untersuchungen [OZC89] [OZA89] gezeigt haben, ist gerade die Strukturbeschreibung die starke Seite von VHDL.

- VHDL ermöglicht den modularen Aufbau der Beschreibung:
  Durch die modulare Struktur von VHDL können die verschiedenen oben geschilderten Beschreibungsphasen einfach abgebildet werden. Neben den bekannten Vorteilen eines solchen Sprachkonzeptes unterstützt VHDL insbesondere die Systemkonfigurierung.

- VHDL unterstützt durch spezielle Sprachmittel die Bearbeitung der Heterogenität:
  Es können Typkonvertierungen und komplexe Portanbindungen einfach durch die Mechanismen der *association by name*, *association by position* und *type conversion* [I3E87] formuliert werden. Das involvierte *overloading* Konzept[I3E87] erlaubt eine übersichtliche Beschreibung.

- VHDL ist leicht generierbar:
  Dies ist durch den strukturierten Aufbau der Sprache möglich.

- VHDL als *de facto* Standard:
  Es ist nicht sinnvoll der Menge an Hardwarebeschreibungssprachen eine weitere hinzuzufügen. VHDL ist weit verbreitet.

Ein einfaches VHDL/S-Beispiel findet sich in Anhang.

5.4 Aufbau des Konfigurators

Der Konfigurator setzt sich aus einem VHDL/S- und einem Standard-VHDL Teil zusammen. Die VHDL/S-Software stellt die Schnittstelle des Konfigurators zum Verbund dar. Über diese Schnittstelle gibt der Benutzer sein Verbundsimulationsmodell ein und der Verbund erfragt über das Datenbankzugriffsmodul Informationen zum analysierten Modell.
Symmetrisch dazu liegt die Verbindung zu einem VHDL-System. Ein VHDL/S-Modell wird durch einen Prä-Analysator, der die erwähnten Generatoren umfaßt, in ein VHDL-Modell transformiert. Entsprechend baut das Datenbankzugriffsmodul auf elementaren Datenbankfunktionen auf, um auch dieses Schnittstelle möglichst flexibel zu gestalten.
Im Verbund findet das VTIP [CLS89] als VHDL-System Verwendung. Die vorgestellte Architektur wird in Abb. 3 dargestellt.

6 Datenkonvertierung und Datenaustausch

Die bei einer Kopplung einzubeziehenden Simulatoren können digital, analog oder mixed-mode modellierte Schaltungsbeschreibungen bearbeiten. Selbst innerhalb der Gruppe der Digitalsimulatoren sind jedoch die Signaldarstellungen meist unterschiedlich. Diese Unterschiede resultieren einerseits aus den verschiedenen Abstraktionsebenen und Simulatorfähigkeiten, wodurch Real-, Integer-, Aufzählungs- und 'klassische' Digitalwerte auftreten können, die außerdem noch zu Signalbündeln zusammengefaßt werden können. Andererseits gibt es auch bei den 'klassischen' Digitalwerten (im Folgenden zusammengefaßt unter 'UDF') Unterschiede in Format und Semantik. Weiterhin arbeiten analoge und digitale Simulatoren mit einem grundsätzlich unterschiedlichen Wertebereich.
Um Schaltungsmodelle für verschiedene Simulatoren im Sinne der Benutzerfreundlichkeit möglichst freizügig verknüpfen zu können, müssen weitgehend automatische Typkonvertierungen durchgeführt werden.
Im Simulatorverbund geschieht die Überprüfung der Typübergänge weitgehend in einer Konfigurationsphase einer Schaltungsbeschreibung (s. Kap.5). Für Übergänge von Integer nach UDF-Bündeln und Aufzählungstypen ist ein zusätzlicher Test zur Simulationszeit nötig.

6.1 Modellierung der Datenschnittstellen

Bei der Realisierung der Datenschnittstellen und ihren Transformationen gibt es zwei, teilweise verknüpfte Aspekte: die (softwaremäßige) Lage der Schnittstellen und die Frage ob eine direkte oder indirekte Abbildung zwischen den Typen stattfinden soll. Als Ziel soll gelten, durch die Transformation selbst möglichst keine Information zu verlieren, d.h. Informationsverluste dürfen nur durch weniger mächtige Bildbereiche bedingt sein.
Aufgrund der zwischen analogen und digitalen Simulatoren grundsätzlich unterschiedlichen Signalwertmodellierung (wert- und zeitdiskret bzw. wert- und zeitkontinuierlich) müssen bei Signalen zwischen Schaltungsmodulen folgende Übergänge unterschieden werden:

- digital-digital
  Bei einer Kopplung muß zwischen verschiedenen Simulatoren muß das Signalwertformat des sendenden Simulators in das des empfangenden konvertiert werden. Hier werden nur 'klassische' digitale Werte betrachtet. Bei deren Transformation von und nach Integer- und Aufzählungstypen werden jene als Bündel boole'scher Werte behandelt und die Darstellbarkeit jener Werte im Bildbereich überprüft.
- analog-digital
  Hier sind die zwei Konvertierungsrichtungen unterschieden.
  - A/D-Schnittstellen
    An diesen Schnittstellen ist (u.a.) eine Umsetzung von (kontinuierlichen) Spannungen nach (diskreten) digitalen Werten durch Thresholdfunktionen vorzunehmen [ARN78].
  - D/A-Schnittstellen
    Hier muß aus einem diskreten logischen Wert (und i.d.R. einer groben Stärkeangabe) eine Spannung *und* eine Stromstärke abgeleitet werden, die im allgemeinen Fall eine nichtlineare Beziehung zueinander haben (welche praktisch nur *innerhalb* des analogen Modells evaluiert werden kann).
- analog-analog
  Diese Schnittstellen werfen im Kontext einer Simulatorkopplung algorithmische und mathematische Probleme auf. Grundsätzlich müssen Spannungs- und Stromwerte ausgetauscht werden. Bei sehr schwachen Rückwirkungen hingegen reicht es aus, nur Spannungswerte auszutauschen (vergl. [LEL82]).

Die Transformationen zwischen den Datentypen benötigen also abhängig von der Typkombination verschiedene Mechanismen.

6.1.1 Modellierung digital-digitaler Schnittstellen

Bei der Anpassung der verschiedenen digitalen Signalformate können folgende Konvertierungsstrategien unterschieden werden:

- Jeder Simulator sendet Signale in seinem eigenen Format, so daß der Empfänger gfls. eine Konvertierung vornehmen muß.
- Jeder Simulator sendet Signale im Format des Empfängersimulators, so daß die Konvertierung senderseitig zu leisten ist.
- Es wird generell ein universelles digitales Format, 'UDF', ausgetauscht, wobei der zu sendende Digitalwert nach UDF abgebildet wird und der empfangene UDF-Wert in das simulatorinterne Format des Empfängersimulators zu transformieren ist.

Die beiden ersten Varianten haben gegenüber der dritten den wesentlichen Nachteil, daß die Zahl der Transformationen überlinear ($n*(n-1)$) mit der Zahl der verschiedenen Digitalformate steigt. Dies ist insbesondere bei der Erweiterung des Verbundes um weitere Simulatoren ein Nachteil. Weiterhin ergeben sich massive Probleme bei der Ergebnisdarstellung.
Das UDF-Konzept hat demgegenüber einen linear steigenden Aufwand bezüglich der Zahl der verschiedenen Formate, ist also erweiterungsfreundlich und erlaubt eine klarere Softwarestruktur bei den zentralen Komponenten des Simulatorverbundes. Es muß jedoch die digitale Signalwertsemantik aller beteiligten (und

denkbarer weiterer) Simulatoren (möglichst) ohne Informationsverlust darstellen können. (Neben den o.g. Simulatoren wurden HILO und der Vantage-VHDL-Simulator betrachtet.) Die Abbildungen der Simulatorformate nach UDF muß injektiv sein, ist aber in der Regel nicht surjektiv.

6.1.1.1 Das Universelle Digitale Format (UDF)

Um die geforderte Abbildbarkeit der o.g. Simulatorformate zu gewährleisten, gibt das hier definierte universelle digitale Format UDF, angelehnt an die Sichtweise von Switch-Level-Simulatoren (s.a. [HAY86],[LEW87]), die Stärke der Verbindung eines Signals zum idealen 0- oder 1-Pegel *getrennt* an. D.h. für jeden logischen Wert (aus der Menge $\mathcal{W}$) wird seine Stärke (aus der *geordneten* Menge $\mathcal{S}$) angegeben. Die Menge $\mathcal{S}$ beinhaltet die Stärken inital (I), disconnected (D), high-impedance (H), weak (W), resistiv (R) und forcing (F). Ein UDF-Wert ist also ein Tripel aus zwei Stärkewerten und einer Zustandsangabe.
Um die Unbestimmheit bei Simulationsbeginn darzustellen, wird die Signalstärke 'I' eingeführt. Die Stärke 'D' dient im wesentlichen zur Darstellung von 'reinen' logischen Werten und dem Fall eines unverbundenen Signals.

$$\begin{aligned} \mathcal{W} &= \{0,1\} \\ \mathcal{S} &= \{\mathrm{I,D,W,R,F}\} \\ \mathcal{Z} &= \{stable, transient\} \end{aligned}$$

Die in manchen Simulatoren (z.B. Disim) unterstützte Unterscheidung von stabilen und sich ändernden logischen Werten wird, um UDF nicht stärker aufzublähen, nicht in die Menge der logischen Werte aufgenommen, sondern explizit als Signalzustand (aus der Menge $\mathcal{Z}$) kodiert.

Um zur Simulationszeit Unbestimmtheit ausdrücken zu können, wird die Menge $\mathcal{T}$ aller 'sinnvollen' Teilmengen von $\mathcal{S}$ gebildet, das sind neben den einelementigen Teilmengen jene, deren Elemente in der Ordnung der Stärke aufeinander folgen, wobei 'I' nicht betrachtet werden braucht. Die Stärke 'D' tritt nicht in mehrelementigen Teilmengen auf, da bei Bussystemen (der Motivation für diese Teilmengen) die Stärke 'H' die auftretenden Fälle ausreichend modelliert.
$\mathcal{T} = \{ \{ D \}, \{ H \}, \{ W \}, \{ R \}, \{ F \}, \{ H,W \}, \{ W,R \}, \{ R,F \}, \{ H,W,R \}, \{ W,R,F \}, \{ H,W,R,F \} \}$.
Es lassen sich also 11 Stärkekombinationen für jeden logischen Wert unterscheiden. Ein UDF-Wert ist schließlich ein Element der Menge $\mathcal{U} = \mathcal{T}^{|\mathcal{W}|} \times \mathcal{Z} \cup (\{I\},\{I\},stable)$ und läßt sich bei deren Kardinalität von 243 in einem Byte kodieren.
Zur Illustration mögen folgende Beispiele dienen, wobei die Stärketeilmengen und der Zustand in einer Kurzschreibweise dargestellt werden:

- Der transiente Signalwert mit dem logischen Wert '1' und der Stärke 'F' wird dargestellt durch '(D,F,t)'.
- Der stabile undefinierte Wert mit der Stärke 'R' wird als '(R,R,s)' notiert.
- Für den stabilen logischen Wert '0' und dem Stärkebereich { 'W', 'R' } ergibt sich '(WR,D,s)'.

Das UDF erlaubt eine Abbildung aller digitalen Signalwerte der betrachteten Simulatoren und darüber hinaus eine differenzierte Darstellung von Buskonflikten bei mehrfach getriebenen Signalen auf Verbundebene. Die einzelnen Simulatoren nutzen meist nur einen Bruchteil des UDF aus. Für UDF-Werte, die keine Entsprechung in einem Simulator haben, muß der 'nächst unbestimmtere' im Simulator verfügbare Wert gewählt werden. Bei Simulatoren mit sehr einfachen Signalwertdarstellungen (ohne Unbestimmtheit) gibt es nicht abbildbare UDF-Werte, die zur Simulationszeit zu einer Warnung führen.

6.1.1.2 UDF-Bündel

Ein UDF-Bündel ist ein Bündel (Array) aus UDF-Signalen. Eine Bündelung von Signalen ist für den Datenaustausch nur relevant, wenn sie nicht nur in der formalen Beschreibung der Modulkonnektivität (Kap. 5) auftritt, sondern auch durch die Simulatoren der angeschlossenen Module unterstützt wird. Andernfalls ist die Übertragung von Einzelsignalen sinnvoller. Liefert ein Simulator an einem Modul-Ausgang einen Bündelwert, so kann dieser entweder in seine einzelnen Komponenten zerlegt im obigen UDF-Format versendet werden, oder es findet eine Kodierung und Kompaktierung statt. Zur Reduktion der zu transferierenden Datenmenge wird im Simulatorverbund eine Kompaktierung durchgeführt.
Grundlage des Kompaktierungsverfahrens ist die Beobachtung, daß die Zahl der in einem Bündelwert auftretenden verschiedenen Komponentenwerte i.d.R. klein ist im Vergleich zur Bündelbreite. Dies gilt in

steigendem Maße für breitere Bündel, wobei die maximal zulässige Breite (zur Zeit) 256 beträgt. Auf der hier relevanten Ebene der Verschaltung kompletter Module treten breite Bündel häufig auf, so daß der gewünschte Einsparungseffekt zum Tragen kommt.
Beim Versenden eines Bündels werden alle unterschiedlichen, in dem Bündel vorkommenden Komponentenwerte (im UDF-Format) übertragen, denen jeweils ein Index zugeordnet wird. Daran anschließend werden die Bündelkomponenten in Form ihrer Indices in die zuvor versandte Liste transferiert. Zusammengefaßt werden also folgende Daten übertragen:

1. ein Byte für die Bündelbreite b,

2. ein Byte für die Anzahl k der im Bündel vorkommenden unterschiedlichen Komponentenwerte,

3. die k unterschiedlichen UDF-Werte (jeweils 1 Byte), wobei der erste den Index 0, der zweite den Index 1 etc. bekommt, und

4. die b den Bündelkomponenten entsprechenden Indizes, kodiert in jeweils $ld\ k$ Bits.

Der Datenaufwand für den Versand eines Bündels beträgt somit $2 + k + \lceil \frac{b \lceil ld\ k \rceil}{8} \rceil$ Bytes.
Für ein Bündel der Breite 96 mit 8 verschiedenen Komponentenwerten werden beispielsweise nur 46 statt 96 Bytes beim unkompremierten Versenden benötigt. Treten in diesem Bündel nur 'echte' boole'sche Werte auf, sinkt der Aufwand sogar auf 16 Bytes.

6.1.2 Modellierung analog-digitaler Schnittstellen

Eine analog-digitale Schnittstelle liegt vor, wenn ein oder mehrere analoge Ports mit einem oder mehreren digitalen Ports verbunden sind. Sind mehrere analoge Ports beteiligt, liegt gleichzeitig eine analog-analoge Schnittstelle vor (s. Abschnitt 6.2.3).
Zwischen den analogen und digitalen Schaltungsmodellen muß ein Übergang zwischen den wert- und zeitkontinuierlichen und den wert- und zeitdiskreten Signalwerten geschaffen werden. Die Zeitabbildung kann nötigenfalls durch eine einfache Skalierung und Aufrunden geleistet werden; die weiterhin notwendige analog-digitale Synchronisation (s. z.B. [BEC89]) wird hier nicht weiter diskutiert.
Für die Werteabbildung sind zusätzlich zum ursprünglichen analogen Schaltungsmodul analoge Schnittstellenmodelle notwendig, da analoge Simulatoren ohne spezielle Vorkehrungen keine digitalen Signalwerte (Ereignisse) verarbeiten oder erzeugen können. Diese analogen Schnittstellenmodelle bilden aufgrund des analogen Simulationsalgorithmus zur Simulationszeit eine Einheit mit dem ursprünglichen analogen Schaltungsmodul.
Im Sinne einer konsistenten Modularisierung ist es nicht vertretbar, daß für diese Modelle die Beschreibung eines analogen Schaltungsmoduls, je nach Einbettung in der Gesamtschaltung, vom Benutzer angepaßt werden muß.
Deswegen werden im Simulatorverbund die benötigten analogen Schnittstellenmodelle automatisch eingebunden (S1 bis S4 in Abb. 4). Der Benutzer gibt bei der Beschreibung der Modulkonfiguration (vergl. Kap. 5, Anhang) den gewünschten Modelltyp an. Dabei kann es sich um vom Benutzer selbst definierte, sehr spezifische Modelle handeln, oder es werden parametrisierbare Standardmodelle referenziert.
Die eigentliche Modellierung analog-digitaler Schnittstellen ist abhängig von der Richtung der beteiligten digitalen Ports und wird im Folgenden dargestellt. Bidirektionale digitale Ports werden dabei als Eingang *und* als Ausgang modelliert.

6.1.2.1 D/A-Schnittstellen

Eine D/A-Schnittstelle ist die Verbindung eines digitalen Ausgangs mit mindestens einem analogen Port. Die Umsetzung der gelieferten UDF-Werte in analoge Größen im Schnittstellenmodell kann nicht nur auf der Basis von Spannungsäquivalenzen für digitale Werte durchgeführt werden, da solche idealen Spannungsquellen beliebige Ströme liefern und damit (beliebige) Fehler im analogen Schaltungsmodell induzieren können. Zumindest das Hinzufügen eines Innenwiderstands als Modell der Treiberfähigkeit des Ausgangs ist notwendig. Da seine Dimensionierung von der Realisierung des digitalen Ausgangs (auf Transistorebene) abhängt, kann diese Information nicht aus dem Stärkewert des UDF gewonnen werden.
Um die Entscheidung über die Genauigkeit der Modellierung (und damit den Rechenzeitaufwand) dem

Benutzer zu überlassen und trotzdem, falls gewünscht, eine einfache Handhabung von Schnittstellen anzubieten, können neben benutzerdefinierten Modellen (der spezifischen Treiberstufe) auch einfachere Modelle (Spannungsquelle mit Innenwiderstand oder zusätzlicher Kapazität) gewählt werden, wobei die Parameter von Widerstand und Kapazität vom Benutzer definiert werden müssen. Weitere Parameter für alle Modelltypen sind die zu den logischen Werten '0' und '1' korrespondierenden Spannungswerte zur Ansteuerung der in jedem Modell vorhandenen zeitvarianten Spannungsquelle. Wird einer D/A-Schnittstelle ein undefinierter Wert ('0'- und '1'-Kombination im UDF-Wert mit Stärken größer als 'D') geliefert, wird eine Warnung protokolliert und kein neuer Wert an das analoge Modell weitergegeben.
Wird das verbindende Signal von mehr als einem Ausgang getrieben (s. Abb. 4), findet auf der digitalen Seite keine Kontrolle auf Buskonflikte (s. Abschnitt 6.2.2) statt, denn auf der Basis der analogen Modelle der Ausgangsstufen wird die resultierende Spannung und daraus ableitbar (s. Abschnitt 6.1.2.2) ein UDF-Wert viel exakter berechnet als es ein digitales Buskonfliktmodell leisten kann.
Zur Simulationszeit werden die Werteänderungen der digitalen Ausgangsports dem jeweils zugehörigen Schnittstellenmodell übermittelt(s. Abb. 4).

6.1.2.2 A/D-Schnittstellen

Dieser Schnittstellentyp tritt bei der Verbindung eines digitalen Eingangs mit analogen Ports auf. Hier müssen analoge Spannungswerte digital interpretiert werden. Dazu reicht eine einfache Thresholdfunktion aus, die durch die Grenzpegel der logischen Werte '0' und '1' charakterisiert wird.
Um jedoch einen korrekten Spannungspegel zu erhalten, darf der Einfluß der digitalen Eingangsstufen auf diesen Pegel nicht ignoriert werden. Bei MOS-Technologien sind das im wesentlichen kapazitive Effekte, so daß eine fehlende Modellierung sich durch steilere Signalverläufe auswirkt und damit (nur) einen verfrühter digitalen Signalwertwechsel bedingt. Bei bipolarer Technologie ergeben sich dann jedoch auch falsche Pegel, die in falschen digitalen Signalwerten resultieren können.

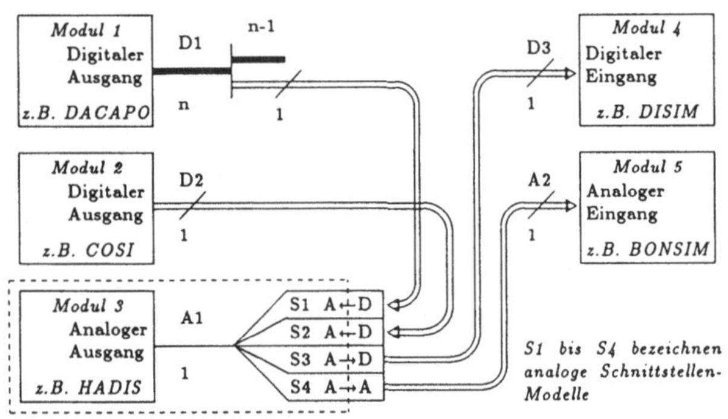

Abbildung 4: Schnittstellenmodelle und Datenfluß zwischen Schaltungsmodulen für *ein* Verbundsignal

Auch hier können (analog zum D/A-Fall) Modellvarianten gewählt werden, wobei stets die Thresholdtabelle gefordert wird, im Standardmodell zusätzlich aber nur eine Kapazität parametrisiert wird.
Im Beispiel (Abb. 4) stellt z.B 'S3' das analoge Modell des digitalen Eingangs D3 dar. Zur Simulationszeit wird nach jedem analogen Simulationsschritt (Integrationsintervall) durch die Thresholdfunktion geprüft, ob ein Wechsel des digitalen Wertes stattgefunden hat. Die Stärkekomponente des UDF-Formats kann hier auf 'F' gesetzt werden, da bei einem Schnittstellensignal eventuelle Buskonflikte ohnehin nicht digital ausgewertet werden.

6.1.3 Modellierung analog-analoger Schnittstellen

Das Zusammenwirken mehrerer analoger Module (bearbeitet durch jeweils einen in sich abgeschlossenen Analogsimulator) an einem gemeinsamen Signal läßt sich nur unter einschränkenden Bedingungen und auch nur näherungsweise bestimmen (vergl. Relaxationsmethoden, z.B. in [PLO87]). Ein Zerlegen einer analogen Schaltungsbeschreibung ist anschaulich nur zwischen Bauteilen möglich, zwischen denen ein angenähert unidirektionaler 'Informationsfluß' stattfindet, d.h. bei denen die 'Empfängerseite' möglichst keine Rückwirkungen auf die 'Senderseite' hat. Dies gilt angenähert z.B. für Gate-Anschlüsse von MOS-Transistoren. Im Verbundsimulator werden solche Bedingungen jedoch nicht überprüft; die Verantwortung für die Partitionierung liegt also ganz beim Benutzer.
Ähnlich dem Schnittstellenkonzept bei analog-digitalen Übergängen müssen im analog-analogen Fall Schnitt-

stellenmodelle automatisch aufgrund der Modellangaben des Benutzers ergänzt werden. Die Evaluierung des analogen Signalwertes muß 'sender'-seitig geschehen. Dazu werden alle Modelle digitaler Ein- und Ausgangsports sowie jeweils ein Modell der relevanten Umgebung eines analogen Eingangs (ähnlich den A/D-Modellen) beim 'Sender'-Modul eingebunden (s. Abb.4). Da so eine unter den o.g. Nebenbedingungen nicht zu verbessernde Abschätzung des analogen Signalwertes gewonnen wird, kann dieser Wert über eine ideale zeitvariante Spannungsquelle dem Signal auf der 'Empfänger'-Seite aufgeprägt werden. Diese Spannungsquelle wird dort automatisch (ohne Benutzerangabe) eingefügt.
Zur Simulationszeit schickt die 'Sender'-Seite nach einem Integrationsschritt ihren Spannungswert zur o.g. Spannungsquelle, wenn die Änderung dieses Wertes eine einstellbare Schranke überschreitet. Die Abfolge der Simulationsschritte der einzelnen Analogmodule steht unter der Kontrolle eines hier nicht betrachteten Analog-Schedulers.

Quelle / Ziel	UDF	UDF-Bündel	Integer	Aufzählung	Real	Spannung
UDF	=	+(1)	−(2)	−(3)	−	+
UDF-Bündel	+(1)	=(4)	+(5)	+(6)	−	+(1)
Integer	−(2)	+(7)	=	+(8)	−	−
Aufzählung	−(3)	+(9)	+	=	−	−
Real	−	−	−	−	=	−
Spannung	+	+(1)	−	−	−	=

Abbildung 5: Kompatibilitätstabelle des Verbundsimulators

'−'=nicht sinnvoll oder nicht unterstützt,
'='=Identität (keine Konvertierung nötig),
'+'=automatische Konvertierung (gfls. unter Restriktionen, s.Ziffern),
(1)=Bündelbreite 1 oder Bündelzerlegung,
(2)=indirekt über UDF-Bündel der Breite 1 möglich,
(3)=indirekt über Integer und UDF-Bündel der Breite 1 möglich,
(4)=gleiche Bündelbreite oder Bündelzerlegung,
(5)=Bündelbreite ≤ 32,
(6)=Laufzeitprüfung ob Bündelwert $\leq$ Aufzählungskardinalität,
(7)=Bündelbreite ≤ 32, Laufzeitprüfung, ob Integer-Wert abbildbar,
(8)=Laufzeitprüfung ob Integer-Wert $\leq$ Aufzählungskardinalität,
(9)=Bündelbreite ≤ 32, Laufzeitprüfung, ob Aufzählungs-Wert abbildbar

6.2 Datenverteilung

Die bisher diskutierten Modellierungsaspekte sind invariant bezüglich der Kommunikationsstruktur. Als Alternativen stehen sich eine dezentrale Kommunikation mit direktem Senden von Ausgangsports zum jeweiligen Eingangsport des Zielsimulators und eine Topologie mit zentralem Datenverteiler gegenüber, dem die Daten zunächst übermittelt werden und der diese entsprechend der Konnektivität der Module an die Zielsimulatoren weiterleitet.
Als Kommunikationsmedium dient in beiden Fällen ein Message Handling System [SCH90], das Nachrichten an einen Adressaten weiterleitet, wobei aus Effizienzgründen aufeinanderfolgend zu sendende Nachrichten intern zu einem Paket zusammengefaßt werden.
Neben dem einfachen Versenden von Signalwerten von einem Ausgangsport zu verbundenen Eingangsports ergeben sich für die Datenverteilung jedoch weitere Aufgabenstellungen (s. Abb. 6):

- Signalbündel zwischen Modulen können senderseitig aus mehreren Teilbündeln zusammengesetzt sein und empfängerseitig wiederum in Teilbündel zerlegt werden.
- Signale können mehrere Treiber haben, wobei bei rein digitalen Signalen eine Evaluierung des resultierenden Wertes auf der Basis des UDF erfolgen muß (Erkennung von Buskonflikten).
- Alle Verbund*signale* (nicht nur die Portwerte) sollen zur simultanen oder späteren Ergebnisdarstellung protokolliert werden.

Ohne Berücksichtigung dieser Anforderungen kann durch eine dezentrale Kommunikationsstruktur eine Nachricht pro Signalwertversand gegenüber der zentralisierten Lösung eingespart werden. Für die gewünschte Funktionalität erweist sich eine zentrale Lösung für die Verteilung der Daten und die Behandlung von Bündeln und Busstrukturen sowie das Anstoßen der Protokollierung der Verbundsignale als effizienter.
Der Datenverteiler leistet zur Simulationzeit die Typüberprüfungen (s. Abb. 5), die statisch durch den Konfigurator (s. Kap. 5) nicht durchgeführt werden können.

6.2.1 Bündel

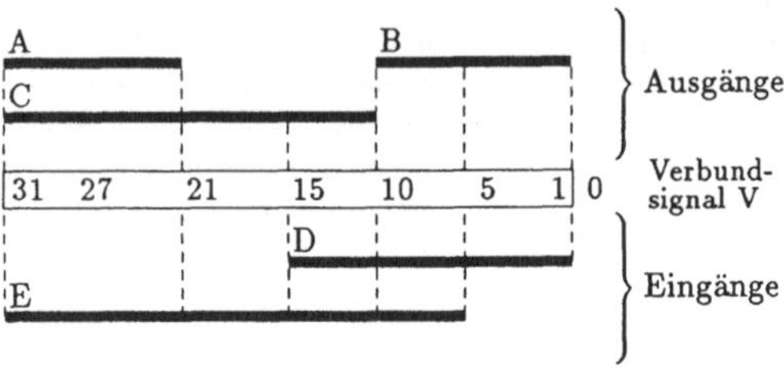

Abbildung 6: Bündel und Busse

Beim Weiterleiten von Bündelsignalen durch den Datenverteiler muß im allgemeinen Fall ein Zusammensetzen zum vollständigen Verbundsignal (zwecks Protokollierung) sowie eine Verteilung auf Teilbündel für die angeschlossenen Eingänge stattfinden (Beispiel s. Abb. 6).
Da wegen der ereignisorientierten Arbeitsweise von Digitalsimulatoren i.d.R. nicht alle treibenden Teilbündel zum gleichen Zeitpunkt neue Werte liefern, muß für jedes Teilbündel sein zuletzt gültiger Wert gespeichert werden.
Die vollständige aktualisierte Information für ein von einem Ereignis betroffenes Bündel für den Zeitpunkt dieses Ereignisses liegt erst dann vor, wenn alle anderen treibenden Simulatoren diesen Zeitpunkt bearbeitet haben. Es hängt jedoch von der globalen Synchronisationsstrategie (vergl. Kap. 7) ab, wann Werte an die betroffenen Eingänge verschickt werden. Im synchronen Fall darf dies erst geschehen, wenn die Information vollständig (und damit sicher) ist. In asynchronen Verfahren (s.a. [JEF85a]) können die aus einem Ereignis resultierenden Werte für die Eingänge (optimistisch) sofort weitergegeben werden, da notfalls ein Rücksetzen möglich ist, wenn ein (realzeitlich) später eintreffendes Ereignis für das Verbundsignal den schon versendeten Wert nachträglich verändert. Für asynchrone Verfahren muß der Datenverteiler also selbst Ereignislisten führen.

6.2.2 Busse

Treibt mehr als ein Ausgangsport ein Signal oder (Teil-)bündel, muß geprüft werden, ob ein Konflikt (verschiedene logische Werte bei gleichen oder überschneidenden Stärken) vorliegt. Bei allen Datentypen außer den UDF-Typen und Voltage gibt es keine 'schwächeren' überschreibbare Werte und können Konflikte im betreffenden Wertebereich nicht dargestellt werden. Buskonstrukte mit jenen Typen sind entweder nicht zulässig oder führen zur Simulationszeit zu einer Konflikterkennung mit einer Fehlermeldung.
Im UDF stehen differenzierte Stärken und Mechanismen zur Darstellung von Konflikten und Unbestimmtheiten zur Verfügung. Die Verknüpfungsvorschrift für zwei UDF-Werte lautet:

1. identifiziere die Stärken für die logischen Werte '0' und '1', ignoriere die Zustandsangabe (stable oder transient)

2. bilde jeweils die Schnittmenge der beiden Stärken:

   - ist diese leer, gilt die größere Stärke
   - ist sie nicht leer, bilde die Vereinigungsmenge als Ergebnis

Dieses Verfahren läßt sich durch eine Abbildungstabelle realisieren. Die Abbildung ist erkennbar kommutativ und assoziativ und damit für eine sukzessive Anwendung im Datenverteiler geeignet.
Die Überlegungen bezüglich des Zeitpunktes des Versendens und der Zustandsspeicherung aus Abschnitt 6.2.1 gelten übertragen auch hier.

7 Synchronisation der Simulatoren

7.1 Analog-digitale Kopplung

Die Synchronisation verschiedener Simulatoren setzt einen gemeinsamen Begriff von (diskret fortschreitender) Simulationszeit voraus, wie ihn die digitale Simulationstechnik [ZEI73] kennt. Die Ankopplung von Analogsimulatoren [HOR85], deren Zeitfortschritt kontinuierlich ist, setzt somit eine Sonderbehandlung voraus. Dazu wird im Rahmen dieses Projekts eine *analog-digitale Kopplungskomponente* erstellt, die zwischen Analog-Simulatoren und Verbund-Software geschaltet wird. Diese Komponente übernimmt die Zeitsteuerung der Analog- und Hybridsimulatoren (z.Zt. BONSIM, HADIS) und verhält sich verbundseitig wie

ein Digital-Simulator, so daß die eigentliche Synchronisation als Kopplung digitaler Simulatoren konzipiert werden kann.

7.2 Kopplungsstrategien

Für die Synchronisation der Simulatoren können im Projekt verschiedenen Kopplungsstrategien verwendet werden:

- Wenn die Teilsysteme stark miteinander gekoppelt sind, d.h. über zahlreiche Signale miteinander kommunizieren, und/oder wenn knappe Rechnerkapazität verfügbar ist, ist eine *synchrone* Kopplung der Simulatoren angebracht. Diese schalten dann ihre Simulationszeit gleichzeitig weiter.
- Wenn die Teilsysteme lose miteinander gekoppelt sind und mehrere Rechner zur Simulation eingesetzt werden können, ist es sinnvoll, die Simulatoren *asynchron* zu koppeln. D.h. sie simulieren (mehr oder weniger unabhängig), bis die Steuerungskomponente ('Synchronisator') des Verbundes feststellt, daß die Verbundsimulation zu einem Zeitpunkt inkonsistent geworden ist. In diesem Fall muß die Simulation ab diesem Zeitpunkt wiederholt werden. Es wird also 'auf Verdacht' simuliert, um die Ressourcen möglichst stark zu nutzen.
- Beide o.g. Eigenschaften können in einem Gesamtmodell gleichzeitig jeweils für Teilmengen von Teilsystemen zutreffen. Für diese Fälle soll eine *Hybrid*-Kopplllung beide Verfahren umfassen.

7.2.1 Synchrone Kopplung

Bei der *synchronen* Kopplung läuft die Abarbeitung eines Simulationszeitpunkts im Prinzip folgendermaßen ab:

1. Der Synchronisator ermittelt durch Abfrage an die Simulatoren den nächsten Simulationszeitpunkt, zu dem ein Simulator (einschließlich Stimulator und Experimentator) ein Ereignis eingeplant hat.
2. Der Synchronisator läßt alle Simulatoren bis zu diesem Zeitpunkt weitersimulieren.
3. Die dadurch hervorgerufenen Wertänderungen von Schnittstellensignalen werden (zum Zeitpunkt ihrer Gültigkeit) durch die Datenaustausch-Software übertragen und von den Simulatoren verarbeitet. Dies führt zur Generierung neuer Ereignisse in den lokalen Ereignisschlangen.

Dieser Algorithmus stellt sicher, daß alle Simulatoren auf der Grundlage gesicherter Schnittstellensignalwerte simulieren. Bei jedem Signalaustausch zwischen zwei Simulatoren findet ein 'Uhrenabgleich' hinsichtlich der lokalen und globalen Simulationszeit statt. Durch eine Verfeinerung des Algorithmus, die eine kontinuierliche Beobachtung des Zustands der lokalen Ereignisschlangen bzw. der Zeitpunkte, zu denen Signalen zwischen Simulatoren ausgetauscht werden, voraussetzt, wird eine Differenzierung der Simulationsintervalle für die verschiedenen Simulatoren ermöglicht [MAT89]. Dadurch verringert sich die Anzahl der Synchronisationsintervalle und damit (insbesondere beim Ein-Rechner-System) der Prozeß-Wechsel.

7.2.2 Asynchrone Kopplung

Bei *asynchroner Kopplung* im engeren Sinn entfällt die Vorgabe von Teil-Simulationsintervallen für die Simulatoren durch einen Synchronisator. Es gibt auch keine gemeinsame Simulationszeit mehr: Die Simulatoren schalten ihre Simulationszeit unabhängig voneinander fort (zum Konzept der *virtuellen Zeit* siehe [JEF85b]). Dabei kann der Fall auftreten, daß ein Simulator ein Schnittstellensignal für einen anderen Simulator mit einer Simulationszeit generiert, die in dessen 'Vergangenheit' liegt. Der Synchronisator erkennt diesen inkonsistenten Zustand durch Beobachtung des Simulationsfortschritts. Für die Behebung dieser Inkonsistenz sind verschiedene Strategien im Sinne eines schrittweisen Ausbaus des Synchronisators geplant.
Die Grundversion folgt der Strategie, alle Simulatoren zu stoppen und die Simulation zu dem letzten konsistenten Zeitpunkt wiederaufzusetzen. Die dazu nötige Sicherung von früheren Simulatorzuständen bzw. deren Laden erfolgt unter Kontrolle des Synchronisators durch die Simulatoren.
Im nächsten Schritt wird diese Strategie dadurch verfeinert, daß der Synchronisator nur die unmittelbar

durch die Inkonsistenz betroffenen Simulatoren rücksetzt, wenn dies bei gegebener Kommunikationsstruktur einerseits und Verteilung der aktuellen Simulationszeiten andererseits sinnvoll ist. Die Grundidee folgt dem *time warp*-Konzept [JEF85a], das bislang nur für homogene Simulatoren bzw. Rechnersysteme realisiert wurde [JEF85d][APO89].
In einer weiteren Ausbaustufe prüft der Synchronisator, ob der neu generierte Signalwert im Zielsimulator zu einer Wertänderung führt. Nur dann wird rückgesetzt [GAF88].

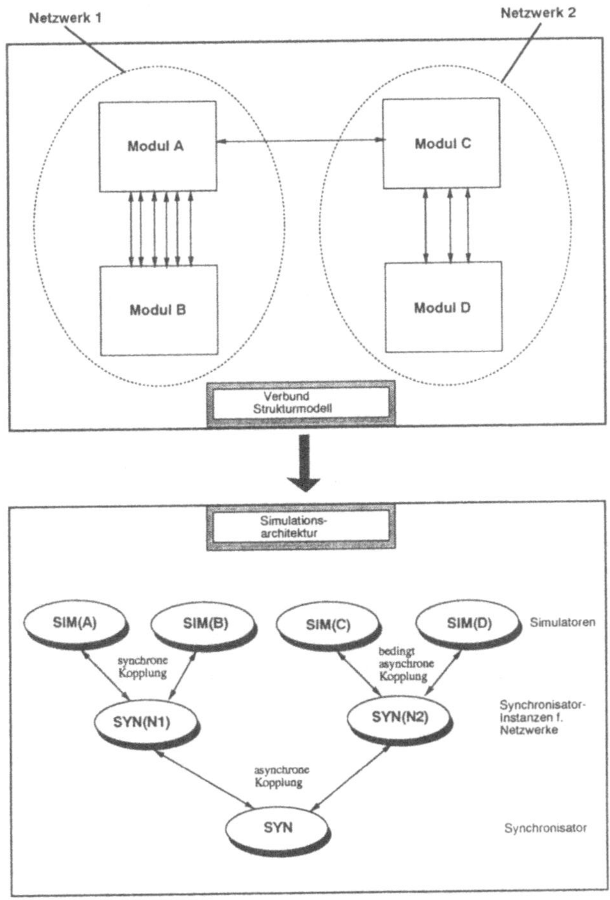

Abbildung 7: Beispiel zur Hybrid-Kopplung: Vom Modell zur Simulation

7.2.3 Adaptive asynchrone Kopplung

Als Mittelweg zwischen den beiden oben dargestellten Kopplungsschemata ist die *adaptive asynchrone* Kopplung vorgesehen. Bei diesem Konzept gibt der Synchronisator den Simulatoren ein Simulationsintervall vor, innerhalb dessen sie 'asynchron' simulieren. Dadurch kann der Synchronisator u.a. gezielt eine 'Ordnung' der lokalen Simulationszeiten erzwingen. Bei der Festlegung der Simulationsintervalle für die einzelnen Simulatoren berücksichtigt der Synchronisator u.a. die für die Zukunft eingeplanten lokalen Ereignisse, die Vernetzung der Module (und damit der Simulatoren) miteinander und ggf. auch die Ausnutzung der Rechner-Ressourcen bei der Simulation. Durch seine Flexibilität zur Laufzeit verspricht dieser Ansatz, am meisten der (möglichen) Heterogenität von Modell, Simulatoren und Laufzeit-Hardware gerecht zu werden.

7.2.4 Hybrid-Kopplung

Der eben angesprochenen Heterogenität trägt das Synchronisator-Konzept noch in einem weiteren Gesichtspunkt Rechnung. Es können innerhalb des Simulatorverbundes Teilnetzwerke von Simulatoren mit einer anzuwendenden Kopplungsstrategie definiert werden. Verschiedene dieser Netzwerke, die intern unterschiedlich gekoppelt sein können, werden dann ihrerseits miteinander gekoppelt. Die Realisierung dieser *Hybrid-Kopplung* basiert auf einer Mehrfachinstanzierung des Synchronisators für die (Teil-) Netzwerke, wie das Beispiel in Abb. 7 zeigt. Dies wird durch die Einheitlichkeit der Schnittstellen und Datenkanäle innerhalb des Verbundes ermöglicht: Der Synchronisator kann seinerseits als (digitaler) Simulator aufgefaßt werden. Diese Netzwerke kann der Benutzer auf zweierlei Weise konfigurieren.
Zum einen durch direkte Erstellung entsprechender Tabellen/Formulare. Zum anderen durch einen zusätzlichen Konfigurationsmodul bei der Modellbeschreibung in VHDL/S.

8 Projektstand und -planung

Die Architektur der Simulatorkopplungs-Software und die Schnittstellen zwischen den einzelnen Komponenten sind spezifiziert. Es wurden Szenarien für den Daten- und Kontrollfluß innerhalb des Verbundes erstellt. Weiterhin wurden die Funktionen der einzelnen Komponenten und die gemeinsamen Datentypen spezifiziert. Die Implementationsarbeiten an den Einzelkomponenten haben begonnen.
Die Integration von Prototypen beginnt im Herbst 1990. Eine erste Version lauffähiger Verbundsoftware auf Prototypenbasis ist für das erste Quartal 1991 vorgesehen. Zum Ende der Projektlaufzeit (Ende 1991) wird eine komplette Version des hier vorgestellten Verbundes existieren. Die hier dargestellten Kopplungsstrategien werden als detaillierte Konzepte vorliegen. Eine Auswahl aus ihnen wird im Rahmen dieses Projekts realisiert.

Zusammenfassung und Ausblick

Das in diesem Beitrag vorgestellte Simulatorkopplungsprojekt hat zum Ziel, einen Simulatorverbund zu konzipieren und zu erstellen, der zur Simulation komplexer Systeme geeignet ist. Die im Rahmen dieses Projekts beabsichtigte Realisierung bezieht Simulatoren von der elektrischen bis zur Systemebene ein. Die Einbeziehung weiter Simulatoren wird vorgesehen. Der Simulation heterogener Systeme wird in besonderer Weise bei der Modellspezifikation auf VHDL-Basis als auch bei der Synchronisation der Simulatoren Rechnung getragen.
Die Fortführung dieses Konzepts über den Rahmen des hier vorgestellten Projekts hinaus wird für folgende Aspekte angestrebt: Integration des Verbundes einschließlich aller lokalen Software und Anwenderdaten in ein Framework, Entwicklung von Datenschemata und Designmanagement hierfür, Realisierung weiterer der in diesem Projekt spezifizierten Kopplungskonzepte, Optimierungsverfahren für die Kommunikationsstruktur sowie die Erweiterung der Verbundsoftware (Synchronisator) zu einem VHDL-Simulator.

Literatur

[APO89] Aposporidis, E. et al.: *PLMS - A Parallel Multi-Level VLSI Simulator*, EUROMICRO 89, Köln 1989

[ARN78] G. Arnout, H. De Man: *The Use of Threshold Functions and Boolean-controlled Network Elements for Macro-modelling of LSI Circuits*, IEEE Journal of Solid-State Circuits, SC-13, 1978, S. 326/32

[BEC89] M. Bechtold: *Moderne Methoden zur Simulation gemischt analog-digitaler Schaltungen*, VDI-Verlag GmbH , Reihe 10, Nr. 115, 1989

[CLS89] *VHDL Tool Integration Platform*, CAD Language Systems Inc., Rockville M.D. 1989

[COU88] Coulouris, G.F. und Dollimore, J.: *Distributed Systems: concepts and design*, Addison-Wesley, Wokingham 1988

[DOS89] *DACAPO-III User Manual*, DOSIS GmbH, Dortmund 1989

[GAF88] Gafni, A., Berry, O., Jefferson, D.R.: *Optimized Virtual Time Synchronization*, Computer Performance an Reliability. Proceedings of the Second International MCPR Workshop, North-Holland, Amsterdam 1988.

[HAY86] J.P. Hayes: *Digital simulation with multiple logic values*, IEEE Trans. on CAD, vol. CAD-5, No. 2, Apr. 1986

[HOR85] Horneber, E.-H.: *Simulation elektrischer Schaltungen auf dem Rechner*, Springer 1985

[I3E87] IEEE, *IEEE Standard VHDL Language Reference Manual*, IEEE Std 1076-1987

[JEF85a] D.R. Jefferson, H. Sowizral: *Fast concurrent simulation using the Time Warp mechanism*, Proc. of SCS Distributed Simulation Conf., San Diego, Jan. 1985

[JEF85b] Jefferson, D.R.: *Virtual Time*, ACM Transactions on Programming Languages and Systems 7 (3), 1985

[JEF85d] Jefferson, D.R. et al.: *Implementation of Time Warp on the Caltech Hypercube*, 1985 SCS Multiconference, San Diego 1985

[LEL82] E. Lelarasmee, A. Sangiovanni-Vincentelli: *RELAX - A New Circuit Simulator for large scale MOS itegrated circuits*, University of California, Berkeley, ERL-M82/6, 1982

[LEW87] K.D. Lewke: *Ein ereignisgetriebenes Simulationsmodell für MOS-Schaltwerke*, Proceedings 4. Symposium Simulationstechnik, Zürich 1987, Informatik Fachberichte 150, Springer Verlag

[MAT89] Mattern, F. und Mehl, H.: *Diskrete Simulation - Prinzipien und Probleme der Effizienzsteigerung durch Parallelisierung*, Informatik-Spektrum, 1989 (12)

[OSF89] *OSF/Motif Programmer's Reference Manual*, Revision 1.0, Open Software Foundation, Cambridge 1989

[OZA89] Oczko, C.: *Kopplung der Hardwarebeschreibungssprachen DACAPO III und VHDL, Konzeption des Übersetzers VHDL ⟶ DACAPO III*, Diplomarbeit, Universität Gesamthochschule Paderborn, Paderborn 1989

[OZC89] Oczko, A.: *Kopplung der Hardwarebeschreibungssprachen DACAPO III und VHDL, Konzeption des Übersetzers DACAPO III ⟶ VHDL*, Diplomarbeit, Universität Gesamthochschule Paderborn, Paderborn 1989

[PLO87] P.G. Plöger, B. Klaassen, K.L. Paap: *Simulating Electrical Circuits with SISAL*, Proceedings 4. Symposium Simulationstechnik, Zürich 1987, Informatik Fachberichte 150, Springer Verlag

[RAM89] Rammig, F.J.: *Systematischer Entwurf digitaler Systeme* , B.G. Teubner, Stuttgart 1989

[SCH90] V. Schubert: *Message Handling System, Funktionale Spezifikation*, Projektunterlagen Simulatorkopplung, Dosis GmbH

[ZEI73] Zeigler, B.: *Theory of Modelling and Simulation*, J. Wiley and Sons, 1973

Anhang zu Kapitel 5: Beispiel einer VHDL/S-Beschreibung

- - structure module:

```
- - import of interface models' declarations
LIBRARY pack_lib;
USE pack_lib.interface_models.all;

ENTITY processor IS
END processor;

ARCHITECTURE structure OF processor IS

    - - declaration of component types
    COMPONENT cpu1
        PORT(control: OUT MVL_BIT;
             data: INOUT MVL_BIT_VECTOR(7 DOWNTO 0));
    END COMPONENT;

    COMPONENT decoder1
        PORT(input: IN VOLTAGE; output: OUT VOLTAGE);
    END COMPONENT;

    COMPONENT memory
        PORT(mem_control: IN MVL_BIT;
             data: INOUT MVL_BIT_VECTOR(7 DOWNTO 0));
    END COMPONENT;

    SIGNAL data_bus: resolved MVL_BIT_VECTOR(7 DOWNTO 0);
    - - the bus is marked by using the standard resolution function resolved
    - - hereby the overloading concepts of VHDL are used
    SIGNAL ctrl:  MVL_BIT;
    SIGNAL mem_ctrl: MVL_BIT;

BEGIN
    - - component instantiations
    CPU: cpu1
        PORT MAP(interface_mod1(control) => ctrl, data => data_bus);
        - - association by name
        - - interface model "interface_mod1" is bound to digital port "control".

    RAM1: memory
        PORT MAP(interface_mod2(mem_ctrl), data_bus);
        - - association by position
        - - interface model "interface_mod2" is bound to digital port "mem_control"

    DECODER: decoder1
        PORT MAP(convert(ctrl), convert(output) => mem_ctrl);
        - - types are converted by the usage of one of the pre-defined functions
        - - "convert". Hereby the overloading concept of VHDL is used.
END structure;
```

- - an example for two binding modules:

```
ENTITY bonsim_decodeone
      - - refers to the local model "decodeone" of simulator BONSIM
      PORT (eingang: LINKAGE VOLTAGE; ausgang: LINKAGE VOLTAGE);
      - - interface
      ATTRIBUTE kind OF bonsim_decodeone: ENTITY IS analog;
      - - attribute shows simulation mode
END bonsim_decodeone;

ENTITY disim_cpu
      - - refers to the local model "cpu" of simulator DISIM
      PORT(data_1, data_2, data_3, data_4, data_5, data_6, data_7,
              data_8: INOUT MVL_BIT;
              control: OUT MVL_BIT);
      - - interface
      ATTRIBUTE kind OF disim_cpu: ENTITY IS digital;
      - - attribute shows simulation mode
END disim_cpu;
```

- - configuration module:

```
CONFIGURATION first_version OF processor IS
      FOR structure

            FOR CPU: cpu1 USE ENTITY disim_cpu
                    PORT MAP(data, interface_mod3(control) => control);
            - - binding module "disim_cpu" is bound to component CPU
            - - interface_mod1 is replaced by interface_mod3
            - - division of the bitstring into 8 single bits
            - - is handled by the simulator coupling system
            END FOR;

            FOR DECODER: decoder1 use ENTITY bonsim_decodeone
                    PORT MAP(eingang, ausgang);
            - - binding module "bonsim_decodeone" is bound to component
            - - DECODER, ports are associated by position
            END FOR;

            FOR RAM1: memory USE ENTITY dacapo_memlib_ram;
            END FOR;

      END FOR;
END;
```

Automatisierter Entwurf von Schaltungen für die schnelle digitale Signalverarbeitung

Uwe Vehlies Andreas Münzner

Institut für Theoretische Nachrichtentechnik und Informationsverarbeitung
Universität Hannover
Schneiderberg 32, 3000 Hannover 1

Abstract

Für den durchgängigen und automatisierten Entwurf von Schaltungen für die schnelle digitale Signalverarbeitung wurde das Programm DEASS entwickelt. Ausgehend von einer algorithmischen Beschreibung unterstützt es den Entwurf von systolischen Arrays, deren Prozessorelemente in Buildingblöcke zerlegt werden. Die Buildingblöcke werden aus den Elementen einer gegebenen Halbleiterbibliothek synthetisiert. Als Ausgabe werden Netzlisten im Format EDIF-200 erzeugt.

1 Einleitung

Im Bereich der schnellen digitalen Signalverarbeitung (DSP - digital signal processing) werden immer höhere Anforderungen an die zu realisierenden Systeme gestellt. Insbesondere in dem Bereich der Bildverarbeitung kommen immer komplexere und unter Echtzeitbedingungen ablaufende Algorithmen mit hohen Ansprüchen an die Rechenzeit zum Einsatz. Dies führt zur Realisierung von Schaltungen mit wachsender Komplexität. Gleichzeitig werden Technologiefortschritte gemacht und neue Prozeßtechniken ermöglichen die Implementierung von immer mehr Transistoren auf der gleicher Chipfläche. Bei steigender Chipgesamtfläche können somit immer umfangreichere Schaltungen auf einem Chip untergebracht werden.

Die wachsende Komplexität und der größer werdende Umfang der Schaltungen führen zu einem entsprechend ansteigendem Entwurfsaufwand. Dieser führt wiederum zu höheren Entwurfskosten und längeren Entwurfszeiten. Mit steigender Komplexität nehmen auch die Fehlermöglichkeiten beim Entwickeln der Schaltungen zu, und es wird immer schwieriger, die Schaltungen vernünftig zu testen.

Als Konsequenz des steigenden Entwurfsaufwandes wird der Einsatz von CAD-Programmen zur Unterstützung der Entwickler immer notwendiger. Durch eine möglichst weitgehende Automatisierung des Entwurfsprozesses verkürzen sie die Entwurfszeit und senken die Entwurfskosten. Durch die wachsende Komplexität der Schaltungen sind CAD-Programme auch auf den höheren Entwurfsebenen unumgänglich. Durch die von ihnen gebotenen Verifikationshilfen werden die beim Entwurf der Schaltungen gemachten Fehler reduziert. Ein weiterer Vorteil der Automatisierung ist, daß bei einem Technologie- oder Bibliothekswechsel der Aufwand des durchzuführenden Redesigns wesentlich reduziert wird.

Aus den genannten Gründen wurde zur Unterstützung und weitestgehenden Automatisierung des Entwurfs von Schaltungen für die schelle digitale Signalverarbeitung das in diesem Artikel vorgestellte CAD-Programm DEASS (**DE**sign **ASS**istent) entwickelt und implementiert.

Bei der Realisierung von DSP-Systemen kann je nach Anforderung und vorgegebenen Randbedingungen entweder eine spezialisierte Hardware entworfen werden oder auf ein programmierbares System zurückgegriffen werden. Abbildung 1 zeigt zur Verfügung stehende Architekturen.

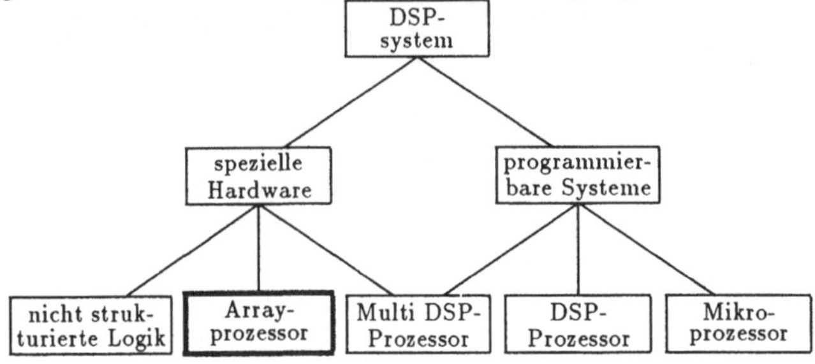

Abbildung 1: Architekturen für DSP-Systeme

Mikroprozessoren, DSP-Prozessoren und Multi-DSP-Prozessorsysteme zeichnen sich aufgrund ihrer Programmierbarkeit durch hohe Flexibilität aus. Sie sind für die Verarbeitung unterschiedlichster Algorithmen einsetzbar und erlauben schnelle Änderungen und schnelle Anpassungen an andere Problemstellungen. Ein Nachteil dieser Systeme ist die relativ große für eine Realisierung benötigte Fläche.

Eine spezialisierte Hardware hat einen geringeren Flächenbedarf, ist dafür aber nicht so flexibel, da sie für die Verarbeitung nur eines Algorithmus entworfen wird. Ein entscheidender Vorteil ist aber die aus dem problemangepaßten Entwurf resultierende hohe Rechengeschwindigkeit und kompakte Realisierung solcher Systeme. Diese wird bei nicht strukturierter Logik allerdings durch einen sehr hohen Entwurfsaufwand erkauft. Der Entwurfsaufwand für Arrayprozessoren (systolische Arrays, Wavefrontarrays) ist geringer, da diese regulär und modular aufgebaut sind.

Die hohen Anforderungen im Bereich der schnellen digitalen Signalverarbeitung führen auf Spezialarchitekturen [1]. Dies sind vielfach systolische Arrays [2], die sich durch eine hohe Durchsatzrate und eine hohe Rechenleistung auszeichnen. Sie erreichen dies durch eine massive Anwendung von Parallelverarbeitung und Pipelining. Aufgrund ihrer Regularität und Modularität eignen sie sich gut für einen automatischen Entwurf per Programm und wurden somit als Zielarchitektur für den DEASS ausgewählt.

In diesem Artikel wird in Kapitel 2 der DEASS (DEsign ASSistent) vorgestellt. In den Kapiteln 3 und 4 wird genauer auf seine Programmkomponenten eingegangen und die mit ihnen durchgeführten Entwurfsschritte werden erläutert. In Kapitel 5 wird kurz auf die Implementierung eingegangen und anhand der Matrix-Matrix-Multiplikation wird ein durchgängiges Entwurfsbeispiel erläutert.

2 Design-Assistent für den automatisierten Entwurf von Schaltungen

Bei der Implementierung des DEASS wurde darauf geachtet, daß der Entwurf so weit wie möglich technologieunabhängig bleibt. Dies hat den Vorteil, daß der Aufwand bei der Anpassung an eine andere Bibliothek geringer ist. Außerdem ist man beim Entwurf nicht von vornherein auf eine bestimmte Bibliothek, bzw. einen bestimmten Hersteller festgelegt.

Weiterhin ist der Entwurf mikroelektronischer Systeme durch eine *Top-Down*-Vorgehensweise gekennzeichnet. Dabei wird ein System ausgehend von einer funktionalen Beschreibung solange in immer kleinere Blöcke zerlegt, bis diese durch die Basiszellen aus einer Bibliothek darstellbar sind.

Dies können auch größere zusammengesetzte Zellen sein, die in anderen Entwürfen entstanden sind.

Entsprechend dieser zweigeteilten *Top-Down*-Vorgehensweise gliedert sich der Entwurfsprozeß zunächst in eine technologieunabhängige Zerlegung eines Algorithmus bis auf die Architekturebene. Die Architekturebene ist gekennzeichnet durch Buildingblöcke wie Addierer, Multiplizierer usw. Sie wird deshalb auch als *Buildingblockebene* bezeichnet. Im zweiten Schritt werden abhängig von einer gegebenen Bibliothek die benötigten Buildingblöcke synthetisiert. Gemäß dieser Vorgehensweise setzt sich der DEASS, wie in Abbildung 2 gezeigt, aus zwei Programmkomponenten zusammen.

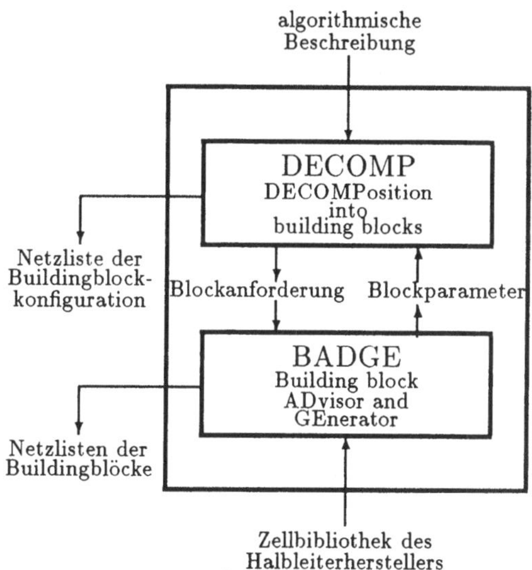

Abbildung 2: Zweigeteilter Design-Assistent

Die Komponente DECOMP [3] übernimmt den ersten Entwurfsschritt und zerlegt einen Algorithmus in Buildingblöcke, die seine Basisoperationen repräsentieren. Ein Algorithmus wird ausgehend von einer algorithmischen Beschreibung auf ein systolisches Array abgebildet. Das systolische Array setzt sich aus Prozessorelementen zusammen, die wiederum aus Buildingblöcken aufgebaut sind. Nach der Abbildung werden die Anforderungen für die benötigten Buildingblöcke aufgestellt und an den BADGE weitergeleitet. Als Ausgabe werden außerdem Netzlisten der Buildingblockkonfiguration generiert.

Die Komponente BADGE [4] übernimmt den zweiten Entwurfsschritt und synthetisiert aus den Zellen einer gegebenen Halbleiterbibliothek an die Anforderungen angepaßte Buildingblöcke. Für die erzeugten Buildingblöcke werden basierend auf den Zellen der Halbleiterbibliothek die Parameter Fläche und Verzögerungszeit bestimmt und an den DECOMP zurückgegeben. Dieser bestimmt daraus die Parameter des gesamten systolischen Arrays und vergleicht diese mit den in der Eingangsspezifikation vorgegebenen Randbedingungen. Als Ausgabe werden vom BADGE Netzlisten der Buildingblöcke auf Gatterebene generiert.

Der von der funktionalen Eingangsspezifikation ausgehende technologieunabhängige Entwurf mit dem DECOMP und der auf den Bibliothekszellen basierende technologieabhängige Entwurf mit dem BADGE werden an der Schnittstelle beider Programme zusammengeführt. Aus der Übergabe von Buildingblockanforderungen und Buildingblockparametern an der Schnittstelle zwischen dem DECOMP und dem BADGE ergibt sich somit ein Kreislauf, der solange durchlaufen wird, bis die entworfene Schaltung der Eingangsspezifikation genügt.

3 Abbildung von Algorithmen auf systolische Arrays (DECOMP)

Die algorithmische Eingangsbeschreibung für den DECOMP setzt sich aus drei Teilen zusammen. Der erste Teil beschreibt mit einer Untermenge von PASCAL-Befehlen den Algorithmus. Dies hat den Vorteil, daß die Eingangsbeschreibung als PASCAL-Programm lauffähig ist und der Algorithmus somit vor dem Schaltungsentwurf überprüft werden kann. Der zweite Teil der Eingangsbeschreibung beinhaltet Randbedingungen für den Entwurf des systolischen Arrays und der Buildingblöcke. Dies können Flächen- und Zeitvorgaben sein, oder die maximale Anzahl von Prozessorelementen (PEen - processing element). Im dritten Teil wird eine Schnittstellenbeschreibung für die externen Ein- und Ausgänge angegeben.

Ausgehend von der Eingangsbeschreibung wird der Algorithmus auf ein systolisches Array abgebildet. Damit bei einer Chiprealisierung nur kurze, lokale Verbindungen zwischen benachbarten PEen auftreten, werden Arrays mit höchstens 2 Dimensionen angestrebt. Die Abbildung auf ein systolisches Array wird gemäß Abbildung 3 in drei Schritten durchgeführt.

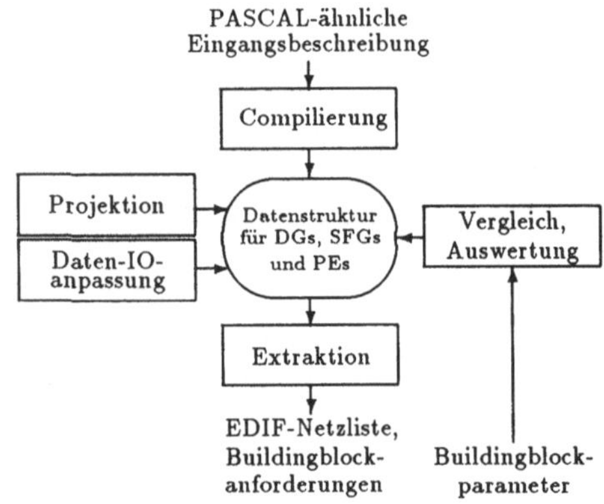

Abbildung 3: Aufbau des DECOMP

Im ersten Schritt, der Compilierung, wird der Algorithmus automatisch in einen Abhängigkeitsgraphen (DG - dependence graph) umgesetzt. Die Dimensionalität und die Datenabhängigkeiten des DG werden automatisch aus der Beschreibung des Algorithmus generiert. Die Anzahl der Dimensionen hängt von dem Indexraum des Algorithmus ab und ist meistens größer als 2. Die Schnittstellenbeschreibung wird in ein internes Format umgewandelt. Die Randbedingungen für den Entwurf werden für die Bearbeitung der folgenden Entwurfsschritte in die interne Datenstruktur transferiert.

Im zweiten Schritt, der Projektion, wird die Anzahl der Dimensionen bis auf maximal 2 reduziert. Dazu wird der DG mit einem Projektionsverfahren auf maximal 2-dimensionale Signalflußgraphen (SFGen - signal flow graph) abgebildet. Das Verfahren beruht auf dem von Kung vorgeschlagenem Multiprojektionsverfahren [5]. Bei dieser Abbildung entstehen alternative SFGen, die sich in der Anzahl der PEe, der Datenzu- und -abfuhr und den Verbindungen zwischen den PEen unterscheiden. Die erzeugten SFGen können in der internen Datenstruktur verifiziert werden, indem ihre Signalwerte auf Wortebene berechnet werden. Die Ausgangssignalwerte können dann mit den Ergebnissen des PASCAL-Programms verglichen werden.

Im dritten Schritt wird aus den alternativen Lösungen ein optimal an die vorgegebenen Randbedingungen angepaßter SFG ausgewählt und seine PEe werden in Buildingblöcke zerlegt. Anschließend werden Buildingblockanforderungen für den BADGE extrahiert und es wird eine Netzliste der Buildingblockkonfiguration generiert. Diese Netzliste liegt im Format EDIF-200 [6] vor und beschreibt das systolische Array auf der Buildingblockebene.

Mit den vom BADGE zurückgelieferten Parametern wird eine Auswertung des systolischen Arrays vorgenommen, wobei Flächen und Verzögerungszeiten berechnet werden. Diese können dann mit den in der Eingangsbeschreibung vorgegebenen Randwerten verglichen werden.

Die Organisation der Datenzu- und -abfuhr des Arrays stimmt meistens nicht mit der in der Schnittstellenbeschreibung vorgegebenen Struktur überein. Dies resultiert daraus, daß die entworfenen systolischen Arrays die Daten auf mehreren parallelen Leitungen und auch mehrfach benötigen. Die Daten an der externen Schnittstelle stehen meist aber nur auf 1 Leitung und nur einmal zur Verfügung. Für die Anpassung der Datenzu- und -abfuhr können in einem anschließendem Entwurfsschritt in der gleichen Datenstruktur Datensortierschaltungen generiert werden, die sich aus Multiplexern und Registern zusammensetzen. Von diesen Schaltungen wird ebenfalls eine EDIF-200-Netzliste erzeugt.

4 Generierung von Buildingblöcken (BADGE)

Der BADGE übernimmt vom DECOMP die Buildingblockanforderungen und führt basierend auf den Elementen der Zellbibliothek eine stufenweise Parameterschätzung für verschiedene Buildingblocktypen durch. Dabei wird aus verschiedenen Addierern, Multiplizierern usw. jeweils ein an die Vorgaben am besten angepaßter Typ ausgewählt und in einem Konfigurationsplan abgelegt. Der Konfigurationsplan spiegelt eine Buildingblockhierarchie wieder, in der ein Multiplizierer z. B. mit Hilfe unterschiedlicher Addierer realisiert werden kann. Die Addierer basieren wiederum auf unterschiedlichen Buildingblöcken. Die untersten Zellen der Buildingblockhierarchie werden durch die Zellen der angeschlossenen Halbleiterbibliothek repräsentiert.

Die Abschätzung greift auf generische und auf reale Bibliothekselemente aus der Bibliotheksdatenbasis zu. Die generischen Bibliothekselemente werden durch die im BADGE implementierten Generatoren dargestellt. Zur Zeit sind Generatoren für Addierer, Multiplizierer, Dividierer, Subtrahierer, Komparatoren und Multiplexer implementiert. Ein Generator ist ein Programm, daß in Abhängigkeit von ihm übergebenen Parametern, wie z. B. der Wortbreite, eine Schaltung auf Logikebene generiert. Die realen Bibliothekselemente, auf die die Generatoren letztlich zugreifen, sind die Elemente der angeschlossenen Zellbibliothek. Zur Zeit kann der BADGE wahlweise auf eine der folgenden vier Halbleiterbibliotheken zugreifen:

Matra-Harris	2μ-Gate-Array
LSI-Logic	$1{,}2\mu$-Gate-Array
VALVO	2μ-Standardzellen
VALVO	$1{,}2\mu$-Standardzellen

Die Benutzung einer generischen Bibliothek hat den Vorteil, daß der Entwurf auch auf dieser Ebene möglichst weit technologieunabhängig bleibt.

In dem sich anschließendem Schritt, der Synthese (Abbildung 4), wird aus dem Konfigurationsplan eine optimale Konfiguration ausgewählt und es werden die einzelnen Generatoren aufgerufen. Die Synthese läuft nach dem Prinzip der *stufenweisen Verfeinerung* ab. Dabei führt ein Generatoraufruf solange zu weiteren Generatoraufrufen, bis die Buildingblöck bis auf die realen Bibliothekselemente verfeinert worden sind. Die erzeugte Schaltung wird in der Designdatenbasis abgelegt.

Anschließend wird eine lokale Optimierung durchgeführt, mit der die Fläche und die Verzögerungszeit verkleinert werden können. Dies geschieht durch das Ersetzen mit Komplexgattern, soweit diese in der angeschlossenen Zellbibliothek vorhandenen sind. Außerdem können automatisch Pipelineregister eingezogen werden, was zu einer Erhöhung der Durchsatzrate führt.

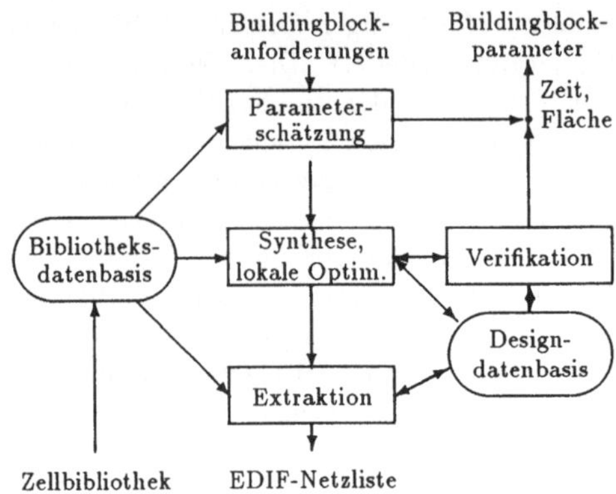

Abbildung 4: Aufbau des BADGE

Nach der Synthese der Schaltung wird basierend auf den realen Bibliothekselementen eine Verifikation durchgeführt. Dabei werden die tatsächlichen Flächen und Verzögerungszeiten berechnet. Bei der Verzögerungszeitberechnung werden die Leitungskapazitäten über die Fan-Out-Faktoren der Gatter berücksichtigt. Die Leitungslängen werden vernachlässigt, da die Buildingblöcke modular und hierarchisch aufgebaut sind und somit sehr lange Leitungen vermieden werden. Es ist vorgesehen die Leitungslängen später über eine Backannotation zu berücksichtigen. Die für die Buildingblöcke berechneten Parameter werden dann an den DECOMP zurückgegeben.

Im letzten Entwurfsschritt werden Netzlisten der Buildingblöcke auf Gatterebenen im Format EDIF-200 generiert. Diese können als Eingabe für ein Simulations- oder Layoutgenerierungsprogramm benutzt werden.

An den BADGE ist eine automatische Simulationsauswertung [7] für den Logiksimulator HILO-3 angeschlossen, so daß die synthetisierten Buildingblöcke auf der Logikebene verifiziert werden können. Dazu können auch Netzlisten im Format HILO-3 generiert werden.

5 Implementierungshinweise und Ergebnisse

Der BADGE und der DECOMP sind beide in COMMON-LISP [8] implementiert. Für die Datenstruktur des BADGE wird zusätzlich die Carnegie-Representation-Language (CRL) [9] benötigt. Beide im DEASS eingebundenen Programme können aufgrund ihrer getrennten Implementierung auch als eigenständige Werkzeuge benutzt werden.

COMMON LISP wurde gewählt, da es den Aufbau flexibler, objekorientierter Datenstrukturen erlaubt und außerdem eine schnelle Programmimplementierung ermöglicht. Im DECOMP wurde eine objektorientierte Datenstruktur implementiert, in der die PEe der systolischen Arrays als einzelne Objekte abgelegt sind. Im BADGE wurde sowohl in der Design-, als auch in der Bibliotheksdatenbasis eine hierarchische Objektstruktur aufgebaut, in der vom Bibliotheksgatter bis zu einer kompletten Schaltung alle Buildingblöcke als Module abgelegt sind. Dabei wurde der Vererbungsmechanismus der CRL ausgenutzt, um die zu speichernden Datenmengen möglichst gering zu halten. Über diesen Mechanismus werden außerdem verschiedene Module zu Objektgruppen zusammengefaßt, was den Aufbau einer strukturierten Bibliotheksdatenbasis ermöglichte.

Mit dem DECOMP lassen sich z. Zt. lineare, shiftinvariante Algorithmen auf systolische Arrays abbilden. Als Beispiel wurde eine Matrix-Matrix-Multiplikation auf ein systolisches Array abgebildet. Abbildung 5 zeigt die PASCAL-ähnliche Eingangsbeschreibung. Diese muß in einer

Single-Assignment-Form vorliegen, damit die Datenabhängigkeiten für den DG generiert werden können. Abbildung 6 zeigt ein an die vorgegebenen Randbedingungen angepaßtes mit dem DECOMP entworfenes systolisches Array.

```
PROGRAM mmm; {matrix-matrix-multiplication}
CONST   i = 3;
VAR     a,b     :ARRAY[1..i,1..i] of INTEGER;
        c       :ARRAY[1..i,1..i,0..i] of INTEGER;
        k,l,m   :INTEGER;
BEGIN
   FOR k := 1 to i DO
      FOR l := 1 to i DO
         BEGIN
            c[k,l,0] := 0;
            FOR m := 1 to i DO
            BEGIN
               c[k,l,m] := c[k,l,m-1] + a[k,m] * b[m,l];
            END;
         END;
END.
DESIGN mmm;
   word_width a[4],b[4],c[4];
   max_area 9000;
   max_delay 50;
   number-of-pes 3;
END.
```

Abbildung 5: PASCAL-ähnliche Eingangsbeschreibung

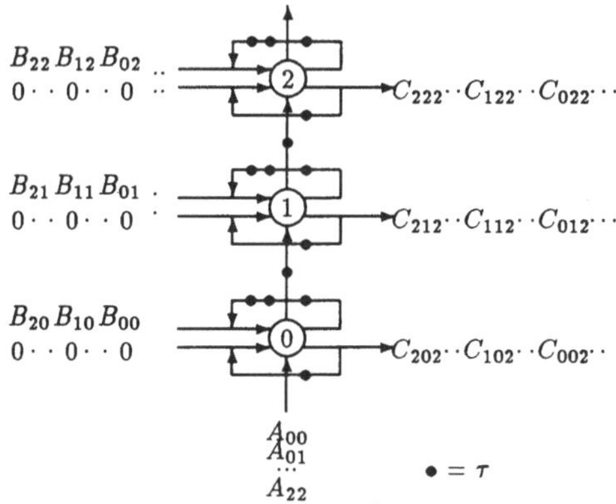

Abbildung 6: Systolisches Array für Matrix-Matrix-Multiplikation

Jedes der drei PEe des Arrays setzt sich aus einem Addierer und einem Multiplizierer zusammen. Tabelle 1 zeigt die vom BADGE mit der $1,2\mu$-Bibliothek von Valvo generierten Buildingblöcke mit ihren Parametern.

Für das systolische Array ergibt sich somit ohne Berücksichtigung der Datenzufuhrschaltungen eine Gesamttransistoranzahl von 8931 und eine Taktperiode von ungefähr 45 ns. Für die zur Zwischenspeicherung notwendigen Register ergibt sich bei Verwendung der gleichen Bibliothek ein zusätzlicher Aufwand von ungefähr 3500 Transistoren. Für die Multiplikation zweier 3*3-Matrizen werden 11 Taktzyklen benötigt, da die Koeffizienten $A_{i,k}$ nacheinander zugeführt werden

Buildingblocktyp	Wortbreite	Transistoren	Verzögerungszeit
Carry-look-ahead-adder	8 + 10	615	14 ns
Wallace-tree-multiplier	8 * 8	2362	30 ns

Tabelle 1: Parameter der generierten Buildingblöcke

und alle drei PEe durchlaufen müssen. Allerdings kann schon nach 9 Taktzyklen mit dem nächsten Multiplikationszyklus begonnen werden.

6 Zusammenfassung

In diesem Artikel wird das für den automatisierten Schaltungsentwurf entwickelte und implementierte Programm DEASS vorgestellt. Um beim Entwurf möglichst weit technologieunabhängig zu bleiben, ist das Programm in die beiden Komponenten DECOMP und BADGE geteilt.

Der DECOMP bildet lineare, shiftinvariante Algorithmen auf maximal 2-dimensionale systolische Arrays ab und ermöglicht das Generieren von Datenzu- und -abfuhrschaltungen. Anschließend werden Buildingblockanforderungen erzeugt und an den BADGE übergeben. Dieser synthetisiert die Buildingblöcke aus den Zellen einer angeschlossenen Halbleiterbibliothek. Zur Zeit können wahlweise vier verschiedene Zellbibliotheken angeschlossen werden. Die entworfenen Buildingblöcke können mit dem Einsatz von Komplexgattern und dem Einzug von Pipelineregistern optimiert werden. Als Ausgabe werden von beiden Programmen Netzlisten im Format EDIF-200 erzeugt, die als Eingabe für Simulations- oder Layoutgenerierungsprogramme benutzt werden können.

Als Beispiel für einen durchgängigen Schaltungsentwurf wird ein systolisches Array für eine Matrix-Matrix-Multiplikation mit seinen Entwurfsparametern und den erforderlichen Buildingblöcken angegeben.

Literaturverzeichnis

[1] P. Pirsch, "Systemarchitektur - Strategien für die schnelle Signalverarbeitung". *Professorenkonferenz November 1987 im Fernmeldetechnischen Zentralamt - FTZ*, 1987.

[2] H. T. Kung, "Why Systolic Architectures", vol. 15(1),*Computer Magazin*, pp. 37–46, Januar 1982.

[3] U. Vehlies und A. Crimi, "A Compiler for Gererating Dependence Graphs of DSP-Algorithms". *Workshop on Algorithms and Parallel VLSI-Architectures, Pont-à-Mousson*, Juni 1990.

[4] A. Münzner und P. Pirsch, "BADGE - Building Block Adviser and Generator". *Proc. of the Intern. Symposium on Circuits and Systems*, vol. 3, pp. 1887–1890, Mai 1989.

[5] S. Y. Kung, *VLSI - Array Processors*, Prentice Hall Information and System Sciences Series, Englewood Cliffs, Thomas Kailath Edition, 1988.

[6] EDIF Steering Committee, *EDIF: Electronic Design Interchange Format Version 2 0 0*. Washington, 1987.

[7] A. Münzner und J. Thobe, "EXDIS - Rechnergestützte Simulationsauswertung". *4. E.I.S. Workshop, GMD-Studien Nr. 155*, pp. 281–290, Februar 1989.

[8] G. L. Steele jr., *COMMON LISP*, Digital Press, 1984.

[9] Carnegie Group Inc., Pittsburg, *Knowledge-Craft Documentation Set, Volumes 1 - 3*, 1987.

Optimierung von Schaltungen mit determinierten und statistischen Suchverfahren

E. Lüder J. Schaepperle
Universität Stuttgart

Zusammenfassung

Bei der Optimierung von integrierten Schaltungen entfällt der größte Teil der Rechenzeit auf die Schaltungsanalyse z.B. mit dem Programm SPICE. Gegenüber einem rein statistischen Verfahren kann die Anzahl der notwendigen Schaltungsanalysen um einen Faktor bis etwa 40 reduziert werden, falls eine Kombination von statistischen und determinierten Verfahren eingesetzt wird. Beim statistischen Teil geschieht dabei eine zeitsparende Austastung von geeignet gewählten Teilräumen. Bei der Optimierung mit hoher Zahl von Parametern können lokale Optima z.B. durch Suche in Richtung des steilsten Anstiegs, wobei eine vorübergehende Verschlechterung in Kauf genommen wird, oder durch gleichzeitige Verfolgung mehrerer Richtungen oder mit Hilfe überlagerter Gaußverteilungen überwunden werden. Schaltungseigenschaften können um den Faktor drei bis vier gegenüber dem ursprünglichen Entwurf verbessert werden.

1 Formulierung des Problems

Die reellwertigen Eigenschaften g_j, $j = 1, 2, \ldots, m$ einer gegebenen Schaltung hängen von den reellwertigen Parametern y_i, $i = 1, 2, \ldots, n$ ab. Beispiele für Schaltungseigenschaften sind Verzögerungs- und Anstiegszeiten oder die Verlustleistung. Parameter können zum Beispiel Kanallängen l_i oder -breiten w_i von MOS-Transistoren oder Kapazitäts- und Widerstandswerte sein. Damit die Schaltung realisierbar ist muß $y_i \in [y_{il}, y_{iu}]$ sein. Aus numerischen Gründen werden die Parameterwerte normiert. Eine Möglichkeit dafür ist

$$x_i = \frac{y_i - y_{il}}{y_{iu} - y_{il}} \tag{1}$$

mit

$$x_i \in [0, 1]. \tag{2}$$

Der n-dimensionale Parametervektor $\underline{x} = (x_1, x_2, \ldots, x_n)^T$ muß im zulässigen Bereich so geändert werden, daß die Eigenschaften g_i optimiert werden. Dies kann immer als Minimierungsproblem von Zielfunktionen f_j, $j = 1, 2, \ldots, m$ in der Form

$$\min_{\underline{x}} f_j(\underline{x}) \qquad \forall j \tag{3}$$

formuliert werden.

Die einzelnen Zielfunktionen können durch

$$z(\underline{x}) = \max_j w_j f_j(\underline{x}) \tag{4}$$

oder

$$z(\underline{x}) = \sum_{j=1}^{m} w_j f_j(\underline{x}) \tag{5}$$

mit den Gewichtsfaktoren $w_j > 0$ zu einer einzigen Zielfunktion zusammengefaßt werden.

In beiden Fällen wird das

$$\min_{\underline{x}} z(\underline{x}) \tag{6}$$

gesucht, wobei $\underline{x}$ im zulässigen Bereich nach (2) liegen muß.

Die Minimax-Formulierung nach (4) und (6) gewährleistet, daß alle Pareto-kritischen Punkte (lokale Optima) einschließlich der Pareto-Punkte (globale Optima) bei geeigneter Wahl der Gewichtsfaktoren theoretisch gefunden werden können. Für die Zielfunktion nach (5) und (6) gilt dies nur, wenn die Menge der realisierbaren Werte der Einzelzielfunktionen konvex ist [1],[2]. Dies ist bei den meisten technischen Problemen nicht der Fall.

Die Minimierung der Zielfunktion kann mit statistischen [3], [4], [5] oder determinierten [2], [6] Verfahren durchgeführt werden. Beide Arten von Verfahren beginnen mit einem Startwert $\underline{x}_{nom}^{(1)}$ als Nominalwert des Parametervektors, der z.B. vom Schaltungsentwickler vorgegeben wird. Dieser Startwert wird iterativ solange verbessert, bis die Zielfunktion minimal wird. Dazu sind vor allem bei den statistischen Verfahren pro Iterationsschritt viele Schaltungsanalysen notwendig. Bei Integrierten Schaltungen müssen dazu rechenzeitaufwendige Simulationen z.B. mit dem Programm SPICE durchgeführt werden. Der bei weitem größte Teil der CPU-Zeit entfällt dann auf die Schaltungsanalysen.

Mit zunehmender Dimension n steigt das abzusuchende Volumen und damit die Rechenzeit exponentiell an. Es sind daher für große n Verfahren notwendig, die eine geringere Anzahl von Schaltungsanalysen erfordern. Solche Verfahren werden in den nächsten Abschnitten beschrieben.

Außerdem weisen Systeme mit großem n in der Regel eine größere Anzahl lokaler Minima auf. In Abschnitt 5 werden daher auch Verfahren zur Überwindung lokaler Minima vorgestellt.

Determinierte Verfahren, wie z.B. die Strahlsuche in Richtung des negativen Gradienten, benötigen meist eine geringere Anzahl von Analysen, können aber nur auf differenzierbare Zielfunktionen sinnvoll angewendet werden und neigen dazu, in lokalen Minima stecken zu bleiben. In Abschnitt 4 wird eine Kombination aus statistischer und determinierter Suche vorgestellt, die die Vorteile beider Verfahren ausnutzt.

2 Strahlsuche [7], [6]

Als ein rechenzeitsparendes determiniertes Verfahren, wird die Strahlsuche in negativer Richtung des Gradienten

$$\nabla z(\underline{x}_{nom}) = \left(\frac{\partial z}{\partial x_1}, \frac{\partial z}{\partial x_2}, \ldots, \frac{\partial z}{\partial x_n} \right) \Bigg|_{\underline{x}=\underline{x}_{nom}} \tag{7}$$

verwendet. Dazu wird auf dem Suchstrahl ein Punkt $\underline{x}^{(1)}$ mit

$$\underline{x}^{(1)} = \underline{x}_{nom} - \lambda \nabla z(\underline{x}_{nom}), \ \lambda > 0 \tag{8}$$

berechnet, so daß

$$z(\underline{x}^{(1)}) < z(\underline{x}_{nom}) \tag{9}$$

ist. Eine Linearisierung von $z(\underline{x})$ um $\underline{x}_{nom}$ ergibt

$$z(\underline{x}^{(1)}) = z(\underline{x}_{nom}) - |\nabla z(\underline{x}_{nom})|^2 \lambda \tag{10}$$

und somit

$$\lambda = \frac{z(\underline{x}_{nom}) - z(\underline{x}^{(1)})}{|\nabla z(\underline{x}_{nom})|^2} \tag{11}$$

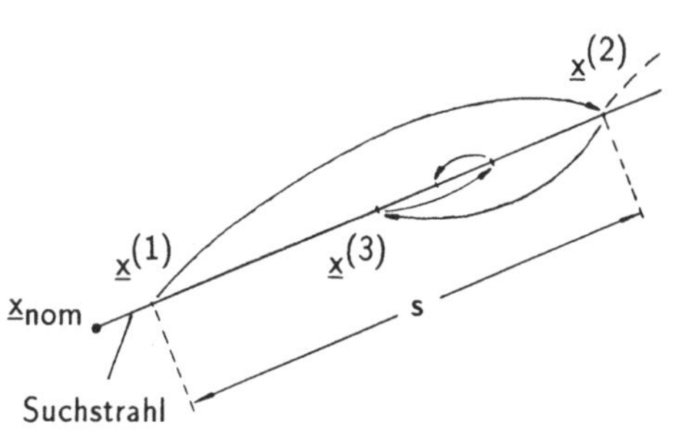

Abbildung 1: Intervallhalbierung bei der Strahlsuche in Richtung des negativen Gradienten, $s = 8|\underline{x}_{nom} - \underline{x}^{(1)}|$

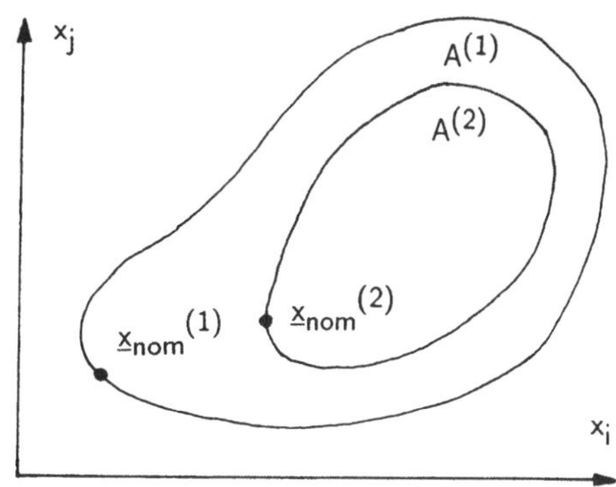

Abbildung 2: Das Akzeptanzgebiet A mit $f_j(\underline{x}) < f_j(\underline{x}_{nom})$

Die Schrittweite λ wird durch den vom Benutzer vorgegebenen Wert $z(\underline{x}^{(1)})$ bestimmt. Die Größe des gesamten Suchintervalls in Abbildung 1 beträgt

$$s = 8|\underline{x}^{(1)} - \underline{x}_{nom}|. \tag{12}$$

In diesem Intervall wird das Minimum durch Intervallhalbierung eingegrenzt. Auf Einzelheiten soll hier nicht eingegangen werden, da es sich um ein bekanntes Verfahren handelt. Stattdessen wird auf [7], [6] verwiesen.

3 Statistische Suchverfahren

3.1 Gaußverteilte Punktewolke

Auch die statistischen Verfahren beginnen mit dem Startwert $\underline{x}_{nom}^{(1)}$ für den Parametervektor. Alle Dimensionierungen mit $f_j(\underline{x}) < f_j(\underline{x}_{nom}^{(1)})$; $j = 1, 2, \ldots, m$ bilden das sogenannte Akzeptanzgebiet $A^{(1)}$ in Abbildung 2, auf dessen Rand der Startpunkt liegt.

Zur Veranschaulichung des Parameterraumes wird in den Abbildungen eine Ebene mit zwei Parametern x_i und x_j als Koordinaten gewählt.

Um den Nominalwert $\underline{x}_{nom}^{(1)}$ herum wird eine gaußverteilte Punktewolke erzeugt, wobei jeder Punkt eine Schaltungsdimensionierung repräsentiert. Die Wahrscheinlichkeitsdichte der Zufallspunkte ist

$$p(\underline{x}) = \frac{1}{\sqrt{(2\pi)^n \det V}} \exp[-\tfrac{1}{2}(\underline{x} - \bar{\underline{x}})^T V^{-1} (\underline{x} - \bar{\underline{x}})] \tag{13}$$

Darin ist $\bar{\underline{x}}$ der Mittelwert und V die Kovarianzmatrix mit den Elementen

$$V_{ik} = \sigma_i \sigma_k K_{ik};\ i, k = 1, 2, \ldots, n,\ i \neq k \tag{14}$$

und

$$V_{ii} = \sigma_i^2. \tag{15}$$

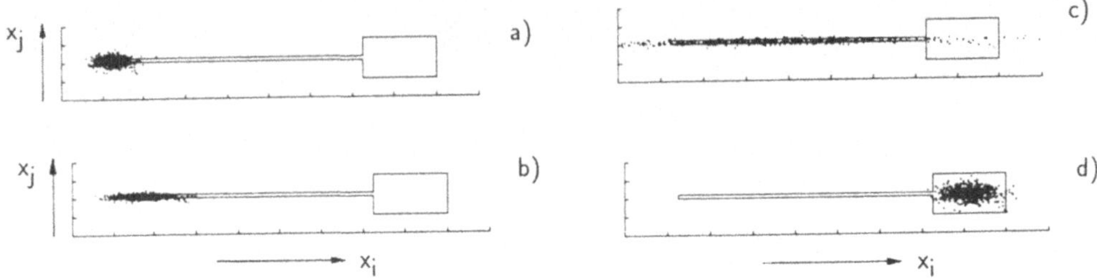

Abbildung 3: Punktewolke in verschiedenen Iterationsschritten. (a) erste, (b) zweite, (c) 6., (d) 16. Iteration

σ_i^2 sind die Varianzen und K_{ik} die Korrelationskoeffizienten. Punkte mit gleicher Wahrscheinlichkeitsdichte $p(\underline{x})$ liegen auf Hyperellipsoiden. Wenn alle $K_{ik} = 0$ sind, verlaufen die Achsen der Hyperellipsoide parallel zu den Koordinatenachsen.

Für jeden Punkt $\underline{x}$ wird eine Schaltungsanalyse durchgeführt, die ergibt, ob

$$f_j(\underline{x}) \leq f_j(\underline{x}_{nom}^{(1)}); \; j = 1, 2, \ldots, m. \tag{16}$$

Der Schwerpunkt der Punkte, die (16) erfüllen, wird neuer Nominalwert $\underline{x}_{nom}^{(2)}$. Aus den Varianzen und Korrelationskoeffizienten dieser Punktemenge werden die Ausdehnungen der neuen Punktewolke und die Richtungen ihrer Achsen bestimmt. Abbildung 2 zeigt $\underline{x}_{nom}^{(2)}$ und das neue Akzeptanzgebiet $A^{(2)}$ mit

$$f_j(\underline{x}) \leq f_j(\underline{x}_{nom}^{(2)}); \; j = 1, 2, \ldots, m. \tag{17}$$

Die Veränderung der Punktewolke im Verlauf der Iterationen zeigt Abbildung 3 [4]. Auf die Darstellung von Einzelheiten wird hier wieder verzichtet.

3.2 Suche in Teilräumen [8], [6]

Um die Anzahl der Punkte zu reduzieren, wird die Suche auf Teilräume beschränkt. Die Teilräume sind Raumsegmente, die durch jeweils ein inneres und ein äußeres Hyperellipsoid begrenzt werden. Diese Segmente werden folgendermaßen bestimmt. Um den Nominalwert $\underline{x}_{nom}$ wird das innere Ellipsoid mit den Achsenlängen $l_i = x_i/10$; $i = 1, 2, \ldots, n$ gelegt. Unter den Endpunkten der Achsen werden vier Punkte mit

$$z(\underline{x}_{nom} + l_i\underline{e}_i) \leq z(\underline{x}_{nom}) \tag{18}$$

gesucht (Abbildung 4), wobei $\underline{e}_i$ Einheitsvektoren in den Achsenrichtungen sind. Werden dabei keine vier Punkte gefunden, wird auf der gesamten Ellipsoidoberfläche weitergesucht.

Dann bildet man

$$\Delta z_{max} = z(\underline{x}_{nom}) - \min_{i=1,\ldots,4} z(\underline{x}_{nom} + l_i\underline{e}_i) \tag{19}$$

und

$$\Delta z_i = z(\underline{x}_{nom}) - z(\underline{x}_{nom} + l_i\underline{e}_i). \tag{20}$$

$z(\underline{x}_{nom} + l_i\underline{e}_i)$ trete am Punkt A in Abb. 4 auf. Nun schreiten wir auf der Verbindungslinie von $\underline{x}_{nom}$ und A über die Punkte $\underline{x}_1, \underline{x}_2$ solange fort, bis wir zum ersten mal einen Punkt $\underline{x}_3$ mit $z(\underline{x}_3) \geq z(\underline{x}_{nom})$ finden. Der Abstand dieses Punktes vom Ursprung $\underline{x}_{nom}$ wird mit $r_{a,min}$ bezeichnet und legt die Länge

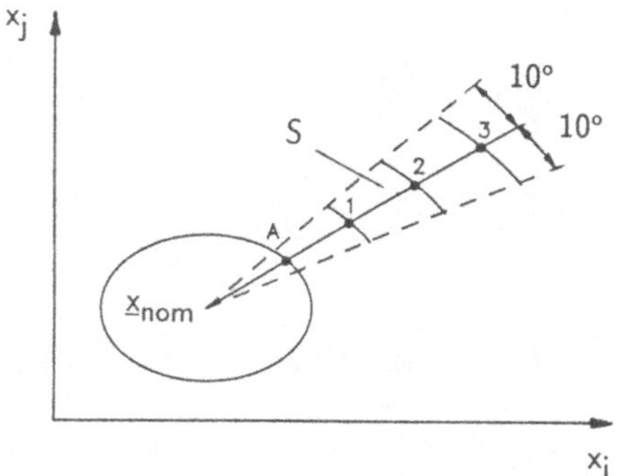

Abbildung 4: Bestimmung der Ellipsoidsegmente, Segment S um Punkt A mit Winkel $\pm 10°$

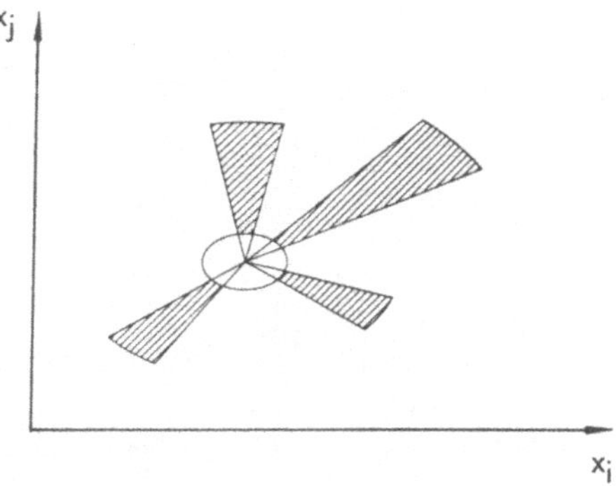

Abbildung 5: Die vier Segmente bei der Suche in Teilräumen

der Achsen des äußeren Ellipsoids fest. Die seitlichen Begrenzungen des Segments sind durch einen Raumwinkel von $\pm 10°$ entsprechend Abb. 4 definiert. Die Anzahl der Segmente sowie der Wert des Raumwinkels sind günstige Erfahrungswerte. Die äußeren Begrenzungen der übrigen drei zu untersuchenden Gebiete werden durch die Abstände

$$r_{a,i} = \frac{\Delta z_{max}}{\Delta z_i} r_{a,min}; \; i = 1,2,3 \tag{21}$$

festgelegt. Entsprechend Gleichung (21) sind die Segmente mit kleinen Änderungen Δz_i radial weiter ausgedehnt um mehr Informationen über das flache Verhalten zu bekommen.

Unter den vier gefundenen und in Abb. 5 dargestellten Segmenten muß dasjenige mit der größten Erfolgswahrscheinlichkeit beim Auffinden der gesuchten Punkte mit

$$z(\underline{x}) \leq 0 \tag{22}$$

ausgewählt werden. Zu diesem Zweck werden in jedem Segment zu jeweils n gleichverteilten Zufallspunkten $\underline{x}_\nu$; $\nu = 1,2,\ldots,n$ die zugehörigen Zielfunktionswerte $z(\underline{x}_\nu)$ berechnet. Als Funktion der Zufallsvariablen $\underline{x}$ ist z ebenfalls eine Zufallsvariable. Nähert man die Wahrscheinlichkeitsdichte von z durch eine Gaußverteilung

$$p(z(\underline{x})) = \frac{1}{\sqrt{2\pi}\sigma} \exp\left[-\frac{(z(\underline{x}) - \bar{z})^2}{2\sigma^2}\right] \tag{23}$$

mit dem Mittelwert

$$\bar{z} = \frac{1}{n} \sum_{\nu=1}^{n} z(\underline{x}_\nu) \tag{24}$$

und der Varianz

$$\sigma^2 = \frac{1}{n-1} \sum_{\nu=1}^{n} [z(\underline{x}_\nu) - \bar{z}]^2 \tag{25}$$

an, dann ist die Wahrscheinlichkeit P einen der gesuchten Punkte nach (22) zu finden:

$$P[z(\underline{x}) \leq 0] = \frac{1}{\sqrt{2\pi}\sigma} \int_{-\infty}^{0} \exp\left[-\frac{(z(\underline{x}) - \bar{z})^2}{2\sigma^2}\right] dz. \tag{26}$$

Mit der Substitution

$$t = \frac{z(\underline{x}) - \bar{z}}{\sigma\sqrt{2}} \tag{27}$$

erhält man

$$P[z(\underline{x}) \leq 0] = \frac{1}{2}\left(1 - \mathrm{erf}\frac{\bar{z}}{\sigma\sqrt{2}}\right) \tag{28}$$

mit der Gaußschen Fehlerfunktion

$$\mathrm{erf}\frac{\bar{z}}{\sigma\sqrt{2}} = \frac{2}{\sqrt{\pi}} \int\limits_0^{\bar{z}/\sigma\sqrt{2}} \exp(-t^2)\, dt. \tag{29}$$

$P[z(\underline{x}) \leq 0]$ wird maximal, wenn $\bar{z}/\sigma$ minimal wird. Deshalb ist in dem Segment mit minimalem $\bar{z}/\sigma$ entsprechend den Gleichungen (24), (25) die Erfolgswahrscheinlichkeit am größten. Der Punkt mit minimalem $z(\underline{x}_\nu)$ in diesem Segment wird als Nominalwert des nächsten Schrittes ausgewählt.

4 Umschaltkriterien

Das Verfahren mit der determinierten Strahlsuche läßt sich mit dem statistischen Verfahren mit gaußverteilter Punktewolke kombinieren. Man beginnt immer mit einer Strahlsuche, die in der Regel gute Anfangsverbesserungen erzielt. Die Umschaltung von der Strahlsuche zum statistischen Verfahren erfolgt, wenn

$$\frac{z(\underline{x}_{opt,i}) - z(\underline{x}_{opt,i+1})}{z(\underline{x}_{opt,i})} < d_{\mathrm{min}}, \tag{30}$$

wobei $z(\underline{x}_{opt,i})$ und $z(\underline{x}_{opt,i+1})$ zwei in aufeinanderfolgenden Iterationsschritten gefundene Minima sind. Ein Erfahrungswert für den vom Benutzer vorzugebenden Schwellwert ist $d_{\mathrm{min}} = 0.05$. Der Grund für das Umschalten zur statistischen Suche sind zu geringe Verbesserungen von $z(\underline{x})$ während der Strahlsuche, was durch Absuchen eines größeren Raumgebietes mit einer Punktwolke überwunden werden soll. Andererseits wird zur Strahlsuche zurückgeschaltet, wenn

$$\frac{z(\underline{x}_{opt,det}) - z(\underline{x}_{opt,stat})}{z(\underline{x}_{opt,det})} > d_{min}, \tag{31}$$

wobei $z(\underline{x}_{opt,det})$ das während der letzten Strahlsuche gefundene Minimum von $z(\underline{x})$ und $z(\underline{x}_{opt,stat})$ das bei der momentanen statistischen Suche gefundene Optimum ist. Das Verfahren bricht ab, wenn bei einem statistischen Schritt keine Verbesserung mehr erzielt wird.

Die Strahlsuche kann auch mit dem vorgestellten Ellipsoidsegmentverfahren kombiniert werden, was zu einer sehr leistungsfähigen Methode führt [6].

5 Weitere Maßnahmen zur Reduktion der CPU-Zeit

Einige weitere Maßnahmen zur Einsparung von Schaltungsanalysen und damit von CPU-Zeit sollen hier nur genannt werden. Statt des Schwerpunktes kann bei der statistischen Suche der gewichtete Mittelwert der akzeptablen Punkte $\underline{x}_\nu^{(k)}$; $\nu = 1, 2, \ldots, N_A$ als neuer Nominalwert verwendet werden [5].

Die Varianzen der Punktewolke werden in jedem Iterationschritt gezielt an die Form des Akzeptanzgebietes angepaßt [9].

In einem Iterationschritt erfolgreiche Pseudozufallszahlen werden im nächsten Schritt bevorzugt berücksichtigt [9].

Zur Reduktion der Parameterzahl können vorübergehend nur die dominanten Parameter variiert werden [5]. Dominant sind die Parameter, für deren Empfindlichkeit

$$S^z_{x_i} = \frac{z(\underline{x}^{(k)}_{nom} - \Delta x_i \underline{n}_i) - z(\underline{x}^{(k)}_{nom})}{\Delta x_i} \tag{32}$$

gilt

$$\left|S^z_{x_i}\right| > \bar{S}^z \tag{33}$$

wobei $\underline{n}_i$ die Einheitsvektoren in den Koordinatenrichtungen sind, und

$$\bar{S}^z = \frac{1}{n}\sum_{i=1}^{n}\left|S^z_{x_i}\right| \tag{34}$$

die mittlere Empfindlichkeit für alle Richtungen ist.

6 Überwindung lokaler Optima

Mit zunehmender Parameterzahl n wird die Zahl der lokalen Optima erfahrungsgemäß größer und die Gefahr in einem davon stecken zu bleiben steigt. Um ein lokales Minimum wieder zu verlassen, muß eine vorübergehende Verschlechterung $\Delta z > 0$ in Kauf genommen werden. Ausgehend von einem Punkt mit verschlechterten Eigenschaften kann dann in anderen Richtungen nach noch besseren lokalen Optima bzw. nach dem globalen Optimum gesucht werden.

6.1 Richtung des steilsten Anstiegs

Ein determiniertes Verfahren zur Überwindung lokaler Minima ist die Suche in Richtung des steilsten Anstiegs. Gegenüber der Suche in Richtung des steilsten Abstiegs in Abschnitt 2 sind dabei nur einige Vorzeichen vertauscht und es muß ein vergrößerter Zielfunktionswert

$$z(\underline{x}^{(1)}) > z(\underline{x}_{nom}) \tag{35}$$

zur Schrittweitenbestimmung vorgegeben werden.

Man erreicht schließlich einen lokal schlechtesten Punkt. Ausgehend von diesem kann nun wieder in Richtung des steilsten Abstiegs nach weiteren lokalen oder globalen Minima gesucht werden. Diese Vorgehensweise hat sich bei der Optimierung des Bipolarverstärkers im nächsten Abschnitt bewährt.

6.2 Verfolgen mehrerer Richtungen [6]

Unterscheiden sich beim Ellipsoidsegmentverfahren die beiden größten Erfolgswahrscheinlichkeiten $P_{max,1}$ und $P_{max,2}$ in verschiedenen Segmenten nur wenig, so wird in beiden Segmenten der beste Zufallspunkt ermittelt und von beiden Punkten eine Strahlsuche gestartet. Man erhält so Näherungen für zwei lokale Optima. Ist dort die Differenz der beiden Zielfunktionswerte

$$\frac{\left|z(\underline{x}_{lok,1}) - z(\underline{x}_{lok,2})\right|}{z(\underline{x}_{lok,1})} > 0.1 \; , \tag{36}$$

so wird der schlechtere der beiden Punkte verworfen. Der bessere ist Ausgangspunkt eines Ellipsoidsegmentverfahrens. Ist Glg. (36) nicht erfüllt, dann wird von beiden Punkten ein Ellipsoidsegmentverfahren gestartet, wobei aber insgesamt nur ein Segment ausgewählt wird. Auf diese Weise läßt sich die Gefahr, in einem lokalen Minimum stecken zu bleiben, verringern.

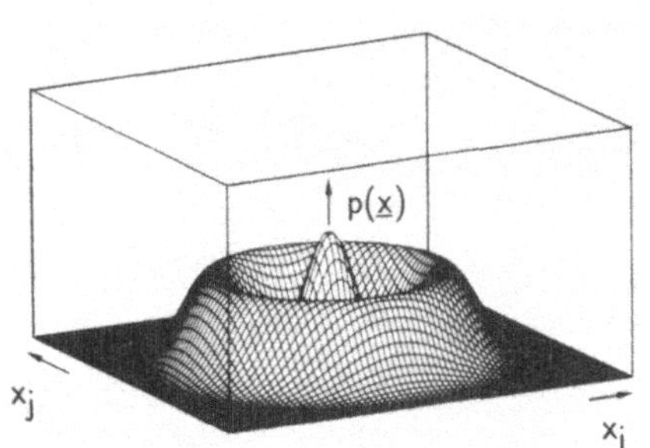

Abbildung 6: Dichtefunktion der überlagerten Gaußverteilungen für $n = 2$

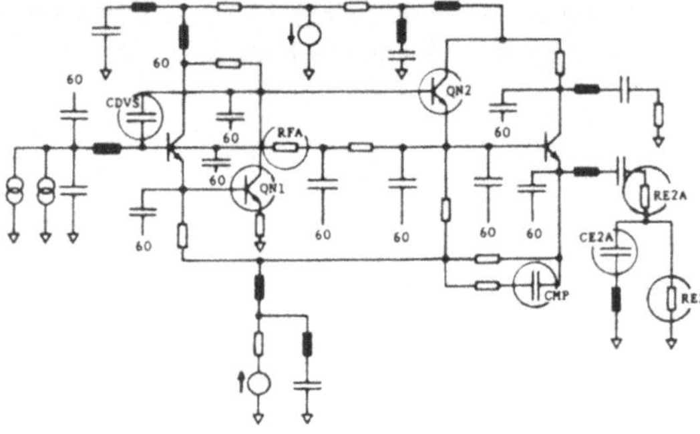

Abbildung 7: Schaltbild des Bipolarverstärkers

6.3 Überlagerte Gaußverteilungen [10]

Eine weitere Methode zur Überwindung lokaler Optima ist die Verwendung überlagerter Gaußverteilungen nach Abb. 6 [10], die für $n = 2$ folgendermaßen lauten:

$$p(\underline{x}) = \frac{\varepsilon}{2\pi\sqrt{\det V_i}} \exp\left[-\frac{1}{2}(\underline{x} - \bar{\underline{x}})^T V_i^{-1}(\underline{x} - \bar{\underline{x}})\right] +$$

$$\frac{1-\varepsilon}{2\pi C} \exp\left[-\frac{1}{2}\left(R_m(\varphi) - \sqrt{(\underline{x} - \bar{\underline{x}})^T V_o^{-1}(\underline{x} - \bar{\underline{x}})}\right)^2\right]. \tag{37}$$

Darin sind V_i und V_o die innere und äußere Kovarianzmatrix, ε der Anteil der inneren Verteilung, R_m der mittlere Abstand der äußeren Verteilung von $\bar{\underline{x}}$ abhängig vom Winkel φ zwischen der Verbindungslinie von $\underline{x}$ und $\bar{\underline{x}}$ und der ersten Koordinatenachse und C eine Konstante, die bei gegebenem V_o und $R_m(\varphi)$ so bestimmt wird, daß sich eine Wahrscheinlichkeitsdichtefunktion mit Gesamtwahrscheinlichkeit eins ergibt. Die Grundidee dabei ist, dort eine große Punktedichte zu wählen, wo es erforderlich ist: im Nahbereich, um lokale und globale Optima zu lokalisieren, und im Fernbereich um lokale Optima wieder verlassen zu können. Diese Punkteverteilung wurde erfolgreich zur Optimierung der Ausbeute bei dem im nächsten Abschnitt vorgestellten U/I-Wandler angewendet.

7 Beispiele

7.1 Bipolarverstärker

Die in Abb. 7 eingekreisten Bauelemente eines Bipolarverstärkers wurden so verändert, daß der Betragsfrequenzgang das Toleranzschema in Abb. 8 erfüllt. In Tabelle 1 sind die Veränderungen bei den Parameterwerten und die Anzahl der SPICE-Simulationen bei der Verwendung verschiedener Verfahren dargestellt. Die Anzahl der SPICE-Läufe konnte gegenüber der rein statistischen Suche mit der Suche in Segmenten um den Faktor drei und mit der kombinierten Strahl- und Segmentsuche um den Faktor 39 reduziert werden.

Abb. 9 zeigt als Beispiel für ein „Gebirge“, welches zu lokalen Optima führt aber mit der Suche in Richtung des steilsten Anstiegs schnell überwunden werden kann, einen zweidimensionalen Schnitt durch die Zielfunktion beim Bipolarverstärker.

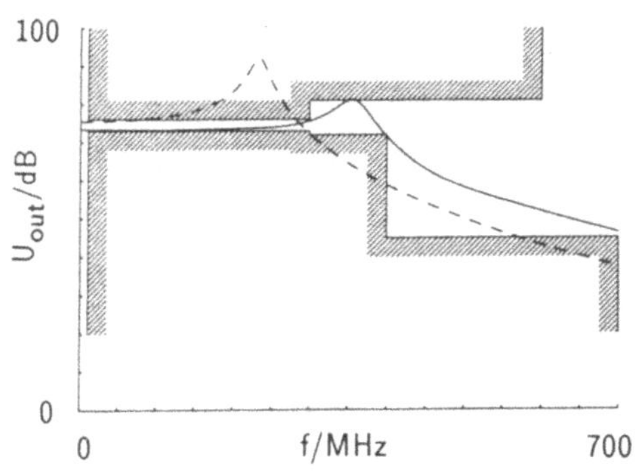

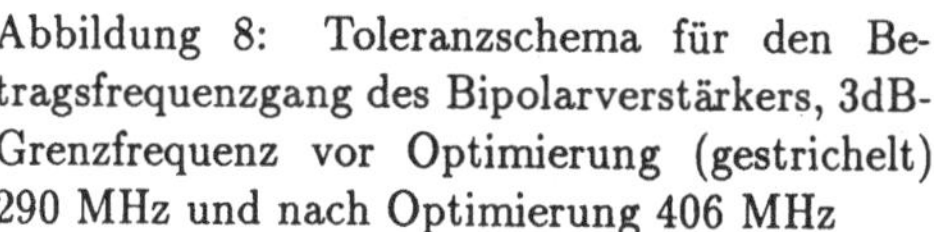

Abbildung 8: Toleranzschema für den Betragsfrequenzgang des Bipolarverstärkers, 3dB-Grenzfrequenz vor Optimierung (gestrichelt) 290 MHz und nach Optimierung 406 MHz

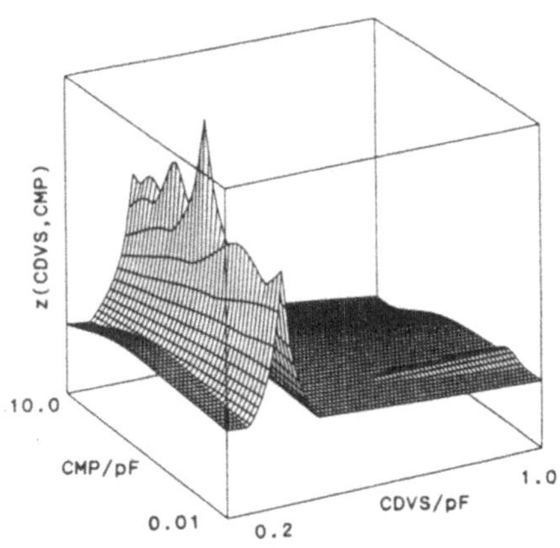

Abbildung 9: Zweidimensionaler Schnitt durch die Zielfunktion beim Bipolarverstärker

Parameter	vor Opt.	nach Optimierung mit Verf. A	Verf. B	Verf. C
RFA	1,25 kΩ	1,0 kΩ	1,22 kΩ	1,0 kΩ
RE2	8,5 Ω	9,23 Ω	9,75 Ω	9,0 Ω
RE2A	5,0 Ω	4,47 Ω	5.0 Ω	4,86 Ω
CE2A	100 pF	10,75 pF	139 pF	148,1 pF
AREA(QN1)	2,0	1,0	1,3	1,0
AREA(QN2)	2,0	1,0	1,0	1,54
CDVS	0,28 pF	0,2 pF	0,54 pF	0,498 pF
CMP	2,0 pF	10,0 pF	8,1 pF	5,783 pF
Anzahl SPICE-Sim.		2055	673	53

Verfahren A: rein statistisches Verfahren
Verfahren B: Ellipsoidsegmentverfahren
Verfahren C: Kombination Strahlsuche - Ellipsoidsegmentverfahren

Tabelle 1: Parameterwerte des Bipolarverstärkers vor und nach der Optimierung mit verschiedenen Verfahren und Anzahl der benötigten Schaltungssimulationen

7.2 CMOS-Latch

Bei dem CMOS-Latch in Abb. 10 sollten die Verzögerungszeiten t_{d1} und t_{d2} zwischen Knoten 2 und 5 bzw. 2 und 6 minimiert werden. Die Kanalweiten von 16 MOS-Transistoren waren unabhängig voneinander variierbar. Es wurden keine Sollwerte für die Verzögerungszeiten vorgegeben. Die Optimierung wurde erst abgebrochen, als keine Verbesserung mehr möglich war, was eine erhöhte Anzahl von Schaltungsanalysen erfordert. Aus Tabelle 2 ist ersichtlich, daß mit dem kombinierten Verfahren eine größere Verbesserung der Schaltungseigenschaften erzielt wurde, was allerdings auch durch eine größere Rechenzeit erkauft werden mußte.

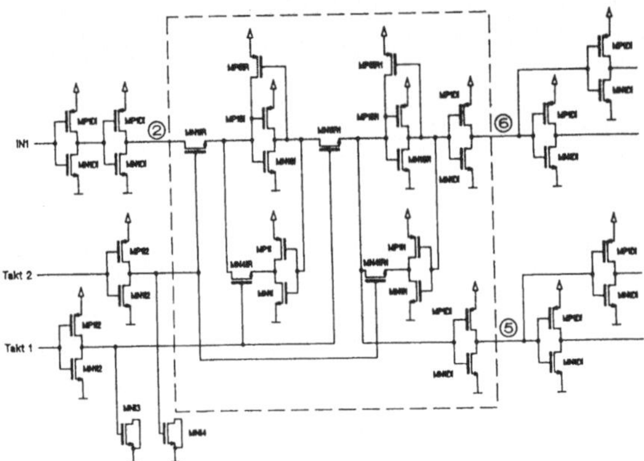

Abbildung 10: Schaltbild des CMOS-Latch

		nach Optimierung mit	
Parameter	vor Opt.	Verf. A	Verf. B
W(MN1I)	10,0 μm	8,067 μm	3,0 μm
W(MP1I)	25,0 μm	26,33 μm	15,39 μm
W(MN1I1)	10,0 μm	10,17 μm	4,778 μm
W(MP1I1)	25,0 μm	20,64 μm	3,0 μm
W(MN1SI)	25,0 μm	33,33 μm	37,88 μm
W(MP1SI)	30,0 μm	34,01 μm	36,40 μm
W(MN1SI1)	25,0 μm	22,63 μm	20,36 μm
W(MP1SI1)	30,0 μm	25,01 μm	23,38 μm
W(MN1I2)	40,0 μm	47,38 μm	44,40 μm
W(MP1I2)	100,0 μm	194,8 μm	192,8 μm
W(MN1IR)	15,0 μm	24,99 μm	39,98 μm
W(MN4IR)	15,0 μm	3,00 μm	4,448 μm
W(MP5IR)	3,50 μm	3,146 μm	3,006 μm
W(MN1IR1)	20,0 μm	25,12 μm	37,46 μm
W(MN4IR1)	20,0 μm	6,218 μm	3,047 μm
W(MP5IR1)	4,00 μm	3,00 μm	6,470 μm
t_{d1}	7,727 ns	6,056 ns	5,613 ns
t_{d2}	8,228 ns	6,190 ns	5,625 ns
Anzahl SPICE-Sim.		394	1817

Verfahren A: Ellipsoidsegmentverfahren
Verfahren B: Kombination Ellipsoidsegmentverfahren - Strahlsuche

Tabelle 2: Parameterwerte des CMOS-Latch vor und nach der Optimierung mit verschiedenen Verfahren und Anzahl der benötigten Schaltungssimulationen

7.3 U/I-Wandler

In Bild 11 ist die Schaltung eines Spannungs-Strom-Wandlers dargestellt [10]. Durch Variation der Widerstandswerte R_{011} bis R_{014} und der Stromverstärkungen β der in Tabelle 3 aufgeführten Transistoren wurde die Ausbeute Y maximiert. Dabei sollte sich weiterhin bei einer Eingangsspannung von $V_{011} = 300mV$ ein Ausgangsstrom von $I_{out} = 100\mu A \pm 35\%$ in einem Temperaturbereich von -50°C bis +150°C einstellen. Es wurde die Funktion $1 - Y(\underline{x})$ mit Hilfe überlagerter Gaußverteilungen minimiert. Die Ergebnisse sind in Tabelle 3 und Bild 12 dargestellt. Bei einer gemeinsamen Standardabweichung aller Parameter von 5% erhöhte sich die Ausbeute von etwa 65% auf über 95%. Der Wert des Widerstandes R_{014} vergrößerte sich dabei so stark, daß er und der Transistor Q_{0119} ohne Verschlechterung der Schaltungseigenschaften eingespart werden konnten.

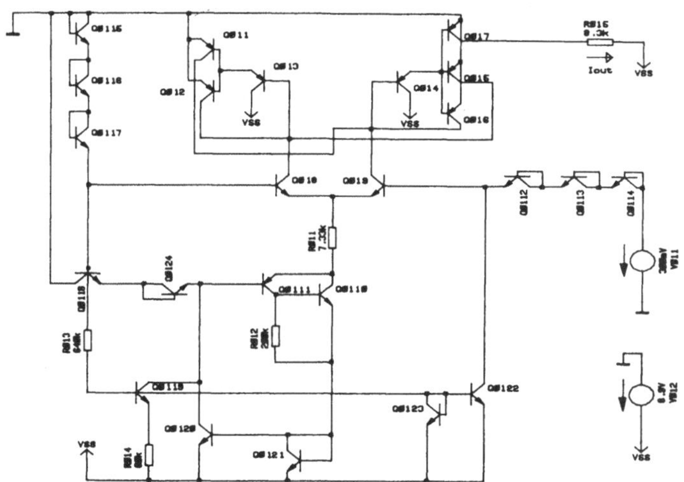

Abbildung 11: Schaltbild eines Spannungs-Strom-Wandlers

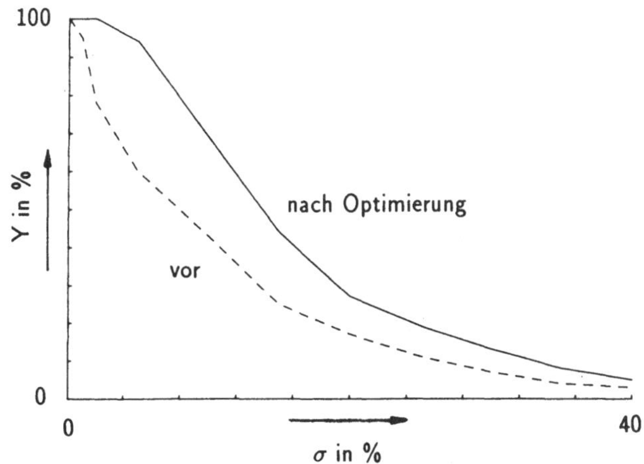

Abbildung 12: Verlauf der Ausbeute Y über der gemeinsamen Standardabweichung σ aller Parameter beim U/I-Wandler vor und nach der Optimierung

Parameter	vor Optimierung	nach Optimierung
R_{011}	7,0 kΩ	7,7 kΩ
R_{012}	195,0 kΩ	1440,0 kΩ
R_{013}	651,0 kΩ	897,1 kΩ
R_{014}	63,0 kΩ	1042,0 kΩ
β (BN 100)	80,0	84,5
β (BP 102)	15,0	14,9
β (BP 102/A)	15,0	14,9
I_{out} (-50°C)	125,7 μA	129,0 μA
I_{out} (150°C)	65,9 μA	67,4 μA
Iterationen	-	37
CPU-Zeit	-	16096,2 s

Tabelle 3: Parameter und Eigenschaften des U/I-Wandlers vor und nach der Optimierung

Literatur

[1] Brayton, R.; Spence, R.: Sensitivity and optimization. Amsterdam: Elsevier, 1980.

[2] Brayton, R.; Hachtel, G.; Sangiovanni-Vincentelli, A: A survey of optimization technics for integrated circuit design. Proc. of the IEEE 69 (1981), S. 1334-1362.

[3] Kjellstroem, G.; Taxen, L.: Stochastic optimization in system design, IEEE Trans. CAS-28 (1981), S. 702-715.

[4] Kreutzer, H.: Entwurfszentrierung zur Erhöhung der Ausbeute und zur Verbesserung der Eigenschaften von Schaltungen, Dissertation, Universität Stuttgart, Institut für Netzwerk- und Systemtheorie, 1985.

[5] Eckstein T.: Statistische Optimierung von Systemen mit einer hohen Zahl von Parametern, Dissertation, Universität Stuttgart, Institut für Netzwerk- und Systemtheorie, 1990.

[6] Möbus, D.: Algorithmen zur Optimierung von Schaltungen und zur Lösung nichtlinearer Differentialgleichungen, Dissertation, Universität Stuttgart, Institut- für Netzwerk- und Systemtheorie, 1990.

[7] Möbus, D.; Lüder, E.: Optimization of circuits using a combination of deterministic and statistical search, Proc. ISCAS, Philadelphia, 1987, S. 812-815.

[8] Lüder, E.; Möbus D.: Optimization of circuits by sampling in solid angle segments bordered by ellipsoids, Proc. ISCAS, Helsinki, 1988, S. 1103-1106.

[9] Eckstein, T.; Lüder, E.: Design centering by improved Monte-Carlo analysis of the region of acceptability, Proc. ISCAS, San Jose, 1986, S. 951-954.

[10] Kuntz, R.: Entwurfszentrierung zur Optimierung von Schaltungen mit Hilfe überlagerter Gaußverteilungen. Dissertation, Universität Stuttgart, Institut für Netzwerk- und Systemtheorie, 1989.

Rapid Prototyping mikroelektronischer Hardware-Software-Systeme durch Emulation

Eine Alternative zu Simulation und Breadboarding

Klaus Scherer
FhG Duisburg
Institut für Mikroelektronische Schaltungen und Systeme
Abt. System- und Anwendungstechnik
Finkenstraße 61
D-4100 Duisburg 1

Oliver Rettig
Universität Stuttgart
Institut für Parallele und Verteilte Höchstleistungsrechner
Abt. Integrierter Systementwurf
Herdweg 51
D-7000 Stuttgart 1

Kurzfassung

Die schnelle Umsetzung des Entwurfs eines mikroelektronischen Systems in ein echtzeitfähiges Funktionsmuster (Rapid Prototyping) gewinnt aus technischen und wirtschaftlichen Gründen eine immer größere Bedeutung, wobei speziell die Untersuchung des Hardware/Software (HW/SW)-Codesign von wachsendem Interesse ist. Nach einer Übersicht über den Stand der Technik wird im folgenden ein Konzept für ein aus programmierbaren Bausteinen aufgebautes Emulationssystem vorgestellt, welches es gestattet, unterschiedliche Architekturen mikroelektronischer Systeme als Prototypen zu realisieren und unter Echtzeitbedingungen zu emulieren. Dabei konnte auf in verschiedenen "Rapid Prototyping"-Projekten anwendungsspezifischer Systeme gewonnenen Erfahrungen aufgebaut werden.

Sachwörter/Schlagwörter

Echtzeit, Emulation, Hardware/Software-Codesign, Rapid Prototyping

1 Einführung: Emulation im System-Design-Prozeß

Die wachsende Komplexität und Funktionalität mikroelektronischer Systeme führen zu steigenden Problemen bei Design und Verifikation von Schaltungs- und Systementwürfen. Hierbei wird heutzutage eine Abkopplung des funktionalen Designs von der physikalischen Realisierung des Systems gefordert. Die Umsetzung des Funktionaldesigns soll erst in einer relativ späten Stufe des Entwicklungsprozesses erfolgen. Umsetzungsmöglichkeiten für die Systemmodule sind z.B. Fullcustom- oder Semicustom-ICs (Gate Arrays, PGAs, PLDs etc.) oder auch Software-Funktionsmodule, die auf Prozessoren ablaufen. Derartige Design-, Evaluationsmethoden und Umsetzungsmöglichkeiten werden unter dem Begriff "Rapid Prototyping" zusammengefaßt. Zur funktionalen wie auch leistungsmäßigen Evaluation des Designs werden u.a. auch typische Systemkenndaten wie Datendurchsatz, Übertragungsraten usw. ermittelt.

1.1 Typisierung mikroelektronischer Systeme (µS)

Der Systembegriff unterliegt speziell in der Elektronik, Mikroelektronik und Informationstechnik einer inflationären Verwendung, wobei der Bedeutungsinhalt fast beliebig ist. Die Spannweite reicht von signalverarbeitenden Komponenten in Black-Box-Beschreibung (Vierpole, Zweipole der klassischen Systemtheorie) bis zu räumlich stark verteilten Kommunikations- und Informationssystemen (z.B. Geldautomaten-Verbundnetz, WANs = wide area networks) mit erheblichen Software-Funktionsanteilen.

Unter Rückkehr auf den Wortsinn soll hier unter einem µS ein aus einer Menge mikroelektronischer Elemente aufgebautes, nach einem bestimmten Architekturkonzept organisiertes funktionales Ganzes verstanden werden. Die Realisierungsspannweite der Funktionselemente reicht von auf Mikroprozessoren ablaufenden Softwaremoduln bis zu stark dedizierten Hardware-Funktionselementen (z.B. Fullcustom-ASIC). Es handelt sich also um heterogene Systeme, wobei zwischen funktionaler und aufbautechnischer Heterogenität zu unterscheiden ist. Funktionselemente können identische Funktion, aber völlig verschiedene Realisierungsformen haben (z.B. Bandpaßfilter als Software-Modul auf einem digitalen Signalprozessor (DSP), oder als SC-Filter in Silizium realisiert). Nicht nur Elemente, auch die Systeme insgesamt können aufbautechnisch sehr unterschiedlich realisiert sein, z.B. gibt es

- monolithische Single-Chip-Systeme,
- Multi-Chip-Systeme auf Hybrid-Substrat,
- Single-Board-Systeme mit diskreten Bausteinen,
- Multi-Board-Systeme mit fester Bus-Kopplung,
- Stark verteilte Systeme mit loser Bus-Kopplung.

Typisch für µS ist neben der großen funktionalen Komplexität, daß sie meist in einen größeren Systemzusammenhang eingebunden sind (embedded systems), wobei die Systemumgebung z.B. durch mechanische oder biologische Teilsysteme gebildet wird. Typisch ist weiterhin, daß µS ein Mensch-Maschine-Interface besitzen (z.B. Tastatur und Display) und mit der Systemumgebung die Gesamtlösung eines Problems darstellen (z.B. Steuerung und Überwachung einer Maschine). Die hier betrachteten µS sind also keine Universalsysteme (wie z.B. ein PC), sondern applikationsspezifische sog. "dedizierte Systeme" (dedicated systems).

1.2 System-Design-Prozeß

Aus 1.1 ergeben sich für den Design-Prozeß eine Reihe von typischen Problemen, Forderungen und Aktivitäten. Dabei müssen insbesondere große funktionale Komplexitäten beherrscht, eine diffizile Anforderungsanalyse der Systemumgebung mit oft nicht exakter Anforderungsspezifikation erstellt, aus Gründen der Fein- und Nachspezifikation eine frühzeitige Zerlegung der Gesamtfunktion in Subfunktionen (Systemanalyse) und möglichst echtzeitmäßige Verifikation der Systemfunktion in Zusammenhang mit der Systemumgebung durchgeführt und Subfunktionen auf eine Vielzahl potentieller Realisierungsmöglichkeiten und Implementierungsvarianten abgebildet werden. Zusammengefaßt sollten vier Design-Phasen unterschieden werden:

- *Anforderungsanalyse*
  Ergebnis: *Anforderungs-Spezifikation* (z.B. Pflichtenheft)
- *Systemanalyse*
  Ergebnis: *Struktur- / Verhaltensbeschreibung*
- *Implementierung*
  Ergebnis: *System- und Funktionsarchitekturen / Algorithmen*
- *Realisierung*
  Ergebnis: *Physikalisches System / Schaltung, Layout, Code*

1.3 Konventionelle System-Design-Tools

Für die verschiedenen Design-Ebenen gibt es eine verwirrende Vielfalt von Tools, wobei deren Zahl von der Realisierung zur Anforderungsanalyse hin stark abnimmt. Dies ist durch den sinkenden Formalisierungsgrad und die abnehmende Klarheit der verwendeten Methoden bedingt. Im Bereich der Realisierung sollen beispielhaft genannt werden: Simulatoren für digitale und analoge Schaltungen (HILO, SPICE), Layout-Generatoren (Place-and-Route-Programme) für Chip- und Board-Level-Systeme (CAL-MP, PCAD), Logik-Synthetisierer (GATES, LOG/iC), Code-Generatoren (XTOOLS).

Allen Methoden und den zugehörigen Tools ist zu eigen, daß sie nur Teilaspekte eines Systems transparent machen, sich z.B. auf die Spezifikation und/oder die Konsistenzprüfung und Funktionssimulation beschränken, auf jeden Fall aber keine echtzeitmäßige Ankopplung des Systemmodells an die Systemumgebung zulassen. Eine exakte, vollständige Verifikation des System-Entwurfs ist also mit diesen Methoden nicht möglich, schon garnicht eine Überprüfung der Echtzeit-Eigenschaften.

1.4 Emulation als Rapid-Prototyping-Methode

Unter Rapid-Prototyping wird im allgemeinen die schnelle Entwicklung eines Modells eines geplanten µS verstanden. Obwohl die in 1.3 genannten Methoden und Tools oft auch zum Rapid-Prototyping gezählt werden, fehlen ihnen, wie schon angeführt, einige wesentliche Eigenschaften, die ein Prototyp haben sollte:

- weitgehend identische Funktionalität und
- möglichst zeit- und signalidentisches Verhalten mit dem zu entwickelnden System

Alle mathematisch-analytischen, simulativen und rein informativ-deskriptiven Methoden können somit zur Lösung des Problems keinen Beitrag liefern. Zugebilligt werden einem Prototypen oder besser einem Funktionsmodell Abweichungen hinsichtlich der Leistungsaufnahme, der Aufbautechnik und der gesamten physikalischen Erscheinung, der Sicherheit und Zuverlässigkeit und der Wartbarkeit und Produzierbarkeit, womit also auch wirtschaftliche Gesichtspunkte außer acht bleiben können.

Neben den geforderten Eigenschaften sollte aber eine weitere wesentliche Eigenschaft eines Prototypen nicht vergessen werden: Er sollte schnell (rapid) zu entwickeln und zu ändern sein. Generell folgert dies schon aus den immer kürzer werdenden Produktzyklen, wobei es oft entscheidend ist, wie schnell ein Produkt am Markt erscheint (time-to-market). Außerdem wächst die Akzeptanz z.B. bei potentiellen Auftraggebern erheblich, wenn kurze Zeit nach der Produktidee schon ein funktionsidentischer Prototyp vorführbar ist. Kurze Redesign-Zeiten beim Prototyping bringen weiter den ganz erheblichen Vorteil, ohne großen Aufwand eine Nach- und Feinspezifizierung bewerkstelligen zu können und zwecks Optimierung viele Design-Varianten des zukünftigen Systems analysieren zu können. Zuvor genannte Gründe führen zur Idee eines Rapid-Prototypers als offenem System mit hoher Parametrisierbarkeit und funktionaler Flexibilität, d.h. Programmierbarkeit relevanter Parameter und Funktionalitäten.

1.5 Emulation, Beispiele zum Stand der Technik

1.5.1 Mikroprozessor (µP)-Emulation

Die Echtzeit-Emulation als Design-Hilfsmittel ist im Bereich der Mikroelektronik durch Mikroprozessor-Emulatoren bekannt geworden. Typisch für µP-Entwicklungssysteme ist, daß alle aus der Sicht des µPs beobachtbaren Vorgänge in Echtzeit registriert werden können. Dabei ist für die Arbeitsweise mit einem µP-Emulator charakteristisch, daß die Software mehrere Redesign-Zyklen durchläuft, wobei durch die Software-Änderungen Probleme in der Software selbst, im Hardware-Software-Interface (HW-SW- Interface) und auch in der Hardware korrigiert werden können. Ein µP-Emulator ist also in erster Linie ein Werkzeug zur Verifikation des HW/SW-Codesigns.

1.5.2 Breadboarding

Jedem Schaltungsentwickler ist diese Form des Rapid-Prototyping geläufig: "fliegender" Aufbau einer Schaltung auf einer Lochraster- oder Steckplatine mit dem Unterschied, daß dafür nicht unbedingt der Begriff Emulation verwendet wird. Es handelt sich aber um eine Emulation im klassischen Sinne: Eine Schaltung bzw. ein System wird aufbautechnisch abweichend, aber funktional weitgehend identisch durch ein Funktionsmuster nachgebildet. Es ist einsichtig, daß die notwendigen Redesign-Zyklen sehr zeitaufwendig sind. Auch gibt es keine rechnergestützte Emulationssteuerung wie bei der µP-Emulation.

Vorteilhaft ist die Möglichkeit zur Einbettung in die Systemumgebung und die direkte Eingriffsmöglichkeit an fast allen Meßpunkten mit üblichen Laborgeräten wie Signalgeneratoren und Oszillografen. Über einen Logikanalysator mit PC-Steuerung bekommt man auch ähnliche Möglichkeiten wie mit einer Emulationssteuerung, allerdings in eingeschränkter Form. Der größte Nachteil beim Breadboarding ist allerdings, daß bei komplexen Systemen kaum mehrere Architekturvarianten zur Optimierung herangezogen werden können, da dies zu zeitraubend und teuer wäre. Dies ist einer der Hauptgründe, weshalb Breadboarding hauptsächlich für kleinere Designs eingesetzt wird, während bei größeren Systementwürfen die Simulation mehr und mehr Einzug gehalten hat.

Eine interessante Variante des Breadboarding bietet die Fa. IC-DESIGNS (USA) an: schnelles, automatisiertes Breadboarding für die ASIC-Emulation. Der Entwickler gibt dabei die Netzliste des ASIC-Schematic an die genannte Firma. Dort wird die Netzliste auf Konfektions-ICs (z.B. TTL 74xxx) abgebildet und gleichzeitig ein Platinenlayout generiert. Der Entwickler erhält eine gefertigte und getestete Emulations-Platine, die mit einem zum geplanten ASIC pinkompatiblen Stecker ausgerüstet ist. Dieser Stecker kann in der Systemumgebung (Zielsystem) in den Sockel des ASIC gesteckt werden. IC-DESIGNS garantiert funktions- und timingidentisches Verhalten des späteren ASIC bei Taktraten bis zu 20 MHz. Interessant ist der Vergleich von Simulation und Emulation: Bei einem einfachen Logik-Design mit 2500 Gattern und einer Taktfrequenz von 20 MHz, wobei die Hälfte der Logik in jeder Taktperiode aktiv ist, ergeben sich bei einer Betriebszeit von einer Minute 1.5×10^{12} Logik-Ereignisse. Während ein einfacher Simulator mit 6.000 Ereignissen/Sekunde ca. 8 Jahre benötigt, ein beschleunigter Simulator mit 500.000 Ereignissen/Sekunde ca. 34 Tage, kann ein solches Board mit 20 MHz-Takt eine Emulation in lediglich 1 Minute durchführen. Dabei wird besonders die nicht exponentiell mit der Komplexität ansteigende Emulationszeit (wie bei der Simulation) hervorgehoben. Außerdem wird angeführt, daß die Verifikation des entscheidend die Systemleistung beeinflussenden Softwaredesigns bzw. HW/SW-Codesigns erst mit der Emulation möglich wird. Es ist hier jedoch anzumerken, daß diese Möglichkeit auch durch Simulation eines Verhaltensmodells in VHDL, allerdings ohne Echtzeitverifikation, besteht. Interessante Argumente zur Simulation/Emulation-Gegenüberstellung finden sich in [BuKa89].

Die Fa. ORBIT bietet als Rapid-Prototyping-Alternative darüber hinaus einen "Foresight" genannten Multi-Project-Wafer-Service an, bei dem in kürzester Zeit zu geringen Kosten ein Muster bzw. Prototyp eines zu entwickelnden ASIC geliefert wird (Silizium-Breadboarding).

1.5.3 Rapid Prototyping Machine (RPM) der Fa. QUICKTURN

In [DASP89] stellt QUICKTURN SYSTEMS, Inc. (USA) ein RPM genanntes ASIC-Emulations-System vor. Zur Abgrenzung von der Simulation wird dort angeführt, daß Simulation der einzige Weg zur Untersuchung kritischer Pfade und Worst-Case-Timing-Probleme ist. Zu den schon beschriebenen Vorteilen der Emulation wird noch die Möglichkeit zum funktionalen Debugging hinzugefügt. Die Basiselemente des

RPM-Systems sind programmierbare Gate Arrays (PGA) der Fa. XILINX (LCA = Logic Cell Array), die die Logik emulieren. Zum Schaltungsdesign und zur Emulationskontrolle dient eine SUN 3/60-Workstation.

Das fertige Design kann in verschiedenen Netzlistenformaten an die jeweiligen ASIC-Hersteller übergeben werden. Es handelt sich bei dem RPM-System um einen reinen ASIC-Emulator. Eine vollständige Systememulation, wie sie hier angesprochen werden soll, ist jedoch nicht vorgesehen. Dies bedeutet insbesondere, daß ein HW/SW-Codesign nicht erfolgen kann.

2 Beispiele realisierter ASIC- bzw. System-Emulationen

2.1 Emulation eines Schließsystem-ASIC

Nachdem auf dem IC-Markt immer mehr anwenderprogrammierbare Logik-ICs (PLDs = programmable logic devices, PGAs = programmable gate arrays) erhältlich waren, lag es nahe, die Logik eines ASIC mit solchen programmierbaren ICs zu emulieren und den so recht schnell entwickelbaren Prototypen durch die als Standard-ICs erhältlichen Analog-ICs zu ergänzen.

Im hierzu ausgewählten Projekt "Elektronisches Schließsystem" enthält der Kopfteil (Reide) eines Schlüssels ein sog. Responder-ASIC mit angekoppeltem Codespeicher und einer HF-Schnittstelle zur Übertragung des Schlüsselcodes an die in der Tür eingebaute Schloßelektronik (SOE). Die SOE enthält die Energieversorgung des Gesamtsystems, die Schlüsselelektronik (SÜE) erhält die notwendige Energie über die HF-Schnittstelle (HF-Träger). Die SOE besteht aus einem dedizierten µP-Teilsystem und übernimmt durch die µP-Software die Übertragungssteuerung zwischen Schlüssel und Schloß, die Auswertung des Schlüsselcodes und die Öffnung und Sperrung des mechanischen Teilsystems des Schlosses. Im Schlüssel befinden sich drei Hauptfunktionen:

a/ *Übertragungssteuerung*
b/ *Steuerung der Energieanpassung*
c/ *Datenverschlüsselung*

Charakteristisch dabei ist, daß diese Funktionen nur teilweise in der SÜE realisiert sind, während die eng verzahnten zugehörigen Teilfunktionen sich in der SOE und dort hauptsächlich in der µP-Software befinden. Somit handelt es sich bei dem Schlüssel-ASIC um einen typischen eASIC (embedded ASIC), dessen Funktion nur bei einer echtzeitmäßigen funktionalen Ankopplung an die SOE zu verifizieren ist.

Zielsetzung der Emulation war, sehr schnell einen Prototypen für die SÜE zu entwickeln, wobei die Logik sehr kurze Redesign-Zyklen besitzen sollte. Nach entsprechenden Prototyp-Redesign-Zyklen sollte das durch Emulation mit der SOE und der Schloßmechanik verifizierte SÜE-Design automatisch in eine SDL-Netzliste zur Designübernahme in die CMOS-ASIC-Produktionslinie des Duisburger Fraunhofer-Instituts konvertiert werden.

Als Design-Entry für die SÜE-Logik wurde ein Non-Schematic-Entry der Logiksynthese-Entwicklungsumgebung GATES der Fa. FUTURENET eingesetzt. Die zu entwerfenden FSMs konnten in einer hochsprachenähnlichen State-Machine-Notation spezifiziert werden. Die Formulierung der statischen Logik erfolgte mit booleschen Gleichungen. GATES synthetisierte dann aus dieser Beschreibung einen JEDEC-File mit den Programmier-Bitmustern für die verwendeten EPLDs (UV-erasable electrically programmable logic devices). Auf dem Emulations-Board konnten bis zu acht EPLDs (INTEL/ALTERA) plaziert werden, die in der Lage waren, das vollständige Logik-Design der SÜE aufzunehmen. Nach der Programmierung der EPLDs auf einem Universal-Programmer, der Bestückung des Emulations-Boards mit der HF-Schnittstelle und der Ankopplung eines EEPROM-Codespeichers wurde die Emulation durchgeführt,

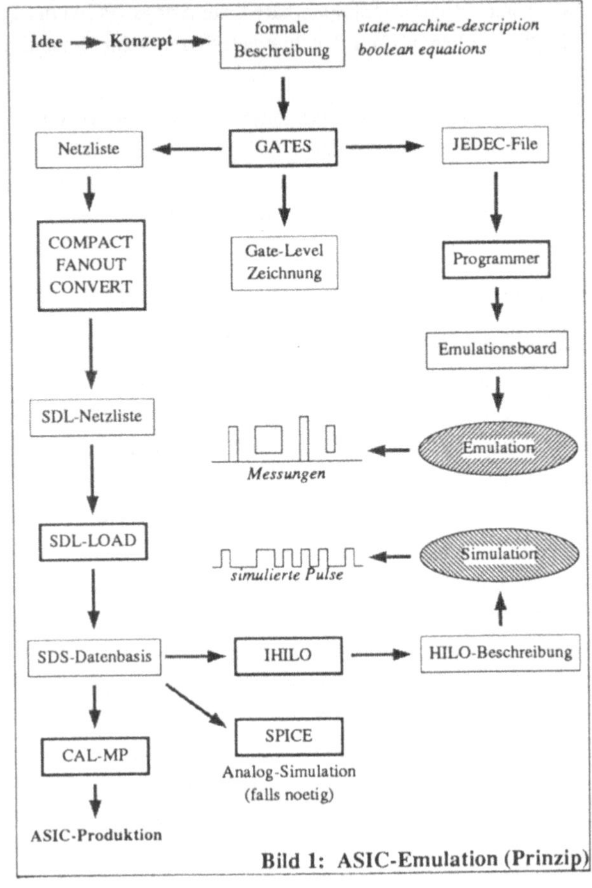

Bild 1: ASIC-Emulation (Prinzip)

und zwar mit Ankopplung der gesamten Systemumgebung. Die wichtigsten Signalverläufe wurden mit einem Logikanalysator aufgezeichnet, um diese später mit den Ergebnissen einer Nachsimulation mit HILO vergleichen zu können. Die Zeit von der ersten Konzeption für die SÜE bis zur ersten Emulation betrug ca. drei Wochen. Ein Redesign-Zyklus mit entsprechenden Änderungen in der GATES-Beschreibung, mit GATES-Lauf, Löschung der EPLDs und Neuprogrammierung erforderte durchschnittlich 3 - 5 Stunden.

Nach festgestellter funktionaler Korrektheit des Emulations-Prototypen wurde mit GATES eine Netzliste des Designs generiert. Zur Weiterverarbeitung und Konvertierung dieser Liste ins SDL-Format wurde ein Programmpaket geschrieben, dessen wichtigste Teile die Programme COMPACT, FANOUT und CONVERT sind (s. Bild 1). Das Programm COMPACT beseitigte überflüssige Inverter, FANOUT fügte zusätzliche Treiber ein, wenn die Fan-Out-Situation, bezogen auf die Zellen des CMOS-Zellkatalogs, es erforderte. Das Programm CONVERT besorgte die Format-Konvertierung der Netzliste. Über das Programm SDL-LOAD wurde schließlich eine SDS-Datenbasis erzeugt, die nach Umsetzung mit IHILO eine simulationsfähige HILO-Beschreibung ergab. Mit dieser erfolgte dann die schon erwähnte Nachsimulation, um z.B. kritische Pfade aufzuspüren oder Worst-Case-Betrachtungen bzgl. des Timings durchzuführen. Außerdem konnten die Simulationsergebnisse nun mit den Ergebnissen der Emulation verglichen werden, wobei sich bis auf einige durch das andere Zeitverhalten der CMOS-Zellen bedingte Timing-Abweichungen eine exakte funktionale Übereinstimmung ergab. Anschließend erfolgte mit dem Place-and-Route-Programm CAL-MP ein automatisches Layout der Schaltung, das in die ASIC-Produktion übernommen wurde.

Am fertigen SÜE-ASIC waren keine Redesigns mehr notwendig, das funktionale Verhalten inkl. Timing war auf Anhieb korrekt. Es ergaben sich lediglich Probleme mit einer Analog-Zelle, dem Oszillator. Dieser mußte durch äußere Beschaltungen zu einem korrekten Anschwingverhalten gebracht werden.

2.2 PC-gesteuerter Hörgerät-Emulator

Ein völlig anderer Weg der Emulation wurde in diesem Projekt beschritten. Ziel war hier, mit einem hochflexiblen, leicht bedienbaren Prototypen bzw. Funktionsmodell Konzepte und Eigenschaften zukünftiger, weiterentwickelter Hörgeräte zu untersuchen. Es wurde daraufhin ein PC-gesteuertes, auf den Hörgeräte-

Bereich zugeschnittenes Emulationssystem entworfen und realisiert. Mit diesem System wurden Messungen und Versuche mit schwerhörigen Patienten durchgeführt. Da schwerhörige Patienten typischerweise einen frequenzabhängigen Hörverlust haben, wurde als zentraler Funktionsblock eine in weiten Grenzen programmierbare Filterbank mit 16 Bandpässen in den Emulator genommen. Es existieren zwei Filterplatinen, die im Prinzip identisch aufgebaut sind und nur unterschiedlich dimensionierte Grenzfrequenzen besitzen. Eine Ein-/Ausgabeplatine verstärkt das Eingangssignal und bereitet es durch Filterung und Pegelanpassung soweit auf, daß es von der Filterbank weiterverarbeitet werden kann. Darüber hinaus erfolgt dort eine Summierung der von den Filtern kommenden Ausgangssignale. Dieses Summensignal gelangt dann über den Endverstärker auf den Hörer.

Ein CPU-Funktionsblock hat zunächst die Aufgabe, die Kommunikation mit dem Bedienrechner (PC) abzuwickeln und die programmierbaren Bausteine (Bandpässe, Verstärker/Abschwächer, Analog-Multiplexer und Taktteiler) mit den Programmierinformationen zu versorgen, aber auch deren Status an den Bedienrechner zu melden. Daneben laufen aber auf der CPU auch eine Reihe von SW-Funktionseinheiten ab.

Die wichtigste Eigenschaft der programmierbaren Filterbank ist die in weiten Grenzen vorhandene Parametrisierbarkeit:

	min.	typ.	max.
Anzahl der Filterkanäle:	4		16
Ordnung der Filter:	2		4
Frequenzbereich (Hz):	100		8000
Amplitudenbereich (dB):	-25.5	0	+25.5

Hierdurch können am Patienten umfangreiche Versuche über den Einfluß der Filterkanäle auf die Kompensation der frequenzabhängigen Hörverluste gemacht werden.

Als Resultate ergaben sich die Möglichkeit zur Beschränkung der Filterzahl auf sechs und die Reduzierung der Ordnung der Filter auf zwei. Dies verringert die Komplexität der Schaltung und hat einen entscheidenden Einfluß auf die Chipgröße und den Energieverbrauch der geplanten monolithischen Lösung.

2.3 Emulation eines Radschlupfprozessors

Neben der Logik-ASIC-Emulation mit EPLDs sei hier ein Projekt angeführt, in dem der Anteil der anwendungsspezifischen Logik durch programmierbaren Gate Arrays (LCA) realisiert wird. Diese Variante bietet die größtmögliche Flexibilität im Entwurfsprozeß und erlaubt eine iterative Optimierung bei der Entwicklung, da die Realisierung der Logik innerhalb des LCA durch die Systemhardware nur insofern eingeschränkt wird, daß die Anschlußbelegung dieses Bausteins fest vorgegeben ist.

Im Rahmen dieses Projekts wird ein mikroelektronisches System entwickelt, welches eine quasi-kontinuierliche Messung des Radschlupfs beim Pkw vornimmt ([ScBü89]). Als Eingangsinformationen liegen dabei die Geschwindigkeit des Fahrzeugs über Grund sowie die Winkelgeschwindigkeit des Rades in Form einer Frequenz vor. Als Ausgangsinformation ist der Schlupf des betreffenden Rades zu liefern. Kernstück des Systems ist eine ALU, welche die benötigten Rechenoperationen durchführt. Daneben enthält das System eine Meßeinheit zur Auswertung der Eingangsfrequenzen, eine automatische Kalibrierung zur Anpassung an geänderte Betriebsbedingungen sowie eine Datenübertragungseinheit zu einem zentralen Kfz-Controller. Diese Einheiten enthalten jeweils Teilsteuerwerke sowie ein Hauptsteuerwerk, welche mit bekannten Werkzeugen synthetisiert wurden.

Die als CMOS Vollkundenschaltung entwickelte ALU stand bereits als Testmuster zur Verfügung, so daß zwischen zwei Alternativen der Prototypenerstellung entschieden werden konnte:

i) Die Recheneinheit wird auf der Leiterplatte plaziert und mit einem LCA, welches die restlichen Komponenten sowie sämtliche Steuerwerke - auch das der ALU - enthält, verdrahtet.

ii) Das Gesamtsystem (inkl. ALU) wird innerhalb eines komplexen LCA realisiert.

Variante ii) ist direkt an die Randbedingung Gatterkomplexität gebunden, während bei i) ein höherer Verdrahtungsaufwand zugrunde liegt. Komplexitätsbetrachtungen der ALU zeigten, daß dort 775 Gatteräquivalente (entsprechend 3100 Transistoren) realisiert wurden und 80 Anschlußpins zur Kommunikation mit den übrigen Einheiten vorgesehen sind. Letzteres Kriterium stellt bei Variante i) einen immensen Aufwand zur Verdrahtung der beiden Bausteine ALU - LCA zusätzlich zur externen Verdrahtung dar. Dies wurde durch Realisierung der Variante "Gesamtsystem in einem LCA" umgangen, so daß der Fertigungsaufwand bezüglich der Leiterplatte minimiert werden konnte. Auch ergab sich dadurch eine größere Flexibilität bei der Entwicklung des Gesamtsystems: Selbst grundlegende Änderungen der Spezifikation konnten im Entwurfsablauf noch berücksichtigt werden.

Nach erfolgreichem Test des Systems und entsprechenden iterativen Optimierungsschritten kann das Gesamtsystem in eine CMOS-Standardzellenschaltung unter Verwendung des Blocks ALU übernommen und in größeren Stückzahlen produziert werden.

2.4 Wertung der bisherigen Erfahrungen

Betrachtet man die beschriebenen Projekte, so ist folgendes zu konstatieren:

i) Bei der Emulation des Schlüssel-ASIC ist die immer noch vorhandene Breadboard-ähnliche Inflexibilität nachteilig. Dies liegt hauptsächlich an der nicht on-board änderbaren Konfiguration und an der stark begrenzten Funktionalität des verwendeten Emulationsboards. Außerdem schränkt die spezialisierte Architektur der EPLDs die Flexibilität weiter ein. Eine CAD-Unterstützung beim Design war durch die Entwicklungsumgebung GATES gegeben, während bei der Emulationssteuerung keine Rechnerunterstützung vorhanden war.

ii) Der Hörgerät-Emulator ist ein Beispiel für das HW/SW-Codesign. Analoge Funktionskomponenten sind hier mit Software-Komponenten zu einer funktionalen Einheit zusammengefügt. Die Flexibilität der programmierbaren analogen Standardbausteine ist begrenzt und vorgegeben. Entwurfsunterstützung ist nur unzureichend vorhanden, wohingegen die Emulationskontrolle über den Bedienrechner allen Anforderungen genügt. Anzumerken ist jedoch, daß das gesamte Emulationssystem auf den Bereich der Hörgeräte-Emulation beschränkt ist; es handelt sich also nicht um einen Universalemulator.

iii) Kennzeichnend beim Emulator für den Radschlupfprozessor ist die durch die Verwendung von LCAs gegebene hohe funktionale Flexibilität des Logikentwurfs. CAD-Unterstützung beim Entwurf ist durch die LCA-Design-Software sowie die Logiksynthese-Programme GATES und LOG/iC gegeben. Die Umgebung des LCAs ist auf diesen speziellen Anwendungsfall festgelegt. Eine spezielle Emulationskontrolle ist nicht vorhanden; es werden lediglich Laborgeräte (z.B. Logikanalysator) verwendet.

Zusammenfassend ist zu sagen, daß zur Abdeckung der o.g. Anforderungen für die Emulation ein universelles Emulationssystem mit der Fähigkeit zum HW/SW-Codesign ([SmFC85], [SaWe89]) sinnvoll ist. Das Konzept für ein solches System (UES = universelles Emulationssystem) wird im nachfolgenden Kapitel vorgestellt.

3 Konzept eines universellen Emulators für mikroelektronische Hardware-Software-Systeme

3.1 Vorüberlegungen

Ein solches Emulationssystem enthält endlich viele, jedoch erweiterbare analoge, digitale und auch Software-Komponenten, die entsprechend der jeweiligen Anwendung programmiert werden. Die Programmierdauer des Systems liegt im Sekundenbereich und kann daher vernachlässigt werden. Ein grundlegendes Problem stellt jedoch die Transformation einer allgemeinen Systembeschreibung in Konfigurationsdaten für die Komponenten des Emulators dar (siehe Bild 3). Hier sind effiziente Algorithmen nötig, die die Aufgaben Plazierung, Verdrahtung bzw. Generierung von Programmcode innerhalb eines vertretbaren Zeitraums lösen. Zur Minimierung der Rechenzeit ist die Güte der Lösung, beispielsweise die Integrationsdichte der Logik oder die Komplexität der Software, dabei in verschiedenen Stufen je nach Stand im Design-Prozeß variabel vorzusehen. Dies gibt dem Systementwickler die Möglichkeit, Systemalternativen beispielsweise die Aufteilung Hardware-Software zu emulieren und zu vergleichen. Beispielsweise kann man eine Entwurfssprache wie "M" aus GDT oder VHDL zur Verhaltensspezifikation verwenden, wobei nach einer Modellierung möglicher Architekturvarianten zur Realisierung des spezifizierten Verhaltens (z.B. mit Petri-Netz-Modellen) die Entscheidung zur HW/SW-Partitionierung fallen kann (siehe Bild 3). Um den Rechenaufwand bei solchen Design-Zyklen zu minimieren, können die jeweiligen Systemänderungen bei einem derartigen iterativen Entwurfsverfahren von der bestehenden Lösung ausgehend bis zu einem gewissen Grad inkrementell vorgenommen werden. Dies bedeutet, daß nur ein Teil des Systems umkonfiguriert d.h. lokal optimiert wird. Ein global optimiertes System kann je nach Stand der Entwicklung als Meilenstein definiert werden. Der dabei benötigte erhöhte Rechenaufwand ist durchaus vertretbar.

Eine Systememulation unter Echtzeitbedingungen stellt hohe Anforderungen an das Emulationssystem. Dies bedeutet, daß ein bestimmtes Zeitverhalten eingehalten werden muß. Eine Zeitskalierung unter Verwendung entsprechender Verzögerungsglieder ist daher notwendig, um eine korrekte Abbildung des emulierten Systems auf das letztendlich produzierte zu gewährleisten.

3.2 Gesamtkonzept

Das Gesamtsystem kann nun wie in Bild 2 gezeigt beschrieben werden. Zu den Systemkomponenten Logik, analoge Schaltungsteile und Software treten ein System-Analysator sowie eine Konfigurations- und System-Kontrolleinheit, welche die Initialisierung des Systems sowie den Ablauf der Emulation steuert bzw. überwacht. Über den Systembus erfolgt die Kommunikation der Komponenten im Systembetrieb. Die Initialisierung nutzt neben diesem einen speziellen Konfigurationsbus, welcher die Parallelisierung dieses Prozesses unterstützt. Der Analysebus dient der Auswahl und Übertragung bestimmter sowohl digitaler als auch analoger Testsignale. Das System ist in einer leistungsfähigen Workstation-Umgebung eingebettet, die eine komfortable Benutzungsoberfläche, einheitliche Datenhaltung sowie eine effiziente Ablaufsteuerung des System-Designs zur Verfügung stellt.

Um einen Test bzw. eine Analyse des Systemverhaltens durchführen zu können, ist eine Umgebung nötig, welche im wesentlichen folgende Komponenten beinhaltet:

- Logikanalysator
- Oszilloskop oder Meßwertaufnehmer zur Überwachung analoger Signale
- Bus-Monitor zur Bestimmung der Kommunikationslast zwischen Hardware- und Software-Komponenten

Daneben ist ein Werkzeug zur Bestimmung der Komplexität des mikroelektronischen Systems nötig. Hierbei sind u.a. die Gatterkomplexität der Logik zu betrachten und Aussagen über die Software zu treffen.

Dieser System-Analysator ist über die Benutzungsoberfläche des Emulationssystems bedienbar zu gestalten. Ein wesentliches Kriterium ist dabei die programmgesteuerte Auswahl der zu beobachtenden Signale an bestimmten Testpunkten.

Als Grundlage dieses Systems kann das in Abschnitt 1.5.3 beschriebene ASIC-Emulationssystem RPM der Firma Quickturn Systems dienen.

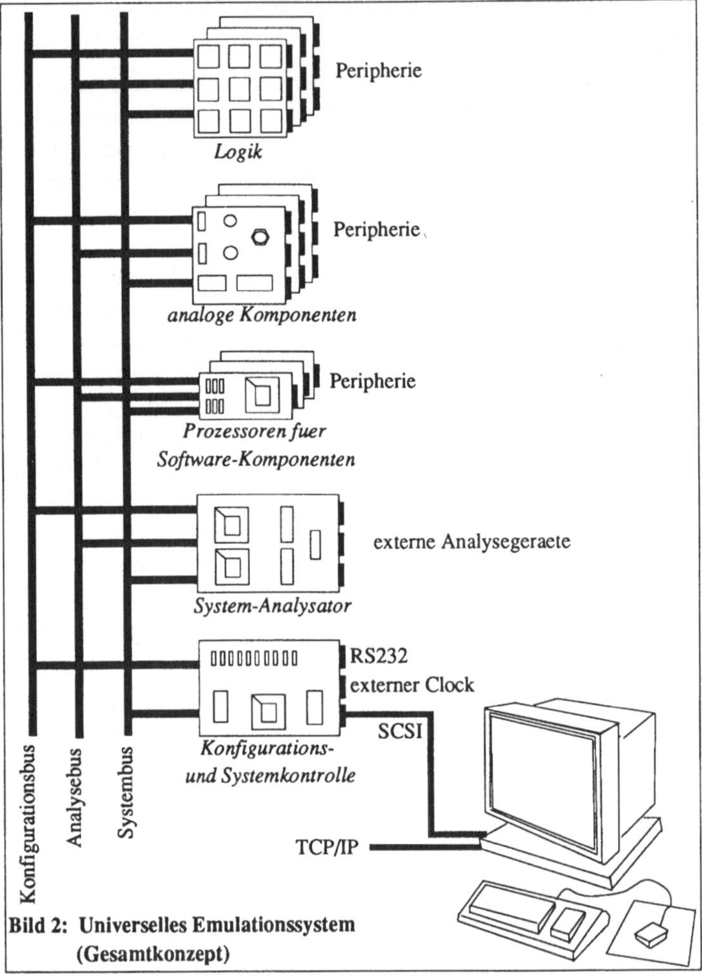

Bild 2: Universelles Emulationssystem (Gesamtkonzept)

3.3 Emulations-Modul "Logik"

Die Logik wird vorzugsweise mittels einer LCA-Matrix realisiert. Das Konzept der festen Verdrahtung der einzelnen Bausteine untereinander wie es bei dem RPM System realisiert ist, ist dabei zu unflexibel. Dies ist u.a. der Grund für einen maximalen Ausnutzungsgrad von nur 2% bei diesem System. Eine Kopplung der LCAs über Koppelbausteine, die eine freie Verdrahtung benachbarter Bausteine untereinander erlauben, stellt noch keinen wesentlichen Fortschritt gegenüber der festen Verdrahtung dar. Dies wird folgendermaßen deutlich: LCAs, die in einer schachbrettartigen Anordnung teils zur Realisierung der Logik teils als Koppelbausteine einzusetzen sind, entsprechen einer derartigen Lösung. Letztere sind im Extremfall dann lediglich zur Verdrahtung nötig, enthalten keine Logik und reduzieren die Ausnutzung demnach um 50 %. Eine Erweiterung des LCA-Konzepts zum LCA-Board unterstützt die Plazierung und Verdrahtung d.h. die Abbildung der Logik auf eine Matrixstruktur aufs effektivste. Hierbei werden insbesondere lange Querverbindungen genutzt, wie sie innerhalb eines LCA als vertikale und horizontale "long lines" ausgeführt sind.

Bei der Realisierung solcher LCA-Boards bleibt zu überlegen, inwieweit eine lokale Kontrolle der Programmierung und Emulationssteuerung on-board sinnvoll ist. Dem Vorteil der hierarchischen Abstufung der Komplexität steht der Nachteil einer *n*-fachen Realisierung bei *n* LCA-Boards gegenüber. Auch haben diese on-board-Prozessoren äußerst komplexe Aufgaben abzuwickeln (z.B. Generierung von Konfigurations-Bitmustern aus einem Zwischenformat).

3.4 Analoge Verbindung zur Systemumgebung

Typische µS haben als Verbindung zur Systemumgebung verschiedenartige Signalanpassungen zu Sensoren und Aktoren. Zu lösende Probleme hierbei sind u.a.:

- Pegelanpassung
- Treiben von Strömen
- Signalformung
- Analog-Digital-/Digital-Analog-Wandlung

Eine Elektronik zur Verbindung des Emulationssystems mit der Systemumgebung sollte derartige Bauelemente in ausreichender Zahl und mit praxisgerechter Flexibilität enthalten. So sollte beispielsweise eine Pegelanpassung den in der Praxis üblicherweise auftretenden Spannungsbereich abdecken können. Ebenso sind von den Treibern die von den Aktoren (z.B. Relais, Motor etc.) benötigten Ströme zu treiben. Die Spannungsauflösung der Wandler sollte in einem für die interne Datenverarbeitung typischen Bereich flexibel (parametrisierbar) sein. Denkbar ist auch eine digitale Aufbereitung der gewandelten bzw. zu wandelnden Signale in der gleichen Einheit des Emulators. Die gewandelten und vorverarbeiteten Signale werden den übrigen Komponenten des Emulationssystems über den Systembus zugeführt.

3.5 CAD-Entwurfsunterstützung

Die Entwurfsunterstützung (s. Bild 3) erfolgt nach Maßgabe offener, integrierter CAD-Systeme: Es existiert eine einheitliche Benutzungsoberfläche, die sowohl der Spezifikation des zu entwickelnden Systems d.h. zur Erstellung der Verhaltens-/Funktionsbeschreibung, der Logik- und Schaltplaneingabe, der Erstellung eines Struktogramms oder direkt von Programmcode und der Systemmodellierung dient als auch die Ablaufsteuerung unterstützt. Alle entwurfsrelevanten Daten werden innerhalb einer einheitlichen Datenhaltung verwaltet.

Die vollständige Spezifikation eines µS dient der Synthese sowie der Partitionierung entsprechend der zur Verfügung stehenden Ressourcen des Emulationssystems. Durch die Plazierung und Verdrahtung der HW-Komponenten bzw. durch die Programmcode-Generierung wird die Architektur des zu emulierenden Systems festgelegt. Nach der Erzeugung der Programmierdaten der Module des Emulationssystems kann eine exakte Systemanalyse und die Validierung des zeitbehafteten Verhaltens erfolgen.

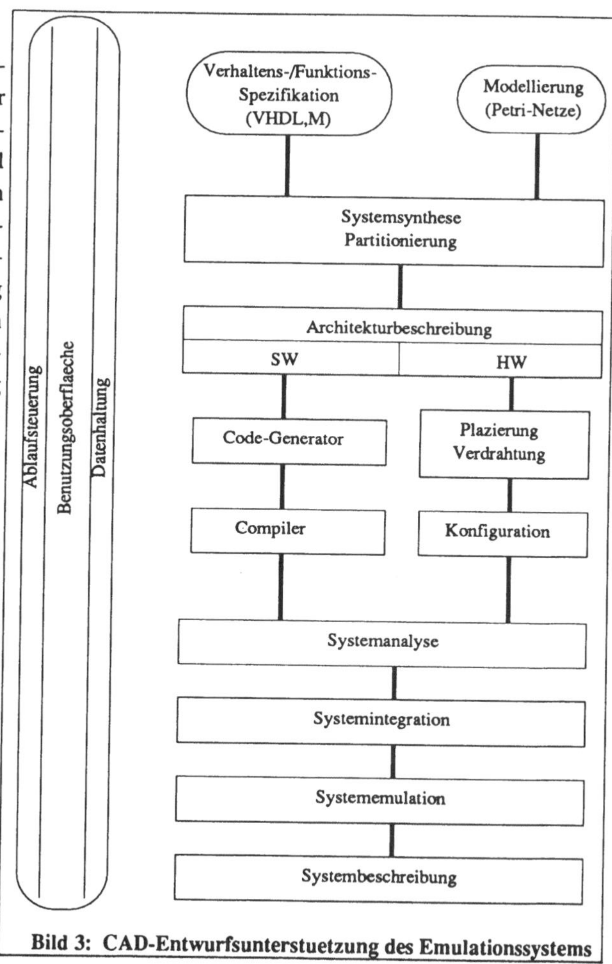

Bild 3: CAD-Entwurfsunterstuetzung des Emulationssystems

Das System wird nunmehr mit diesen Daten programmiert und kann das entsprechende µS emulieren. Eine abschließende automatische Dokumentationserstellung liefert die Fertigungsdaten für die Produktion des Systems.

Durch einheitliche Visualisierung der Design-Daten wird der Umgang mit diesen CAD-Werkzeugen vereinfacht, die Entwurfszeit verkürzt und die Produktivität damit erhöht.

4 Zusammenfassung und Ausblick

Nach unserer Auffassung wird sich die Emulation µS neben der Simulation als Design- und Implementierungstool in Zukunft verstärkt etablieren. Gründe dafür sind kurze time-to-market-Zeiten, Verhinderung einer Vielzahl teurer Redesign-Zyklen am realen System, Forderung der Designoptimierung für bestimmte Anwendungen insbesondere in Bezug auf das HW/SW-Codesign, Unmöglichkeit der vollständigen Spezifizierung in der Frühphase des Designs, Forderung der echtzeitmäßigen Einbindung des Prototypen in die Systemumgebung und die Möglichkeit der Verwendung des Emulators als Forschungs- und Versuchssystem ("elektronischer Sandkasten"). Dabei wird immer mehr verlangt werden, daß zum Teil völlig verschiedene Design-Capture-Methoden zur Spezifizierung verwendet werden können. Für die Realisierung wird eine große Freiheit bei der Art der Umsetzung des logischen Designs in die physikalische Ebene gefordert. Es kann jedoch kein vollständiger Ersatz der Simulation angestrebt werden, da korrekte Signalformen, beeinflußt durch Technologieparameter beispielsweise von Fullcustom-Schaltungen, durch Emulation nicht erfaßbar sind. Simulation und Emulation sind vielmehr sich ergänzende Methoden beim Entwurf µS.

Der geschilderte Problembereich ist Gegenstand intensiver Forschungs- und Entwicklungsaktivitäten, wobei sicher ein Hauptaugenmerk darauf liegen muß, die Timingkonsistenz zwischen Emulation und Realisierung zu sichern, wie sie derzeit noch von keinem der in Kapitel 1 vorgestellten Emulatoren eingehalten werden kann. Dies gilt insbesondere auch für Systeme höherer Geschwindigkeiten.

Literatur

[BuKa89] *Bunza, J.G.; Kaufman, P.:*
"Software simulation vs. hardware emulation",
ASIC Technology & News, Juni 1989, S. 5

[DASP89] *D'Amour, M.; Sample, S.; Payne, T.:*
"ASIC emulation cuts design risk",
High Performance Systems, Oktober 1989

[ScBü89] *Schwederski, T.; Büchner, T.:*
"Design of an Integrated Circuit Evaluating Wheel Slip",
PROMETHEUS - Proceedings of the 2nd Workshop, Vol. I, Stockholm, Oktober 1989, S. 360 - 370

[SmFC85] *Smith, C.U.; Frank, G.A.; Cuadrado, J.L.:*
An Architecture Design and Assessment System for Software-Hardware-Codesign,
IEEE Transactions on Computers, Vol. C-31, S. 417 - 424, 1985

[SaWe89] *Sadorf, H.; Weinbacher, T.:*
Realisierungunabhängiger Elektronik Entwurf,
Design&Elektronik, Nr. 24, November 1989, S. 156 - 161

Anhang A: Plakatausstellung

Folgende ausgewählte Themen wurden in der Plakatausstellung der Fachtagung präsentiert und zur Diskussion gestellt:

A Systematic Approach for Multidimensional Digital Signal Processing Arrays
M.B.E. Abdelrazik, University of West London

Realisierung eines hochgradig parallelen Datenreduktionssystems für HDTV auf der Basis einer 64*64-FFT/DCT
V. Axelrad, S. Eckart, H. Plansky, H. Steckenbiller, H. Thurner,
TU München, LS für Integrierte Schaltungen

SPICE Parameterextraktion von GaAs - MESFETs
P. Baureis, Fraunhofer-Arbeitsgruppe für integrierte Schaltungen, Erlangen

Das Simulatorkopplungsprojekt
M. Bechtold, T. Leyendecker, Universität Frankfurt;
M. Niemeyer, A. Oczko, C. Oczko, Cadlab, Paderborn

DINGO-XT: A Novel Approach to Technology Data Interchange
R. Brück, Universität Dortmund, LS Informatik 1

Entwurfsmanagement eines komplexen Gate Arrays
D. Coy, G. Schöne, Telefunken Systemtechnik, Wedel

Zur Darstellung und Auswertung von Hardware-Simulationsergebnissen
T. Dettmer, Universität Dortmund, LS Informatik 1

EXTRA: Ein integriertes Layout-Verifikationssystem mit besonderer Eignung für Bipolarschaltungen
G. Dosedal, U. Langmann, Mikroelektronik-Zentrum, Universität Bochum

Eine Entwicklungsumgebung für Verfahren zur automatisierten Generierung von Testhilfen
M. Frei, Mikroelektronik-Zentrum, Universität Bochum

High Performance Implementation of Layout Verification and Detailed Routing based on a Novel Machine Paradigm R. W. Hartenstein, G. Hirschbiel, M. Weber, Universität Kaiserslautern

Der 2D-Technologiesimulator DIOS
R. Hünlich, U. Krause, R. Model, A. Pomp, I. Schmelzer, H. Stephan,
N. Strecker, S. Unger, Karl-Weierstraß-Institut für Mathematik, Berlin

Probleme der Modellierung und Simulation des Programmierverfahrens von Floating-Gate-Transistoren für die EPROM-Entwicklung
J. Kosch, Forschungszentrum Mikroelektronik, Erfurt

Integriertes Entwurfs- und Testsystem zur schnellen Prototypen-Charakterisierung
C. Kuntzsch, K. Helmreich, W. Wolz, Universität Erlangen-Nürnberg

Rechnergestützter Entwurf graphischer Schemata
M. May, S. Kluge, J. Sieck, Akademie der Wissenschaften der DDR, Zentralinstitut für Kybernetik und Informationsprozesse, Berlin

Test Strategy Planning for Modular Circuits
M. Pabst, Siemens AG, München

DISTECT - Flexibilität und Effizienz für die geometrische Layout-Verifikation
G. Pelz, Fraunhofer-Institut für Mikroelektronische Schaltungen und Systeme, Duisburg

3D-CMOS Defects and Fault Modelling
G. Roos, B. Hoefflinger, T. Schwederski, R. Zingg, Institut für Mikroelektronik Stuttgart

Globalphase des Layoutentwurfs bei Gate Arrays
W. Schade, B. Goetze, J. Liske, W. Nehrlich, B. Stube, Karl-Weierstraß-Institut für Mathematik, Berlin

Zur Strukturierung großer elektrischer Netzwerke mit Hilfe des Signalflusses
M. Uhle, Karl-Weierstraß-Institut für Mathematik, Berlin

Ladungsorientierte Modellierung für Kurzkanal-MOS-Transistoren
H. Uhlmann, S. Rochel, TH Ilmenau, Wissenschaftsbereich Theoretische Elektrotechnik

Band 208: J. Retti, K. Leidlmair (Hrsg.), 5. Österreichische Artificial-Intelligence-Tagung, Igls/Tirol, März 1989. Proceedings. XI, 452 Seiten. 1989.

Band 209: U. W. Lipeck, Dynamische Integrität von Datenbanken. VIII, 140 Seiten. 1989.

Band 210: K. Drosten, Termersetzungssysteme. IX, 152 Seiten. 1989.

Band 211: H. W. Meuer (Hrsg.), SUPERCOMPUTER '89. Mannheim, Juni 1989. Proceedings, 1989. VIII, 171 Seiten. 1989.

Band 212: W.-M. Lippe (Hrsg.), Software-Entwicklung. Fachtagung, Marburg, Juni 1989. Proceedings. IX, 290 Seiten. 1989.

Band 213: I. Walter, Datenbankgestützte Repräsentation und Extraktion von Episodenbeschreibungen aus Bildfolgen. VIII, 243 Seiten. 1989.

Band 214: W. Görke, H. Sörensen (Hrsg.), Fehlertolerierende Rechensysteme / Fault-Tolerant Computing Systems. 4. Internationale GI/ITG/GMA-Fachtagung, Baden-Baden, September 1989. Proceedings. XI, 390 Seiten. 1989.

Band 215: M. Bidjan-Irani, Qualität und Testbarkeit hochintegrierter Schaltungen. IX, 169 Seiten. 1989.

Band 216: D. Metzing (Hrsg.), GWAI-89. 13th German Workshop on Artificial Intelligence. Eringerfeld, September 1989. Proceedings. XII, 485 Seiten. 1989.

Band 217: M. Zieher, Kopplung von Rechnernetzen. XII, 218 Seiten. 1989.

Band 218: G. Stiege, J. S. Lie (Hrsg.), Messung, Modellierung und Bewertung von Rechensystemen und Netzen. 5. GI/ITG-Fachtagung, Braunschweig, September 1989. Proceedings. IX, 342 Seiten. 1989.

Band 219: H. Burkhardt, K. H. Höhne, B. Neumann (Hrsg.), Mustererkennung 1989. 11. DAGM-Symposium, Hamburg, Oktober 1989. Proceedings. XIX, 575 Seiten. 1989

Band 220: F. Stetter, W. Brauer (Hrsg.), Informatik und Schule 1989: Zukunftsperspektiven der Informatik für Schule und Ausbildung. GI-Fachtagung, München, November 1989. Proceedings. XI, 359 Seiten. 1989.

Band 221: H. Schelhowe (Hrsg.), Frauenwelt – Computerräume. GI-Fachtagung, Bremen, September 1989. Proceedings. XV, 284 Seiten. 1989.

Band 222: M. Paul (Hrsg.), GI – 19. Jahrestagung I. München, Oktober 1989. Proceedings. XVI, 717 Seiten. 1989.

Band 223: M. Paul (Hrsg.), GI – 19. Jahrestagung II. München, Oktober 1989. Proceedings. XVI, 719 Seiten. 1989.

Band 224: U. Voges, Software-Diversität und ihre Modellierung. VIII, 211 Seiten. 1989

Band 225: W. Stoll, Test von OSI-Protokollen. IX, 205 Seiten. 1989.

Band 226: F. Mattern, Verteilte Basisalgorithmen. IX, 285 Seiten. 1989.

Band 227: W. Brauer, C. Freksa (Hrsg.), Wissensbasierte Systeme. 3. Internationaler GI-Kongreß, München, Oktober 1989. Proceedings. X, 544 Seiten. 1989.

Band 228: A. Jaeschke, W. Geiger, B. Page (Hrsg.), Informatik im Umweltschutz. 4. Symposium, Karlsruhe, November 1989. Proceedings. XII, 452 Seiten. 1989.

Band 229: W. Coy, L. Bonsiepen, Erfahrung und Berechnung. Kritik der Expertensystemtechnik. VII, 209 Seiten. 1989.

Band 230: A. Bode, R. Dierstein, M. Göbel, A. Jaeschke (Hrsg.), Visualisierung von Umweltdaten in Supercomputersystemen. Karlsruhe, November 1989. Proceedings, 1989. XII, 116 Seiten. 1990.

Band 231: R. Henn, K. Stieger (Hrsg.), PEARL 89 – Workshop über Realzeitsysteme. 10. Fachtagung, Boppard, Dezember 1989. Proceedings. X, 243 Seiten. 1989.

Band 232: R. Loogen, Parallele Implementierung funktionaler Programmiersprachen. IX, 385 Seiten. 1990.

Band 233: S. Jablonski, Datenverwaltung in verteilten Systemen. XIII, 336 Seiten. 1990.

Band 234: A. Pfitzmann, Diensteintegrierende Kommunikationsnetze mit teilnehmerüberprüfbarem Datenschutz. XII, 343 Seiten. 1990.

Band 235: C. Feder, Ausnahmebehandlung in objektorientierten Programmiersprachen. IX, 250 Seiten. 1990.

Band 236: J. Stoll, Fehlertoleranz in verteilten Realzeitsystemen. IX, 200 Seiten. 1990.

Band 237: R. Grebe (Hrsg.), Parallele Datenverarbeitung mit dem Transputer. Aachen, September 1989. Proceedings, 1989. VIII, 241 Seiten. 1990.

Band 238: B. Endres-Niggemeyer, T. Hermann, A. Kobsa, D. Rösner (Hrsg.), Interaktion und Kommunikation mit dem Computer. Ulm, März 1989. Proceedings, 1989. VIII, 175 Seiten. 1990.

Band 239: K. Kansy, P. Wißkirchen (Hrsg.), Graphik und KI. Königswinter, April 1990. Proceedings, 1990. VII, 125 Seiten. 1990.

Band 240: D. Tavangarian, Flagorientierte Assoziativspeicher und -prozessoren. XII. 193 Seiten. 1990.

Band 241: A. Schill, Migrationssteuerung und Konfigurationsverwaltung für verteilte objektorientierte Anwendungen. IX, 174 Seiten. 1990.

Band 242: D. Wybranietz, Multicast-Kommunikation in verteilten Systemen. VIII, 191 Seiten. 1990.

Band 244: B. R. Kämmerer, Sprecherunabhängigkeit und Sprecheradaption. VIII, 110 Seiten. 1990.

Band 246: Th. Bräunl, Massiv parallele Programmierung mit dem Parallaxis-Modell. XII, 168 Seiten. 1990

Band 247: H. Krumm, Funktionelle Analyse von Kommunikationsprotokollen. IX, 122 Seiten. 1990.

Band 248: G. Moerkotte, Inkonsistenzen in deduktiven Datenbanken. VIII, 141 seiten. 1990.

Band 249: P. A. Gloor, N. A. Streitz (Hrsg.), Hypertext und Hypermedia. IX, 302 Seiten. 1990.

Band 250: H. W. Meuer (Hrsg.), SUPERCOMPUTER'90. Mannheim, Juni 1990. Proceedings, 1990. VIII, 209 Seiten. 1990.

Band 251: H. Marburger (Hrsg.), GWAI-90. 14th German Workshop on Artificial Intelligence. Eringerfeld, September 1990. Proceedings, 1990. X, 333 Seiten. 1990.

Band 252: G. Dorffner (Hrsg.), Konnektionismus in Artificial Intelligence und Kognitionsforschung. 6. Österreichische Artificial-Intelligence-Tagung (KONNAI), Salzburg, Österreich, September 1990. Proceedings, 1990. VIII, 246 Seiten. 1990.

Band 253: W. Ameling (Hrsg.), ASST '90. 7. Aachener Symposium für Signaltheorie. Aachen, September 1990. Proceedings, 1990. XI, 332 Seiten. 1990.

Band 254: R. E. Großkopf (Hrsg.), Mustererkennung 1990. 12. DAGM-Symposium, Oberkochen-Aalen, September 1990. Proceedings, 1990. XXI, 686 Seiten. 1990.

Band 255: B. Reusch, (Hrsg.), Rechnergestützter Entwurf und Architektur mikroelektronischer Systeme. GME/GI/ITG-Fachtagung, Dortmund, Oktober 1990. Proceedings, 1990. X, 298 Seiten. 1990.

Band 256: W. Pillmann, A. Jaeschke (Hrsg.), Informatik für den Umweltschutz. 5. Symposium, Wien, September 1990. Proceedings, 1990. XV, 864 Seiten. 1990.